야구장에 가자!

野球場へ行こう！

JN064946

さぁ野球場へ！
（ヤグジャン）

韓国の野球場には、韓国らしさがたっぷりつまっています。
魅力ある選手もたくさんいます。
旅行ガイドと本書を手に、ぜひ野球場へ足を運んでください。

さぁ、ヤグジャン エ カッチ カプシダ！
（野球場へ一緒に行きましょう！）

韓国プロ野球観戦ガイド＆選手名鑑2024 ・・・・・・・・・・・・ CONTENTS

文中の表記について

選手名、チーム名などの固有名詞はハングルの読みを一文字ずつカタカナで記しました。地名に関しては、連音化した表記の方が一般的な場合、連音化を採用しています。なお、カタカナをそのまま読んだ際、韓国語として伝わりにくいことを考慮し、選手紹介欄の一部に発音用の表現を[　]内に付記しました。文中の情報は、2024年3月23日現在のものです。韓国ではシーズン中に選手の軍入隊、除隊に伴う現役選手登録の入れ替えがあります。本書に未記載の選手が現役選手登録されることがありますのでご了承ください。日程変更やその他最新情報は各報道機関、または下記サイトにてご確認ください。
韓国プロ野球応援サイト ストライク・ゾーン
http://www.strike-zone.jp/

がんばれ 日本人コーチたち

韓国プロ野球では今年8人の日本人コーチが活動中です。日韓のコーチの異動はこの十数年間絶えず続き、韓国に在籍したコーチがNPBのコーチに復帰するケースが数多くあります。コーチにも熱い声援を！

（配列は左から所属チームの昨年の成績順。数字は現役時代の成績）

鈴木 郁洋
SSGランダーズ
バッテリーコーチ

2013〜20年までオリックスでコーチ。21年からKT、今季からSSG。
501試合 3本 56点 率.185
（中日、近鉄、オリックス）

渡辺 正人
SSGランダーズ
二軍守備コーチ

BCリーグの監督、コーチを経て昨年までオリックスでスコアラー。今季新加入。
492試合 11本 71点 率.207
（千葉ロッテ）

芹澤 裕二
トゥサンベアーズ
バッテリーコーチ

中日、楽天などでコーチ。10年にKBO入りしトゥサンが4球団目。
一軍出場なし
（中日）

後藤 孝志
トゥサンベアーズ
作戦コーチ

22年まで巨人三軍打撃コーチ。昨季5年ぶりにトゥサンに復帰。
835試合 30本 119点 率.263
（巨人）

中村 武志
KIAタイガース
バッテリーコーチ

21年まで中日コーチ。KIAには18年以来6年ぶりに復帰。
1955試合 137本 604点 率.242
（中日、横浜、楽天）

立花 義家
サムソンライオンズ
育成軍打撃コーチ

21年までソフトバンク、22年楽天コーチ。昨季サムソン入り。
1149試合 51本 318点 率.262
（クラウン、西武、阪神）

田畑 一也
サムソンライオンズ
育成軍投手コーチ

19年までヤクルトコーチ。BC富山監督などを経て昨季加入。
166試合 37勝36敗
1セーブ 防4.14
（ダイエー、ヤクルト、近鉄、巨人）

内藤 重人
サムソンライオンズ
コンディショニングコーチ

18年まで巨人でトレーニングコーチ。昨季加入。
プロ選手経験なし

2024年　韓国プロ野球　公式戦日程表

3月

試合開始時間	平日18時30分　土曜日17時（3/23の開幕戦は14時）	日・休日14時

3月の気候	ソウルの3月の気候	参考:東京の3月の気候
日中、夜間ともに肌寒い日が続きます。	平均気温…9.8度（2023年） 日没…18時47分（3月23日）	平均気温…12.9度（2023年） 日没…17時55分（3月23日）

日付	D T 球場 チャムシル（蚕室）トゥサン LG	K コチョク（高尺）キウム	L インチョン（仁川）SSG	〔KT〕 スウォン（水原）KT	E テジョン（大田）ハンファ	SL テグ（大邱）サムソン	T クァンジュ（光州）KIA	G プサン（釜山）ロッテ	D チャンウォン（昌原）NC
23 土	LG-ハン		SSG-ロッ	KT-サム			KIA-キウ		NC-トゥ
24 日	LG-ハン		SSG-ロッ	KT-サム			KIA-キウ		NC-トゥ
25 月									
26 火	LG-サム		SSG-ハン	KT-トゥ			KIA-ロッ		NC-キウ
27 水	LG-サム		SSG-ハン	KT-トゥ			KIA-ロッ		NC-キウ
28 木	LG-サム		SSG-ハン	KT-トゥ			KIA-ロッ		NC-キウ
29 金	トゥ-KIA	キウ-LG			ハン-KT	サム-SSG		ロッ-NC	
30 土	トゥ-KIA	キウ-LG			ハン-KT	サム-SSG		ロッ-NC	
31 日	トゥ-KIA	キウ-LG			ハン-KT	サム-SSG		ロッ-NC	

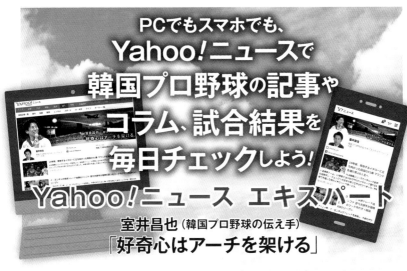

2024年　韓国プロ野球　公式戦日程表

4月

試合開始時間　平日18時30分　土曜日17時　日・休日14時　※金、土曜日の試合が中止の場合、翌日ダブルヘッダーに

4月の気候
春先の暖かさですが、朝晩は冷えます。黄砂情報が出た時にはマスクやサングラスの準備を。

ソウルの4月の気候
平均気温…13.8度(2023年)
日没…19時08分(4月15日)

参考:東京の4月の気候
平均気温…16.3度(2023年)
日没…18時14分(4月15日)

日付	チャムシル(蚕室)トゥサン LG	コチョク(高尺)キウム	インチョン(仁川)SSG	スウォン(水原)KT	テジョン(大田)ハンファ	テグ(大邱)サムソン	クァンジュ(光州)KIA	プサン(釜山)ロッテ	チャンウォン(昌原)NC
1　月									
2　火	LG-NC		SSG-トゥ	KT-KIA	ハン-ロッ	サム-キウ			
3　水	LG-NC		SSG-トゥ	KT-KIA	ハン-ロッ	サム-キウ			
4　木	LG-NC		SSG-トゥ	KT-KIA	ハン-ロッ	サム-キウ			
5　金	LG-KT	キウ-ハン					KIA-サム	ロッ-トゥ	NC-SSG
6　土	LG-KT	キウ-ハン					KIA-サム	ロッ-トゥ	NC-SSG
7　日	LG-KT	キウ-ハン					KIA-サム	ロッ-トゥ	NC-SSG
8　月									
9　火	トゥ-ハン		SSG-キウ				KIA-LG	ロッ-サム	NC-KT
10　水	トゥ-ハン		SSG-キウ				KIA-LG	ロッ-サム	NC-KT
11　木	トゥ-ハン		SSG-キウ				KIA-LG	ロッ-サム	NC-KT
12　金	トゥ-LG	キウ-ロッ		KT-SSG	ハン-KIA	サム-NC			
13　土	トゥ-LG	キウ-ロッ		KT-SSG	ハン-KIA	サム-NC			
14　日	トゥ-LG	キウ-ロッ		KT-SSG	ハン-KIA	サム-NC			
15　月									
16　火	LG-ロッ	キウ-KT	SSG-KIA			サム-トゥ			NC-ハン
17　水	LG-ロッ	キウ-KT	SSG-KIA			サム-トゥ			NC-ハン
18　木	LG-ロッ	キウ-KT	SSG-KIA			サム-トゥ			NC-ハン
19　金	トゥ-キウ		SSG-LG		ハン-サム		KIA-NC	ロッ-KT	
20　土	トゥ-キウ		SSG-LG		ハン-サム		KIA-NC	ロッ-KT	
21　日	トゥ-キウ		SSG-LG		ハン-サム		KIA-NC	ロッ-KT	
22　月									
23　火	トゥ-NC	キウ-KIA		KT-ハン		サム-LG		ロッ-SSG	
24　水	トゥ-NC	キウ-KIA		KT-ハン		サム-LG		ロッ-SSG	
25　木	トゥ-NC	キウ-KIA		KT-ハン		サム-LG		ロッ-SSG	
26　金	LG-KIA	キウ-サム	SSG-KT		ハン-トゥ				NC-ロッ
27　土	LG-KIA	キウ-サム	SSG-KT		ハン-トゥ				NC-ロッ
28　日	LG-KIA	キウ-サム	SSG-KT		ハン-トゥ				NC-ロッ
29　月									
30　火	トゥ-サム				ハン-SSG		KIA-KT	ロッ-キウ	NC-LG

2024年　韓国プロ野球　公式戦日程表

試合開始時間　平日18時30分　土曜日17時　日・休日14時　※金、土曜日の試合が中止の場合、翌日ダブルヘッダーに

5月

5月の気候
最も快適な時期です。6月上旬までは
特に野球観戦に適しています。

ソウルの5月の気候
平均気温…19.5度（2023年）
日没…19時35分（5月15日）

参考：東京の5月の気候
平均気温…19.0度（2023年）
日没…18時39分（5月15日）

日付		チャムシル(蚕室) トゥサン LG	コチョク(高尺) キウム	インチョン(仁川) SSG	スウォン(水原) KT	テジョン(大田) ハンファ	テグ(大邱) サムソン	クァンジュ(光州) KIA	プサン(釜山) ロッテ	チャンウォン(昌原) NC
1	水	トゥ-サム				ハン-SSG		KIA-KT	ロッ-キウ	NC-LG
2	木	トゥ-サム				ハン-SSG		KIA-KT	ロッ-キウ	NC-LG
3	金	LG-トゥ		SSG-NC	KT-キウ		サム-ロッ	KIA-ハン		
4	土	LG-トゥ		SSG-NC	KT-キウ		サム-ロッ	KIA-ハン		
5	日	LG-トゥ		SSG-NC	KT-キウ		サム-ロッ	KIA-ハン		
6	月									
7	火	LG-SSG	キウ-トゥ		KT-NC		サム-KIA		ロッ-ハン	
8	水	LG-SSG	キウ-トゥ		KT-NC		サム-KIA		ロッ-ハン	
9	木	LG-SSG	キウ-トゥ		KT-NC		サム-KIA		ロッ-ハン	
10	金	トゥ-KT				ハン-キウ		KIA-SSG	ロッ-LG	NC-サム
11	土	トゥ-KT				ハン-キウ		KIA-SSG	ロッ-LG	NC-サム
12	日	トゥ-KT				ハン-キウ		KIA-SSG	ロッ-LG	NC-サム
13	月									
14	火	LG-キウ		SSG-サム	KT-ロッ	ハン-NC		KIA-トゥ		
15	水	LG-キウ		SSG-サム	KT-ロッ	ハン-NC		KIA-トゥ		
16	木	LG-キウ		SSG-サム	KT-ロッ	ハン-NC		KIA-トゥ		
17	金	トゥ-ロッ	キウ-SSG		KT-LG		サム-ハン			NC-KIA
18	土	トゥ-ロッ	キウ-SSG		KT-LG		サム-ハン			NC-KIA
19	日	トゥ-ロッ	キウ-SSG		KT-LG		サム-ハン			NC-KIA
20	月									
21	火	トゥ-SSG	キウ-NC			ハン-LG	サム-KT		ロッ-KIA	
22	水	トゥ-SSG	キウ-NC			ハン-LG	サム-KT		ロッ-KIA	
23	木	トゥ-SSG	キウ-NC			ハン-LG	サム-KT		ロッ-KIA	
24	金	LG-NC		SSG-ハン	KT-キウ			KIA-トゥ	ロッ-サム	
25	土	LG-NC		SSG-ハン	KT-キウ			KIA-トゥ	ロッ-サム	
26	日	LG-NC		SSG-ハン	KT-キウ			KIA-トゥ	ロッ-サム	
27	月									
28	火	トゥ-KT		SSG-LG		ハン-ロッ	サム-キウ			NC-KIA
29	水	トゥ-KT		SSG-LG		ハン-ロッ	サム-キウ			NC-KIA
30	木	トゥ-KT		SSG-LG		ハン-ロッ	サム-キウ			NC-KIA
31	金	トゥ-LG	キウ-SSG				サム-ハン	KIA-KT	ロッ-NC	

5月の祝日　・5日　こどもの日　・6日　振替休日　・15日　釈迦誕生日

2024年　韓国プロ野球　公式戦日程表

6月

6月の気候
下旬から梅雨に入ります。北部と南部では降雨量に差があるので、地域の天気にご注意を。

ソウルの6月の気候
平均気温…23.4度（2023年）
日没…19時55分（6月15日）

参考：東京の6月の気候
平均気温…23.2度（2023年）
日没…18時59分（6月15日）

日付		チャムシル(蚕室)トゥサンLG	コチョク(高尺)キウム	インチョン(仁川)SSG	スウォン(水原)KT	テジョン(大田)ハンファ	テグ(大邱)サムソン	クァンジュ(光州)KIA	プサン(釜山)ロッテ	チャンウォン(昌原)NC
1	土	トゥ-LG	キウ-SSG				サム-ハン	KIA-KT	ロッ-NC	
2	日	トゥ-LG	キウ-SSG				サム-ハン	KIA-KT	ロッ-NC	
3	月									
4	火	LG-キウ		SSG-サム	KT-ハン			KIA-ロッ		NC-トゥ
5	水	LG-キウ		SSG-サム	KT-ハン			KIA-ロッ		NC-トゥ
6	木	LG-キウ		SSG-サム	KT-ハン			KIA-ロッ		NC-トゥ
7	金	トゥ-KIA	キウ-サム		KT-LG	ハン-NC			ロッ-SSG	
8	土	トゥ-KIA	キウ-サム		KT-LG	ハン-NC			ロッ-SSG	
9	日	トゥ-KIA	キウ-サム		KT-LG	ハン-NC			ロッ-SSG	
10	月									
11	火	トゥ-ハン		SSG-KIA			サム-LG		ロッ-キウ	NC-KT
12	水	トゥ-ハン		SSG-KIA			サム-LG		ロッ-キウ	NC-KT
13	木	トゥ-ハン		SSG-KIA			サム-LG		ロッ-キウ	NC-KT
14	金	LG-ロッ	キウ-トゥ		KT-KIA	ハン-SSG				NC-サム
15	土	LG-ロッ	キウ-トゥ		KT-KIA	ハン-SSG				NC-サム
16	日	LG-ロッ	キウ-トゥ		KT-KIA	ハン-SSG				NC-サム
17	月									
18	火	トゥ-NC			KT-ロッ	ハン-キウ	サム-SSG	KIA-LG		
19	水	トゥ-NC			KT-ロッ	ハン-キウ	サム-SSG	KIA-LG		
20	木	トゥ-NC			KT-ロッ	ハン-キウ	サム-SSG	KIA-LG		
21	金	LG-KT	キウ-ロッ	SSG-NC			サム-トゥ	KIA-ハン		
22	土	LG-KT	キウ-ロッ	SSG-NC			サム-トゥ	KIA-ハン		
23	日	LG-KT	キウ-ロッ	SSG-NC			サム-トゥ	KIA-ハン		
24	月									
25	火	LG-サム	キウ-NC	SSG-KT		ハン-トゥ			ロッ-KIA	
26	水	LG-サム	キウ-NC	SSG-KT		ハン-トゥ			ロッ-KIA	
27	木	LG-サム	キウ-NC	SSG-KT		ハン-トゥ			ロッ-KIA	
28	金	トゥ-SSG			KT-サム			KIA-キウ	ロッ-ハン	NC-LG
29	土	トゥ-SSG			KT-サム			KIA-キウ	ロッ-ハン	NC-LG
30	日	トゥ-SSG			KT-サム			KIA-キウ	ロッ-ハン	NC-LG

6月の祝日　・6日　顕忠日

2024年　韓国プロ野球　公式戦日程表

7月

試合開始時間　日18時30分　土曜日18時　日・休日17時

7月の気候
6月下旬から梅雨が続きます。梅雨が明けると夏本番。全般的に日本の気候に似ています。

ソウルの7月の気候
平均気温…26.7度（2023年）
日没…19時53分（7月15日）

参考：東京の7月の気候
平均気温…28.7度（2023年）
日没…18時57分（7月15日）

日付	チャムシル(蚕室)トゥサン LG	コチョク(高尺)キウム	インチョン(仁川) SSG	スウォン(水原) KT	テジョン(大田)ハンファ	テグ(大邱)サムソン	クァンジュ(光州) KIA	プサン(釜山)ロッテ	チャンウォン(昌原) NC
1 月									
2 火	トゥ-ロッ	キウ-LG			ハン-KT	サム-KIA			NC-SSG
3 水	トゥ-ロッ	キウ-LG			ハン-KT	サム-KIA			NC-SSG
4 木	トゥ-ロッ	キウ-LG			ハン-KT	サム-KIA			NC-SSG
5 金									
6 土			オールスター戦						
7 日									
8 月									
9 火	LG-KIA	キウ-ハン	SSG-ロッ	KT-トゥ		サム-NC			
10 水	LG-KIA	キウ-ハン	SSG-ロッ	KT-トゥ		サム-NC			
11 木	LG-KIA	キウ-ハン	SSG-ロッ	KT-トゥ		サム-NC			
12 金	トゥ-サム				ハン-LG		KIA-SSG	ロッ-KT	NC-キウ
13 土	トゥ-サム				ハン-LG		KIA-SSG	ロッ-KT	NC-キウ
14 日	トゥ-サム				ハン-LG		KIA-SSG	ロッ-KT	NC-キウ
15 月									
16 火	LG-SSG	キウ-KT					KIA-サム	ロッ-トゥ	NC-ハン
17 水	LG-SSG	キウ-KT					KIA-サム	ロッ-トゥ	NC-ハン
18 木	LG-SSG	キウ-KT					KIA-サム	ロッ-トゥ	NC-ハン
19 金	LG-トゥ		SSG-キウ	KT-NC	ハン-KIA	サム-ロッ			
20 土	LG-トゥ		SSG-キウ	KT-NC	ハン-KIA	サム-ロッ			
21 日	LG-トゥ		SSG-キウ	KT-NC	ハン-KIA	サム-ロッ			
22 月									
23 火	トゥ-キウ			KT-SSG	ハン-サム		KIA-NC	ロッ-LG	
24 水	トゥ-キウ			KT-SSG	ハン-サム		KIA-NC	ロッ-LG	
25 木	トゥ-キウ			KT-SSG	ハン-サム		KIA-NC	ロッ-LG	
26 金	LG-ハン	キウ-KIA	SSG-トゥ			サム-KT			NC-ロッ
27 土	LG-ハン	キウ-KIA	SSG-トゥ			サム-KT			NC-ロッ
28 日	LG-ハン	キウ-KIA	SSG-トゥ			サム-KT			NC-ロッ
29 月									
30 火	LG-サム	キウ-NC	SSG-ロッ	KT-ハン			KIA-トゥ		
31 水	LG-サム	キウ-NC	SSG-ロッ	KT-ハン			KIA-トゥ		

日程
L
G
K
T
SSG
N
C
トゥサン
K
I
A
ロッテ
サムソン
ハンファ
キウム
記録

2024年　韓国プロ野球　公式戦日程表

試合開始時間　平日18時30分　土曜日18時　日・休日17時

8月

8月の気候
中旬から台風の影響を受け、最も雨の多い時期となります。観戦の際は念のため雨具を。

ソウルの8月の気候
平均気温…27.2度（2023年）
日没…19時24分（8月15日）

参考：東京の8月の気候
平均気温…29.2度（2023年）
日没…18時31分（8月15日）

日付		チャムシル(蚕室) トゥサン LG	コチョク(高尺) キウム	インチョン(仁川) SSG	スウォン(水原) KT	テジョン(大田) ハンファ	テグ(大邱) サムソン	クァンジュ(光州) KIA	プサン(釜山) ロッテ	チャンウォン(昌原) NC
1	木	LG-サム	キウ-NC	SSG-ロッ	KT-ハン			KIA-トゥ		
2	金	トゥ-キウ				ハン-KIA	サム-SSG		ロッ-LG 観戦ツアー	NC-KT
3	土	トゥ-キウ				ハン-KIA	サム-SSG 観戦ツアー		ロッ-LG	NC-KT
4	日	トゥ-キウ				ハン-KIA 観戦ツアー	サム-SSG		ロッ-LG	NC-KT
5	月									
6	火	トゥ-LG	キウ-SSG				サム-ハン	KIA-KT	ロッ-NC	
7	水	トゥ-LG	キウ-SSG				サム-ハン	KIA-KT	ロッ-NC	
8	木	トゥ-LG	キウ-SSG				サム-ハン	KIA-KT	ロッ-NC	
9	金	LG-NC		SSG-トゥ	KT-ロッ	ハン-キウ		KIA-サム		
10	土	LG-NC		SSG-トゥ	KT-ロッ	ハン-キウ		KIA-サム		
11	日	LG-NC		SSG-トゥ	KT-ロッ	ハン-キウ		KIA-サム		
12	月									
13	火	トゥ-ロッ	キウ-KIA			ハン-LG	サム-KT			NC-SSG
14	水	トゥ-ロッ	キウ-KIA			ハン-LG	サム-KT			NC-SSG
15	木	トゥ-ロッ	キウ-KIA			ハン-LG	サム-KT			NC-SSG
16	金	LG-KIA		SSG-ハン	KT-トゥ				ロッ-キウ	NC-サム
17	土	LG-KIA		SSG-ハン	KT-トゥ				ロッ-キウ	NC-サム
18	日	LG-KIA		SSG-ハン	KT-トゥ				ロッ-キウ	NC-サム
19	月									
20	火	LG-SSG			KT-キウ	ハン-NC	サム-トゥ	KIA-ロッ		
21	水	LG-SSG			KT-キウ	ハン-NC	サム-トゥ	KIA-ロッ		
22	木	LG-SSG			KT-キウ	ハン-NC	サム-トゥ	KIA-ロッ		
23	金	トゥ-ハン	キウ-LG	SSG-KT			サム-ロッ			NC-KIA
24	土	トゥ-ハン	キウ-LG	SSG-KT			サム-ロッ			NC-KIA
25	日	トゥ-ハン	キウ-LG	SSG-KT			サム-ロッ			NC-KIA
26	月									
27	火	LG-KT	キウ-サム					KIA-SSG	ロッ-ハン	NC-トゥ
28	水	LG-KT	キウ-サム					KIA-SSG	ロッ-ハン	NC-トゥ
29	木	LG-KT	キウ-サム					KIA-SSG	ロッ-ハン	NC-トゥ
30	金									
31	土									

8月の祝日　・15日　光復節

2024年　韓国プロ野球　公式戦日程表

9月

試合開始時間　平日18時30分　土曜日17時　日・休日14時　※金、土曜日の試合が中止の場合、翌日ダブルヘッダーに

9月の気候	ソウルの9月の気候	参考:東京の9月の気候
台風が来なければ過ごしやすいです。日中日差しが強い日もありますが、朝晩は冷えることも。	平均気温…23.7度（2023年） 日没…18時40分（9月15日）	平均気温…26.7度（2023年） 日没…17時48分（9月15日）

日付	D T	K	L	🅦	E	SL	T	G	D
球場 チーム	チャムシル （蚕室） トゥサン LG	コチョク （高尺） キウム	インチョン （仁川） SSG	スウォン （水原） KT	テジョン （大田） ハンファ	テグ （大邱） サムソン	クァンジュ （光州） KIA	プサン （釜山） ロッテ	チャンウォン （昌原） NC
			以下、未編成分						
	LG-ハン	キウ-KT	SSG-LG	KT-サム	ハン-KT	サム-LG	KIA-キウ	ロッ-KT	NC-LG
	LG-ハン	キウ-トゥ	SSG-NC	KT-サム	ハン-SSG	サム-NC	KIA-キウ	ロッ-SSG	NC-トゥ
	LG-トゥ	キウ-ロッ	SSG-KIA	KT-LG	ハン-トゥ	サム-KIA	KIA-LG	ロッ-トゥ	NC-ロッ
	LG-ロッ	キウ-ハン	SSG-ロッ	KT-SSG	ハン-ロッ	サム-キウ	KIA-NC	ロッ-KIA	NC-ハン
	LG-キウ		SSG-サム	KT-NC	ハン-サム		KIA-ハン	ロッ-サム	NC-キウ
	トゥ-KT		SSG-キウ	KT-KIA					
	トゥ-SSG								
	トゥ-NC								
	トゥ-KIA								
	トゥ-サム								

9月の祝日　・16日〜18日　秋夕

※地上波テレビ中継の放送時間などに合わせ、試合開始時間が変更になる場合があります。
変更された日程等は、主催者の公式発表や報道機関、または下記サイトにてご確認ください。
韓国プロ野球応援サイト ストライク・ゾーン
https://strike-zone.jp/

現地でしか味わえない、熱くて華やかな韓国プロ野球の観戦

（東京都　男性）

観戦ツアーにひとりで初参加しました。

韓国への旅行は2回目で「韓国プロ野球の球場に一度行ってみたい」だけどハングルはほとんど読めないしチケットの入手もハードルが高いなと思っていたところ、このツアーを見つけました。主催者は3月に開催されたWBCで韓国チームを解説していた室井さんで、いろんな話が聞けそう！ということで、すぐに申し込みました。

最初は不安でしたが、参加者は老若男女さまざまで、私のようにひとりの参加の方も多く、リピーターの方に声をかけて頂き、すぐに打ち解けました。また日本語を話せる現地ガイドが同行して、両替やお土産を買う際にサポートして頂き、ストレスを感じることがありませんでした。

2泊3日でソウル周辺の2つの球場（コチョクスカイドームとチャムシル）で観戦しましたが、一番驚いたのは、20代くらいの若い女性の観客の多さです。若いカップルで、日本だと女性は男性に連れられて…というケースがよくありますが、韓国では逆に、女性の方が応援団の歌に乗ってノリノリという光景が多かったです。

韓国プロ野球はWBCも予選ラウンドで敗退して停滞していると思われがちですが、実際は全然印象が違いました。応援団は掛け声やダンスで盛り上げ、イニング間もイベントを行い、観客を飽きさせません。むしろ日本は観客の年齢層が高くなってきていて、見習うところがいっぱいありそうです。

ツアーの中で、参加者によるじゃんけん大会があり、トゥサンベアーズの芹澤コーチのユニフォームを幸運にもゲットしました！その後、ご本人の直筆のサインも頂きました。

芹澤コーチは夜の懇親会にも参加し、巨人で活躍したイ・スンヨプ監督のことや日本と韓国のトレーニング方法の違いなど興味深い話を聞かせて頂きました。観戦だけでなく球場の裏側や、日本にゆかりのある選手・コーチと触れ合うことができるのはこのツアーの大きな魅力だと思います。

また、韓国での楽しみの一つが食事でホテルでの朝食はもちろんのこと、1日目の夜はキンパなどが入ったお弁当、2日目の昼は韓国風そばやチジミ、夜はサムギョプサル。3日目の昼はプデチゲ、そして球場ではビール（Kellyというビールは初めて知りました）におつまみ、おまけに、試合終了後にホテルに戻った後に有志で江南の居酒屋へ繰り出し…と満喫しまくりました。

「海外でまったり野球観戦」は、野球好きなら贅沢な時間だと思います。天気にもめぐまれ、いずれの試合も接戦のゲームでした（「韓国のイチロー」ことキウムのイ・ジョンフが怪我で欠場して見れなかったのが唯一の残念）。

専門家の室井さんに、素朴な疑問やディープなことまであれこれ質問したり、室井さん著の『韓国プロ野球観戦ガイド＆選手名鑑』を片手に「この選手、まだ若いな」、「この外国人選手、昔日本にいたよね」と参加者とワイワイ話したり、綺麗なチアリーダーのダンスを横目で見て、一緒に歓声をあげたり、球場を散策してグルメやグッズを見て回り、日本との違いを見つけたり、詳しい方からライトな方まで、いろいろな楽しみ方ができるおすすめのツアーです。

次はプサンに行きたいな〜。

韓国各地を訪ねてみよう！ 2024

お好みの移動手段でソウル、プサン以外の都市も訪れてみては？

「韓国でいろんな球場に行ってみたい！」という人もいるでしょう。その場合、移動手段のチェックが欠かせません。このページでは韓国国内の移動手段についてご説明します。運賃、時間、快適さなど、自分に合った移動法を探してみてください。乗り物好きならあれこれ試してみては？

飛行機

ソウルから地方都市へ向かう際、最も速い移動手段が飛行機。ほとんどがソウルを起点に南北へ進むルートで、国内を東西に行き来する場合には向きません。野球観戦に利用できるのは、ソウル-プサン、ソウル-クァンジュ路線。どちらも50分程で目的地に到着します。

鉄道（長距離列車）

長距離列車には大きく分けて3種類あります。

KTX（高速鉄道） ▶ 2004年に誕生。ソウル-プサン間を約2時間50分（運賃：約59,800ウォン）で結びます。クァンジュ方面へ向かうホナム（湖南）線も専用線化され時間が短縮されました。最高時速300kmを超えるスピードと、海外からでもネット予約（日本語版あり）できる利便性、車内での無線LAN接続が可能などメリットは多いです。ただし新型車両を除き、座席が狭いのが難点です。また2016年12月にソウル南東部のスソ（水西）駅を起点とし、KTXに乗り入れる高速鉄道・SRTが開業。カンナム（江南）エリアから地方への足が便利になりました。

ITXセマウル ▶ セマウル号に代わって2014年に誕生した列車。ソウル-プサン間を約4時間40分（約43,000ウォン）で結びます。赤い車体が印象的です。KTXが停車しない駅にも止まるので、小都市を訪ねる人には重要な足です。

ムグンファ号 ▶ 安さが魅力の急行列車。ソウル-プサン間を約5時間20分（約29,000ウォン）で結びます。車内のややさびれた雰囲気が、旅情を感じます。

高速バス

全国をくまなく走る高速バスは、南北の移動はもちろん、東西の移動や中都市への移動に便利です。ソウル-プサン間は約4時間20分（約32,000ウォン）。深夜も数多くの本数が運行され、安価で有効な交通手段となっています。ゆったり独立シートの優等バスと、一般座席のバスが別々に運行。発着場所は各地域のバスターミナルですが、地域内に複数のバスターミナルがあり、行き先によって発着ターミナルが異なる場合もあります。そのため、事前の確認が必要です。

※バス、鉄道の運賃は座席、曜日などで異なるため、平均的な金額を記しています。

地下鉄

首都圏3球場とテグ、プサンは地下鉄駅が徒歩圏内なので利用する機会は多いでしょう。首都圏の場合、1回のみの乗車でも日本のSuicaやICOCAのようなプラスチック製カードを券売機で購入する必要があります。このカードは保証金500ウォンが別途必要で、使用済みカードを返却すると保証金が返金されます。地下鉄を何度も利用する人にとって1回用のカードはちょっと不便。ということで滞在中何度も乗るという人は、「T-moneyカード」がオススメです。事前に現金をチャージでき、乗車料金が割引になるほかバスやコンビニでも使えます。首都圏の地下鉄の初乗りはT-money使用で1,400ウォン（約154円）、2024年中に1,550ウォン（約171円）に値上げ予定です。

タクシー

料金はソウルの場合、一般タクシーが初乗り1.6km4,800ウォン（約528円）。乗り方は日本と同じで、車体上の照明が点灯しているか、「빈차（空車）」という赤い表示が点いている車を手を挙げて停めます。配車アプリ「カカオタクシー」は日本語表示があって行き先のトラブルも軽減されるので便利です（韓国のクレジットカードがない場合、現金で決済）右側通行であること、ドアが手動なのが日本と異なる点です。

路線バス

韓国語が不慣れな人にはちょっとハードル高めなのが路線バス。しかし駅の階段を昇り降りする手間が省け便利です。地下鉄同様にT-moneyカードが使用でき、他のバスや地下鉄に乗り換える際は、車内のセンサーにカードをタッチすると、乗り換え割引が適用されます。

※感染症の拡大により、各交通機関の運行状況が変更になる場合があります。

ビギナー大歓迎！
4ページでわかる
韓国プロ野球

ワールド・ベースボール・クラシック（WBC）やオリンピックといった野球の国際大会が行われるたびに多くのメディアで躍る、韓国代表に対しての「宿敵」、「最大のライバル」という言葉。しかし大会が終わるとそれまでの煽りがウソのように、韓国球界のことが伝えられることはありません。そしてまた日韓戦が近づくと、韓国選手がマウンド上に国旗を立てた十数年前の映像が幾度も流され、「負けられない一戦」と報じられます。その繰り返しです。

あなたは韓国のプロ野球リーグが現在何チームで、年間何試合を戦っているか知っていますか？人気はあるの？日本人選手は？

国際大会での盛り上げ役の姿だけではない、日本と共にアジアの野球界をリードしてきた韓国球界のこれまでといまについて紹介します。

国策でスタートして四十余年
現在は1リーグ10球団

人口約5,000万人で日本の半分以下の韓国。しかし韓国プロ野球KBOリーグは日本（NPB）と大きく差のない10球団で行われている。公式戦試合数もNPBとほぼ同じ144試合。異なるのは日本がセ・パの2リーグ制なのに対し、韓国は1リーグ制だということだ。KBOリーグは1982年の発足以来1999、2000年の2シーズンに2リーグ制が採用されたのを除き、単一リーグで運営されている。その年の優勝チームは公式戦5位以上が出場可能な「ポストシーズン」の勝ち上がりで決まる。

NPBではパ・リーグが2004年から、セ・リーグが2007年から「クライマックスシリーズ（プレーオフ）」を導入しているが、KBOではその十数年前から「Aクラス（上位半分）

に入れば優勝の可能性がある」順位決定方式が取られている（P.184参照）。

日韓の共通点に「球団名」がある。NPBはメジャーリーグベースボール（MLB）やサッカーJリーグとは異なり、親会社の名前を球団名に冠している。80年を超える歴史の中で、新聞、鉄道、食品、流通、通信、ITといった時代を象徴する業界の企業が球団を保有してきたNPB。その企業名をファンは連呼している。

韓国も6球団でスタートしたリーグ発足時以来、球団名に企業の名が入っている。現在まで40年以上、親会社、球団名を変えていないのは2チーム。電子部門を中心とした財閥企業、サムスンが母体のサムスンライオンズ（P.132）と、日本では製菓で知られるが、韓国では流通、建設と幅広い分野で事業を手掛けるロッテのロッテジャイアンツ（P.116）だ。

なおキウムヒーローズ（P.164）は親会社が企業を保有するのではなく、運営会社が命名権を取得した企業からのスポンサー料を資金とし運営している。ネット証券大手のキウム証券は2019年からヒーローズのメインスポンサーとなり、2028年までの契約が締結されている。球界創成期から球団を保有する財閥

系企業に加え、韓国も近年は通信、IT関連企業が参入している。

「韓国で巨人みたいなチームはどこ？」。日本のファン、メディアからよく聞かれる質問だ。答えは「ない」。日本のプロ野球は読売新聞社主導で始まった経緯と、隆盛を誇った期間の長さから巨人が球界の中心的な役割を担っている。しかしKBOは日本とは成り立ちが大きく異なる。

韓国でプロ野球発足を推進したのは国家だ。1980年代半ばまで民主化を求める国民と政府の対立が続いていた韓国。そんな中、国民の政治への関心をスポーツに向けようと時の大統領チョン・ドゥファンは政策の一つとしてプロ野球をスタートさせた。1982年、当時のチーム数は6。財閥企業に球団保有を持ち掛け、創業者の出身地などゆかりのある地域をそれぞれの本拠地とした。国民の地元愛がチームを支え、高校、実業団野球で高まっていた野球熱を背に盛り上がりを見せた。

グループ単位の若者が
飲んで食べて歌って楽しむ

近年、日本では野球場で試合以外の楽しみも提供する「ボールパーク化」が進んでいるが、韓国では日本でその熱が高まる以前の2000年代初めから着手している。日本の球場ではスコアをつけながらの観戦や、仕事帰りに球場に訪れる個人の観客の姿が見られるが、韓国ではグループ単位の来場者が中心だ。

彼らの目的は試合観戦だけではなく、仲間との飲食も楽しみの一つで、KBOの本拠地球場は日本よりもテーブル席が占める割合が多い。テーブル席が増えると全体の座席数は減るが、KBOでは平日と休日の観客動員数の差が大きく、平日に満席になることはほぼない。座席数を減らしても、一般座席よりも価格帯が上がり需要が高いテーブル席が埋まることで、経営上のプラス効果を生み出している。

KBOの応援スタイルは「日本の都市対抗野球」に例えられることが少なくない。内野スタンドにステージを設け応援団長とチアリーダーが応援の指揮を執るという共通点からだろう。しかしその他は異なる点が多い。KBOの応援は楽器（トランペットなど）の演奏ではなく、ステージ上に設置されたスピーカーから流れる選手別の応援歌、球団歌の音源がベース。それに合わせた歌詞と振り付けで観客が歌い、踊るというのが特徴だ。

チアリーダーは「ダンサー」の趣が強く、身長170cm超の比較的高身長の女性が1球団あたり4〜8人程度在籍し、応援のリードのみならずイニング間にはダンスも披露する。その内容はヒットナンバーを用いたものが多く、セクシーな振り付けが少なくないことが都市対抗やNPBとの大きな違いだ。

球団は応援を「来場者へのファンサービス」と考え、本拠地球場での応援の指揮は球団主導で行われている。それを指揮するのがイベント会社から派遣され、シーズン中契約を結ぶ「プロの応援団長」とチアリーダーだ。ホームゲームとソウルを中心とした首都圏の帯同が基本的な活動となっている。

首都圏の球場を重視する理由には韓国の「首都一局集中」がある。そのためKBOでは人口が少ない首都圏以外を本拠地とする球団に不利益が生じないよう、入場券収入から経費を除いた28％がビジターチームにも配分される仕組みがある。近年は首都圏以外の遠征にも応援団長、チアリーダーを派遣する球団が増えた。相手チームの本拠地であっても来場者が増えれば見返りがあるからだ。

また韓国はIT関連のインフラやコンテンツが日本よりも早い段階で浸透し、インターネットでの中継配信が20年以上前から行われている。そのためプロ野球に興味を持った若い世代が情報に触れるコンテンツが以前から多かった。ハイライト映像の視聴や球団公式YouTubeによる選手の素顔紹介などが早くか

ら定着し、球団と選手を身近に感じられる機会を数多く提供している。

日本よりも
メジャー行きにシフト

「最近、韓国人選手来ないよね？」

　NPBの韓国人プレーヤーは2016年のイ・デウン（千葉ロッテ）、ハ・ジェフン（ヤクルト、P.65）以後いない。どちらも高卒後、KBO入りせずアメリカに渡った選手だ。KBOからNPB入りとなると、2015年までソフトバンクに在籍しチームの優勝に貢献したイ・デホ、抑えとしてタイトルを獲得した阪神のオ・スンファン（P.138）が最後だ。その背景には韓国のスター選手にとって、メジャーリーグが手に届く存在になったことがある。

　2012年オフ、ハンファの左腕投手リュ・ヒョンジン（P.154）がポスティングシステムを利用してロサンゼルス・ドジャース入り。13人目の韓国人メジャーリーガーとなった。それまではアマチュアから渡米、またはKBOからNPBを経てのMLB入りだったが、リュ・ヒョンジンはKBOから直接MLB入りした初の選手となった。そのリュ・ヒョンジンの活躍によりMLBでのKBO選手への評価が高まり、以後2023年までにカン・ジョンホ、キム・グァンヒョン（現SSG、P.60）、キム・ハソン（現パドレス）ら7選手が太平洋を渡った。

　では韓国選手のNPBへの興味がなくなったのかというとそうではない。日本でやってみたいという思いはあっても各球団が外国人打者に求める長打力、投手に求める球速を備える選手は見当たらない。仮にNPB球団からオファーがあったとしても年俸2億円で2年契約が概ね上限となる。

　一方でKBOでのFA交渉では4年契約が基本線で金額的にも大型契約が見込めるため、NPB球団の提示は見劣りする。また日韓は時差がなく試合が同時間帯に行われるため、よ

ほどの活躍をしない限りNPBでのプレーが注目される可能性は低い。

　またNPBで活躍できなかった場合は「海外進出失敗」のレッテルが貼られてしまう。だがMLB入りした選手の場合、結果が伴わなくても現状では「挑戦した」として好意的に取られる傾向にある。今オフもKBOナンバーワンの巧打者イ・ジョンフがポスティングシステムを利用しサンフランシスコ・ジャイアンツ入りを果たした。

日本人選手は
10年以上いない

「新浦が活躍したよね」

　50代以上と韓国野球について話すと、40年前の出来事から情報がアップデートされていない人が少なくない。KBOリーグが発足した1980年代はリーグのレベル向上のため複数のNPB出身選手が韓国入り。その代表格がNPBで十分な実績と人気を誇った新浦壽夫（P.196）らだった。その面々は韓国国籍の選手に限らず、親、祖父母など韓国にルーツのある選手が関係者の誘いなどによって渡韓。KBOでプレーした。しかしその後は制度変更もあり、日本で活躍した選手がKBOに所属するのは極めて稀だ。

　KBOは1998年から外国人選手を導入。現在の外国人枠は3人（すべて投手、野手は不可）で、NPBで戦力外になった選手が球団の求めるわずか3人の助っ人像に見合うことはほとんどない。これまでKBOでプレーした日本国籍のNPB出身者は5人（P.197）。その中で活躍した高津臣吾、門倉健はいずれもアメリカでMLBの所属球団を探している時のKBO入りとなった。いわば3Aの選手と同じ立場だった。

　門倉は2009年から2011年途中までプレー。以後、10年以上KBOには日本人選手はいない。そんな中、2020年から2023年までの4シーズン、NPB経験のない日本出身の韓国国籍の選

手が在籍した。在日コリアン3世の安田権守（登録名アン・グォンス）だ。

日本相手に8連敗中。プレミア12で再び「ライバル」となるか

　冒頭でも記したように国際大会の度に韓国は日本の「ライバル」として紹介される。しかし近年のトップチーム同士の対戦は日本が8連勝、韓国は8連敗中だ。両者の力の差が開いたという見方もできるが、接戦を続けた2006年の第1回WBC、2008年北京オリンピック（五輪）、2009年第2回WBCの時も韓国のレベルが上回っていたということではなかった。この20年弱の一番の変化は、野球日本代表が「侍ジャパン」として常設化したことがある。

　かつての日本代表は選手選考において12球団の足並みがそろわず、選手の代表チームへの意識にもばらつきがあった。また監督選考もスムーズに進まなかった。しかし現在は世代別の代表チームが構成され、選手にとって代表に選ばれて日の丸をつけることが明確な目標となっている。専任の監督やスタッフが長期的な視野でチーム運営を行い、球界全体が侍ジャパンを支える体制が整っている。

　一方で韓国も2017年にソン・ドンヨル氏を初の代表専任監督に選び、2018年ジャカルタアジア大会で金メダルの成果を残した。しかし同大会の選手選考に関して兵役免除が関連していたこともあり、野球とは無関係の市民団体や議員がソン・ドンヨル監督を非難。その理不尽な扱いに、同監督が任期途中で辞任するという事態になった。以後、長期的な代表チーム運営が進められずにいた。

　そんな中2022年3月、KBOの24代総裁（コミッショナー）にホ・グヨン氏が就任。球界出身者初の総裁となった同氏は改革に着手した。日韓が国際大会以外でも試合を行うことがレベルアップにつながり、アジアをはじめ

とした世界的な野球の盛り上がりに影響を与えると考えている。日韓定期戦の必要性を唱えNPB側と意見交換し、また2023年第5回のWBC1次ラウンドで日韓が対戦するよう尽力。3大会14年ぶりの顔合わせが実現した。

　また課題となっていた代表メンバーの世代交代を進めるため、2023年のアジア大会では独自に年齢制限を設けて代表チームを編成。その結果、金メダルを獲得し実を結んだ。代表チームの常設化には至っていないが世代交代が成功したことで、2026年のWBC、2028年のロス五輪までの長期的なプランが立てられつつある。

　では日本に対する感情はというと、韓国の選手たちは大谷翔平や山本由伸といった優れたプレーヤーをリスペクトしている。ようやく日本メディアの中にもそのことが知られるようになった。実際の状況と日本の報道のニュアンスにギャップがあることを感じ、「勝手なシナリオに落とし込まないように」という意識を持つマスコミ関係者が出始めてきている。

　今年11月には第3回のプレミア12が行われる。同大会初代王者の韓国は前回優勝チームの日本に、再び「ライバル」として相対することはできるか。

KBO インターネットなどで情報をキャッチすることが可能

好きなチームの動向や観戦旅行前の下調べなど、日本にいながら韓国プロ野球のことを知りたいという人もいるでしょう。このページではその方法をご紹介します。なお、韓国プロ野球応援サイト　ストライク・ゾーンでは、韓国球界に関する情報の一部を日本語で掲載。またP5で紹介のYahoo!ニュース 個人でも日々の情報をお伝えしています。

日程や結果、ニュースを確認する

　日程と結果を確認するのに、最も確実な方法が韓国野球委員会（KBO）のホームページを見ることです。詳細な成績や、次の試合の予告先発なども確認できます。スマホユーザーはKBOのアプリのダウンロードをおススメします。

　また、各ポータルサイトの野球コーナーやスポーツ紙のサイトも充実しています。韓国のニュース記事には日本で導入されるかなり前から読者が書き込める「コメント欄」がありましたが、誹謗中傷などが続いたことで2020年8月からスポーツ記事のコメント欄は無くなりました。

日本での中継視聴に高い壁

　「日本のテレビのCSやネット配信で韓国プロ野球は見られないのか？」という声をよく聞きます。現在、日本には韓国のエンタメなどを扱うチャンネル、サービスはありますが、スポーツ中継は放送されていません。KBOの中継権はリーグが一括管理。韓国内のネット配信は動画配信サービスのTVING（TVING）が今年から2026年までの中継権を取得しました。それによって無料配信は無くなり同サイト、アプリの有料会員のみ視聴可能。国外からの接続、海外在住外国人の会員登録は基本的にできません（変更になる場合もあり）。なおハイライト映像などはKBOや球団YouTubeチャンネル

でも配信されています。

日本で入場券は買えないの？

　平日のナイトゲームであれば当日券もありますが、週末の人気カードでは入場券が発売開始直後に売り切れ、ということもあります。前売り券は各球団のホームページからリンクされている、チケット会社などで販売されますが、日本からチケットを予約・購入するのは容易ではありません。韓国では会員登録の際に、国民1人1人に付与されている、住民登録番号や認証サービス、韓国の携帯電話番号の入力が求められるからです。カード決済に関しても、海外カードが使えないなど、敷居が高くなっています。チケットを入手するには、現地入りしてからというのが無難な方法です。

現地で事前に入場券を入手する方法

　以上の通り、日本から入場券を事前購入するのは容易ではありません。韓国滞在時に翌日以降の入場券を購入するには、韓国語が出来る人にスマホ操作を頼むか、宿泊先ホテルで相談するのがよいでしょう。日本語可能なコンシェルジュがいるホテルならば対応もスムーズです。ただしホテルスタッフが野球に詳しいとは限りません。野球通のアナタがどの球団のいつの試合を、どの座席で見たいのか明確に伝えましょう。球団ホームページのURLは本書の各球団ページに記載してあります。

ポータルサイトなどの野球項目
韓国野球委員会（KBO）
http://www.koreabaseball.com/
NAVER（ネイバー）
https://sports.news.naver.com/kbaseball/index.nhn
Daum（ダウム）
https://sports.daum.net/baseball

韓国の新聞の日本語版
朝鮮日報日本語版　http://www.chosunonline.com/
中央日報日本語版　http://japanese.joins.com/
東亜日報日本語版　https://www.donga.com/jp
聯合ニュース日本語版　https://jp.yna.co.kr/

▼NAVER
韓国を代表するポータル
サイトの野球項目

▲韓国野球委員会
独自のニュース情報もあり、
コンテンツが充実しています

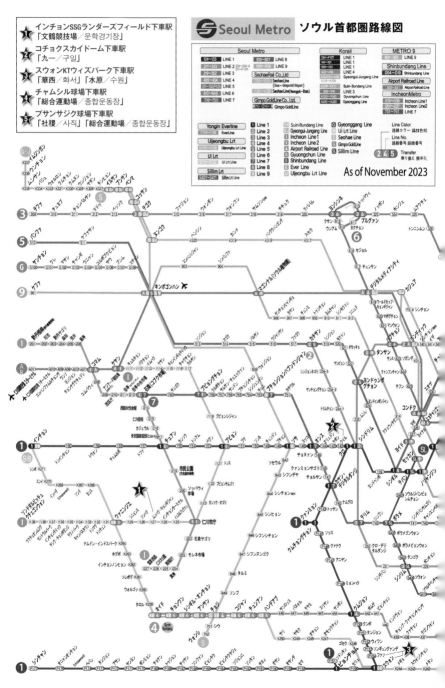

釜山地下鉄路線図

① 1号線 ② 2号線 ③ 3号線
④ 4号線 Ⓖ 釜山-金海軽電鉄 Ⓚ 東海線

LG ツインズ
LG 트윈스

LG TWINS
https://www.lgtwins.com/

縁故地 (日本における保護地域)	ソウル特別市
2023年成績	86勝56敗2分.606
順位	1位/ 韓国シリーズ制覇
チーム打率	.279 (1位)
チーム防御率	3.67 (1位)

ユニフォーム

◀ Home

Visitor ▶

럭키 (ロッキー)

球団情報

■球団事務所
　05500 ソウル特別市松坡区オリンピック路25
　蚕室野球場内　TEL／02-2005-5800
■本拠地球場／チャムシル総合運動場
■二軍球場／LGチャンピオンズパーク
　京畿道利川市大月面大平路225番キル69
　🚇地下鉄キョンガン(京江)線ブバル(夫鉢)駅から
　タクシーで20分
■2024年春季キャンプ地
　米国アリゾナ州スコッツデール
■オーナー／ク グァンモ　구광모
　球団社長／キム インソク　김인석
　球団団長 (日本におけるGM) ／
　チャ ミョンソク　차명석

年度別成績

年	順位		球団名	試合	勝	敗	分	勝率
1982		3	MBCチョンニョン	80	46	34	0	.575
1983		4	MBCチョンニョン	100	55	43	2	.561
1984		4	MBCチョンニョン	100	51	48	1	.515
1985		5	MBCチョンニョン	110	44	65	1	.404
1986		3	MBCチョンニョン	108	59	41	8	.590
1987		5	MBCチョンニョン	108	50	51	7	.495
1988		6	MBCチョンニョン	108	40	64	4	.389
1989		6	MBCチョンニョン	120	49	67	4	.425
1990	★	1	LGツインズ	120	71	49	0	.592
1991		4	LGツインズ	126	53	72	1	.425
1992		7	LGツインズ	126	53	70	3	.433
1993		4	LGツインズ	126	66	57	3	.536
1994	★	1	LGツインズ	126	81	45	0	.643
1995		3	LGツインズ	126	74	48	4	.603
1996		7	LGツインズ	126	50	71	5	.417
1997		2	LGツインズ	126	73	51	2	.587
1998		5	LGツインズ	126	61	59	1	.504
1999マジック		6	LGツインズ	132	61	70	1	.466
2000マジック		4	LGツインズ	133	67	63	3	.515
2001		6	LGツインズ	133	58	67	8	.464
2002		2	LGツインズ	133	66	67	0	.520
2003		6	LGツインズ	133	60	71	2	.458
2004		6	LGツインズ	133	59	70	4	.457
2005		6	LGツインズ	126	54	71	1	.432
2006		8	LGツインズ	126	47	75	4	.385
2007		5	LGツインズ	126	58	67	1	.483
2008		7	LGツインズ	126	46	80	0	.365
2009		7	LGツインズ	133	54	75	4	.406
2010		6	LGツインズ	133	57	71	5	.429
2011		6	LGツインズ	133	59	72	2	.450
2012		7	LGツインズ	133	57	72	4	.442
2013		3	LGツインズ	128	74	54	0	.578
2014		4	LGツインズ	128	62	64	2	.492
2015		9	LGツインズ	144	64	78	2	.451
2016		4	LGツインズ	144	71	71	2	.500
2017		6	LGツインズ	144	69	72	3	.489
2018		8	LGツインズ	144	68	75	1	.476
2019		4	LGツインズ	144	79	64	1	.552
2020		4	LGツインズ	144	79	61	4	.552
2021		4	LGツインズ	144	72	58	14	.554
2022		2	LGツインズ	144	87	55	2	.613
2023	★	1	LGツインズ	144	86	56	2	.606
通算				5347	2592	2626	129	.497

※★は優勝年　※99、00年はドリーム、マジックの2リーグ制
※勝率計算… ・82～86年:勝÷(勝＋敗)
・87～97年:{勝＋(引分×0.5)}÷試合数 ・98～08年:勝÷(勝＋敗)
・09～10年:勝÷試合数 ・11年～:勝÷(勝＋敗)

■球団小史　前身は放送局が親会社のMBC。1990年より電子、化学などを中心とするLG財閥の球団となった。愛称のツインズはソウル・ヨイド (汝矣島) にある、LG本社ビルのツインタワーによる。MBC当時からソウルを本拠地としており、チャムシル球場をトゥサンと共同使用している。昨年29年ぶりの優勝を達成。1990年から中日と提携関係を結び人的交流などがあった。

選手として在籍した主なNPB経験者

- ペク インチョン(白仁天)／東映–日拓–日本ハム–太平洋–ロッテオリオンズ–近鉄–MBC(82～83)–サムミ
- イ サンフン(サムソン・リー)／LG(93～97)–中日–LG(02)–SK–トゥサンコーチ–LGコーチ(16～18)
- イ ビョンギュ(李炳圭)／LG(97～06)–中日–LG(10～16)–LGコーチ(18～22)–サムソンコーチ
- クリス・オクスプリング／阪神–LG(07～09)–ロッテ–KT–ロッテコーチ
- ロベルト・ペタジーニ／ヤクルト–巨人–LG(08～09)–ソフトバンク
- 岡本真或／中日–西武–LG(10)–楽天

ソウル チャムシル総合運動場野球場
잠실종합운동장야구장

韓国プロ野球の
シンボル的な存在

首都・ソウルにある韓国プロ野球の中心。
ＬＧとトゥサンの２球団が本拠地使用す
るため、シーズン中は月曜日を除き、ど
ちらかのホームゲームが開催されている。
韓国野球初心者におススメの球場。

アクセス	快適さ	熱狂度
95	**75**	**95**

※ 球場の評価を独断で数値化（100点満点）
◎アクセス…近隣市街地からの利便性
◎快適さ…座席、通路、トイレの快適さや屋根の有無など
◎熱狂度…場内の盛り上がりの具合

◇05500 ソウル特別市 松坡区オリンピック路25
　　TEL/02-2240-8800
◇収容人員 23,750人
◇天然芝
◇中堅 125m　両翼 100m　フェンスの高さ 2.6m

LG主催試合チケット

LGは一塁側ベンチを使用

席種		種別	月～木	金.土.日.休日
プレミアム席	프리미엄석	おとな	80,000	80,000
テーブル席	테이블존	おとな	47,000	53,000
エキサイティングゾーン	익사이팅존	おとな	25,000	30,000
ブルー席	블루 지정석	おとな	20,000	22,000
オレンジ席(応援席)	오렌지석(응원석)	おとな	18,000	20,000
レッド席	레드 지정석	おとな	16,000	18,000
ネイビー席	네이비 지정석	おとな	13,000	15,000
グリーン席(外野)	외야석	おとな	8,000	9,000
		中高生	6,000	7,000
		こども	4,000	4,500

単位はウォン　1ウォン＝約0.11円

❶風格のあるスタジアム❷内野のオレンジ席が応援の中心❸球場外にLGとトゥサンのショップが並ぶ❹❺通路に飲食売店が並ぶ

ソウル チャムシル総合運動場野球場

ここが韓国野球の中心地!

韓国の首都である人口1千万人都市のソウル。チャムシル球場はソウル市内の中心を東西に流れる河川・ハンガン（漢江）の南側、新しい街並みが広がるカンナム（江南）地区にある。高層ビルが周囲に立ち並ぶ都会の球場だ。
1982年に竣工し、LGの前身・MBCが本拠地として使用を開始した。1986年からはOB（現・トゥサン）のホームグラウンドにもなり、現在もこの2球団が共同使用する。球場内には一塁側にトゥサン、三塁側にLGがそれぞれ球団事務所とクラブハウスを併設。収容人員は国内最大規模だ。過去に1988年のソウル五輪、1999年のシドニー五輪アジア予選などの舞台にもなった、韓国の近代野球の歴史が刻まれた場所でもある。

すべての座席でヒートアップ!

この球場が他とは異なるのは、ホームだけではなくビジター（三塁側）の声援も大きいこと。一、三塁両方に応援ステージと音響機器が設置され、ビジター側も応援団長、チアリーダーが遠征してくる。どこに座っても盛り上がること間違いなしだ。そして若者の多さに驚くことだろう。
食べ物はファストフード系からトッポッキ（餅の甘辛煮）などの軽食に加え、お肉がメインのお弁当などバラエティーに富んでいる。以前はこの球場に来れば全10球団のグッズが買えたが、近年はインターネット販売への移行がさらに進み、開催カード以外のチームグッズはわずか。球場外周にはLGとトゥサンのショップがあり、三塁側コンコースではビジターチームのグッズが販売される。

応援しよう! 応援の中心は内野オレンジ席（一塁側） スタイリッシュ＆パワフルさが魅力! **選手別応援歌**

お決まりの掛け声／無敵LG(無敵LG)

選手別応援歌

2 文宝敬
♪無敵LG 勝利 為해 날려버려라 LG의 문보경 안타!
　LG의 문보경 홈런!
☆くりかえし

10 오지환
♪無敵LG 오지환 無敵 오지환
　ウォオオオオオオ 無敵LG 오지환
☆くりかえし
原曲：너의 뒤에서 歌：박진영

17 박해민
♪날려버려 안타 박해민 オオオオオ
　박해민 無敵LG 박해민
☆くりかえし

22 김현수
♪오ー 김현수 오ー LG의 김현수
　오ー 승리를 위하여 오ー 힘차게 날려라
　오ー LG의 김현수 오ー LG의 김현수
　오ー 승리를 위하여 無敵 LG 김현수

23 오스틴
♪無敵 LG의 오스틴 딘 날려버려라 오스틴 딘
☆くりかえし

27 박동원
♪시원하게 쏘아올려 無敵LG
　박동원 승리 위해 저 끝까지 날려버려 박동원 홈런!
☆くりかえし
原曲：My Hero 歌：윤지

51 홍창기
♪홍창기 안타 안타날려 홍창기 홍창기 안타 날려버려라
　홍창기 안타 안타날려 홍창기 無敵LG의 승리를 위해
☆くりかえし

24

球場へのアクセス

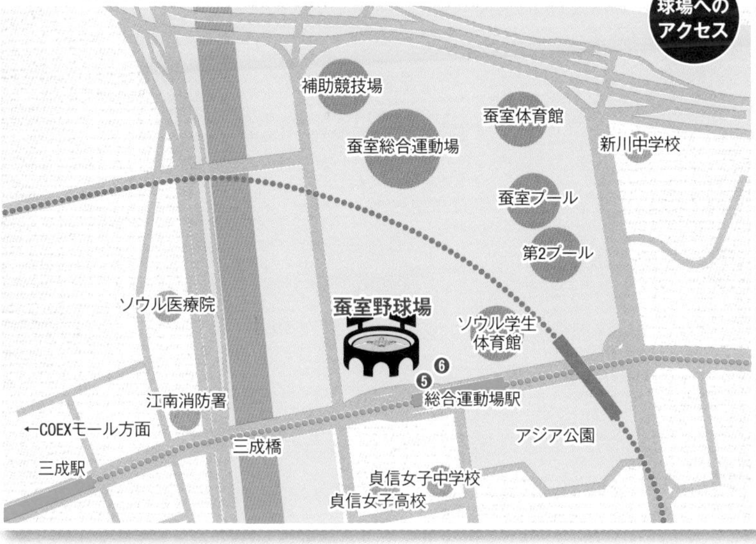
補助競技場
蚕室体育館
新川中学校
蚕室総合運動場
蚕室プール
第2プール
ソウル医療院
蚕室野球場
ソウル学生
体育館
6
5
江南消防署
総合運動場駅
←COEXモール方面
アジア公園
三成橋
三成駅
貞信女子中学校
貞信女子高校

地下鉄2号線チョンハプ ウンドンジャン（総合運動場）駅下車、5番または6番出口正面。5番出口を上がるとすぐ前が球場前広場。駅名の英語表記は「Sports Complex」だが、あまり一般的ではない。人に尋ねる時は、地下鉄路線図を見せて指し示すと良いだろう。COEXモールがある隣駅・サムソン駅からは約1km徒歩15分。

主要な場所からの移動方法

インチョン空港から

バス▶6006番空港バスに乗車し、チョンハプ ウンドンジャン（総合運動場）下車。1時間半～1時間45分。

鉄道▶空港鉄道に乗車。キムポ（金浦）空港駅でソウル地下鉄９号線（急行あり）に乗り換え、チョンハプ ウンドンジャン駅下車。約1時間50分。

キムポ空港から

鉄道▶地下鉄９号線（急行あり）に乗車し、チョンハプ ウンドンジャン駅下車。45分～1時間５分。

ソウル中心部からの移動方法

ミョンドン（明洞）駅から

地下鉄４号線に乗りトンデムン ヨクサムヌァコンウォン（東大門歴史文化公園）駅で２号線に乗り換え、チョンハプ ウンドンジャン駅へ。約40分。

ソウル駅から

地下鉄1号線に乗りノリャンジン（鷺梁津）駅で９号線に乗り換え、チョンハプ ウンドンジャン駅へ。約45分。または４号線に乗りトンデムン ヨクサムヌァコンウォン駅で２号線に乗り換え、チョンハプ ウンドンジャン駅へ。約45分。

ＳＲＴ スソ（水西）駅から

6900番バスに乗車しチョンハプ ウンドンジャン下車。約25分。

● 新加入　▲ 移籍　■ 復帰（選手）
赤字はNPB選手経験者

位置	背番号・記号	氏名	ハングル	漢字・国籍	投打
監督・コーチ					
監督	85	ヨム ギョンヨプ	염경엽	廉京燁	右右
ヘッド	81	キム ジョンジュン	김정준	金廷俊	右右
投手	71	キム ギョンテ	김경태	金京泰	左左
投手	99	キム グァンサム	김광삼	金光三	右右
打撃	97	モ チャンミン	모창민	牟昌民	右右
打撃	68	● チェ スンジュン	최승준	崔承濬	右右
守備	73	キム イルギョン	김일경	金一慶	右右
走塁/外野守備	83	▲ チョン ススン	정수성	鄭守盛	右右
作戦	84	パク ヨングン	박용근	朴龍根	右右
バッテリー	80	パク キョンワン	박경완	朴勍完	右右
QC	70	イ ホジュン	이호준	李昊俊	右右
二軍監督	72	▲ ソ ヨンビン	서용빈	徐溶彬	左右
二軍ヘッド/投手	74	キョン ホンホ	경헌호	慶憲浩	右右
二軍投手	86	シン ジェウン	신재웅	申在雄	左左
二軍打撃	94	● キム ジェユル	김재율	金齋聿	右右
二軍守備	89	ヤン ヨンヒョク	양원혁	梁元爀	右右
二軍走塁/外野守備	75	● キム ヨンウィ	김용의	金容儀	右右
二軍作戦	76	ユン ジンホ	윤진호	尹鎭浩	右右
二軍バッテリー	82	▲ チェ ギョンチョル	최경철	崔敬哲	右右
残留軍責任打撃	79	▲ ソン ジファン	손지환	孫智煥	右右
残留軍投手	93	チャン ジンヨン	장진용	張趣格	右右
残留軍走塁/内野守備	77	● チョン ジュヒョン	정주현	鄭周賢	右右
残留軍作戦/外野守備	78	ヤン ヨンドン	양영동	梁營洞	左左
ヘッドトレーナー	88	キム ヨンイル	김용일	金勇逸	右右
コンディショニング	87	アン ヨンテ	안영태	安英兌	右右
コンディショニング	98	パク チョンゴン	박종곤	朴宗坤	右右
コンディショニング	91	イ グォンヨプ	이권엽	李權燁	右右
コンディショニング	95	コ ジョンファン	고정환	高正煥	右右
コンディショニング	69	ヤン ヒジュン	양희준	梁禧埈	右右
リハビリ	92	▲ チェ サンドク	최상덕	崔尙德	右右
二軍継続コンディショニング	96	ペ ヨハン	배요한	裵繧翰	右右
二軍コンディショニング	-	チェ ジェフン	최재훈	崔載勳	右右
二軍コンディショニング	-	ユ ヒョンウォン	유현원	劉鉉元	右右
二軍コンディショニング	-	キム ジョンウク	김종욱	金鍾旭	右右
選手					
投手	0	キム ユヨン	김유영	金庾寧	左左
投手	1	イム チャンギュ	임찬규	任燦圭	右右
投手	3	ケイシ・ケルリ	켈리	アメリカ合衆国	右右
投手	11	ハム ドクチュ	함덕주	咸德柱	左左
投手	12	キム デヒョン	김대현	金大鉉	右右
投手	13	チェ ドンファン	최동환	崔東煥	右右
投手	16	チョン ウヨン	정우영	鄭又榮	右右
投手	18	ペク スンヒョン	백승현	白昇玄	右右
投手	20	チェ ウォンテ	최원태	崔原態	右右
投手	21	イ ウチャン	이우찬	李玗澯	左左
投手	25	ペ ジェジュン	배재준	裵在俊	右右
投手	26	イ サンヨン	이상영	李祥榮	左左
投手	28	ユン ホソル	윤호솔	尹豪率	右右
投手	29	ソン ジュヨン	손주영	孫珠瑛	左左
投手	34	● ディートリック・エンス	엔스	アメリカ合衆国	左左
投手	35	キム ヨンジュン	김영준	金榮準	右右
投手	37	イ ミドゥム	이믿음	李믿음	右右
投手	39	パク ミョングン	박명근	朴明根	右右
投手	40	▲ イ ジョンジュン	이종준	李鐘濬	右右
投手	42	キム ジンソン	김진성	金珍成	右右
投手	45	キム ジンス	김진수	金眞秀	右右
投手	46	カン ヒョジョン	강효종	姜曉鐘	右右
投手	47	キム ユンシク	김윤식	金允植	左左
投手	48	● チン ウヨン	진우영	陳佑泳	右右
投手	49	● チョン ジホン	정지현	鄭旨軒	右右
投手	50	イ ジガン	이지강	李知鋼	右右
投手	54	ユ ヨンチャン	유영찬	劉泳澯	右右
投手	58	ソンドン ヒョン	성동현	成東炫	右右
捕手	27	パク トンウォン	박동원	朴東原	右右
捕手	30	ホ ドファン	허도환	許道渙	右右
捕手	32	チョン ジュンホ	전준호	全遠鎬	右右
捕手	44	キム ソンウ	김성우	金成宇	右右
捕手	55	キム ボムソク	김범석	金凡錫	右右
内野手	2	ムン ボギョン	문보경	文保景	右左
内野手	4	シン ミンジェ	신민재	申旼宰	右左
内野手	5	キム ジュソン	김주성	金周成	右右
内野手	6	ク ボンヒョク	구본혁	具本奕	右右
内野手	7	ソン ホヨン※	손호영	孫晧榮	右右
内野手	10	オ ジファン	오지환	呉智煥	右右
内野手	14	ソン チャンヌィ	송찬의	宋燦宜	右右
内野手	23	● オスティン・ディン	오스틴	アメリカ合衆国	右右
内野手	36	キム ソンジン	김성진	金成珍	右右
内野手	43	キム テウ	김태우	金泰右	右右
内野手	53	▲ キム ミンス	김민수	金旻洙	右右
内野手	56	● ソン ヨンジュン	손용준	孫縇濬	右右
内野手	64	● キム デウォン	김대원	金大原	右右
外野手	8	ムン ソンジュ	문성주	文晟柱	左左
外野手	15	アン イクフン	안익훈	安益勳	左左
外野手	17	パク ヘミン	박해민	朴海旻	左左
外野手	22	キム ヒョンス	김현수	金賢洙	左右
外野手	51	ホン チャンギ	홍창기	洪昌基	右左
外野手	52	イ ジェウォン	이재원	李載原	右右
外野手	63	チェ スンミン	최승민	崔勝珉	左左
外野手	66	● キム ヒョンジョン	김현종	金泫宗	右右
育成選手					
投手	100	カン ミン	강민	姜旻	右右
投手	101	チョ ゴンヒ	조건희	趙建熙	右右
投手	103	● キム ジョンウ	김종우	金鍾宇	右右
投手	104	● カン ソクヒョン	강석현	姜碩賢	右右
投手	105	● オ スンユン	오승윤	呉昇胤	右右
投手	109	キム ダンウ	김단우	金檀汙	右右
投手	111	ホ ヨンジュ	허용주	許溶株	右右
投手	114	▲ ペク ソンギ	백선기	白善琪	右右
投手	115	キム ウィジュン	김의준	金儀俊	右右
投手	119	ハ ヨンジン	하영진	河榮進	右右
捕手	113	パク ミンホ	박민호	朴珉渶	右右
捕手	116	● ペ ガン	배강	裵江	右右
内野手	102	キム ヒョンウク	김형욱	金亨煜	右右
内野手	107	キム ドユン	김도윤	金度潤	右右
内野手	113	▲ ハン ジヨン	한지용	韓志鎔	右右
外野手	108	● シム ギュビン	심규빈	沈揆斌	右右
外野手	110	● イ テギョム	이태겸	李泰兼	右右
外野手	112	● チェ ミョンギョン	최명경	崔明炅	右右
外野手	118	チェ ウォンヨン	최원영	崔元榮	右右
外野手	121	ハム チャンゴン	함창건	咸昌建	右右

※ロッテ ウ・ガンフン投手とトレード（3/30）

85 ヨム ギョンヨプ 廉京燁 YOUM KYOUNG YOUB
監督 56歳 34年目 右投右打

①1968.3.1②178cm65kg③光州一高-高麗大-テピョンヤン(91)-ヒョンデ(96)-ヒョンデコーチ(07)-ネクセンコーチ(10)-ネクセンセンター(12)-ネクセン監督(13)-SK監督(19)-LG監督(23)

打者	試合	安打	本塁打	打点	盗塁	三振
通算 195	896	283	5	110	83	208

現役当時のポジション：遊撃手
2016年までネクセン(現キウム)の監督、17年からはSK(現SSG)の団長(GM)ーそしてSKの監督を務めた。昨季は就任1年目でLGを29年ぶりの優勝に導き、悲願達成した。

68 チェ スンジュン 崔承準 CHOI SEUNG JUN
● 打撃 36歳 19年目 右投右打
①1988.1.11②188cm95kg③東山高-LG(06)-SK(16)-ハンファ(20)-LG(24)

84 パク ヨングン 朴龍根 PARK YONG KEUN
作戦 40歳 18年目 右投右打

①1984.1.21②172cm76kg③東草商高-檀南大-LG(07)-KT(15)-LGコーチ(19)

72 ソ ヨンビン 徐溶彬 SEO YOUNG BIN
▲ 二軍監督 53歳 31年目 左投左打
①1971.1.2②183cm82kg③善隣商高-檀国大-LG(94)-LGコーチ(10)-LGコーチ(15)-KTコーチ(21)-LGコーチ(24)⑤盗(94)

94 キム ジェユル 金齋聿 KIM JAE YUL
● 二軍打撃 35歳 14年目 右投右打

①1989.1.14②186cm99kg③光州一高-高麗大-LG(11)-LGコーチ(24)

77 チョン ジュヒョン 鄭周賢
残留軍走塁/内野守備 34歳 16年目 右投右打

78 ヤン ヨンドン 梁富洞
残留軍作戦/外野守備 41歳 19年目 左投右打

88 キム ヨンイル 金勇逸
ヘッドトレーナー 58歳 35年目 右投右打

96 ペ ヨハン 裵曘翰
二軍統轄コンディショニング 50歳 20年目

● チェ ジェフン 崔載勲
二軍コンディショニング 36歳 6年目

● ユ ヒョンウォン 劉鉉元
二軍コンディショニング 35歳 6年目

81 キム ジョンジュン 金廷俊 KIM JUNG JUN
ヘッド 54歳 33年目 右投右打

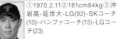

①1970.2.11②181cm84kg③沖岩高-延世大-LG(92)-SKコーチ(10)-ハンファコーチ(15)-LGコーチ(23)

99 キム グァンサム 金光三 KIM KWANG SAM
投手 44歳 26年目 右投右打

①1980.8.15②184cm90kg③信一高-LG(99)-LGコーチ(17)

73 キム イルギョン 金一慶 KIM IL KYOUNG
守備 46歳 28年目 右投右打
①1978.7.1②178cm68kg③京東高-ヒョンデ(97)-ヒーローズ(08)-LG(12)-KTコーチ(16)-ヒーローズコーチ(17)-SKコーチ(19)-キウムコーチ(23)

80 パク キョンワン 朴勍完 PARK KYUNG OAN
バッテリー 52歳 34年目 右投右打
①1972.7.11②184cm76kg③全州高-サンバンウル(91)-ヒョンデ(98)-SK(03)-SKコーチ(14)-LGコーチ(16)-LGコーチ(23)⑤M(00)、本(00,04)、ゴ(96,98,00,07)⑦五輪予選(07)、WBC(09)、アジア大会(10)

74 キョン ホンホ 慶憲浩 KYUNG HUN HO
二軍ヘッド/投手 47歳 25年目 右投右打
①1977.7.25②181cm95kg③善隣商高-漢陽大-LG(00)-LGコーチ(13)⑦アジア大会(98)

89 ヤン ウォンヒョク 梁元赫
二軍守備 33歳 11年目 右投右打

75 キム ヨンウィ 金容儀
● 二軍走塁/外野守備 39歳 17年目 右投右打

76 ユン ジンホ 尹鎭浩
二軍作戦 38歳 16年目 右投右打

87 アン ヨンテ 安英兌
コンディショニング 46歳 19年目

98 パク チョンゴン 朴宗坤
コンディショニング 45歳 19年目

91 イ グォンヨプ 李權燁
コンディショニング 41歳 16年目

● キム ジョンウク 金鍾旭
二軍コンディショニング 35歳 6年目

71 キム ギョンテ 金京泰 KIM KYUNG TAE
投手 49歳 27年目 左投左打

①1975.11.6②178cm75kg③城南高-慶熙大-LG(98)-トゥサン(02)-SK(04)-LG(09)-四国IL香川-SKコーチ(12)-LGコーチ(21)

97 モ チャンミン 牟昌珉 MO CHANG MIN
打撃 39歳 17年目 右投右打

①1985.5.8②188cm89kg③光州一高-成均館大-SK(08)-NC(13)-LGコーチ(22)

83 チョン スソン 鄭守盛 JUNG SOO SUNG
▲ 走塁/外野守備 46歳 28年目 右投右打

①1978.3.4②173cm72kg③徳寿情報高-ヒョンデ(97)-ヒーローズ(08)-ネクセンコーチ(14)-SKコーチ(17)-KTコーチ(21)-トゥサンコーチ(23)-LGコーチ(24)

70 イ ホジュン 李昊俊 LEE HO JOON
QC 48歳 31年目 右投右打

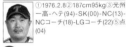

①1976.2.8②187cm95kg③光州一高-ヘテ(94)-SK(00)-NC(13)-NCコーチ(18)-LGコーチ(22)⑤点(04)

86 シン ジェウン 申載雄 SHIN JAE WOONG
二軍投手 42歳 20年目 左投左打

①1982.3.28②181cm85kg③馬山高-東義大-LG(05)-トゥサン(07)-LG(11)-SK(15)-LGコーチ(22)

82 チェ ギョンチョル 崔敬哲
▲ 二軍バッテリー 44歳 22年目 右投右打

79 ソン ジファン 孫智煥
● 残留軍責任/打撃 46歳 28年目 右投右打

93 チャン ジンヨン 張晨槞
残留軍投手 38歳 21年目 右投右打

95 コ ジョンファン 高正煥
コンディショニング 39歳 15年目

69 ヤン ヒジュン 梁喜埈
コンディショニング 35歳 2年目

92 チェ サンドク 崔尚德
▲ リハビリ 53歳 31年目 右投右打

※2021年から監督、コーチの年俸は非公表となりました。

日程
L
G
K
T
SSG
N
C
トゥサン
K
I
A
ロッテ
サムソン
ハンファ
キウム
記録

① イム チャンギュ

	임찬규	任燦圭
		IM CHAN KYU

投手　32歳　14年目

①1992.11.20②185cm80kg③徽文高-LG(11)④1億7,000万W→2億W⑥安定した制球力とカーブ、チェンジアップで緩急を生かした投球を見せ、自己最多となるチームトップの勝利数を記録。チームの優勝に貢献した。オフにはFA権を行使し4年契約で残留。今季は自身初の2年連続の規定投球回到達で連覇を目指す。⑦アジア大会(18)

年度	チーム	防御率	試合	勝利	敗戦	セーブ	投球回	安打	四球	三振
2017	LG	4.63	27	6	10	0	124 1/3	133	45	113
2018	LG	5.77	29	11	11	0	146 2/3	195	47	125
2019	LG	4.97	30	3	5	0	88 2/3	84	46	72
2020	LG	4.08	27	10	9	0	147 2/3	143	65	138
2021	LG	3.87	11	1	8	0	90 2/3	76	41	67
2022	LG	5.04	23	6	11	0	103 2/3	113	39	75
2023	LG	3.42	30	14	3	0	144 2/3	142	54	103
	通算	4.62	298	65	72	0	1075 2/3	1127	474	869

③ ケイシ・ケルリ [ケイシー・ケリー]

켈리	アメリカ合衆国
	CASEY KELLY

投手　35歳　6年目

①1989.10.4②191cm98kg③サランタ高-パドレス-ブレーブス-ジャイアンツ-LG(19)④$105万→$80万⑤勝(22)⑥19年以来、在籍の5年間続けて2ケタ勝利を記録。ツーシームと縦のスライダー、カーブで打ち取り抜群の安定感を見せた。走者を出しても併殺でピンチを切り抜けた。近年上位争いを続けるチームに大きく貢献している。

年度	チーム	防御率	試合	勝利	敗戦	セーブ	投球回	安打	四球	三振
2017	-	-	-	-	-	-	-	-	-	-
2018	-	-	-	-	-	-	-	-	-	-
2019	LG	2.55	29	14	12	0	180 1/3	164	41	126
2020	LG	3.32	28	15	7	0	173 1/3	160	40	134
2021	LG	3.15	30	13	8	0	177	160	60	142
2022	LG	2.54	27	**16**	4	0	166 1/3	144	35	153
2023	LG	3.83	30	10	7	0	178 2/3	**183**	39	129
	通算	3.08	144	68	38	0	875 2/3	811	215	684

㉗ パク トンウォン

박동원	朴東原
	PARK DONG WON

捕手　34歳　16年目

①1990.4.7②178cm92kg③開成高-ヒーローズ(09)-KIA(22)-LG(23)③3億W→25億W⑥移籍1年目の昨季は主に7番に座り、自身2度目の20本塁打超えを果たした。豪快にレフトスタンドに運ぶ、昔の長距離砲を思わせるスイングを見せる。正捕手としてチームの優勝に貢献し、プレーヤーとして全盛期を迎えている。

年度	チーム	打率	試合	打数	安打	本塁打	打点	盗塁	四球	三振
2017	ネクセン	.270	107	256	69	11	39	2	17	56
2018	ネクセン	.248	39	117	29	6	17	0	9	25
2019	キウム	.297	112	317	94	10	55	1	34	66
2020	キウム	.250	112	324	81	12	50	0	38	66
2021	キウム	.249	131	413	103	22	83	2	53	114
2022	KIA	.242	131	385	93	18	57	1	45	95
2023	LG	.249	130	409	102	20	75	0	69	102
	通算	.255	1156	3285	837	134	539	10	329	760

FANの声　打てる捕手　応援歌もクール！（J-Tak）

② ムン ボギョン

문보경	文保景
	MOON BO GYEONG

内野手　24歳　6年目

①2000.7.19②182cm88kg③信一高-LG(19)④1億7,000万W→3億W⑥主に6番に座り、2年続けて打率3割をマーク。チームが長年求めたレギュラー三塁手の座をしっかりつかんだ。アジア大会金メダルで兵役免除に。高いミート力を誇り確実性の高い打撃を見せる24歳はLGの明るい未来を照らす。⑦アジア大会(23)

年度	チーム	打率	試合	打数	安打	本塁打	打点	盗塁	四球	三振
2017	-	-	-	-	-	-	-	-	-	-
2018	-	-	-	-	-	-	-	-	-	-
2019	-	-	-	-	-	-	-	-	-	-
2020	-	-	-	-	-	-	-	-	-	-
2021	LG	.230	107	226	64	8	39	3	46	64
2022	LG	.315	126	406	128	9	56	7	47	56
2023	LG	.301	140	469	141	10	72	9	58	83
	通算	.289	364	1153	333	27	167	19	151	203

FANの声　笑顔が絶えないLGの癒しキャラ（たかけん）

⑩ オ ジファン

오지환	呉智煥
	OH JI HWAN

内野手　34歳　16年目

①1990.3.12②185cm80kg③京畿高-LG(09)④6億W→3億W⑤ゴ(22,23)、守(23)⑥チームの看板スターは遊撃手として2年連続のゴールデングラブ(ベスト9)。新設の守備賞も手にした。韓国シリーズでは3本塁打でMVPを獲得。数字では表せない印象的な活躍でファンを魅了した34歳は、これからもLG一筋にプレーする。⑦アジア大会(18)、五輪(21)、WBC(23)

年度	チーム	打率	試合	打数	安打	本塁打	打点	盗塁	四球	三振
2017	LG	.272	107	334	91	8	39	10	45	105
2018	LG	.278	**144**	533	148	11	74	15	59	**146**
2019	LG	.252	134	473	119	9	53	27	57	113
2020	LG	.300	141	427	128	10	72	20	40	110
2021	LG	.254	134	464	118	8	57	12	54	82
2022	LG	.269	142	494	133	25	87	20	62	107
2023	LG	.268	126	442	102	20	71	16	64	109
	通算	.265	1750	5954	1579	154	807	256	734	1505

FANの声　韓国シリーズMVPの頼れる主将！（わ）

⑰ パク ヘミン [パッケミン]

박해민	朴海旻
	PARK HAE MIN

外野手　34歳　13年目

①1990.2.24②180cm75kg③信一高-漢陽大-サムソン(12)-LG(22)④6億W→6億W⑤盗(15,16,17,18)、守(23)⑥2年続けて全試合に出場。144試合出場は自身6度目になった。今季は主に8.9番に座り、足に小技と相手投手にとって嫌な存在に。中堅手としては広い守備範囲と球際の強さで自軍の投手をピンチから救った。今季もガツガツしたプレーを見せる。⑦アジア大会(18)、五輪(21)、WBC(23)

年度	チーム	打率	試合	打数	安打	本塁打	打点	盗塁	四球	三振
2017	サムソン	.284	**144**	570	162	7	54	**40**	50	78
2018	サムソン	.299	**144**	**576**	172	9	68	**36**	56	99
2019	サムソン	.239	**144**	506	121	5	44	24	58	82
2020	サムソン	.290	132	489	142	11	46	34	39	77
2021	サムソン	.290	132	469	136	5	54	36	69	82
2022	LG	.289	**144**	570	165	4	59	26	45	74
2023	LG	.287	1384	5049	1447	51	522	368	503	835
	通算	.287	1384	5049	1447	51	522	368	503	835

FANの声　今年は通算400盗塁達成と盗塁王奪還へ！（白蘭の梨）

22 キム ヒョンス [キミョンス]
김현수　金賢洙
KIM HYUN SOO

外野手　36歳　19年目　右投左打

①1988.1.12②188cm105kg③信一高-トゥサン(06)-オリオールズ-フィリーズ-LG(18)④10億W→10億W⑤首(08,18)、③(08,09,10,15,20)⑥リーグを代表する打者だが昨季の決勝打はチーム2位の10本。大事な場面で失投を逃さずとらえた。通算安打数は現役3位。歴代で今季中に4位に到達する可能性が高い。今季も大きな存在感をチームで発揮する。⑦五輪(08,21)、WBC(09,13,23)、アジア大会(10,14,18)、プレミア12(15,19)

年度	チーム	打率	試合	打数	安打	本塁打	打点	盗塁	四球	三振
2017										
2018	LG	**.362**	117	453	164	20	101	-	47	61
2019	LG	.304	140	526	160	11	82	3	54	53
2020	LG	.331	142	547	181	22	119	0	63	53
2021	LG	.285	140	506	144	17	96	3	77	62
2022	LG	.286	141	524	150	23	106	2	71	62
2023	LG	.293	133	488	143	6	88	2	58	53
通算		.314	1944	7110	2236	241	1363	65	967	824

FANの声　異彩を放つ存在感！頼れるベテラン（明）

51 ホン チャンギ
홍창기　洪昌基
HONG CHANG KI

外野手　31歳　9年目　右投左打

①1993.11.21②189cm94kg③安山工高-建国大-LG(16)④3億W→5億1,000万W⑤ゴ(21,23)、守(23)⑥不動の1番打者として大活躍。リーグ4位の高打率をマークし、109得点はトップだった。110四死球もリーグ1位。1打席あたりの投球数4.14個もチームトップで役割を存分に果たした。低い重心で構え、バットを簡潔に出して好結果につなげている。

年度	チーム	打率	試合	打数	安打	本塁打	打点	盗塁	四球	三振
2017										
2018	LG	.167	12	18	3	0	0	1	2	8
2019	LG	.250	23	24	6	0	0	3	1	12
2020	LG	.279	135	408	114	5	39	11	83	67
2021	LG	.328	**144**	524	172	4	52	23	**109**	95
2022	LG	.286	118	437	125	1	51	13	59	75
2023	LG	.332	141	524	174	1	65	7	88	83
通算		.306	576	1939	594	11	207	73	347	360

FANの声　LGが誇る絶対的な一番バッター（たかけん）

0 キム ユヨン [キミョン]
김유영　金庚寧
KIM YU YEONG

投手　30歳　11年目　左投左打

①1994.5.2②180cm83kg③慶南高-ロッテ(14)-LG(23)④9,500万W→6,700万W⑥移籍1年目の昨季は6月に左ひじの軟骨除去手術を受けた。一軍登板は復帰後の9月。22年は68試合13ホールドの実績がある。

年度	防御率	試合	勝利	敗戦	セーブ	投球回	三振
2023	5.64	19	1	1	1	16 2/3	14
通算	5.64	197	7	3	1	167 2/3	140

11 ハム ドクチュ
함덕주　咸德柱
HAM DEOK JU

投手　29歳　12年目　左投左打

①1995.1.13②181cm78kg③原州高-トゥサン(13)-LG(21)④1億W→2億W⑥スリークォーターからの持ち前の球威とチェンジアップで昨季は16ホールド。FA権を行使し宣言残留した。今季は左ひじ手術で夏頃復帰予定。⑦APBC(17)、アジア大会(18)、プレミア12(19)

年度	防御率	試合	勝利	敗戦	セーブ	投球回	三振
2023	1.62	57	4	0	4	55 2/3	59
通算	3.50	397	35	21	59	501 2/3	515

12 キム デヒョン
김대현　金大鉉
KIM DAE HYUN

投手　27歳　9年目　右投右打

①1997.3.8②188cm100kg③善隣インターネット高-LG(16)④6,200万W→5,700万W⑥2016年のドラ1は昨季ファームで31試合に登板。リリーフを務めた。140キロ後半の速球とフォークが特長の右腕は再び一軍定着なるか。⑦APBC(17)

年度	防御率	試合	勝利	敗戦	セーブ	投球回	三振
2023	10.80	5	0	0	0	3 1/3	3
通算	5.96	135	16	21	0	306 2/3	188

13 チェ ドンファン
최동환　崔東煥
CHOI DONG HWAN

投手　35歳　16年目　右投右打

①1989.9.19②184cm83kg③京東高-LG(09)④1億500万W→1億3,000万W⑥2年続けて45試合以上に登板。短いイニングを任された。投球の3割以上を占めるフォークボールでピンチを切り抜けた。

年度	防御率	試合	勝利	敗戦	セーブ	投球回	三振
2023	3.19	45	1	0	1	42 1/3	20
通算	4.99	318	10	5	4	346 1/3	224

名鑑の見方 [NPB選手経験者は名前が白ヌキ]

背番号 氏名(現地読みに近い表記には[発音]、外国人選手のカタカナ読みには[カタカナ]を併記)　ハングル　漢字または国籍　アルファベット
●=新入団　▲=移籍　■=復帰
守備位置　年齢　年数　投打
①生年月日②身長体重③経歴( )内は入団年④年俸 2023年→2024年(1ウォン=約0.11円) 新人と一部の新外国人選手には契約金も記載⑤主な獲得タイトル …新=最優秀選手 新=新人王 首=首位打者 本=本塁打王 点=打点王 盗=盗塁王 防=最優秀防御率 救=最優秀救援 ゴ=ゴールデングラブ賞、守=守備賞(2023年新設)⑥経歴、寸評⑦代表選手出場歴
※成績の太字はリーグトップ

FANの声　このマークがある選手には読者からのコメントも掲載。

代表選手選出歴に記載の大会

1998 バンコクアジア大会(金メダル)	2015 プレミア12(優勝)
2000 シドニー五輪(銅メダル)	2017 WBC(1次ラウンド敗退)
2002 プサンアジア大会(金メダル)	2017 APBC(準優勝)
2003 アテネ五輪予選(敗退)	2018 ジャカルタアジア大会(金メダル)
2006 WBC(ベスト4)	2019 プレミア12(準優勝)
2006 ドーハアジア大会(銅メダル)	2021 東京五輪(4位)
2007 北京五輪予選(アジア予選、敗退)	2023 WBC(1次ラウンド敗退)
2008 北京五輪予選(世界最終予選、2位)	2023 杭州アジア大会(金メダル)
2008 北京五輪(金メダル)	2023 APBC(準優勝)
2009 WBC(準優勝)	
2010 広州アジア大会(金メダル)	五輪 ▶ オリンピック
2013 WBC(1次ラウンド敗退)	WBC ▶ ワールド・ベースボール・クラシック
2014 インチョンアジア大会(金メダル)	APBC ▶ アジアプロ野球チャンピオンシップ

FANの声　127 パク トンウォン → 勝負強い打撃が魅力的なピタ止めの達人(まっくすうぃんざー)

16 チョン ウヨン

정우영 | 鄭又榮 | JUNG WOO YOUNG

投手 25歳 6年目 右投右打

①1999.8.19②193cm99kg③ソウル高-LG(19)④4億W→3億2,000万W⑤新(19)⑥プロ入り以来5年連続55試合以上登板の横手投げ右腕。昨季は11ホールドを記録した。150キロに迫るツーシームを多投し抑える。⑦WBC(23)、アジア大会(23)

年度	防御率	試合	勝利	敗戦	セーブ	投球回	三振
2023	4.70	60	5	6	0	51 2/3	41
通算	3.23	318	22	22	8	315	219

18 ペク スンヒョン

백승현 | 白昇玄 | BAEK SEUNG HYEON

投手 29歳 10年目 右投右打

①1995.5.26②183cm90kg③仁川高-LG(15)④4,600万W→9,200万W⑥リリーフとして直球、スライダーともに安定したコントロールを見せ、昨季後半戦は抜群の安定感を見せた。内野手から転向し成功を収めている。

年度	防御率	試合	勝利	敗戦	セーブ	投球回	三振
2023	1.58	42	2	0	3	40	30
通算	3.11	70	2	1	3	66 2/3	43

20 チェ ウォンテ

최원태 | 崔原態 | CHOI WON TAE

投手 27歳 10年目 右投右打

①1997.1.7②184cm104kg③ソウル高-ネクセン(15)-LG(23)④3億5,000万W→4億W⑥過去3度2ケタ勝利の経験がある先発右腕を、昨年7月にキウムからトレードで獲得。走者を出しながらもスライダーを打たせて抑えた。⑦アジア大会(18)

年度	防御率	試合	勝利	敗戦	セーブ	投球回	三振
2023	4.30	26	9	7	0	146 2/3	118
通算	4.38	193	69	51	0	1007 2/3	715

21 イ ウチャン

이우찬 | 李玗澯 | LEE WOO CHAN

投手 32歳 14年目 左投左打

①1992.8.4②185cm97kg③北一高-LG(11)④1億2,000万W→1億2,500万W⑥昨季は自己最多の38試合に登板。5ホールドを記録した。大柄な体格からの140キロ台後半の直球と落差大きい変化球を投げる左腕だ。

年度	防御率	試合	勝利	敗戦	セーブ	投球回	三振
2023	3.52	38	1	3	0	38 1/3	30
通算	4.56	127	11	8	0	213 1/3	161

25 ペ ジェジュン

배재준 | 裵在俊 | BAE JAE JUNE

投手 30歳 12年目 右投右打

①1994.11.24②188cm85kg③大邱商苑高-LG(13)④7,500万W→6,000万W⑥高いリリースポイントから投げ下ろす、長い脚が目を引く右腕。プロ12年目を迎え、限られたチャンスで結果を残してアピールしたい。

年度	防御率	試合	勝利	敗戦	セーブ	投球回	三振
2023	18.00	1	0	0	0	1	0
通算	4.35	68	6	7	0	165 2/3	131

26 イ サンヨン

이상영 | 李祥榮 | LEE SANG YUNG

投手 24歳 6年目 左投左打

①2000.12.3②193cm95kg③釜山高-LG(19)④5,000万W→5,000万W⑥昨年6月にサンムから復帰。ファームでは4、5月に先発で8連勝、リーグトップタイの9勝を挙げた。インステップの長身スリークォーター左腕だ。

年度	防御率	試合	勝利	敗戦	セーブ	投球回	三振
2023	3.27	6	0	1	0	11	4
通算	4.66	30	1	2	0	63 2/3	35

28 ユン ホソル [ユノソル]

윤호솔 | 尹豪率 | YOON HO SOL

投手 30歳 12年目 右投右打

①1994.7.15②183cm110kg③北一高-NC(13)-ハンファ(18)-LG(23)④8,700万W→7,000万W⑥移籍1年目は9月に一軍昇格。21、22年とハンファで50試合以上登板の巨漢右腕は、自慢の速球で一軍定着を目指す。

年度	防御率	試合	勝利	敗戦	セーブ	投球回	三振
2023	2.45	4	0	0	0	3 2/3	4
通算	5.35	122	6	6	0	107 2/3	88

29 ソン ジュヨン

손주영 | 孫珠瑛 | SON JU YOUNG

投手 26歳 8年目 左投左打

①1998.12.2②191cm95kg③慶南高-LG(17)④4,100万W→4,300万W⑥昨季の長身左腕はシーズン終盤に一軍昇格し2度先発。10月のロッテ戦で5回無失点、白星を挙げた。速球と球速差のあるカーブでタイミングを外す。

年度	防御率	試合	勝利	敗戦	セーブ	投球回	三振
2023	5.19	3	1	0	0	8 2/3	5
通算	6.99	22	2	6	0	65 2/3	46

34 ディートリック・エンス

엔스 | アメリカ合衆国 | DIETRICH ENNS

● 投手 33歳 1年目 左投左打

①1991.5.16②185cm95kg③セントラルミシガン大-ツインズ-レイズ-埼玉西武-LG(24)④<契>$30万<年>$60万⑥西武では22年に10勝をマーク。140キロ台後半の直球とカットボール、カーブで打者を打ち取っていく。2ケタ勝てるとチームの連覇が近づくだろう。

年度	防御率	試合	勝利	敗戦	セーブ	投球回	三振
23NPB	5.17	12	1	10	0	54	30
NPB通算	3.62	35	11	17	0	176 1/3	122

35 キム ヨンジュン [キミョンジュン]

김영준 | 金榮準 | KIM YOUNG JUN

投手 25歳 7年目 右投右打

①1999.1.12②185cm90kg③善隣インターネット高-LG(18)④3,800万W→3,600万W⑥縦の変化球を生かして打たせて取る投球を見せる18年のドラ1。昨季の一軍登板は打者3人に対してのみだった。今季は一軍定着なるか。

年度	防御率	試合	勝利	敗戦	セーブ	投球回	三振
2023	27.00	1	1	0	0	1/3	0
通算	3.82	17	3	1	0	30 2/3	23

FANの一言 2 ムン ボギョン → 今年は3割20本塁打目指して欲しい（LGオタク）

37 イ ミドゥウム [イミドゥム]

이믿음	李믿음
LEE MIT EUM	

投手 24歳 4年目 右投右打

①2000.7.18②188cm80kg③江陵高-江陵嶺東大-LG(21)④3,000万W→3,000万W⑥昨年軍服務を終え、今年育成選手から正式登録された横手投げ投手。ファームで実戦経験を重ね、大卒4年目での初の一軍登板を目指す。

年度	防御率	試合	勝利	敗戦	セーブ	投球回	三振
2023	-	-	-	-	-	-	-
通算	-	-	-	-	-	-	-

39 パク ミョングン

박명근	朴明根
PARK MYUNG GEUN	

投手 20歳 2年目 右投右打

①2004.3.27②174cm75kg③ラオン高-LG(23)④3,000万W→6,500万W⑥高卒1年目の昨季、開幕からリリーフとして役割を果たした9ホールドを記録した。横手に近いスリークォーターから全身を使って投げ込む小柄な右腕だ。

年度	防御率	試合	勝利	敗戦	セーブ	投球回	三振
2023	5.08	57	4	3	5	51 1/3	40
通算	5.08	57	4	3	5	51 1/3	40

40 イ ジョンジュン

이종준	李鐘濬
LEE JONG JUN	

▲ 投手 23歳 5年目 右投右打

①2001.3.9②191cm93kg③群山商高-NC(20)-LG(24)④3,000万W→3,000万W⑥昨秋の2次ドラフト3RでNCから移籍。21年に8試合に登板し自責点0。3勝負けなしだった。育成から昇格した新天地での初の一軍を目指す。

年度	防御率	試合	勝利	敗戦	セーブ	投球回	三振
2023	-	-	-	-	-	-	-
通算	-	-	-	-	-	-	-

42 キム ジンソン

김진성	金珍成
KIM JIN SUNG	

投手 39歳 20年目 右投右打

①1985.3.7②186cm90kg③城南西高-SK(05)-ネクセン(10)-NC(12)-LG(22)④2億W→2億W⑥昨季はリーグトップの登板数と21ホールドを記録しチームの優勝に貢献した。投球の3割以上を占めるフォークで今年も三振を奪う。

年度	防御率	試合	勝利	敗戦	セーブ	投球回	三振
2023	2.18	80	5	1	4	70 1/3	69
通算	4.16	617	43	35	38	621	637

45 キム ジンス

김진수	金眞秀
KIM JIN SU	

投手 26歳 4年目 右投右打

①1998.8.31②179cm82kg③群山商高-中央大-LG(21)④3,200万W→3,200万W⑥昨年5月に軍服務から復帰し、ファームでは1試合に登板。山梨県甲府市で生まれ小6まで少年野球で活動。中学で韓国に帰国後も野球を続けた。

年度	防御率	試合	勝利	敗戦	セーブ	投球回	三振
2023	-	-	-	-	-	-	-
通算	3.86	2	0	0	0	2 1/3	2

46 カン ヒョジョン

강효종	姜曉鐘
KANG HYO JONG	

投手 22歳 4年目 右投右打

①2002.10.14②184cm86kg③沖岩高-LG(21)④3,300万W→3,800万W⑥21年のドラ1。一軍登板は4,10月にいずれも先発だった。右足を挙げて一足静止させるようなフォームから、緩急を生かした投球を見せた。

年度	防御率	試合	勝利	敗戦	セーブ	投球回	三振
2023	6.23	7	1	2	0	21 2/3	11
通算	5.74	8	2	2	0	26 2/3	18

47 キム ユンシク [キミュンシク]

김윤식	金允植
KIM YUN SIK	

投手 24歳 5年目 右投右打

①2000.4.3②181cm83kg③眞興高-LG(20)④1億5,500万W→1億2,200万W⑥先発として安定した制球力と緩急を生かした投球で9月には3勝負けなし。韓国シリーズ第4戦でも先発好投し勝利投手となった。⑦WBC(23)

年度	防御率	試合	勝利	敗戦	セーブ	投球回	三振
2023	4.22	17	6	4	0	74 2/3	42
通算	4.37	98	23	17	0	323 1/3	217

48 チン ウヨン [チヌヨン]

진우영	陳佑泳
JIN WOO YOUNG	

● 投手 23歳 1年目 右投右打

①2001.2.5②188cm97kg③グローバル先進学校-米ルーキー-独立上城州-LG(24)④<年>3,000万W⑥24年ドラフト4R(全体順位38番目)。高卒後渡米し、ロイヤルズ傘下でプレー、国内独立リーグを経てプロ入りの速球派右腕だ。

ROOKIE

49 チョン ジホン

정지헌	鄭旨軒
JUNG JI HEON	

● 投手 21歳 1年目 右投右打

①2003.12.11②180cm85kg③裕信高-高麗大-LG(24)④<契>6,000万W<年>3,000万W⑥24年ドラフト6R(全体順位58番目)。昨年、大学2年時に「アーリードラフト」指名で入団。高卒3年目選手と同期間しの横手投げ右腕だ。

ROOKIE

50 イ ジガン

이지강	李知鋼
LEE JI GANG	

投手 25歳 6年目 右投右打

①1999.7.2②183cm85kg③蘇萊高-LG(19)④3,600万W→6,800万W⑥昨季は春先から先発、リリーフの両面で起用され自己最多の登板数となった。ゴーグルがトレードマークの右腕だ。

年度	防御率	試合	勝利	敗戦	セーブ	投球回	三振
2023	3.97	22	2	5	0	68	38
通算	4.10	26	2	5	0	79	44

日程 L G K T S S G N C トゥサン K I A ロッテ サムソン ハンファ キウム 記録

54 ユ ヨンチャン

有泳燦	劉泳潔
YOU YOUNG CHAN	

投手　27歳　5年目　右投右打

①1997.3.7②185cm90kg③培明高-建国大-LG(20)④3,100万W→8,500万W⑥昨季はチームで2番目に多い67試合に登板。12ホールドを記録した。日本人投手のようなバランスのとれたフォームの新守護神だ。

年度	防御率	試合	勝利	敗戦	セーブ	投球回	三振
2023	3.44	67	6	3	1	68	55
通算	3.44	67	6	3	1	68	55

58 ソン ドンヒョン

성동현	成東炫
SUNG DONG HYUN	

投手　25歳　7年目　右投右打

①1999.5.18②189cm108kg③奨忠高-LG(18)④3,100万W→3,200万W⑥ファームではチームトップの33試合に登板、抑えとして10セーブを挙げた。巨漢からの直球を一軍でも発揮するチャンスをつかみたい。

年度	防御率	試合	勝利	敗戦	セーブ	投球回	三振
2023	9.00	1	0	0	0	1	1
通算	6.75	2	1	0	0	1 1/3	1

30 ホ ドファン

허도환	許道渙
HUR DO HWAN	

捕手　40歳　18年目　右投右打

①1984.7.31②176cm90kg③ソウル高-檀国大-トゥサン(07)-ネクセン(11)-ハンファ(15)-SK(18)-KT(20)-LG(22)④1億W→1億W⑥控え捕手として6球団でプレー。直近3球団で優勝を経験の強運の持ち主だ。打撃は非力だが笑顔のリードで投手の良さを引き出していく。

年度	打率	試合	安打	本塁打	打点	盗塁	三振
2023	.141	47	9	2	1	0	20
通算	.213	826	305	13	131	2	418

32 チョン ジュンホ [チョンジュノ]

전준호	全逡鎬
JEON JUN HO	

捕手　26歳　8年目　右投右打

①1998.7.1②181cm80kg③青園高-LG(17)④3,200万W→3,300万W⑥昨季10月に育成から昇格。19年以来の一軍出場を果たした。ファームで重ねた経験を生かして守備力でアピールを続けたい。

年度	打率	試合	安打	本塁打	打点	盗塁	三振
2023	.000	2	0	0	0	1	0
通算	.000	10	0	0	0	1	1

44 キム ソンウ

김성우	金成祐
KIM SUNG WOO	

捕手　21歳　3年目　右投右打

①2003.11.15②180cm85kg③培材高-LG(22)④3,000万W→3,100万W⑥昨季はファームで57試合に出場。育成から昇格した。オフにはBFAアジア選手権に韓国代表として出場。日本の社会人代表と対戦した。

年度	打率	試合	安打	本塁打	打点	盗塁	三振
2023	-	-	-	-	-	-	-
通算	-	-	-	-	-	-	-

55 キム ボムソク

김범석	金凡錫
KIM BEOM SEOK	

捕手　20歳　2年目　右投右打

①2004.5.21②178cm110kg③慶南高-LG(23)④3,000万W→3,300万W⑥ぽっちゃり体型が目を引く打者。ファームで6本塁打の長打力が買われ、シーズン終盤に一塁手として先発出場を重ねた。

年度	打率	試合	安打	本塁打	打点	盗塁	三振
2023	.111	10	3	1	4	0	5
通算	.111	10	3	1	4	0	5

4 シン ミンジェ

신민재	申旼宰
SHIN MIN JAE	

内野手　28歳　10年目　右投左打

①1996.1.21②171cm67kg③仁川高-トゥサン(15)-LG(18)④4,800万W→1億1,500万W⑥昨季初めて100試合に出場しブレイクした二塁手。トップと2個差の37盗塁を記録し、小技と球際に強い守備でも優勝に大きく貢献した。

年度	打率	試合	安打	本塁打	打点	盗塁	三振
2023	.277	122	78	0	28	37	34
通算	.260	317	108	0	40	59	61

5 キム ジュソン

김주성	金周成
KIM JU SUNG	

内野手　26歳　9年目　右投右打

①1998.1.30②180cm81kg③徽文高-LG(16)④3,400万W→3,500万W⑥昨季はショート、サードを中心として4.9月に出場。ファームでは俊足と高い選球眼を発揮した。限られたチャンスをものにできるか。

年度	打率	試合	安打	本塁打	打点	盗塁	三振
2023	.200	11	1	0	0	0	2
通算	.250	16	1	0	0	0	5

6 ク ボンヒョク [クボニョク]

구본혁	具本奕
GU BON HYEOK	

内野手　27歳　6年目　右投右打

①1997.1.11②177cm75kg③奨忠高-東国大-LG(19)④7,000万W→7,000万W⑥軍入隊中の昨季はサンムでプレー。ファームでリーグ3位の23盗塁をマークした。今季から背番号6を背負い、スーパーサブとしてレギュラー争いに加わる。

年度	打率	試合	安打	本塁打	打点	盗塁	三振
2023	-	-	-	-	-	-	-
通算	.163	305	34	0	16	22	42

7 ソン ホヨン [ソノヨン]

손호영	孫晧瑩
SON HO YOUNG	

内野手　30歳　5年目　右投右打

①1994.8.23②182cm88kg③忠勲高-米1A-独立L漣川-LG(20)④4,700万W→4,500万W⑥昨季は6月の一軍初出場初打席の初球をホームラン。米マイナー経験があり、長打力と俊足も兼ね備えた内野手だ。

ロッテ #33

年度	打率	試合	安打	本塁打	打点	盗塁	三振
2023	.205	27	9	1	6	2	12
通算	.253	94	40	4	23	7	34

※ロッテ ウ・ガンフン投手とトレード（3/30）

⑭ ソン チャンウィ [ソンチャニィ]

送賛의 / 宋燦宜 / SONG CHAN EUI

内野手 25歳 7年目 右投右打

①1999.2.20②182cm77kg③善隣インターネット高-LG(18)④4,000万W→3,600万W⑥昨季は開幕一軍に定着するも定着一塁手とはならなかった。プルヒッターの長距離砲はファーストまたはセカンドのポジション争いに加わりたい。

年度	打率	試合	安打	本塁打	打点	盗塁	三振
2023	.056	19	1	0	1	0	6
通算	.200	52	18	3	11	3	30

㉓ オスティン・ディン [オースティン・ティーン]

오스틴 / アメリカ合衆国 / AUSTIN DEAN

内野手 31歳 2年目 右投右打

①1993.10.14②183cm97kg③クレインコリンズ高-マーリンズ-カージナルス-ジャイアンツ-LG(23)④$40万→$80万⑤ゴ(23)⑥不動の4番一塁手としてチームトップの本塁打、打点、決勝打を記録。不利なカウントでも結果を残す高い対応力を見せた。

年度	打率	試合	安打	本塁打	打点	盗塁	三振
2023	.313	139	163	23	95	7	75
通算	.313	139	163	23	95	7	75

クールな顔から想像できないLGのムードメーカー（たかけん）

㊱ キム ソンジン

김성진 / 金成珍 / KIM SUNG JIN

内野手 24歳 6年目 右投右打

①2000.3.17②183cm100kg③野塔高-LG(19)④3,000万W→3,100万W⑥昨季は育成選手としてファームで78試合に出場。チームトップの45打点を記録した。今季は捕手登録から変わって一塁手として初の一軍を目指す。

年度	打率	試合	安打	本塁打	打点	盗塁	三振
2023	-	-	-	-	-	-	-
通算	-	-	-	-	-	-	-

㊸ キム テウ

김태우 / 金泰右 / KIM TAE WOO

内野手 27歳 5年目 右投右打

①1997.10.19②178cm81kg③信一高-中央大-LG(20)④3,000万W→3,000万W⑥軍服務を終えてチームに復帰。昨季はファームで32試合に出場した。代走または守備固めで初の一軍出場を目指す。

年度	打率	試合	安打	本塁打	打点	盗塁	三振
2023	-	-	-	-	-	-	-
通算	-	-	-	-	-	-	-

㊾ キム ミンス

김민수 / 金旻洙 / KIM MIN SU

▲ 内野手 26歳 8年目 右投右打

①1998.3.18②184cm97kg③済物浦高-ロッテ(17)-LG(24)⑥6,300万W→6,000万W⑥今年1月にロッテから移籍。内野の複数のポジションをこなし、内野では長打力も発揮した。争いは厳しいが一軍定着を目指した。

年度	打率	試合	安打	本塁打	打点	盗塁	三振
2023	.209	25	9	0	2	0	17
通算	.240	188	106	3	39	1	154

新天地でポテンシャル爆発と行こう（LGオタク）

㊽ ソン ヨンジュン [ソニョンジュン]

손용준 / 孫鎔濬 / SON YONG JUN

● 内野手 24歳 1年目 右投右打

①2000.2.15②178cm85kg③金海高-東國科学技術大-LG(24)④＜契＞1億W＜年＞3,000万W⑥24年ドラフト3R(全体順位28番目)。21年に野球部が発足した大学からのプロ入り。ショートまたはセカンドの守備でアピールする。

ROOKIE

㊿⑭ キム デウォン

김대원 / 金大原 / KIM DAE WON

● 内野手 23歳 1年目 右投右打

①2001.11.7②172cm70kg③忠勲高-弘益大-LG(24)④＜契＞7,000万W＜年＞3,000万W⑥24年ドラフト5R(全体順位48番目)。大卒の小柄な俊足内野手。センスあふれるプレーで控え野手として一軍昇格を目指したい。

ROOKIE

⑧ ムン ソンジュ

문성주 / 文晟柱 / MOON SUNG JU

外野手 27歳 7年目 右投左打

①1997.2.20②175cm78kg③慶北高-江陵嶺東大-LG(18)④9,500万W→2億W⑥主に2番に座り、初めて規定打席に到達。四球を三振で割った割合がリーグトップだった(1.97)。今季も鋭いスイングで快打を連発だ。

年度	打率	試合	安打	本塁打	打点	盗塁	三振
2023	.294	136	132	2	57	24	34
通算	.291	278	250	9	108	34	86

どの打順でも安心して任せられるLG屈指の努力家（たかけん）

⑮ アン イクフン [アンイクァン、アニックン]

안익훈 / 安益勲 / AN IK HUN

外野手 28歳 10年目 右投左打

①1996.2.12②176cm76kg③大田高-LG(15)④5,100万W→5,500万W⑥2年続けてファームで高打率をマーク。一軍にはエントリー拡大の9月以降に昇格した。争いは厳しいが主力不在時に実力を発揮したい。⑦APBC(17)

年度	打率	試合	安打	本塁打	打点	盗塁	三振
2023	.318	11	7	0	2	0	4
通算	.285	361	139	1	35	5	63

㊾ イ ジェウォン

이재원 / 李載原 / LEE JAE WON

外野手 25歳 7年目 右投右打

①1999.7.17②192cm105kg③ソウル高-LG(18)④8,500万W→7,000万W⑥期待を背負う長距離砲。昨季は22年の13本塁打に迫ることができず低迷した。今季は内角球を豪快に引っ張る打撃を数多く見られるか。

年度	打率	試合	安打	本塁打	打点	盗塁	三振
2023	.214	57	24	4	18	1	40
通算	.222	200	113	22	78	12	176

10 オ ジファン → 友よ!!たくさんの夢と感動をありがとう!!（浦田雅紀）

日程 L G K T S S G N C トゥサン K I A ロッテ サムソン ハンファ キウム 記録

62 チェ スンミン

	최승민	崔承民
	CHOI SEUNG MIN	

外野手　28歳　10年目　右投左打

①1996.7.1②181cm73kg③信一高-NC(15)-LG(23)④3,300万W→4,000万W⑥昨季7月にNCから移籍。試合終盤の代走、守備固めとして起用された。今季も緊迫した場面で役割を果たして勝利に貢献だ。

年度	打率	試合	安打	本塁打	打点	盗塁	三振
2023	.071	38	1	0	1	8	4
通算	.261	154	23	0	6	24	20

66 キム ヒョンジョン [キミョンジョン]

	김현종	金泫宗
	KIM HYUN JONG	

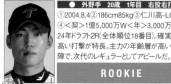

● 外野手　20歳　1年目　右投右打

①2004.8.4②186cm85kg③仁川高-LG(24)④＜契＞1億5,000万W＜年＞3,000万W⑥24年ドラフト2R(全体順位18番目)。確実性の高い打撃が特長。主力の年齢層が高い外野陣で、次代のレギュラーとしてアピールだ。

ROOKIE

ファンの　将来は20-20。LG外野は未来も明るい（LGオタク）

日程
L
G
K
T
S S G
N
C
トウサン
K I A
ロッテ
サムソン
ハンファ
キウム
記録

育成選手

2014年までの名称は「申告選手」。選手登録されていない選手で、5月1日以降に正式登録が可能になる。
正式登録されると一軍の試合に出場できる。現在の登録選手が育成選手扱いになることもある。

⑩カン ミン	
강민	姜旻

投手　右投右打
2001.4.20
188cm88kg

⑩チョ ゴンヒ	
조건희	趙建熙

投手　左投左打
2002.3.26
184cm84kg

⑩キム ジョンウ	
김종우	金鍾宇

● 投手　右投右打
2005.2.7
187cm90kg

⑩カン ソクヒョン	
강석현	姜碩賢

● 投手　左投左打
2005.5.17
185cm90kg

⑩オ スンユン	
오승윤	呉昇胤

● 投手　左投左打
2001.6.25
178cm84kg

⑩キム ダンウ	
김단우	金檀扜

投手　右投右打
2001.1.5
188cm96kg

⑪ホ ヨンジュ	
허용주	許溶株

投手　右投右打
2003.6.5
194cm88kg

⑭ペク ソンギ	
백선기	白善琪

▲ 投手　左投左打
1998.8.27
186cm70kg

⑮キム ウィジュン	
김의준	金儀俊

投手　右投右打
1999.10.16
183cm80kg

⑪ハ ヨンジン	
하영진	河榮進

投手　右投右打
2001.2.28
182cm80kg

⑩パク ミンホ	
박민호	朴珉滈

捕手　右投右打
1998.4.6
177cm80kg

⑯ペ ガン	
배강	裵江

● 捕手　右投右打
2005.11.4
185cm95kg

⑩キム ヒョンウク	
김형욱	金亨煜

内野手　右投右打
2002.1.29
187cm90kg

⑩キム ドユン	
김도윤	金度潤

● 内野手　右投右打
2005.2.17
180cm71kg

⑬ハン ジヨン	
한지용	韓志鎔

▲ 内野手　右投左打
2001.7.20
184cm90kg

⑩シム ギュビン	
심규빈	沈揆斌

● 外野手　右投右打
2001.3.27
181cm81kg

⑩イ テギョム	
이태겸	李泰兼

● 外野手　右投左打
2001.4.18
180cm92kg

⑫チェ ミョンギョン	
최명경	崔明炅

● 外野手　右投右打
2001.6.14
177cm80kg

⑱チェ ウォンヨン	
최원영	崔元榮

外野手　右投右打
2003.7.18
174cm76kg

㉑ハム チャンゴン	
함창건	咸昌建

外野手　左投左打
2001.8.18
176cm83kg

背番号 名前	
ハングル	漢字

PHOTO
記号　位置　投打
生年月日
身長体重

兵役、公益勤務期間中、またはサンム（尚武/国軍体育部隊）に所属する選手。
サンムは二軍リーグに参加している。

位置	名前	ハングル	漢字	投打	生年月日	身長体重	所属チーム
投手	キム ジュワン	김주완	金株完	左投左打	2003.8.27	189cm96kg	
投手	ソン スンギ	송승기	宋昇基	左投左打	2002.4.10	181cm90kg	サンム
投手	イム ジュンヒョン	임준형	林俊炯	左投左打	2000.11.16	180cm82kg	サンム
投手	イ ミンホ	이민호	李旻澔	右投右打	2001.8.30	189cm93kg	
投手	イ ジフン	이지훈	李芝薰	右投右打	2003.3.4	188cm92kg	
投手	イ ジョンヨン	이정용	李政容	右投右打	1996.3.26	186cm85kg	サンム
投手	チョ ウォンテ	조원태	趙愿兌	左投左打	2003.5.10	186cm92kg	
投手	チェ ヨンハ	최용하	崔用河	右投右打	2002.11.29	183cm84kg	
投手	ホ ジュンヒョク	허준혁	許峻赫	右投右打	1999.7.2	180cm85kg	サンム
捕手	イ ジュホン	이주헌	李柱憲	右投右打	2003.3.4	185cm92kg	
内野手	ソン デヒョン	송대현	宋大賢	右投右打	2000.2.3	180cm82kg	
内野手	イ ヨンビン	이영빈	李榮斌	左投左打	2002.6.17	182cm82kg	サンム
外野手	クォン ドンヒョク	권동혁	權董赫	右投右打	2003.3.20	194cm97kg	
外野手	イ ジュンソ	이준서	李浚堉	左投左打	2004.11.18	187cm85kg	

位置	名前	ハングル	漢字	投打	生年月日	身長体重	所属チーム
投手	キム ジヨン	김지용	金志勇	左投左打	2002.10.7	180cm75kg	
投手	ヤン ジンヒョク	양진혁	梁眞赫	右投右打	2003.6.20	190cm90kg	
投手	イム ジョンギュン	임정균	任晶均	右投右打	2004.5.10	190cm92kg	
投手	ウォン サンフン	원상훈	元商薰	左投左打	2004.10.23	192cm95kg	
内野手	カン ミンギュン	강민균	姜旻均	右投右打	2000.7.17	178cm81kg	
内野手	クァク ミンホ	곽민호	廓珉昊	右投右打	2004.12.23	184cm90kg	
内野手	キム ユミン	김유민	金儒珉	右投右打	2003.1.18	183cm80kg	
内野手	ムン ジョンビン	문정빈	文禎彬	左投右打	2003.8.15	186cm90kg	
外野手	オム テギョン	엄태경	嚴太敬	右投右打	2003.5.3	184cm83kg	

29年ぶり優勝のLGが「沖縄の泡盛」で乾杯
元球団オーナーから受け継いだ四半世紀超のロマンがあった

　昨年のKBOリーグはLGが韓国シリーズを制して3度目のチャンピオンになった。実に29年ぶり、韓国シリーズ出場も21年ぶりだった。韓国ではLGが公式戦を1位で終えシリーズ直行が決まった時から、ある「酒甕」の話題で盛り上がった。

「あの酒はまだ飲めるのか？」

　「あの酒」とはLGが前回優勝した1994年の翌95年に端を発する。当時沖縄で春季キャンプを行った際にLGの初代球団オーナー、ク・ボンム前LGグループ会長（故人）が「今年も優勝したら祝勝会で飲もう」と持ち帰った沖縄の特産品・泡盛の酒甕のことを指す。

　しかしその後のLGは優勝から大きく遠ざかり、ク前会長は18年5月に73歳で逝去。ク前会長が買った泡盛の甕3つは球団施設に貯蔵され続け、そのうちの1つは二軍施設に展示されていた。

　その泡盛の名は「はんたばる」。端っこを意味する沖縄の方言で、地名にもなっている。それはどんな酒か。はんたばるを製造、販売する泰石酒造の安田泰治社長に訊いた。

　はんたばるは純粋な泡盛ではなく「甲乙混和酒」に分類される。泡盛は焼酎類に属するが焼酎とは製造法が異なり、一般的な焼酎は「甲類焼酎」、泡盛は「乙類焼酎」に分けられる。はんたばるは泡盛と焼酎がブレンドされた酒。沖縄で甲乙混和酒を造っているのは泰石酒造だけだ。

　泰石酒造は90年代にLGがキャンプを行ったうるま市（当時の名称は具志川市）に所在。安田社長はLGが沖縄にやってきた頃のことを覚えていた。

　「地元の商工会青年部と当時のLGの宿泊先（春日観光ホテル）のみんなで、『LGを応援しよう』と活動しました」

　安田社長らは具志川球場で選手たちにキムチチゲを振る舞った。一方のLGの選手・コーチは週末に地元の少年少女を相手に野球教室を開催。交流を重ねていった。

　安田社長はLG関係者が28年前にはんたばるを購入したことも記憶していた。「優勝したら祝勝会で飲むと聞きました」。その当時のはんたばるの甕が今もあることを安田社長に伝えると、「28年も大事に置いていてくれて嬉しいです。びっくりしました」と驚いた。そして「韓国で話題になっているとはまったく知りませんでした」と話した。

　29年ぶりの優勝でようやく蓋を開けることになったはんたばるの甕。しかし当時の酒を今でも飲めるのか。安田社長は「はんたばるが入った甕はピンホール状の小さな穴が開いていて蓋はいびつです。密封されていないので、かなり蒸発しているのではないでしょうか。我々は蒸発した酒のことを『天使の分け前』と呼んでいます。もうだいぶ天使にあげてしまいましたね（笑）」

　では29年ぶりの美酒は？すると安田社長は「10月下旬にLGの人たち3人がはんたばるを買いに来ました」と教えてくれた。事情を聞いたホテル（2020年キャンプの宿泊先）の営業担当者がはんたばるを予約。「1斗甕（18リットル）、3升甕（5.4リットル）、5升甕（9リットル）の3つを1人ひとつずつ持って帰られましたよ」と安田社長は話した。

　LGが韓国シリーズを4勝1敗で制した4日後の11月17日、LGはソウル市内で球団とグループ関係者約160人を集めて祝勝会を開催。その式典の乾杯ではんたばるが振る舞われた。

　はんたばるを造る泰石酒造の社員は安田社長を含めて3人。家族だけで運営している。大きくはない酒蔵で造られた酒が韓国で多くの野球ファンに注目され、LG球団とファンにとって特別な存在になった。

　自らが造った酒が四半世紀を超えても大事にされ続け、優勝をきっかけに改めて買い求められたことについて安田社長は興奮気味にこう話した。

「ものすごくロマンを感じます」

KT ウィズ
KT 위즈

KT WIZ
https://www.ktwiz.co.kr

縁故地 （日本における保護地域）	スウォン市
2023年成績	79勝62敗3分.560
順位	2位/ 韓国シリーズ敗退
チーム打率	.265（4位）
チーム防御率	3.94（4位）

ユニフォーム

◄ **Home**

KTWIZ

KTWIZ

Visitor ►

ビク
빅

球団情報

■球団事務所
　16308 京畿道水原市長安区京水大路893
　スウォンKTウィズパーク内　TEL／1899-5916
■本拠地球場/スウォンKTウィズパーク
■二軍球場/イクサン(益山)野球場
　全羅北道益山市武王路1397 益山公設運動場
　🚃韓国鉄道公社　イクサン(益山)駅からタクシー
　で約20分。路線バス（222-1、65、61など）バルポン洞
　事務所下車、約45分
■2024年春季キャンプ地
　1次 プサン キジャン-ヒョンデ車ドリームボールパーク
　2次 沖縄各地
■オーナー／キム ヨンソプ　김영섭
　球団社長／イ ホシク　이호식
　球団団長（日本におけるGM）／
　ナド ヒョン　나도현

■球団小史■2012年12月に同じく球界参入に名乗りを上げた、住宅建設企業のプヨン（富栄）グループとの審議の結果、KBO加盟が決まった。通信事業者最大手のKTを親会社とする。2014年から二軍に加わり、2015年シーズンから一軍入りした韓国10番目の球団だ。本拠地は2000〜07年までヒョンデユニコーンズ（消滅）のホームだったスウォン。当時、ヒョンデはスウォンをソウル移転への前提とした仮住まいとしていたため、地元に根付くことができなかったが、KTは地域の球団誘致に応える形となり、球場改修費用の負担など、地元自治体から強力なバックアップを受けている。2021年に公式戦1位、韓国シリーズを制してリーグ参入7年目で初の王者となった。

年度別成績

年	順位	球団名	試合	勝	敗	分	勝率
2015	10	KT ウィズ	144	52	91	1	.364
2016	10	KT ウィズ	144	53	89	2	.373
2017	10	KT ウィズ	144	50	94	0	.347
2018	9	KT ウィズ	144	59	82	3	.418
2019	6	KT ウィズ	144	71	71	2	.500
2020	3	KT ウィズ	144	81	62	1	.566
2021	★ 1	KT ウィズ	144	76	59	9	.563
2022	4	KT ウィズ	144	80	62	2	.563
2023	2	KT ウィズ	144	79	62	3	.560
通算			1296	601	672	23	.472

選手として在籍した主なNPB経験者

・メル・ロハス・ジュニア／KT(17〜20)-阪神-KT(24〜)
・イ デウン／千葉ロッテ-KT(19〜21)
・ソイロ・アルモンテ／中日-KT(21)

スウォンKTウィズパーク
수원케이티위즈파크

日程
LG
KT
SSG
NC
トゥサン
KIA
ロッテ
サムソン
ハンファ
キウム
記録

遊び心あふれる赤と黒のボールパーク

内野席の傾斜が緩やかだった既存のスウォン球場の良さを生かしつつ、2階席を増築。バックスクリーンに位置する座席やスコアボードの装飾など、遊び心にあふれている。

アクセス	快適さ	熱狂度
75	85	80

◇16308　京畿道 水原市 長安区 京水大路893
　TEL/1899-5916
◇収容人員 20,000人
◇天然芝
◇中堅 120m　両翼 98m　フェンスの高さ4m

KT主催試合チケット　KTは一塁側ベンチを使用

区分	席種	月～木	金,土,日,休日
ネット裏	ジニーゾーン	50,000	60,000
	KTアルファショッピング席	40,000	50,000
	中央指定席	15,000	18,000
内野	一塁テーブル席	35,000	45,000
	三塁テーブル席	35,000	45,000
	応援指定席（一、三塁）	15,000	18,000
	車いす席	7,500	9,000
	スカイゾーン（5階。一、三塁）	7,000	9,000
	ハイファイブゾーン（一塁）	20,000	25,000
	三塁エキサイティングゾーン	20,000	25,000
外野	外野芝生自由席	9,000	10,000
	外野テーブル席	20,000	25,000
	キャンピングゾーン	120,000	160,000
	（4人。4、5階）	30,000 (1人)	40,000 (1人)

単位はウォン　1ウォン＝約0.11円

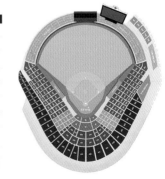

39

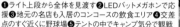

❶ライト上段から全体を見渡す❷LEDバットメガホンで応援❸地元の名店も入居のコンコースの飲食エリア❹交差点のすぐ近くに野球場❺テントの中でキャンプ気分で観戦

スウォンKTウィズパーク

球場から世界遺産が近い！

ソウルの南、約40kmに位置するスウォン市は人口約120万人の都市。ソウルの衛星都市として発展してきた。スウォンは市中心部を取り囲むように建てられた城壁、「華城（ファソン）」がユネスコ世界文化遺産に登録されていることでも知られる。

この球場は華城の城壁近くに位置し2012年12月のKT球団発足後、改装工事を開始。2015年、KTの一軍参入と共にリニューアルオープンした。既存の球場に2階席を増築して作られたスタジアムは内野に深紅の座席が設置され、外野はひな壇状になった芝生席になっている。17年はライト側に座席をさらに増築した。国道1号線に面し、商業施設や住宅が立ち並ぶにぎやかな場所だ。

アイデア盛りだくさん！

センターからライト寄りに設置されたスコアボードの上には華城を模した装飾があり、地域色を出している。外野は段差のある芝生席になっていてゆったりと観戦することが可能。また5階席にはテントに入ってキャンプ気分で過ごせる席も。仲間同士で盛り上がりそうだ。場内通路の飲食売店はコンテナを2階建てにした構造。地域の人気店などが軒を連ね思わず目移りしてしまう程だ。グッズはKTをはじめ、一部対戦チームの商品も場内で販売しているのでチェックするのも楽しいだろう。

夏にはスタンドに水を噴射し、ライトスタンドにウォータースライダーを設置するなど独創的なアイデアがいっぱいの球場だ。

応援しよう！ 応援の中心は内野指定席（一塁側）　盛り上げ上手の応援団長と一緒に弾けよう！　**選手別応援歌**

選手別応援歌

3 로하스 （ロハス）
♪オー 로하스 オー 로하스 オー 로하스 KTウィズ　로하스
☆くりかえし

6 박경수 （パッキョンス）
♪박경수 you're my sunshine we are together
KT 위즈 （ウィジュ）의 （エ）승리를 （スンニル）위해 （ウィヘ）컵팅 （カプティン）박경수 （パッキョンス）
박경수 （パッキョンス）you're my sunshine we are together
KT 위즈 （ウィジュ）의 （エ）승리를 （スンニル）위해 （ウィヘ）
原曲：나에게로 떠나는 여행　歌：버즈

10 황재균 （ファンジェギュン）
♪황재균 （ファンジェギュン）황재균 （ファンジェギュン）KT 위즈 （ウィジュ）황재균 （ファンジェギュン）ウォオ
승리를 （スンニル）위하여 （ウィヘ）날려버려 （ナルリョボリョ）황재균 （ファンジェギュン）
황재균 （ファンジェギュン）황재균 （ファンジェギュン）KT 위즈 （ウィジュ）황재균 （ファンジェギュン）ウォオ
안타 （アンタ）홈런 （ホムロン）날려버려 （ナルリョボリョ）KT 황재균 （ファンジェギュン）
☆くりかえし

22 장성우 （チャンソンウ）
♪「KT의 장성우 ウォオオオオ」（エ　チャンソンウ）×3　승리를 （スンニル）위하여 （ウィハヨ）
☆くりかえし

23 조용호 （チョヨンホ）
♪승리 （スンニ）위해 （ウィヘ）나타났다 （ナタナッタ）KT 조용호 （チョヨンホ）승리 （スンニ）위해 （ウィヘ）달려간다 （タルリョガンタ）KT
조용호 （チョヨンホ）ナナナナナ… 조용호 （チョヨンホ）くりかえし
原曲：Way Back Home　歌：숀（SHAUN）

27 배정대 （ペジョンデ）
♪「KT 배정대 （ペジョンデ）ナナナナナナ」（ウィジュ　スンニル　ウィヘ）×3 KT 위즈 승리를 위해
☆くりかえし 1루 2루 3루 홈 빵야 （ル　ル　ル　ホ　パンヤ）

50 강백호 （カンベッコ）
♪KT 위즈 （ウィズ）강백호 （カンベッコ）KT 위즈 （ウィズ）강백호 （カンベッコ）승리를 （スンニル）위하요 （ウィハヨ）
KT 위즈 （ウィズ）강백호 （カンベッコ）くりかえし

52 박병호 （パクピョンホ）
♪オオオオ 홈런 （ホムロン）オオオオ 홈런 （ホムロン）KT 위즈 （ウィズ）박병호 （パクピョンホ）
オオオオ オオオオ KT 위즈 （ウィズ）박병호 （パクピョンホ）
☆くりかえし
原曲：聖者の行進

53 김민혁 （キムミニョク）
♪KT 위즈 （ウィズ）김민혁 （キムミニョク）날려버려 （ナルリョボリョ）김민혁 （キムミニョク）
We can come together We can come together　☆くりかえし

韓国鉄道公社、ソウル地下鉄1号線、プンダン線・スウォン（水原）駅下車。タクシーで約15分（約5キロ）。バスはスウォン駅から777、900、3000、7770番バスなどでスウォンKTウィズパーク停留所下車。またはファソ（華西）駅からタクシーで約10分。バスは19番バスで約20分。

主要な場所からの移動方法

※感染症拡大により下記の空港バスは運休または減便の場合があります。

インチョン空港から

バス▶空港バス乗り場からN4000番空港バスに乗車し、キョンギイルポ（京畿日報）・ハニルタウン下車。約1時間40分。停留所から進行方向に向かって徒歩8分。

キムポ空港から

バス▶4300番空港バスで約1時間15分。停留所は上記と同じ。

ソウル中心部から
スウォン市街地への移動方法

ソウル駅から

ソウル地下鉄1号線でスウォン駅まで約1時間10分（急行の場合約40分）。

カンナムエリアから

鉄道▶プンダン線（盆唐）でスウォン駅まで約1時間20〜30分。

バス▶ソウル地下鉄2、4号線サダン（舎堂）駅からスウォン駅行きバス7770番を利用。球場へは途中停留所のスウォンKTウィズパークで下車。約1時間。

2024 選手名鑑　KT ウィズ

●新加入　▲移籍　■復帰（選手）
赤字はNPB選手経験者

位置	背番号	記号	氏名	ハングル	漢字・国籍	投打
監督・コーチ						
監督	71		イ ガンチョル	이강철	李强喆	右右
ヘッド	70		キム テギュン	김태균	金泰均	右右
投手	82		チェ チュンモ	제춘모	諸春模	右右
ブルペン	87		チョン ビョンドゥ	전병두	田炳斗	左左
打撃			ユ ハンジュン	유한준	柳漢俊	右右
打撃	72		キム ガン	김강	金剛	左左
守備	78	●	キム ホ	김호	金湖	右右
作戦・走塁	84		チェ マンホ	최만호	崔萬鎬	右右
走塁外野守備	76		パク キヒョク	박기혁	朴起赫	右右
バッテリー	75		チャン ジェジュン	장재중	張在仲	右右
二軍監督	77		キム テハン	김태한	金泰漢	右右
二軍投手	74		ホン ソンヨン	홍성용	洪成溶	右右
二軍打撃	90		チョ ジュングン	조중근	趙重根	右右
二軍守備	80		パク チョンファン	박정환	朴亭奐	右右
二軍走塁/作戦	86		キム ヨンフン	김연훈	金淵訓	右右
二軍バッテリー	79		イ ジュンス	이준수	李俊秀	右右
育成軍投手	91		ペ ウヒル	배우열	裵佑烈	右両
育成軍打撃	85		イ ソンヨル	이성열	李性烈	右右
育成軍守備	89		ペク チヌ	백진우	白彰梓	右右
リハビリ	88	●	クァク チョンチョル	곽정철	郭正哲	右右
選手						
投手	1		コ ヨンピョ	고영표	高永表	右右
投手	11		キム ミン	김민	金珉	右右
投手	13	▲	ムン ヨンイク	문용익	文鎔翼	右右
投手	15		シン ビョンリュル	신병률	辛秉律	右右
投手	17		イ チェホ	이채호	李埰澔	右右
投手	18		オム サンベク	엄상백	嚴相伯	右右
投手	21	▲	ウ ギュミン	우규민	禹奎珉	右右
投手	26		キム ミンス	김민수	金敏洙	右右
投手	28		ハ ジュンホ	하준호	河竣鎬	左左
投手	29		チョン ヨンジュ	전용주	全湧主	左右
投手	30		ソ ヒョンジュン	소형준	蘇珩準	右右
投手	32		ウィリリオム・クエバス	쿠에바스	ベネズエラ	右両
投手	33		パク セジン	박세진	朴世津	左左
投手	37		イ サンドン	이상동	李相東	右右
投手	38		チュ グォン	주권	朱權	右右
投手	41		ソン ドンヒョン	손동현	孫東賢	右右
投手	43		ウェス・ベンジャミン	벤자민	アメリカ合衆国	右右
投手	45	▲	イ テギュ	이태규	李泰奎	左左
投手	46		パク シヨン	박시영	朴是泳	右右
投手	48		キム ヨンヒョン	김영현	金泳炫	右右
投手	49		キム ゴンウン	김건웅	金建雄	右右
投手	51		イ ジョンヒョン	이정현	李政炫	右右
投手	54		チョイ ヒョン	조이현	曺利弦	右右
投手	60		パク ヨンヒョン	박영현	朴英賢	右右
投手	61		イ ソウ	이선우	李先旴	右右
投手	62		キム ジョンウン	김정운	金楨雲	左左
投手	63	●	ウォン サンヒョン	원상현	元常鉉	右右
投手	64		ユク チョンミョン	육청명	陸清明	右右
投手	65		ユン ガンチャン	윤강찬	尹剛燦	右右
投手	95	■	ソン ジェホン	성재헌	成載憲	右右
投手	99	▲	カン ゴン	강건	姜腱	右右
捕手	22		チャン ソンウ	장성우	張成宇	右右

位置	背番号	記号	氏名	ハングル	漢字・国籍	投打
捕手	42		チョ デヒョン	조대현	曺大鉉	右右
捕手	44		キム ジュンテ	김준태	金準兌	右右
捕手	55		カン ヒョヌ	강현우	姜顯宇	右右
捕手	97	●	キム ミンソク	김민석	金珉奭	右右
内野手	4		オ ユンソク	오윤석	吳胤碩	右右
内野手	5		カン ミンソン	강민성	薑政洙	右右
内野手	6		パク キョンス	박경수	朴敬洙	右右
内野手	7		キム サンス	김상수	金相竪	右右
内野手	10		ファン ジェギュン	황재균	黃載均	右右
内野手	14		チョン ソンホ	천성호	千成皓	右右
内野手	16		チャン ジュンウォン	장준원	張遵元	右右
内野手	25		パク ミンソク	박민석	朴珉錫	右右
内野手	34		イ ホヨン	이호연	李顥淵	右右
内野手	50		カン ベクホ	강백호	姜白虎	左左
内野手	52		パク ビョンホ	박병호	朴炳鎬	右右
内野手	56		シン ボンギ	신본기	辛本基	右右
外野手	0		キム ゴンヒョン	김건형	金建亨	右右
外野手	3		メル・ロハス・ジュニア	로하스	アメリカ合衆国	右両
外野手	8		アン チヨン	안치영	安致永	右右
外野手	12		ソン ミンソプ	송민섭	宋敏燮	右右
外野手	23		チョ ヨンホ	조용호	趙庸晧	右右
外野手	24		ムン サンチョル	문상철	文相澈	右右
外野手	27		ペ ジョンデ	배정대	裵挺昊	右右
外野手	31		ホン ヒョンビン	홍현빈	洪顯彬	右右
外野手	53		キム ミンヒョク	김민혁	金敏赫	右右
外野手	57		キム ビョンジュン	김병준	金秉俊	右右
外野手	58		チョン ジュンヨン	정준영	鄭竣榮	右右
育成選手						
投手	20		キム テオ	김태오	金泰旿	右右
投手	47		シン ボムジュン	신범준	申凡峻	右右
投手	59		ハン チャヒョン	한차현	韓瑳炫	右右
投手	66		イ ジョンヒョク	이종혁	李宗革	右右
投手	67		パク シュン	박시윤	朴施玧	右右
投手	96		ハン ミヌ	한민우	韓旼右	右右
投手	101		イ ジュンミョン	이준명	李俊明	右右
投手	102		チョ ヨングン	조용근	趙龍根	右右
投手	104		チョン ジンホ	정진호	鄭辰晧	右右
投手	106	●	チェ ウンソ	최윤서	崔允瑞	右右
投手	110	●	イ グンヒョク	이근혁	李根奕	右右
投手	112	●	イ スンオン	이승언	李承彦	右右
投手	113	●	キム ジミン	김지민	金智敏	右右
捕手	92		イ ジュンヒ	이준희	李俊熙	右右
捕手	111	●	イ スンヒョン	이승현	李昇炫	右右
内野手	9	▲	キム チョルホ	김철호	金喆晧	右右
内野手	35		ユン ジュンヒョク	윤준혁	尹晙赫	右右
内野手	36		リュ ヒョンイン	류현인	柳炫印	右右
内野手	39		ヤン スンヒョク	양승혁	梁承赫	右右
内野手	93		キム サンギュ	김상규	金尙均	右右
内野手	108	●	パク チョンギュン	박정균	朴柾浚	右両
内野手	109	●	パク テワン	박태완	朴太完	右右
外野手	69		チェ ソンミン	최성민	崔盛顋	右右
外野手	100		チェ ジョンファン	최정환	崔廷桓	右右
外野手	103		ファン ウィジュン	황의준	黃義準	右右
外野手	105		キム ギュデ	김규대	金圭大	右右
外野手	107	●	シン ホジュン	신호준	申昊俊	右右

71 イ ガンチョル
李強喆 | LEE KANG CHUL

監督 58歳 36年目 右投右打

①1966.5.24②180cm78kg③光州一高-東国大-ヘテ(89)-サムソン(94)-KIA(01)-KIAコーチ(08)-ネクセンコーチ(17)-KT監督(19)⑦五輪予選(03)

	防御率	試合	勝利	敗戦	セーブ	投球回	三振
通算	3.29	602	152	112	53	2204 2/3	1751

現役当時のポジション:投手

歴代5位の勝利数を誇る元サイドスロー投手。就任3年目の2021年にチームを優勝に導き、昨年はWBC韓国代表監督も務めた。昨季は後半戦の巻き返しで上位に食い込んだ。

72 キム ガン
金剛 | KIM KANG

打撃 36歳 18年目 右投右打

①1988.10.16②188cm92kg③光州一高-ハンファ(07)-トゥサン(12)-トゥサンコーチ(17)-KTコーチ(19)

76 パク キヒョク
朴基赫 | PARK KI HYUCK

走塁/外野守備 43歳 25年目 右投右打

①1981.6.4②179cm77kg③大邱商高-ロッテ(00)-KT(15)-KTコーチ(19)⑤(08)⑦アジア大会(06)、WBC(09)

74 ホン ソンヨン
洪成溶 | HONG SEONG YONG

二軍投手 38歳 20年目 右投右打

①1986.11.18②180cm85kg③天安北一高-LG(05)-関西独立L大阪GV-06ブルズ-NC(14)-KT(15)-KTコーチ(19)

86 キム ヨンフン
金淵訓 | KIM YEUN HUN

二軍走塁/作戦 40歳 18年目 右投右打

①1984.12.23②180cm80kg③群山商高-成均館大-キア(08)-KT(16)-KTコーチ(18)

85 イ ソンヨル
李性烈 | LEE SUNG YUL

育成軍打撃 40歳 22年目 右投右打

①1984.7.13②185cm102kg③曉泉高-LG(03)-トゥサン(08)-ネクセン(12)-ハンファ(15)-KTコーチ(22)

70 キム テギュン
金泰均 | KIM TAE GYUN

ヘッド 53歳 31年目 右投右打

①1971.8.19②176cm82kg③釜山高-中央大-サムソン(94)-ロッテ(02)-SK(05)-SKコーチ(08)-サムソンコーチ(12)-ロッテコーチ(16)-トゥサンコーチ(19)⑤五輪(00)

87 チョン ビョンドゥ
全炳斗 | JUN BYEONG DOO

ブルペン 40歳 22年目 左投右打

①1984.10.14②181cm77kg③釜山高-トゥサン(03)- KIA(05)-SK(08)-SKコーチ(19)-KTコーチ(23)⑦WBC(06)

78 キム ホ
金湖 | KIM HO

● 守備 57歳 35年目 右投右打

①1967.5.3②175cm80kg③馬山高-慶星大-サンバンウル(90)-SK(00)-ヘテ(00)-トゥサン(01)-ハンファコーチ(06)-サムソンコーチ(11)-LGコーチ(18)-KTコーチ(24)

75 チャン ジェジュン
張在仲 | CHANG JEA JUNG

バッテリー 53歳 31年目 右投右打

①1971.5.19②172cm72kg③善隣商高-建国大-サンバンウル(94)-SK(00)-LG(01)-LGコーチ(04)-SKコーチ(06)-SKコーチ(08)-KIAコーチ(08)-サムソンコーチ(12)-KTコーチ(14)-ロッテコーチ(16)-SKコーチ(19)-LGコーチ(21)-KTコーチ(22)

90 チョ ジュングン
趙重權 | CHO JOONG KEUN

二軍打撃 42歳 24年目 左投左打

①1982.12.20②183cm98kg③東山高-SK(01)-ヒョンデ(07)-ヒーローズ(08)-KT(14)-KTコーチ(19)

79 イ ジュンス
李俊秀 | LEE JOON SOO

二軍バッテリー 36歳 13年目 右投右打

①1988.6.17②176cm80kg③信一高-ハンファ(12)-KT(17)-KTコーチ(22)

89 ペク チンウ
白彰粋 | BAEK JIN WOO

育成軍守備 36歳 15年目 右投右打

①1988.5.9②179cm79kg③京畿高-LG(10)-ハンファ(18)-KTコーチ(21)

82 チェ チュンモ
諸春模 | JE CHUN MO

投手 42歳 23年目 右投右打

①1982.4.5②190cm91kg③東成高-SK(02)-SKコーチ(16)-KTコーチ(22)

81 ユ ハンジュン
柳漢俊 | YOO HAN JOON

打撃 43歳 21年目 右投右打

①1981.7.1②186cm97kg③裕信高-東国大-ヒョンデ(04)-ヒーローズ(08)-KT(16)-KTコーチ(23)⑤(15)

84 チェ マンホ
崔萬鎬 | CHOI MAN HO

作戦/走塁 50歳 28年目 右投右打

①1974.3.4②170cm73kg③大田高-檀国大-ヒョンデ(97)-LG(01)-ロッテ(07)-ハンファコーチ(10)-ネクセンコーチ(13)-ロッテコーチ(20)

77 キム テハン
金泰漢 | KIM TAE HAN

二軍監督 55歳 33年目 右投右打

①1969.10.22②181cm87kg③大邱商高-啓明大-サムソン(92)-SK(02)-サムソンコーチ(08)-KTコーチ(21)

80 パク チョンファン
朴亨奐 | PARK JUNG HWAN

二軍守備 47歳 26年目 右投右打

①1977.10.23②180cm88kg③東大門商高-東国大-サムソン(00)-SK(08)-SKコーチ(12)-ロッテコーチ(16)-KTコーチ(19)

91 ペ ウヨル
裵雨烈 | BAE WOO YUL

育成軍投手 38歳 16年目 右投両打

①1986.5.19②181cm80kg③野塔高-慶熙大-LG(09)-KT(15)-KTコーチ(21)-KTコーチ(23)

88 クァク チョンチョル
郭正哲 | GWAK JEONG CHEOL

● リハビリ 38歳 20年目 右投右打

①1986.3.14②186cm97kg③光州一高-KIA(05)-KIAコーチ(19)-KTコーチ(24)

※2021年から監督、コーチの年俸は非公表となりました。

① コ ヨンピョ

고영표 高永表 / KO YOUNG PYO

投手 33歳 11年目 右投右打

①1991.9.16②187cm88kg③和順高-東国大-KT(14)④4億3,000万W→20億W⑥3年連続2ケタ勝利のチームのエース。横手からの110キロ台のチェンジアップを丁寧に投げ込み、抜群の安定感を誇っている。四死球28個は規定投球回到達者の中で最も少ない。穏やかな右腕は今季もソフトに投手陣をけん引していく。⑦五輪(21)、WBC(23)

年度	チーム	防御率	試合	勝利	敗戦	セーブ	投球回	安打	四球	三振
2017	KT	5.08	25	8	12	0	141 2/3	170	16	125
2018	KT	5.13	25	6	9	0	142	175	25	134
2019		-	-	-	-	-	-	-	-	-
2020		-	-	-	-	-	-	-	-	-
2021	KT	2.92	26	11	6	0	166 2/3	147	27	130
2022	KT	3.26	28	11	8	0	182 1/3	191	23	156
2023	KT	2.78	28	12	7	0	174 2/3	181	19	110
通算		3.97	231	65	71	0	920 2/3	997	148	778

③② ウィリオム・クエバス

[ウィリアム・クエバス] 쿠에바스 ベネズエラ / WILLIAM CUEVAS

投手 34歳 6年目 右投両打

①1990.10.14②188cm98kg③カラボボ大-レッドソックス-タイガース-レッドソックス-KT(19)-KT(23)④$45万→$100万⑥21年の優勝に貢献後、翌22年途中に故障により退団。しかし23年6月に復帰した。昨季は8月に5連勝するなど、負けない右腕がチームの後半戦の浮上に大きく貢献した。カットボール、ツーシームを中心にボールを動かして打を打ち取っていく。

年度	チーム	防御率	試合	勝利	敗戦	セーブ	投球回	安打	四球	三振
2017		-	-	-	-	-	-	-	-	-
2018		-	-	-	-	-	-	-	-	-
2019	KT	3.62	30	13	10	0	184	163	63	135
2020	KT	4.10	27	10	8	0	158	152	46	110
2021	KT	4.12	23	9	9	0	133 1/3	131	51	137
2022	KT	2.45	2	1	0	0	11	2	5	8
2023	KT	2.60	18	12	10	0	114 1/3	85	24	100
通算		3.64	100	47	37	0	600 2/3	533	189	490

⑥⓪ パク ヨンヒョン

[パギョンヒョン] 박영현 朴英賢 / PARK YEONG HYUN

投手 21歳 3年目 右投右打

①2003.10.11②183cm91kg③裕信高-KT(22)④6,100万W→1億6,000万W⑥プロ2年目の昨季はリーグトップの32ホールドを記録。抜群の安定感でチームの2位浮上に貢献。アジア大会金メダルで兵役免除を手にした。今季は前クローザーの移籍で抑えを務める予定。低い重心から自慢の球威とチェンジアップで抑えていく。⑦アジア大会(23)

年度	チーム	防御率	試合	勝利	敗戦	セーブ	投球回	安打	四球	三振
2017		-	-	-	-	-	-	-	-	-
2018		-	-	-	-	-	-	-	-	-
2019		-	-	-	-	-	-	-	-	-
2020		-	-	-	-	-	-	-	-	-
2021		-	-	-	-	-	-	-	-	-
2022	KT	3.66	52	0	1	0	51 2/3	36	20	55
2023	KT	2.75	68	3	3	4	75 1/3	63	23	79
通算		3.12	120	3	4	4	127	109	43	134

②② チャン ソンウ

장성우 張成宇 / JANG SUNG WOO

捕手 34歳 17年目 右投右打

①1990.1.17②187cm100kg③慶南高-ロッテ(08)-KT(15)⑤5億W→5億W⑥長打力を誇る捕手として主に5番に座り、4年連続2ケタホームランを記録。近年はリード面でも評価が高まってきた。若手捕手の追随はあるが、実績のあるベテランを重用する監督の下、正捕手の座は揺るぎない。今季は下位打線で打力を発揮だ。

年度	チーム	打率	試合	打数	安打	本塁打	打点	盗塁	四球	三振
2017	KT	.231	118	294	68	8	46	0	43	59
2018	KT	.258	127	356	92	13	48	0	32	67
2019	KT	.262	127	366	96	17	61	0	35	86
2020	KT	.278	130	400	111	13	79	0	38	64
2021	KT	.231	127	385	89	14	63	1	60	69
2022	KT	.260	131	362	94	18	55	1	52	79
2023	KT	.288	131	410	118	15	75	0	34	68
通算		.261	1222	3350	874	100	508	8	346	683

①⓪ ファン ジェギュン

황재균 黃載均 / HWANG JAE GYUN

内野手 37歳 19年目 右投右打

①1987.7.28②183cm88kg③デ(06)-ヒーローズ(08)-ロッテ(10)-ジャイアンツ-KT(18)④10億W→10億W⑤ゴ(20)⑥体の強いスラッガーの昨季は左足指の骨折で一時離脱するも、規定打席に乗せた。チームの強い不動の三塁手は今年37歳を迎えるが、後輩たちの追随を許さない。今季は6番に座り走者を還す役割が期待される。⑦アジア大会(14,18)、プレミア12(15,19)、五輪(21)

年度	チーム	打率	試合	打数	安打	本塁打	打点	盗塁	四球	三振
2017		-	-	-	-	-	-	-	-	-
2018	KT	.296	142	530	157	25	88	14	49	120
2019	KT	.283	124	448	127	20	67	10	52	71
2020	KT	.312	134	541	169	21	97	11	47	98
2021	KT	.291	117	453	132	10	56	11	46	92
2022	KT	.262	141	519	136	15	66	6	53	99
2023	KT	.295	109	407	120	6	49	3	45	64
通算		.288	1951	7059	2032	207	1015	228	677	1317

⑤⓪ カン ベクホ

[カンベッコ] 강백호 姜白虎 / KANG BAEK HO

内野手 25歳 7年目 右投左打

①1999.7.29②184cm98kg③ソウル高-KT(18)④2億9,000万W→2億9,000万W⑤新(18)、ゴ(20,21)⑥昨季は戦線離脱を繰り返しながらもアジア大会で代表入り。大事な場面で結果を残し涙の金メダル獲得、兵役免除となった。豪快さと柔らかさを兼ね備えた左打者は今季は5番に定着し、3年ぶりの3割2ケタ本塁打、100打点に迫る活躍を見せたい。⑦プレミア12(19)、五輪(21)、WBC(23)、アジア大会(23)

年度	チーム	打率	試合	打数	安打	本塁打	打点	盗塁	四球	三振
2017		-	-	-	-	-	-	-	-	-
2018	KT	.290	138	527	153	29	84	3	52	124
2019	KT	.336	116	438	147	13	65	9	61	87
2020	KT	.330	129	500	165	23	69	7	56	89
2021	KT	.347	142	516	179	16	102	10	103	85
2022	KT	.245	62	237	58	6	29	0	23	44
2023	KT	.265	71	238	63	8	39	3	24	55
通算		.311	658	2456	765	95	408	32	326	488

52 パク ピョンホ

朴炳鎬 박병호 / PARK BYUNG HO

内野手 38歳 20年目 右投右打

①1986.7.10②185cm107kg③城南高-LG(05)-ネクセン(11)-ツインズ・ネクセン(18)-KT(22)④7億W→7億W⑤M(12,13)、本(12,13,14,15,19,22)、点(12,13,14,15)、ゴ(12,13,14,18,19,22)、守(23)⑥現役2位、歴代3位の本塁打数を誇る右の大砲。ホームランの数は以前より減るもチームトップの打点を記録し、不動の4番として役割を果たした。2ストライク以降の打率は1割5分台だが、打者有利なカウントと得点圏では圧倒的な強さを誇る。⑦アジア大会(14,18)、プレミア12(15,19)、WBC(23)

年度	チーム	打率	試合	打数	安打	本塁打	打点	盗塁	四球	三振
2017										
2018	ネクセン	.345	113	400	138	43	112	0	68	114
2019	キウム	.280	132	432	121	33	98	0	78	117
2020	キウム	.223	93	309	69	21	66	0	57	114
2021	キウム	.278	91	309	93	20	76	0	40	131
2022	KT	.275	124	429	118	35	98	5	40	131
2023	KT	.283	112	431	122	18	87	2	46	114
通算		.278	1570	5158	1434	380	1141	66	768	1532

FANの 通算400本塁打と7度目の本塁打王へ！（白岡の梨）

53 キム ミンヒョク [キムミニョク]

金敏赫 김민혁 / KIM MIN HYUCK

外野手 29歳 11年目 右投左打

①1995.11.21②181cm71kg③培材高-KT(14)④1億5,000万W→2億4,000万W⑥昨季は主に上位打線に座り、4年ぶりの2ケタ盗塁を記録した。オープンスタンスで構え、左足で小刻みにリズムを取りながらミートポイントに最短距離でバットを出していくアベレージヒッターだ。今季は下位打線に座り、相手チームにとって嫌な存在となる。

年度	チーム	打率	試合	打数	安打	本塁打	打点	盗塁	四球	三振
2017										
2018										
2019	KT	.281	127	466	131	0	32	22	32	61
2020	KT	.239	108	222	53	5	25	8	22	42
2021	KT	.320	75	172	55	1	13	6	20	30
2022	KT	.284	132	373	106	0	35	6	37	62
2023	KT	.297	113	397	118	3	29	16	29	59
通算		.280	663	1815	509	9	156	67	163	277

11 キム ミン

金珉 김민 / KIM MIN

投手 25歳 7年目 右投右打

①1999.4.14②185cm88kg③裕信高-KT(18)④6,000万W→5,000万W⑥18年のドラ1は昨季9月以降、先発に復帰。10月には3年ぶりの先発勝利を果たした。スライダーを得意球に先発ローテ定着を目指す。

年度	防御率	試合	勝利	敗戦	セーブ	投球回	三振
2023	6.83	16	1	2	0	29	22
通算	5.35	82	14	9	0	267 1/3	178

13 ムン ヨンイク [ムニョンイク]

文鎔翼 문용익 / MON YONG IK

▲ 投手 29歳 8年目 右投右打

▲①1995.2.4②178cm93kg③青園高-世界サイバー大-サムソン(17)-KT(24)④6,300万W→6,300万W⑥サムソンにFA移籍したキム・ジェユンの人的補償でKT入り。小さなテイクバックからの140キロ台後半の直球とスライダーを持ち味にチームに貢献した。

年度	防御率	試合	勝利	敗戦	セーブ	投球回	三振
2023	4.15	14	1	0	0	13	12
通算	3.84	71	4	0	0	72 2/3	54

15 シン ビョンリュル [シンビョンニュル]

辛秉律 신병률 / SHIN BYUNG RYUL

投手 28歳 7年目 右投右打

①1996.1.30②175cm83kg③徽文高-檀国大-KT(18)④3,100万W→3,100万W⑥小柄な横手投げ投手は昨季ファームでチームトップの44試合に登板するも、一軍登板はなし。オープン戦でアピールして一軍へのきっかけをつかみたい。

年度	防御率	試合	勝利	敗戦	セーブ	投球回	三振
2023	-	-	-	-	-	-	-
通算	7.01	21	0	0	1	25 2/3	14

17 イ チェホ

李彩豪 이채호 / LEE CHAE HO

投手 26歳 7年目 右投右打

①1998.11.23②185cm85kg③馬山龍馬高-SK(18)-KT(22)④6,000万W→5,300万W⑥左打者を苦にしない右の横手投げ右腕だが、昨季は右打者相手の被弾が目立った。エースのコ・ヨンピョを手本に期待に応えたい。

年度	防御率	試合	勝利	敗戦	セーブ	投球回	三振
2023	6.93	25	0	1	0	24 2/3	8
通算	4.75	66	5	1	0	66 1/3	43

名鑑の見方 [NPB選手経験者は名前が白ヌキ]

背番号 氏名（現地読みに近い表記には[発音]、外国人選手のカタカナ読みには[カタカナ]を併記）ハングル 漢字または国籍 アルファベット
●=新入団 ▲=移籍 ■=復帰
守備位置 年齢 年数 投打
①生年月日②身長体重③経歴（ ）内は入団年④年俸 2023年→2024年（1ウォン=約0.11円）新人と一部の新外国人選手には契約金も記載⑤主な獲得タイトル…M=最優秀選手 新=新人王 首=首位打者 本=本塁打王 点=打点王 盗=盗塁王 防=最優秀防御率 勝=最多勝利 救=最優秀救援 ゴ=ゴールデングラブ賞 守=守備賞（2023年新設）⑥経歴、寸評⑦代表選手選出歴
※成績の太字はリーグトップ

FANの このマークがついた選手には読者からのコメントも掲載。

代表選手選出歴に記載の大会

1990 バンコクアジア大会(金メダル)	2015 プレミア12(優勝)
2000 シドニー五輪(銅メダル)	2017 WBC(1次ラウンド敗退)
2002 プサンアジア大会(金メダル)	2017 APBC(準優勝)
2003 アテネ五輪予選(敗退)	2018 ジャカルタアジア大会(金メダル)
2006 WBC(ベスト4)	2019 プレミア12(準優勝)
2006 ドーハアジア大会(銅メダル)	2021 東京五輪(4位)
2007 北京五輪予選(アジア予選.敗退)	2023 WBC(1次ラウンド敗退)
2008 北京五輪予選(世界最終予選.2位)	2023 杭州アジア大会(金メダル)
2008 北京五輪(金メダル)	2023 APBC(準優勝)
2009 WBC(準優勝)	
2010 広州アジア大会(金メダル)	五輪 ▶ オリンピック
2013 WBC(1次ラウンド敗退)	WBC ▶ ワールド・ベースボール・クラシック
2014 インチョンアジア大会(金メダル)	APBC ▶ アジアプロ野球チャンピオンシップ

18 オム サンベク
엄상백 嚴相伯
UM SANG BACK

投手 28歳 10年目 右投右打

①1996.10.4②187cm72kg③德壽高-KT(15)④2億5,000万W→2億5,000万W⑥安定感のある先発スリークォーター右腕は8月に右わき腹痛で離脱。ポストシーズンで復帰した。緩急を生かした投球で今季も打たせて取る。

年度	防御率	試合	勝利	敗戦	セーブ	投球回	三振
2023	3.63	20	7	6	0	111 2/3	89
通算	4.80	276	32	34	1	607 2/3	511

FANの一言 今年は2年ぶりの二桁勝利を（同世代のtriggerman）

26 キム ミンス
김민수 金敏洙
KIM MIN SU

投手 32歳 10年目 右投右打

①1992.7.24②188cm80kg③青龍高-成均館大-KT(15)④2億5,000万W→1億6,000万W⑥22年にリーグ2位の30ホールドを記録し昨季は右肩、左足首と負傷が続き、わずかな登板数となった。縦の変化球を生かして復権だ。

年度	防御率	試合	勝利	敗戦	セーブ	投球回	三振
2023	6.92	14	0	1	0	13	4
通算	4.46	231	20	21	6	369	294

29 チョン ヨンジュ [チョニョンジュ]
전용주 全湧主
JEON YONG JU

投手 24歳 6年目 右投右打

①2000.2.12②188cm87kg③安山工高-KT(19)③3,000万W→3,200万W⑥昨季5月に育成から昇格した19年のドラ1右腕。荒れ球がプラスになる左腕。高校の先輩はリーグのエース左腕のキム・グァンヒョン。

年度	防御率	試合	勝利	敗戦	セーブ	投球回	三振
2023	4.35	15	0	1	0	10 1/3	9
通算	6.75	19	0	1	0	13 1/3	10

33 パク セジン
박세진 朴世津
PARK SE JIN

投手 27歳 9年目 左投右打

①1997.6.27②178cm93kg③慶北高-KT(16)③3,300万W→3,500万W⑥16年のドラ1左腕は軍から復帰した昨季、開幕一軍入りし自己最多の登板数となった。緩急を生かした投球で抑える。兄はロッテのパク・セウン。

年度	防御率	試合	勝利	敗戦	セーブ	投球回	三振
2023	3.86	16	0	1	0	11 2/3	10
通算	8.32	36	1	0	0	74 2/3	50

38 チュ グォン
주권 朱權
JU KWON

投手 29歳 10年目 右投右打

①1995.5.31②181cm82kg③清州高-KT(15)②2億9,500万W→2億W⑥チェンジアップを操るリリーフ右腕は、昨季5年ぶりに先発登板。FA権を行使しチームに残留した。父の出身国・中国代表でWBCに出場した。

年度	防御率	試合	勝利	敗戦	セーブ	投球回	三振
2023	4.40	42	1	2	0	47	17
通算	5.08	438	33	38	4	620	328

21 ウ ギュミン
우규민 禹奎珉
WOO KYU MIN

▲ 投手 39歳 22年目 右投右打

①1985.1.21②184cm75kg③徽文高-LG(03)-サムソン(17)-KT(24)④2億5,000万W→2億700万W⑤5年連続50試合以上登板のセットアッパーが2次ドラフトでKT入り。通算106ホールドの横手投げ右腕はあと10セーブで100セーブとなる。⑦アジア大会(06)、プレミア12(15)、WBC(17)

年度	防御率	試合	勝利	敗戦	セーブ	投球回	三振
2023	4.81	56	3	1	0	43	28
通算	3.95	759	82	86	90	1383 1/3	866

28 ハ ジュンホ [ハジュノ]
하준호 河晙鎬
HA JUN HO

投手 35歳 17年目 右投右打

①1989.4.29②174cm78kg③慶南高-ロッテ(08)-KT(15)④4,500万W→4,500万W⑥投手から野手、野手から投手に転向した経歴のある左腕。昨季9月のLG戦では1イニング3与死球と荒れた。信頼回復を目指す。

年度	防御率	試合	勝利	敗戦	セーブ	投球回	三振
2023	4.15	12	0	1	0	13	8
通算	6.52	117	0	7	0	106 1/3	77

30 ソ ヒョンジュン
소형준 蘇珩準
SO HYEONG JUN

投手 23歳 5年目 右投右打

①2001.9.16②189cm92kg③裕信高-KT(20)④3億2,000万W→2億2,000万W⑤新(20)⑥WBC参加から始まった23年だったが、5月に右ひじのトミージョン手術を受けた。2ケタ勝利が期待できる先発右腕の帰還を待ちたい。⑦WBC(23)

年度	防御率	試合	勝利	敗戦	セーブ	投球回	三振
2023	11.45	3	0	0	0	11	4
通算	3.81	80	33	19	0	434 1/3	298

37 イ サンドン
이상동 李相東
LEE SANG DONG

投手 29歳 6年目 右投右打

①1995.11.24②181cm88kg③慶北高-嶺南大-KT(19)④3,200万W→6,000万W⑥5月に軍服務から復帰。6月の昨season初登板でプロ初勝利を挙げた。精度の高いフォークボールを武器にシーズン後半、チームに大きく貢献した。

年度	防御率	試合	勝利	敗戦	セーブ	投球回	三振
2023	3.98	36	4	1	0	40 2/3	43
通算	6.07	53	4	2	0	59 1/3	51

41 ソン ドンヒョン
손동현 孫東賢
SON DONG HYUN

投手 23歳 6年目 右投右打

①2001.1.23②183cm88kg③城南高-KT(19)④5,000万W→1億2,000万W⑥無走者でもクイックモーションのように投げる右腕は自己最多登板数、チーム2位の15ホールドを記録した。打者を詰まらせてフライで打ち取る。

年度	防御率	試合	勝利	敗戦	セーブ	投球回	三振
2023	3.42	64	8	5	1	73 2/3	40
通算	4.14	121	10	8	1	141 1/3	81

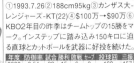

43 ウェス・ベンジャミン

	벤자민	アメリカ合衆国
		WESLEY BENJAMIN

投手 31歳 3年目 投左右打

①1993.7.26②188cm95kg③カンザス大-レンジャーズ-KT(22)④$100万→$90万⑥KBO2年目の昨季はチームトップの15勝をマーク。インステップに踏み込み150キロに迫る直球とカットボールを武器に好投を続けた。

年度	防御率	試合	勝利	敗戦	セーブ	投球回	三振
2023	3.54	29	15	6	0	166	157
通算	3.23	46	20	11	0	256 2/3	234

45 イ テギュ

	이태규	李泰奎
		LEE TAE GYU

▲ 投手 24歳 6年目 右投右打

①2000.2.21②188cm72kg③長安高-KIA(19)-KT(24)④3,000万W→3,000万W⑥2次ドラフトで指名されKIAから移籍。ファームではすべてリリーフで19試合に登板した。新天地で初の一軍を目指す細身の右腕だ。

年度	防御率	試合	勝利	敗戦	セーブ	投球回	三振
2023	-	-	-	-	-	-	-
通算	-	-	-	-	-	-	-

46 パク シヨン

	박시영	朴是泳
		PARK SI YOUNG

投手 35歳 15年目 右投右打

①1989.3.10②180cm88kg③済物浦高-ロッテ(10)-KT(21)④9,800万W→9,000万W⑥22年5月の登板時に右ひじ痛で降板。手術を受け、昨季はリハビリのため一軍、ファームともに登板はなかった。経験豊富なリリーフの復帰が待たれる。

年度	防御率	試合	勝利	敗戦	セーブ	投球回	三振
2023	-	-	-	-	-	-	-
通算	5.53	256	9	13	0	299 2/3	274

48 キム ヨンヒョン [キミョンヒョン]

	김영현	金永炫
		KIM YOUNG HYUN

投手 22歳 4年目 右投右打

①2002.8.18②178cm81kg③光州東成高-KT(21)④3,000万W→4,100万W⑥3年目の昨季は開幕から一軍に定着。威力ある速球とスライダーで三振を奪っていった。特に右打者を封じた。勝ちパターンでの起用なるか。

年度	防御率	試合	勝利	敗戦	セーブ	投球回	三振
2023	5.45	31	0	0	1	33	35
通算	5.45	31	0	0	1	33	35

49 キム ゴンウン [キムゴヌン]

	김건웅	金建雄
		KIM GEON UNG

投手 20歳 2年目 右投右打

①2004.4.12②187cm90kg③城南高-KT(23)④3,000万W→3,000万W⑥1年目の昨季はファームで14試合に先発。0勝9敗はリーグワーストだった。将来的な一軍先発を見据えて、粘り強く育てていく。

年度	防御率	試合	勝利	敗戦	セーブ	投球回	三振
2023	-	-	-	-	-	-	-
通算	-	-	-	-	-	-	-

51 イ ジョンヒョン

	이정현	李禎炫
		LEE JUNG HYUN

投手 27歳 8年目 右投左打

①1997.12.5②188cm93kg③馬山龍馬高-KT(17)④3,500万W→3,500万W⑥昨季ファームでの4試合の登板はいずれも先発だった。緩急を生かした投球で安定感を発揮し、一軍昇格とプロ初勝利を目指したい。

年度	防御率	試合	勝利	敗戦	セーブ	投球回	三振
2023	-	-	-	-	-	-	-
通算	8.51	14	0	3	0	24 1/3	11

54 チョ イヒョン

	조이현	曺利弦
		JO YI HYEON

投手 29歳 11年目 右投右打

①1995.6.27②185cm95kg③済州高-ハンファ(14)-SK(16)-KT(23)④6,500万W→6,000万W⑥がっちりとした体格から繰り出す、130キロ台の縦の変化球で打ち取っていく右腕。シーズン終盤、先発起用に応えて白星を挙げた。

年度	防御率	試合	勝利	敗戦	セーブ	投球回	三振
2023	6.69	18	2	1	0	35	17
通算	6.34	97	8	14	1	203	119

61 イ ソンウ

	이선우	李先旴
		LEE SUN WOO

投手 24歳 6年目 右投右打

①2000.9.19②186cm90kg③裕信高-KT(19)④3,000万W→4,000万W⑥5月に育成から昇格。ツーシーム、スライダー中心の投球を見せる横手投げは、先発マウンドにも4度上がった。一軍定着を目指す。

年度	防御率	試合	勝利	敗戦	セーブ	投球回	三振
2023	4.34	22	0	2	0	37 1/3	24
通算	4.83	27	0	2	0	41	27

62 キム ジョンウン

	김정운	金楨雲
		KIM JEONG WOON

投手 20歳 2年目 右投右打

①2004.4.21②184cm84kg③大邱高-KT(23)④3,000万W→3,100万W⑥躍動感のあるフォームが特長の細身のサイドスロー右腕。直球との球速差があるスライダーで凡打を誘っていく。

年度	防御率	試合	勝利	敗戦	セーブ	投球回	三振
2023	3.86	5	0	0	0	7	3
通算	3.86	5	0	0	0	7	3

63 ウォン サンヒョン

	원상현	元常鉉
		WEON SANG HYUN

● 投手 20歳 1年目 右投右打

①2004.10.16②183cm83kg③釜山高-KT(24)④＜契＞2億3,000万W＜年＞3,000万W⑥24年ドラフト1R(全体順位/番目)。バランスの良い投球フォームから140キロ後半の直球と多彩な球種を投げ分ける完成度の高い右腕だ。

ROOKIE

64 ユク チョンミョン
육청명 陸清明
YOOK CHUNG MYOUNG

● 投手 19歳 1年目 右投右打
①2005.7.18②186cm90kg③江陵高-KT(24)④＜契＞1億3,000万W＜年＞3,000万W⑥24年ドラフト2R(全体順位17番目)。150キロに迫る直球と制球力に評価が高い右腕。兄はユーチューバーで弟の映像も公開している。

ROOKIE

65 ユン ガンチャン
윤강찬 尹剛燦
YOON KANG CHAN

● 投手 26歳 7年目 右投右打
①1998.4.24②185cm72kg③金海高-KT(18)④3,000万W→3,000万W⑥昨季は育成登録。ファームで11試合に登板した。細身のサイドスロー右腕はプロ7年目でのプロ初登板を目指す。

年度	防御率	試合	勝利	敗戦	セーブ	投球回	三振
2023	-	-	-	-	-	-	-
通算	-	-	-	-	-	-	-

94 キム ミンソン
김민성 金旼性
KIM MIN SUNG

● 投手 19歳 1年目 右投右打
①2005.8.28②180cm83kg③善隣インターネット高-KT(24)④＜契＞9,000万W＜年＞3,000万W⑥24年ドラフト3R(全体順位27番目)。がっちりとした下半身を生かして、しっかりと重心移動をして投げ込む右腕。未来に向けて大きく育てる。

ROOKIE

95 ソン ジェホン
성재헌 成載憲
SEONG JAE HEON

▲ 投手 27歳 5年目 左投右打
①1997.12.22②175cm82kg③城南高-延世大-LG(20)-KT(24)④3,000万W→3,000万W⑥LGを戦力外通告。入団テストでKT入り。昨季ファームでは17試合に登板、リリーフと先発を務めた。チャンスをつかみたい大卒左腕だ。

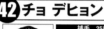

年度	防御率	試合	勝利	敗戦	セーブ	投球回	三振
2023	-	-	-	-	-	-	-
通算	4.15	4	0	0	0	4 1/3	1

99 カン ゴン
강건 姜鍵
KANG GEON

● 投手 20歳 2年目 右投右打
①2004.7.12②183cm85kg③長安高-KT(23)④3,000万W→3,500万W⑥23年のドラフト最終順位で指名、昨夏10月に育成から昇格した。スピンのきいた速球とブレーキのかかった変化球で三振が取れる右腕だ。

年度	防御率	試合	勝利	敗戦	セーブ	投球回	三振
2023	1.35	4	0	0	1	6 2/3	8
通算	1.35	4	0	0	1	6 2/3	8

42 チョ デヒョン
조대현 曺大鉉
CHO DAE HYUN

● 捕手 25歳 7年目 右投右打
①1999.8.6②183cm81kg③裕信高-KT(18)④3,100万W→3,100万W⑥昨季ファームで44試合に出場。一軍から声はかからなかった。捕手の入れ替えが少ないチームの中で限られたチャンスをつかみたい。

年度	打率	試合	安打	本塁打	打点	盗塁	三振
2023	-	-	-	-	-	-	-
通算	.000	6	0	0	0	0	3

44 キム ジュンテ
김준태 金準兌
KIM JUN TAE

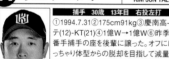

● 捕手 30歳 13年目 右投左打
①1994.7.31②175cm91kg③慶南高-ロッテ(12)-KT(21)④1億W→1億W⑥昨季は2番手捕手の座を後輩に譲った。オフにはぽっちゃり体型からの脱却を目指して減量。新たな気持ちでポジション獲りを目指す。

年度	打率	試合	安打	本塁打	打点	盗塁	三振
2023	.209	69	24	3	23	1	32
通算	.229	495	234	18	133	5	292

55 カン ヒョンウ [カンヒョヌ]
강현우 姜顯宇
KANG HYEON WOO

● 捕手 23歳 4年目 右投右打
①2001.4.13②180cm90kg③裕信高-KT(20)④3,000万W→5,000万W⑥軍から復帰の昨季はチーム2番手となる24試合で先発マスクをかぶった。次世代の正捕手候補として期待する見込みだ。

年度	打率	試合	安打	本塁打	打点	盗塁	三振
2023	.194	53	20	1	11	0	17
通算	.195	79	26	2	14	0	28

97 キム ミンソク
김민석 金珉奭
KIM MIN SEOK

● 捕手 19歳 1年目 右投右打
①2005.7.22②181cm93kg③済物浦高-KT(24)④＜契＞3,000万W＜年＞3,000万W⑥24年ドラフト10R(全体順位97番目)。新人野手で唯一、一軍春季キャンプに参加。3番手捕手の座を狙う先輩たちの争いに加わる。

ROOKIE

4 オ ユンソク
오윤석 吳胤碩
OH YOON SUK

● 内野手 32歳 11年目 右投左打
①1992.2.24②180cm87kg③京畿高-延世大-ロッテ(14)-KT(21)④1億2,000万W→1億4,000万W⑥ファースト、セカンドで主に出場し、8月には大活躍。作戦実行能力が高く、7番に座ると3割5分近い打率を残した。

年度	打率	試合	安打	本塁打	打点	盗塁	三振
2023	.251	82	50	4	17	3	44
通算	.247	472	262	20	126	11	263

⑤ カン ミンソン

강민성	菫旼成
	KANG MIN SUNG

内野手　25歳　6年目　右投右打

①1999.12.8②180cm85kg③慶北高-KT(19)④3,300万W→3,600万W⑥昨季ファームでチームでリーグ2位の16本塁打を記録。ファン・ジェギュンに次ぐ三塁手の座を目指して一軍でアピールしたい。

年度	打率	試合	安打	本塁打	打点	盗塁	三振
2023	.182	12	4	0	1	0	10
通算	.182	12	4	0	1	0	10

⑥ パク キョンス [パッキョンス]

박경수	朴慶洙
	PARK KYUNG SU

内野手　40歳　22年目　右投右打

①1984.3.31②178cm80kg③城南高-LG(03)-KT(15)④2億W→2億W⑥今年40歳のこのチームのキャプテン。ベテラン揃いの内野陣の中で二塁手として今季も存在感を示していく。

年度	打率	試合	安打	本塁打	打点	盗塁	三振
2023	.200	107	37	1	12	0	46
通算	.249	2038	1394	161	718	78	1359

⑦ キム サンス

김상수	金相堅
	KIM SANG SU

内野手　34歳　16年目　右投右打

①1990.3.23②175cm68kg③慶北高-サムソン(09)-KT(23)④5億W→3億W⑤盗(14)⑥サムソンからFA移籍した昨季、上位までは下位打線に座り、レギュラー遊撃手として堅実なプレーを見せた。⑦WBC(13)、アジア大会(14)、プレミア12(15,19)

年度	打率	試合	安打	本塁打	打点	盗塁	三振
2023	.271	129	120	3	56	15	68
通算	.271	1681	1499	58	605	256	831

⑭ チョン ソンホ

천성호	千成虎
	CHEON SEONG HO

内野手　27歳　5年目　右投左打

①1997.10.30②183cm85kg③眞興高-檀国大-KT(20)④4,400万W→4,500万W⑥軍入隊中の昨季はサムソンに所属し、ファームでリーグ2位の打率3割5分をマーク。104安打はリーグトップだった。バットと足でアピールだ。

年度	打率	試合	安打	本塁打	打点	盗塁	三振
2023							
通算	.234	107	26	0	5	2	24

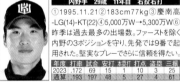

⑯ チャン ジュンウォン [チャンジュヌォン]

장준원	張遵元
	JANG JUN WON

内野手　29歳　11年目　右投右打

①1995.11.21②183cm77kg③慶南高-LG(14)-KT(22)④5,000万W→5,300万W⑥昨季は過去最多の出場数。ファーストを除く内野の3ポジションを守り、先発では9番で起用された。堅実なプレーでさらに信頼を得たい。

年度	打率	試合	安打	本塁打	打点	盗塁	三振
2023	.172	69	15	1	10	3	25
通算	.193	197	48	5	27	4	61

㉕ パク ミンソク [パンミンソク]

박민석	朴珉鳥
	PARK MIN SEOK

内野手　24歳　6年目　右投右打

①2000.4.13②180cm77kg③奨忠高-KT(19)③3,000万W→3,100万W⑥5月に育成から昇格。キム・サンスの昨季はプロ初安打を放った。守りの評価が高く、守備固めや代走で出場機会をつかんでいきたい。

年度	打率	試合	安打	本塁打	打点	盗塁	三振
2023	.250	4	1	0	0	0	3
通算	.200	7	1	0	0	0	3

㉞ イ ホヨン

이호연	李顥泫
	LEE HO YEON

内野手　29歳　7年目　右投右打

①1995.6.3②177cm87kg③光州一高-成均館大-ロッテ(18)-KT(23)④5,700万W→8,500万W⑥昨季5月にロッテから移籍。力みのないフォームから高いミート力を見せた。ショートを除く内野の3ポジションを守り、役割を果たした。

年度	打率	試合	安打	本塁打	打点	盗塁	三振
2023	.278	85	59	3	17	4	41
通算	.259	181	111	5	34	7	81

㊶ シン ボンギ

신본기	辛本基
	SHIN BON KI

内野手　35歳　13年目　右投右打

①1989.3.21②179cm88kg③慶南高-東亜大-ロッテ(12)-KT(21)④1億3,000万W→1億3,000万W⑥キム・サンスの加入で出番が減ったが、遊撃、二塁、三塁の控えとして役割を果たした。スーパーサブとして存在感を発揮したい。

年度	打率	試合	安打	本塁打	打点	盗塁	三振
2023	.204	40	11	1	7	0	8
通算	.245	916	507	28	241	19	445

FANの声 欠かせない貴重な存在、頼りにしています！（中村一億）

⓪ キム ゴンヒョン [キムゴニョン]

김건형	金建亨
	KIM GEON HYOUNG

外野手　28歳　4年目　右投右打

①1996.7.12②182cm83kg③ボイシ州立大-KT(21)④3,000万W→3,000万W⑥昨季開幕前に軍から復帰。ファームで63試合に出場した。中学から大学までをアメリカで過ごした。父は昨季二軍監督を務めたキム・キテ。

年度	打率	試合	安打	本塁打	打点	盗塁	三振
2023		-	-	-	-	-	-
通算	.212	11	7	0	1	0	6

③ メル・ロハス・ジュニア

로하스	アメリカ合衆国
	MEL ROJAS Jr.

外野手　34歳　8年目　右投両打

①1990.5.24②189cm102kg③ワブッシュバレー大-米3A-KT(17)-阪神-KT(24)④＜契＞$10万＜年＞$50万⑤M(20)、ゴ(19,20)、本(20)、点(20)⑥20年の本塁打、打点王でMVPを獲得した伝説の助っ人が阪神、メキシカンリーグを経て4年ぶりにKBOに復帰。かつての3割40本100打点に迫る活躍はなるか。

年度	打率	試合	安打	本塁打	打点	盗塁	三振
2023		-	-	-	-	-	-
通算	.321	511	633	132	409	27	475

8 アン チヨン

안치영 | 安致永

| 外野手 | 26歳 | 8年目 | 右投左打 |

①1998.5.29②176cm72kg③北一高-KT(17)④3,000万W→5,000万W⑥昨季はライトでの先発出場をはじめ、代走と守備固めで役割を果たした。軍入隊中は産業技能要員としてEV車のバッテリー部品工場で従事した。

年度	打率	試合	安打	本塁打	打点	盗塁	三振
2023	.290	76	36	0	9	7	35
通算	.270	102	40	0	9	8	43

12 ソン ミンソプ

송민섭 | 宋敏燮
SONG MIN SUB

| 外野手 | 33歳 | 11年目 | 右投右打 |

①1991.8.2②177cm80kg③善隣インターネット高-檀国大-KT(14)④6,500万W→6,500万W⑥昨季の先発出場は1試合のみ。守備固めまたは代走で存在感を発揮する外野手だ。2月のキャンプ入り後もただ一人、未契約となっていた。

年度	打率	試合	安打	本塁打	打点	盗塁	三振
2023	.130	69	3	0	0	3	8
通算	.210	604	63	1	20	26	96

23 チョ ヨンホ

조용호 | 趙庸皓
CHO YONG HO

| 外野手 | 35歳 | 11年目 | 右投左打 |

①1989.9.9②170cm75kg③野塔高-檀国大-ワンダーズ-SK(14)-KT(19)④3億2,000万W→1億5,000万W⑥昨季は股関節痛などもありレギュラー定着以来、最も少ない出場数となった。内角球をまくさばく打撃技術で再びレギュラーをキープしたい。

年度	打率	試合	安打	本塁打	打点	盗塁	三振
2023	.248	63	40	0	7	4	25
通算	.277	636	516	3	160	147	339

24 ムン サンチョル

문상철 | 文相澈
MOON SANG CHUL

| 外野手 | 33歳 | 11年目 | 右投右打 |

①1991.4.6②184cm85kg③培明高-高麗大-KT(14)④5,600万W→1億1,000万W⑥すり足打法のプルヒッターは昨季、一塁、外野、指名打者で出場し自己最高の成績。韓国シリーズでも第1戦で逆転打を放つなど活躍を見せた。

年度	打率	試合	安打	本塁打	打点	盗塁	三振
2023	.260	112	79	9	46	3	81
通算	.233	399	192	26	111	9	258

27 ペ ジョンデ

배정대 | 裵挺昊
BAE JEONG DAE

| 外野手 | 29歳 | 11年目 | 右投右打 |

①1995.6.12②185cm80kg③城南高-LG(14)-KT(15)③4億4,000万W→3億2,000万W⑥20～22年連続全試合出場。センターの広い守備範囲とここ一番に強い打撃を誇る。昨季は9番起用が多かったが今季は上位に座るか。

年度	打率	試合	安打	本塁打	打点	盗塁	三振
2023	.277	97	86	2	38	13	76
通算	.264	740	542	34	238	78	542

31 ホン ヒョンビン

홍현빈 | 洪顯彬
HONG HYUN BIN

| 外野手 | 27歳 | 8年目 | 右投左打 |

①1997.8.29②174cm70kg③裕信高-KT(17)④4,800万W→4,500万W⑥昨季はシーズン序盤、主力選手の離脱時に先発出場して穴を埋めた。広角に打ち分ける打撃と足でアピールしたい小柄な外野手だ。

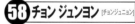

年度	打率	試合	安打	本塁打	打点	盗塁	三振
2023	.233	44	17	0	1	2	22
通算	.203	210	40	0	4	8	69

57 キム ビョンジュン

김병준 | 金秉俊
KIM BYEONG JUN

| 外野手 | 21歳 | 3年目 | 右投左打 |

①2003.7.3②175cm80kg③裕信高-KT(22)④3,000万W→3,100万W⑥昨季6月に育成から昇格。ファームでは74試合に出場しリーグ9位の打率.307、チームトップの21盗塁を記録した俊足外野手だ。

年度	打率	試合	安打	本塁打	打点	盗塁	三振
2023	.000	3	0	0	0	0	2
通算	.000	3	0	0	0	0	2

58 チョン ジュンヨン

정준영 | 鄭晙榮 [チョンジュニョン]
JEONG JUN YOUNG

| 外野手 | 20歳 | 2年目 | 右投右打 |

①2004.1.26②173cm73kg③奬忠高-KT(23)④3,000万W→4,200万W⑥小柄な俊足外野手は高卒1年目から走攻守で存在をアピール。12月にはBFAアジア選手権に韓国代表として参加した。

年度	打率	試合	安打	本塁打	打点	盗塁	三振
2023	.292	34	14	0	6	0	11
通算	.292	34	14	0	6	0	11

2014年までの名称は「申告選手」。選手登録されていない選手で、5月1日以降に正式登録が可能になる。
正式登録されると一軍の試合に出場できる。現在の登録選手が育成選手扱いになることもある。

 ⑳キム テオ
김태오 金泰呉
投手 左投左打
1997.7.29
183cm84kg

 ㊼シン ボムジュン
신범준 申凡峻
投手 右投右打
2002.6.1
189cm78kg

 ㊾ハン チャヒョン
한차현 韓瑳鉉
投手 右投右打
1998.11.30
180cm80kg

 66イ ジョンヒョク
이종혁 李宗革
投手 右投右打
1997.5.29
190cm86kg

 67パク シユン
박시윤 朴泷玧
投手 左投左打
1999.3.8
185cm90kg

 96ハン ミンウ
한민우 韓旼右
投手 左投左打
1999.4.27
177cm82kg

101イ ジュンミョン
이준명 李俊明
投手 右投右打
2002.12.18
193cm100kg

102チョ ヨングン
조용근 趙龍根
投手 右投右打
1996.1.1
187cm100kg

 104チョン ジンホ
정진호 鄭辰晧
投手 右投右打
2004.9.20
181cm79kg

 106チェ ユンソ
최윤서 崔允瑞
● 投手 右投右打
2003.3.21
185cm95kg

 110イ グンヒョク
이근혁 李根奕
● 投手 右投右打
2001.5.29
184cm79kg

 112イ スンオン
이승언 李承彦
● 投手 右投右打
2005.3.4
186cm95kg

 113キム ジミン
김지민 金智敏
投手 右投右打
2001.9.21
175cm78kg

 92イ ジュンヒ
이준희 李俊熙
捕手 右投右打
2004.1.6
183cm85kg

 111イ スンヒョン
이승현 李昇炫
捕手 右投右打
2005.1.26
184cm90kg

 9キム チョルホ
김철호 金喆晧
▲ 内野手 右投左打
1998.2.6
182cm87kg

 35ユン ジュンヒョク
윤준혁 尹晙赫
内野手 右投右打
2001.7.26
186cm86kg

 36リュ ヒョンイン
류현인 柳炫印
内野手 右投左打
2000.11.8
174cm80kg

 39ヤン スンヒョク
양승혁 梁承赫
内野手 右投右打
1999.9.29
173cm68kg

 93キム ソンギュン
김성균 金星均
内野手 左投左打
2001.7.6
185cm93kg

108パク チョンヒョン
박정현 朴柾泫
● 内野手 右投両打
2005.5.24
184cm80kg

 109パク テワン
박태완 朴太完
● 内野手 右投右打
2005.9.4
173cm77kg

 69チェ ソンミン
최성민 崔盛頣
外野手 左投左打
2002.7.5
179cm84kg

100チェ ジョンテ
최정태 崔正泰
外野手 右投右打
1999.9.10
183cm93kg

103ファン ウィジュン
황의준 黄義準
外野手 右投右打
2002.4.6
185cm95kg

105キム ギュデ
김규대 金ギュデ
外野手 右投右打
2002.3.13
182cm90kg

107シン ホジュン
신호준 申昊俊
● 外野手 右投右打
2004.10.21
186cm90kg

背番号 名前	
ハングル	漢字

PHOTO
記号 位置 投打
生年月日
身長体重

軍保留選手

兵役、公益勤務期間中、またはサンム（尚武/国軍体育部隊）に所属する選手。
サンムは二軍リーグに参加している。

位置	名前	ハングル	漢字	投打	生年月日	身長体重	所属チーム
投手	ペ ジェソン	배제성	裵齊晟	右投左打	1996.9.29	189cm85kg	サンム
投手	チ ミョンソン	지명성	地明星	右投右打	2002.2.15	173cm65kg	
投手	ハン ジウン	한지웅	韓智雄	左投左打	2003.7.7	189cm82kg	
内野手	ソン ミンソク	손민석	孫敏晳	右投左打	2004.6.21	177cm70kg	
内野手	クォン ドンジン	권동진	権桐挋	右投左打	1998.9.12	182cm86kg	サンム
内野手	シム ウジュン	심우준	沈佑俊	右投右打	1995.4.28	183cm75kg	サンム
内野手	ムン サンジュン	문상준	文常準	右投右打	2001.3.14	183cm80kg	
内野手	ユ ジュンギュ	유준규	柳俊奎	右投左打	2002.8.16	176cm69kg	
外野手	アン ヒョンミン	안현민	安賢民	右投右打	2003.8.22	183cm90kg	

育成・軍保留選手

位置	名前	ハングル	漢字	投打	生年月日	身長体重	所属チーム
投手	クォン ソンジュン	권성준	権成俊	左投左打	2003.3.9	185cm88kg	
投手	ウ ジョンフィ	우종휘	禹鍾輝	左投左打	2003.12.15	187cm90kg	
投手	イ サンウ	이상우	李相遇	右投右打	2003.10.14	190cm95kg	
投手	チョン ジョンウ	정정우	鄭晶優	右投両打	2004.1.13	185cm83kg	
内野手	キム デヒョン	김대현	金垈炫	右投右打	1998.1.13	183cm86kg	
外野手	チェ ドンヒ	최동희	磪東熙	右投右打	2003.7.26	184cm80kg	

違うチームのユニフォームを着て一緒に観戦
日本の応援席では「禁止」も韓国ではよく見る光景

KBOリーグの中継の中で、しばしば目にするシーンがある。プレー後に異なる球団のユニフォームを着たファン二人組が映し出され、一人は大騒ぎし、一方はがっかりする姿と。とりわけ韓国の人は全身で喜び、悲しみを表すので、一つの画面に収まった二人の異なる感情が時にユーモラスに映る。NPBではあまり見られない光景だ。

NPBの球場内掲示や巨人を除く11球団のホームページには観戦ルール、マナーとして概ね以下のような記述がある。

「当該エリア(ホーム、ビジター応援席)では当該チーム以外の応援行為、ユニフォームの着用、応援グッズの使用を禁止いたします」

NPBでは過去に生じたトラブルなどを踏まえて、それらを未然に防ぐためのルールが設けられている。一方、KBOには上記のようなルールはなく、昨年の上位チームの対戦でもそれぞれのファンが並んで観戦する姿が見られた。

違うチームのファン同士が一緒に見る理由

SSG−LG戦が行われたインチョンSSGランダーズフィールド。LGファンが陣取る三塁側にはLGとSSGのユニフォームを着た女性二人組がいた。SSGファンの女性に相手側の座席にいる理由を尋ねると「一塁側の席が取れなかったので、友達と一緒に見ることにしました」と答えた。

また一塁SSG側に座ったSSGとLGのユニフォーム姿の男性同士は「二人で試合を見る時はインチョン、チャムシル(LGの本拠地)どちらでも一塁側の席を予約します」と話した。

それぞれ好みの席種があり、「希望通りの座席が取れても取れなくても、自分が好きなチームのユニフォームを着て応援する」というのが韓国のファンには自然な姿だ。

日韓で違う応援エリア

NPBとKBOでは観戦スタイルにいくつかの違いがある。その一つが「応援エリア」だ。NPBでは外野席が応援の中心なのに対し、KBOは内野に応援席が設けられている。NPBは内野席と外野応援席でのファンの「すみ分け」が明確だが、KBOは内野の広いエリアに楽しみ方が異なる観客が混在している。

韓国の熱烈なファン(コア層)の中にも自軍の応援席またはその周辺に、相手チームのファンがいることを好まない人は当然いる。ただ韓国の球場にはコア層とライト・ビギナー層の間に位置するファンが多く、応援の仕方の許容範囲が日本よりも広いと感じる。

また、KBOの球場では対戦している2チーム以外のユニフォーム姿の観客も、ちらほら見かける。理由は様々で「どっちのチームのファンでもないけど、球場で着るならユニフォームでしょ」という、ファッション的なチョイスで手持ちの他球団のユニフォームを着てきたという人もいた。

NPBでは「全座席でホーム、ビジター以外のNPB球団のユニフォーム着用、応援グッズの使用を禁止」しているZOZOマリンスタジアムのような例もあり、対戦チーム以外のユニフォームを見ることはあまりない。

ファンの世代も違う

韓国プロ野球観戦ツアーに参加した日本の50代男性はKBOの観客について、「自分が日本で好きなチームを応援する時は必死過ぎて悲愴感があるけど、韓国は若い女性のファンが多くて自由で楽しそう」と話した。

また韓国の球場初訪問の40代男性は3試合を観戦し、「20代くらいの若い女性の観客の多さに驚きました。日本だと男性に連れられてという若いカップルを見かけますが、韓国では女性の方が応援団の歌に乗ってノリノリという光景が多かったです」という印象を持った。

20代前後の女性ファンが多いKBOに対し、NPBのファン層についてパ・リーグ球団の経営企画担当者は、「ウチの球団の場合、観客の中心となっているのは50代」と答えた。少子高齢化が深刻で、世代としては40代中盤から50代が多くを占めているのは日韓同じだ。だが、球場に足を運ぶファンの年齢層は異なる。

日韓の各球団とも、コロナ前に行っていた海外視察を少しずつ復活させている。NPBの球場を訪れたKBOの球団職員らは「うらやましい」と話す。日本の球場の規模や洗練された雰囲気、統率の取れた応援が魅力だという。

所変われば品変わる。同じプロスポーツでも国、リーグが変わると観戦ルール、応援エリア、ファン層と違いがあって面白い。

SSG ランダーズ

SSG 랜더스

SSG LANDERS
https://www.ssglanders.com/

縁故地 (日本における保護地域)	インチョン広域市
2023年成績	76勝65敗3分.539
順位	3位/ 準プレーオフ敗退
チーム打率	.260（8位）
チーム防御率	4.37（7位）

ユニフォーム

◀ **Home**

Visitor ▶

レンディ
랜디

年度別成績

年	順位		球団名	試合	勝	敗	分	勝率
2000	マジック	8	SK ワイバーンズ	133	44	86	3	.338
2001		7	SK ワイバーンズ	133	60	71	2	.458
2002		6	SK ワイバーンズ	133	61	69	3	.469
2003		2	SK ワイバーンズ	133	66	64	3	.508
2004		3	SK ワイバーンズ	133	61	64	8	.488
2005		3	SK ワイバーンズ	126	70	50	6	.583
2006		6	SK ワイバーンズ	126	60	65	1	.480
2007	★	1	SK ワイバーンズ	126	73	48	5	.603
2008	★	1	SK ワイバーンズ	126	83	43	0	.659
2009		2	SK ワイバーンズ	133	80	47	6	.602
2010	★	1	SK ワイバーンズ	133	84	47	2	.659
2011		3	SK ワイバーンズ	133	71	59	3	.546
2012		2	SK ワイバーンズ	133	71	59	3	.546
2013		6	SK ワイバーンズ	128	62	63	3	.496
2014		5	SK ワイバーンズ	128	61	65	2	.484
2015		5	SK ワイバーンズ	144	69	73	2	.486
2016		6	SK ワイバーンズ	144	69	75	0	.479
2017		5	SK ワイバーンズ	144	75	68	1	.524
2018	★	1	SK ワイバーンズ	144	78	65	1	.545
2019		3	SK ワイバーンズ	144	88	55	1	.615
2020		9	SK ワイバーンズ	144	51	92	1	.357
2021		6	SSG ランダーズ	144	66	64	14	.508
2022	★	1	SSG ランダーズ	144	88	52	4	.629
2023		3	SSG ランダーズ	144	76	65	3	.539
			通算	3253	1667	1509	77	.525

球団情報

■球団事務所
22234 仁川広域市 弥鄒忽区 買召忽路618
仁川SSGランダーズフィールド内
TEL／032-455-2600
■本拠地球場／インチョンSSGランダーズフィールド
■二軍球場／SSGフューチャーズフィールド
仁川広域市江華郡吉祥面壮興里34-1
🚈空港鉄道 コマム（黔岩）駅下車、コマム駅入口
から700-1番バスで約1時間20分。公設運動場下車。
ただし、バスの本数は少ない。
■2024年春季キャンプ地
　1次 米国フロリダ州ベロビーチ
　2次 台湾 嘉義市
■オーナー／チョン ヨンジン　정용진
　球団社長／ミン ギョンサム　민경삼
　球団団長（日本におけるGM）／
　キム ジェヒョン　김재현

■球団小史■2000年代に4度王者になる
など球界をリードしたSK球団を、2021年1月、
デパートをはじめとした小売業大手のシンセ
ゲ（新世界）グループが買収した。チーム名
はグループのイニシャルである「SSG」と「上
陸」を意味する「ランダーズ（LANDERS）」を
合わせたもの。本拠地のインチョン広域市
は国際空港と港がある韓国の玄関口で、韓
国に野球が最初に伝来（上陸）した地でも
あることを命名の理由としている。

＊参考資料　サンバンウルレイダース年度別成績（1999年消滅）

年	順位		球団名	試合	勝	敗	分	勝率
1991		6	サンバンウルレイダース	126	52	71	3	.425
1992		8	サンバンウルレイダース	126	41	84	1	.329
1993		7	サンバンウルレイダース	126	43	78	5	.361
1994		8	サンバンウルレイダース	126	47	74	5	.393
1995		8	サンバンウルレイダース	126	45	78	3	.369
1996		3	サンバンウルレイダース	126	70	54	2	.563
1997		3	サンバンウルレイダース	126	71	53	2	.572
1998		6	サンバンウルレイダース	126	58	66	2	.468
1999	マジック	6	サンバンウルレイダース	132	28	97	7	.224
			通算	1140	455	655	30	.410

※★は優勝年　※'99、00年はドリーム、マジックの2リーグ制
※勝率計算…・'82〜86年：勝÷（勝＋敗）
・'87〜97年：{勝＋（引分×0.5)}÷試合数　・'98〜08年：勝÷（勝＋敗）
・'09〜10年：勝÷試合数　・'11年〜：勝÷（勝＋敗）

選手として在籍した主なNPB経験者

・ホセ・フェルナンデス／SK(02)−千葉ロッテ−西武−
　楽天−オリックス−西武−楽天
・エディ・ディアス／広島−SK(03)−ハンファ
・塩谷和彦／阪神−オリックス−SK(06)
・ケニー・レイボーン／広島−SK(07〜08)
・ゲーリー・グローバー／巨人−SK(09〜11)
・ジェイミー・ロマック／DeNA−SK(17〜21)
・アンヘル・サンチェス／SK(18〜19)−巨人
・ハ ジェフン（ジェフン）／ヤクルト-SK(19〜)

日程
LG
KT
SSG
NC
トゥサン
KIA
ロッテ
サムソン
ハンファ
キウム
記録

インチョンSSGランダーズフィールド
인천SSG랜더스필드

進化しつづける
テーマパーク球場

環境への配慮とファン最優先を掲げる
2002年に誕生の球場。バーベキューゾー
ンやスカイボックス、フィールドシート
に外野芝生席など飽きさせない多彩な席
種が特徴のボールパークだ。

アクセス	快適さ	熱狂度
85	**85**	**85**

◇22234　仁川広域市 弥鄒忽区 買召忽路618
　TEL/ 032-455-2600
◇座席数　23,000席
◇天然芝
◇中堅 120m　両翼 95m　フェンスの高さ 2.42m

SSG主催試合チケット　SSGは一塁側ベンチを使用

席種	種別	月〜木	金,土,日,休日
ランダーズライブゾーン	おとな	52,000	65,000
テーブル席(1階)	おとな	41,000(1人)	52,000(1人)
テーブル席(2階)	おとな	35,000(1人)	43,000(1人)
座席指定席	おとな	18,000	22,000
応援指定席	おとな	16,000	19,000
フレンドリーゾーン	おとな	26,000	32,000
内野ファミリーゾーン	おとな	32,000	43,000
ホームランカップルゾーン	おとな	23,000(1人)	31,000(1人)
内野一般席	おとな	14,000	16,000
外野一般席	おとな	13,000	15,000
グリーンゾーン(芝生席)	おとな	17,000	24,000
4階一般席	おとな	11,000	13,000
SKYテーブル席	おとな	20,000	29,000
バーベキューゾーン	おとな	28,000(1人)	38,000(1人)
openバーベキューゾーン	おとな	28,000(1人)	38,000(1人)
外野パーティーデッキ	おとな	19,000(1人)	24,000(1人)
外野ファミリーゾーン	おとな	21,000(1人)	30,000(1人)
東屋	おとな	20,000(1人)	27,000(1人)
ミニスカイボックス	おとな	55,000(1人)	72,000(1人)
スカイボックス	おとな	71,000(1人)	77,000(1人)

左記の他、団体席、学生価格あり。
単位はウォン　1ウォン＝約0.11円

55

❶内野スタンドで応援❷開放的なレフトのグリーンゾーン
❸場内にスタバ。球場限定商品も❹キャッチャーの後ろ、
グラウンドレベルのカフェ❺通路のフォトコーナーが充実

インチョンSSGランダーズフィールド

スタバと美味バーガーチェーン!

ソウルの西、約40kmに位置するインチョン市は近年開発が進み、人口300万人に迫るまでに成長した韓国第3の都市だ。この球場はインチョン市の所有物だが2020年までのSK球団に続き、SSGも市と一体となって施設改修を実施。

観客席にはSSGが運営するスターバックスコーヒーと、人気のバーガーチェーン・No Brand Burgerが入店。一塁側のコンコースにはフォトスポットや球団の歴史コーナー、三塁側にはキッズゾーンがあり、コアファンからライトファンまで誰でも楽しめる。また、ライト側座席後方にキャッチボールができるエリア、レフト側にはこども向けの遊戯施設を備えている。

豊富な座席バリエーション

応援の中心は一塁側内野の応援指定席。選手別応援歌は振り付けが多いので、地元のファンを真似て恥ずかしがらずに踊ってみよう。

外野席はゆったり派向けの芝生席のグリーンゾーン(レフト側)と、グループでわいわい楽しみながら観るバーベキューゾーンとパーティーデッキ、フェンス際にはカップルシートもある。またスコアボードの下には室内で飲食をしながらガラス越しに試合が観られるバーも魅力だ。

SSGのグッズショップは一塁側の上下のコンコースにあり、ビジター側もチームによっては三塁側上段コンコースの小さなブースで販売される。フード類はファストフードや韓国系の軽食が通路に点在しているので選ぶ楽しみがある。

応援しよう! **応援の中心は内野応援席(一塁側)　照れずに歌って踊ろう!** **選手別応援歌**

本拠地ご当地ソング／連安埠頭(ヨナンブドゥ)(沿岸埠頭)
港町らしく、船の汽笛を合図にウェーブをする
選手別応援歌

2 박성한(パクソンハン)
♪박성한(パクソンハン) 랜더스(レンドス) 위하여(ウィハヨ) 시원하게(シウォナゲ) 날려라(ナルリョラ)
　오오 오오오오
　☆くりかえし

13 하재훈(ハジェフン)
♪하 재 훈(ハ ジェ フン)! 랜더스의(レンドスエ) 하재훈(ハジェフン) 안타(アンタ) 우오오오오(ウォオオオオ)
　하재훈(ハジェフン) 안타(アンタ) 랜더스의(レンドスエ) 하재훈(ハジェフン) 안타(アンタ)
　승리를(スンニルル) 위해(ウィヘ) 하재훈(ハジェフン) 안타(アンタ)

14 최정(チェジョン)
♪최! 정(チェ! ジョン) 최정(チェジョン) 안타(アンタ)!　☆くりかえし
　原曲：동글게 동글게

17 추신수(チュシンス)
♪오ー! 랜더스의(レンドスエ) 승리(スンニ) 위해(ウィヘ) 추신수(チュシンス)
　오오 홈런(ホムロン) 추신수(チュシンス)　☆くりかえし

27 에레디아(エレディア)
♪랜더스(レンドス) 에레디아(エレディア) 안타(アンタ) 에헤라디아(エヘラディア)
　랜더스(レンドス) 에레디아(エレディア) 우오우오오(ウォウウォオオ)
　☆くりかえし

35 한유섬(ハニュソム)
♪야야야야ー 「한유섬(ハニュソム) 날려버려라(ナルリョボリョラ)」×3
　☆くりかえし

　原曲：スピーディー・ゴンザレス

54 최지훈(チェジフン)
♪최지훈(チェジフン) 안타(アンタ) 최지훈(チェジフン) 안타(アンタ)! 오오 오 오오오(オオ オ オオオ)
　최지훈(チェジフン) 안타(アンタ)! 최지훈(チェジフン) 안타(アンタ)!
　랜더스의(レンドスエ) 승리(スンニ) 위하여(ウィハヨ)　☆くりかえし
　原曲：I've Got The Joy, Joy, Joy, Joy

各選手汎用版
♪안타를(アンタルル) 날려줘요(ナルリョジョヨ) 에브리데이(エブリデイ)
　홈런을(ホムロヌル) 날려줘요(ナルリョジョヨ) 에브리데이(エブリデイ)
　시원하게(シウォナゲ) 날려줘요(ナルリョジョヨ) 바로(バロ) 지금(チグム)
　○○○(○の中は選手名)

56

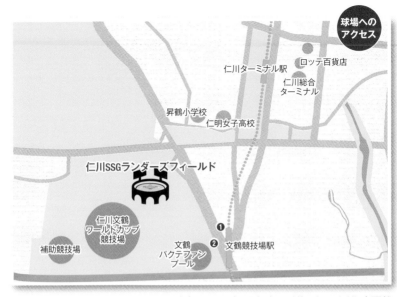

インチョン地下鉄１号線・ムナク キョンギジャン（文鶴競技場）駅下車、２番出口から徒歩５分。

インチョン空港から球場まで急いで行きたい場合、タクシーでインチョン大橋を渡るルートならば45分程度で到着できる。ただし中距離移動となり、運転手によってはメーター制ではなく料金交渉をしてくることがあるので、その対処が必要となる。

主要な場所からの移動方法

インチョン空港から
鉄道▶空港鉄道に乗車。ケヤン（桂陽）駅でインチョン地下鉄１号線に乗り換え、ムナク キョンギジャン（文鶴競技場）駅へ。約１時間半。
バス▶303番バスで約１時間半。
地方球場からKTXで（上級者向け）
KTXクァンミョン（光明）駅から3001番バス乗車、シンドンア3次アパート下車（約45分）。停留所からタクシーで約5分。

ソウル中心部からの移動方法

ソウル駅から
鉄道▶空港鉄道に乗車。ケヤン駅でインチョン地下鉄１号線に乗り換え、ムナク キョンギジャン駅へ。約１時間半。またはソウル地下鉄１号線・インチョン方面行きに乗車し、プピョン（富平）駅でインチョン地下鉄１号線に乗り換え。プピョン駅からムナク キョンギジャン駅は約15分。
バス▶球場最寄駅の隣のインチョンターミナル行き（経由）のバスが便利。ソウル駅から1300番、1400番広域バスを利用。約１時間15分。

SSG ランダーズ

● 新加入　▲ 移籍　● 復帰（選手）
赤字はNPB選手経験者

位置	背番号	記号	氏名	ハングル	漢字・国籍	投打
監督・コーチ						
監督	71	●	イ スンヨン	이숭용	李崇勇	右左
ヘッド	88	▲	ソン シンヨン	송신영	宋臣永	右右
ベンチ	74		チョ ウォンウ	조원우	趙原佑	右右
投手	98	▲	ペ ヨンス	배영수	裵營秀	右右
ブルペン	91		イ スンホ	이승호	李承浩	左左
打撃	72	▲	カン ビョンシク	강병식	姜炳植	左左
打撃補佐	79		キム ジョンフン	김종훈	金鍾勲	右右
守備	76		イ デス	이대수	李大秀	右右
作戦・走塁	84		チョ ドンファ	조동화	趙東和	左左
作戦・走塁	77		イム ジェヒョン	임재현	林재현	右右
バッテリー	83	▲	鈴木 郁洋	スズキ	日本	右右
二軍監督	70		ソン シホン	손시헌	孫時憲	右右
二軍投手	89	●	リュ テクヒョン	류택현	柳澤鉉	左左
二軍ブルペン	75		キム イスル	김이슬	金이슬	右右
二軍打撃	73		オ ジュンヒョク	오준혁	呉俊赫	右右
二軍守備	80	●	渡辺 正人	わたなべ	日本	右右
二軍作戦・走塁			ユン ジェグク	윤재국	尹在國	右右
二軍バッテリー	82	●	ユン ヨソプ	윤요섭	尹曜渉	右右
統轄/野手	87	▲	チョン ジンシク	정진식	鄭鎭植	右右
残留軍投手	81	●	ヤン ジウン	양지훈	梁智訓	右右
残留軍リハビリ	78		イ ユンジェ	이윤재	李允在	右右
ドライブライン	85		キム ドンホ	김동호	金東昊	右右
ヘッドコンディショニング	122		コ ユンヒョン	고윤형	高侖亨	
コンディショニング	121		クァク ヒョンヒ	곽현희	郭炫熙	
コンディショニング	124		ソン ジェファン	송재환	宋在睆	
コンディショニング	125		キム サンヨン	김상용	金相龍	
コンディショニング	123		キル カンナム	길강남	吉康男	
コンディショニング			イ ヒョンミン	이형삼	李炯三	
コンディショニング			ユン インドゥク	윤인득	尹仁得	
コンディショニング			キム ギテ	김기태	金其泰	
ヘッドストレングス		●	ホン スンボム	홍순범	洪순범	
ストレングス			ク ボンハク	구본학	具本學	
ストレングス		▲	ユ ジェミン	유재민	兪載敏	
ストレングス		●	ボー・ヘインチュ	헤인즈	アメリカ合衆国	
ストレングス		●	シン ドンフン	신동훈	申東勲	
選手						
投手	1		チョン ソンゴン	정성곤	鄭盛坤	左左
投手	11		ペク スンゴン	백승건	白承建	左左
投手	15		コ ヒョジュン	고효준	高孝準	左左
投手	16		イ ゴンウク	이건욱	李建郁	右右
投手	19	▲	チョ ビョンヒョン	조병현	趙丙炫	右右
投手	22		ソ ジンヨン	서진용	徐眞勇	右右
投手	25		キム ジュオン	김주온	金主昷	右右
投手	28		ソン ヨンジン	송영진	宋領鎭	右両
投手	29		キム グァンヒョン	김광현	金廣鉉	左左
投手	32		シン ホンミン	신헌민	申憲珉	右右
投手	33	●	ロボトゥ・ドゴ	더거	アメリカ合衆国	右右
投手	34		ハン ドゥソル	한두솔	韓ドゥ솔	右右
投手	38		ノ ギョンウン	노경은	盧鏡銀	右右
投手	39		イ ギスン	이기순	李埼淳	左左
投手	41		パク ミンホ	박민호	朴玟鎬	右右
投手	43		ムン スンウォン	문승원	文昇元	右右
投手	47		オ ウォンソク	오원석	呉源錫	左左
投手	50		パク チョンフン	박종훈	朴鍾勲	右右
投手	51		チョン ドンユン	정동윤	鄭東潤	右右
投手	54		ロエニス・エリアス	엘리아스	キューバ	左左
投手	57		パク シフ	박시후	朴是厚	右右
投手	61		ソ サンジュン	서상준	徐祥準	右右

位置	背番号	記号	氏名	ハングル	漢字・国籍	投打
投手	67		チェ ミンジュン	최민준	崔民準	右右
投手	90	●	パク キホ	박기호	朴基浩	右右
投手	92		イ ロウン	이로운	李ロ운	右右
投手	94	●	チェ ヒョンソク	최현석	崔現皙	右右
捕手	8		ヒョン ウォンフェ	현원회	玄元會	右右
捕手	12		チョン ギョンウォン	전경원	全景顥	右右
捕手	20		チョ ヒョンウ	조형우	趙炯佑	右右
捕手	24		キム ミンシク	김민식	金玟植	右右
捕手	30	▲	パク テオン	박대온	朴戴瑥	右右
捕手	40	▲	シン ボムス	신범수	申範秀	左右
捕手	59	▲	イ ジヨン	이지영	李知榮	右右
内野手	2		パク ソンハン	박성한	朴成韓	右左
内野手	4		キム ミンジュン	김민준	金旼俊	右右
内野手	5		キム ソンヒョン	김찬형	金璨亨	右右
内野手	6		キム ソンヒョン	김성현	金聖賢	右右
内野手	7		チェ ジュンウ	최준우	崔竣右	右右
内野手	10		アン サンヒョン	안상현	安尚鉉	右右
内野手	14		チェ ジョン	최정	崔晸	右右
内野手	18		コ ミョンジュン	고명준	高明俊	右右
内野手	52		チェ ギョンモ	최경모	崔璟模	右右
内野手	53		キム ソンミン	김성민	金成民	右右
内野手	56		チョン ウィサン	전의산	全儀山	右右
内野手	93	●	パク チファン	박지환	朴智煥	右右
外野手	13		ハ ジェフン	하재훈	河財勳	右右
外野手	17		チュ シンス	추신수	秋信守	左左
外野手	23		チェ サンミン	최상민	崔相珉	左左
外野手	27		ギイェルモ・エレディア	에레디아	キューバ	右右
外野手	31		イ ジョンボム	이정범	李正凡	右右
外野手	35		ハン ユソム	한유섬	韓類暹	右右
外野手	37		オ テゴン	오태곤	呉太坤	右右
外野手	49		カン ジンソン	강진성	姜眞成	右右
外野手	54		チェ ジフン	최지훈	崔知勳	左左
外野手	63		チェ ヒョンウ	채현우	蔡弦佑	右右
外野手	64		キム チャンピョン	김창평	金昌平	左左
外野手	65		キム ジョンミン	김정민	金淨珉	左左
外野手	97	●	イ スンミン	이승민	李承珉	左左
育成選手						
投手	00	●	パク ソンビン	박성빈	朴晟斌	右右
投手	03	●	ユン ソンボ	윤성보	尹晟輔	右右
投手	04	●	ビョン ゴンウ	변건우	邊建瑀	右右
投手	21		ホ ミンヒョク	허민혁	許民赫	右右
投手	43		リュ ヒョンゴン	류현곤	柳賢坤	右右
投手	45		ユ ホシク	유호식	俞晧植	右右
投手	46		イ スンフン	이승훈	李昇勳	左左
投手	48		アン ヒョンソ	안현서	安硯塘	右右
投手	56		チェ スホ	최수호	崔秀豪	右右
捕手	02	●	キム ギュミン	김규민	金奎旼	右右
捕手	44	●	キム ジヒョン	김지현	金知鉉	右右
捕手	6		キム ゴンイ	김건이	金建理	右右
内野手	07	●	ホ ジン	허진	許瑱	右右
内野手	36		キム テユン	김태윤	金태均	右右
内野手	45		チョン ジュンジェ	정준재	鄭俊才	右右
外野手	01	●	ペク ジュンソ	백준서	白埈抒	右右
外野手	9		パク セジク	박세직	朴世職	右右
外野手	58		パク チョンビン	박정빈	朴晸彬	右右
外野手	96	●	チョン ヒョンスン	정현승	丁現昇	右右

71 イ スンヨン
이숭용 李崇勇 LEE SUNG YONG
| ▲ | 監督 | 53歳 | 31年目 | 左投右打 |

①1971.3.10②186cm98kg③大田高-中央大-慶熙大-デジョン・ヤン(94)-ヒョンデ(96)-ヒーローズ(08)-KTコーチ(14)-SSG監督(24)

	打率	試合	安打	本塁打	打点	盗塁	三振
通算	.281	2001	1727	162	857	62	865

現役当時のポジション：一塁手

現役時代は強いリーダーシップでチームをけん引。引退後はKTでコーチと団長（GM）も務めた。親会社からの世代交代をはじめとした変革を求められる中で、手腕を発揮したい。

72 カン ビョンシク
강병식 姜炳植 KANG BYUNG SIK
| ▲ | 打撃 | 47歳 | 23年目 | 右投右打 |

①1977.4.23②182cm91kg③信一高-高麗大-ヒョンデ(02)-ヒーローズ(08)-ネクセンコーチ(13)-SSGコーチ(24)

84 チョ ドンファ
조동화 趙東和 CHO DONG HWA
| ▲ | 作戦/走塁 | 43歳 | 24年目 | 左投右打 |

①1981.3.22②175cm75kg③公州高-SK(01)-SKコーチ(19)

70 ソン シホン
손시헌 孫時憲 SON SI HYUN
| ● | 二軍打撃 | 44歳 | 22年目 | 右投右打 |

①1980.10.19②172cm73kg③善隣インターネット高-東義大-トゥサン(03)-NC(14)-NCコーチ(20)-SSGコーチ(24)⑤ゴ(05,09)⑦五輪予選(08)、アジア大会(10)、WBC(09)

73 オ ジュンヒョク
오준혁 吳俊赫 OH JUN HYEOK
| ● | 二軍打撃 | 32歳 | 14年目 | 右投右打 |

①1992.3.11②188cm95kg③北一高-ハンファ(11)-KIA(15)-KT(18)-SK(19)-SSGコーチ(23)

81 ヤン ジフン
양지훈 梁智訓
| ● | 残留軍投手 | 39歳 | 16年目 | 右投右打 |

78 イ ユンジェ
이윤재 李允在
| ● | 残留軍リハビリ | 35歳 | 14年目 | 右投右打 |

85 キム ドンホ
김동호 金東昊
| ● | ドライブライン | 39歳 | 19年目 | 右投右打 |

ユン インドゥク
윤인득 尹仁得
| | コンディショニング | 37歳 | 2年目 | |

キム ギテ
김기태 金其泰
| | コンディショニング | 34歳 | 9年目 | |

ホン スンボム
홍순범 ニュージーランド
| ▲ | ヘッドストレングス | 39歳 | 4年目 | |

88 ソン シンヨン
송신영 宋臣永 SONG SHIN YOUNG
| ▲ | ヘッド | 47歳 | 26年目 | 右投右打 |

①1977.3.1②178cm93kg③中央高-高麗大-ヒョンデ(99)-ヒーローズ(08)-LG(11)-ハンファ(12)-NC(13)-ネクセン(13)-ハンファ(16)-ネクセンコーチ(18)-SSGコーチ(24)

98 ペ ヨンス
배영수 裴營秀 BAE YOUNG SOO
| ▲ | 投手 | 43歳 | 25年目 | 右投右打 |

①1981.5.4②185cm100kg③慶北高-サムソン(00)-ハンファ(15)-トゥサン(17)-トゥサンコーチ(20)-ロッテコーチ(23)-SSGコーチ(24)⑤M(04)、勝(04,13)、ゴ(04)⑦WBC(06)

79 キム ジョンフン
김종훈 金鍾勲 KIM JONG HOON
| ● | 打撃補佐 | 52歳 | 31年目 | 右投右打 |

①1972.1.29②183cm80kg③天安北一高-慶熙大-ロッテ(94)-サムソン(97)-サムソンコーチ(10)-SSGコーチ(24)

77 イム ジェヒョン
임재현 林財鉉 LIM JAE HYEON
| ● | 作戦/走塁 | 33歳 | 12年目 | 右投右打 |

①1991.5.29②175cm76kg③開成高-成均館大-SK(13)-SSGコーチ(24)

89 リュ テクヒョン
류택현 柳澤鉉 RYU TAEK HYUN
| ● | 二軍投手 | 53歳 | 31年目 | 左投左打 |

①1971.10.23②185cm80kg③微文高-東国大-OB(94)-LG(99)-LG(12)-LGコーチ(15)-KTコーチ(17)-KIAコーチ(19)-SSGコーチ(24)

80 渡辺 正人
와타나베 日本 WATANABE MASATO
| ● | 二軍守備 | 45歳 | 1年目 | 右投右打 |

①1979.4.3②184cm90kg③上宮高-千葉ロッテ-BC信濃-BC信濃コーチ、監督-BC石川コーチ、監督-SSGコーチ(24)

122 コ ユンヨン
고윤형 高侖亨
| | ヘッドコンディショニング | 45歳 | 10年目 | |

121 クァク ヒョンヒ
곽현희 郭鉉熙
| | コンディショニング | 51歳 | 27年目 | |

124 ソン ジェファン
송재환 宋在睆
| | コンディショニング | 44歳 | 3年目 | |

ク ボンハク
구본학 具本學
| | ストレングス | 39歳 | 13年目 | |

ユ ジェミン
유재민 俞載敏
| ▲ | ストレングス | 36歳 | 6年目 | |

ボー・ヘインチュ
헤인즈 アメリカ合衆国
| ▲ | ストレングス | 34歳 | 1年目 | |

74 チョ ウォンウ
조원우 趙原佑 CHO WON WOO
| ▲ | ベンチ | 53歳 | 31年目 | 右投右打 |

①1971.4.8②178cm82kg③釜山高-高麗大-サンバンウル(94)-SK(00)-ハンファ(05)-ハンファコーチ(09)-ロッテコーチ(11)-トゥサンコーチ(13)-SKコーチ(14)-ロッテ監督(16)-SSGコーチ(21)

91 イ スンホ
이승호 李承浩 LEE SEUNG HO
| ● | ブルペン | 43歳 | 25年目 | 左投左打 |

①1981.9.9②176cm86kg③群山商高-SK(00)-ロッテ(12)-NC(13)-SK(16)-SKコーチ(20)⑦シドニー五輪(00)、アジア大会(02)、WBC(09)

76 イ デス
이대수 李大秀 LEE DAE SOO
| ● | 守備 | 43歳 | 23年目 | 右投右打 |

①1981.8.21②175cm75kg③群山商高-SK(02)-トゥサン(07)-ハンファ(10)-SK(14)-SKコーチ(19)⑤ゴ(11)

83 鈴木 郁洋
스즈키 日本 SUZUKI FUMIHIRO
| ▲ | バッテリー | 49歳 | 4年目 | 右投右打 |

①1975.5.23②181cm75kg③仙台育英高-東北福祉大-中日-近鉄-オリックス-オリックスコーチ-KTコーチ(21)-SSGコーチ(23)⑦五輪(00)

75 キム イスル
김이슬 金이슬 KIM I SEUL
| ● | 二軍ブルペン | 40歳 | 18年目 | 左投左打 |

①1984.6.15②182cm100kg③暁泉高-慶熙大-ロッテ(07)-トゥサン(12)-SSGコーチ(24)

86 ユン ジェグク
윤재국 尹在國
| ● | 二軍作戦/走塁 | 49歳 | 27年目 | 左投左打 |

82 ユン ヨソプ
윤요섭 尹耀涉
| ▲ | 二軍バッテリー | 42歳 | 17年目 | 右投右打 |

87 チョン ジンシク
정진식 鄭鎭植
| | 二軍統轄/野手 | 53歳 | 31年目 | 右投右打 |

125 キム サンヨン
김상용 金相龍
| | コンディショニング | 41歳 | 11年目 | |

123 キル カンナム
길강남 吉康男
| | コンディショニング | 33歳 | 4年目 | |

イ ヒョンサム
이형삼 李炯三
| | コンディショニング | 42歳 | 13年目 | |

シン ドンフン
신동훈 申東勲
| ● | ストレングス | 30歳 | 13年目 | |

※2021年から監督、コーチの年俸は非公表となりました。

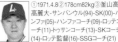

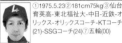

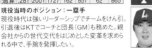

22 ソ ジンヨン [ソジニョン]

	서진용	徐眞勇
		SEO JIN YONG

投手　32歳　14年目　右投右打

①1992.10.2②184cm88kg③慶南高-SK(11)④2億6,500万W→4億5,000万W⑤救(23)⑥5年続けて60試合以上に登板し、昨季はセーブ王を獲得した。フォークボールを意識させながら直球、またはその逆で打者を抑えていった。オフに右ひじの軟骨除去手術を受け、リハビリ後の復帰となる。順調なら今季終了後にFA権を取得する見込みだ。

年度	チーム	防御率	試合	勝利	敗戦	セーブ	投球回	安打	四球	三振
2017	SK	3.91	42	2	3	3	46	43	23	55
2018	SK	6.12	48	3	7	1	50	53	23	58
2019	SK	2.38	72	3	1	4	68	53	28	76
2020	SK	4.13	63	2	7	8	61	52	34	56
2021	SSG	3.34	65	7	6	9	67 1/3	57	43	62
2022	SSG	4.01	68	3	3	21	67 1/3	64	36	55
2023	SSG	2.59	69	5	4	**42**	73	63	48	56
通算		3.82	470	29	25	88	480 2/3	435	255	480

FANの一言　安定感が増したストッパー、目指せ50セーブ！（まっくすういんぎー）

---

29 キム グァンヒョン

	김광현	金廣鉉
		KIM KWANG HYUN

投手　36歳　18年目　左投左打

①1988.7.22②188cm88kg③安山工高-SK(07)-カージナルス-SSG(22)④10億W→10億W⑤M(08),防(09),勝(08,10),ゴ(08)⑥昨季は6.7回を1点以内に抑えるも勝ちがつかないゲームが続くなどしたが、エースとしてチームトップタイの9勝を挙げた。空振りを誘うスライダーは健在。20歳から球界をけん引し、通算勝利数では同じ左腕のヤンヒョンジョンと2位を争う。⑦五輪(08)、WBC(09,23)、アジア大会(14)、プレミア12(15,19)

年度	チーム	防御率	試合	勝利	敗戦	セーブ	投球回	安打	四球	三振
2017	SK									
2018	SK	2.98	25	11	8	0	136	125	30	130
2019	SK	2.51	31	17	6	0	190 1/3	**198**	38	180
2020										
2021										
2022	SSG	2.13	28	13	3	0	173 1/3	141	45	153
2023	SSG	3.20	28	9	10	0	168 1/3	163	70	119
通算		3.20	356	158	88	0	2015 1/3	1881	761	1728

FANの一言　今年こそ投手3冠王に期待しています（アヤトイノグチ）

---

38 ノ ギョンウン

	노경은	盧景銀
		NOH KYUNG EUN

投手　40歳　22年目　右投右打

①1984.3.11②187cm100kg③城南高-トゥサン(03)-ロッテ(16)-SSG(22)④1億7,000万W→2億7,000万W⑥39歳の昨季はチームトップの登板数、30ホールドを記録しチームの上位進出の立役者となった。9月末から10月には10試合無失点を続けた。小さなテイクバックから多彩な変化球で相手打者を手玉に取る。今季もリリーフ陣の重要な存在である。⑦WBC(13)

年度	チーム	防御率	試合	勝利	敗戦	セーブ	投球回	安打	四球	三振
2017	ロッテ	11.66	9	0	2	0	14 2/3	25	9	5
2018	ロッテ	4.08	33	9	6	0	132 1/3	127	30	89
2019										
2020	ロッテ	4.87	25	5	10	0	133	139	40	77
2021	ロッテ	7.35	14	3	5	0	56 1/3	79	24	35
2022	SSG	3.05	41	12	5	1	79 2/3	69	23	65
2023	SSG	3.58	76	9	3	3	80 1/3	68	36	71
通算		4.99	484	78	77	10	1306 1/3	1366	588	925

FANの一言　（コメント）

---

2 パク ソンハン

	박성한	朴成韓
		PARK SEONG HAN

内野手　26歳　8年目　右投左打

①1998.3.30②180cm77kg③曉泉高-SK(17)④2億7,000万W→3億W⑥バットをひと握り短く持ち、シンプルなスイングを見せる左打者の昨季は、自己最多の9本塁打を記録。盗塁数が減った一方で長打力を発揮した1年だった。童顔で人気を集めるショートストップは、今季も走攻守でチームに貢献したい。⑦アジア大会(23)

年度	チーム	打率	試合	打数	安打	本塁打	打点	盗塁	四球	三振
2017	SK	.000	2	1	0	0	0	0	0	2
2018	SK	.135	42	52	7	0	2	0	7	16
2019										
2020	SK	.242	91	99	24	2	9	1	11	21
2021	SSG	.302	135	407	123	4	44	12	49	73
2022	SSG	.298	140	494	147	2	56	12	60	81
2023	SSG	.266	128	459	122	9	47	4	58	56
通算		.279	488	1515	423	17	157	29	185	249

---

14 チェ ジョン

	최정	崔廷
		CHOI JEONG

内野手　37歳　20年目　右投右打

①1987.2.28②180cm90kg③裕信高-SK(05)④10億W→10億W⑤本(16,17,21),ゴ(11,12,13,16,17,19,21,22)⑥現役トップの本塁打数を誇る右の大砲。467本で歴代１位のイ・スンヨプ超えが目前に迫っている。通算死球はリーグ唯一の300個台。昨季は例年より少なかったが、強い踏み込み内角球を打っていく。チーム生え抜きの看板選手だ。⑦WBC(09,13,23)、アジア大会(10)、プレミア12(19)

年度	チーム	打率	試合	打数	安打	本塁打	打点	盗塁	四球	三振
2017	SK	.316	130	430	136	**46**	113	1	70	107
2018	SK	.244	115	406	99	35	74	5	68	129
2019	SK	.292	141	503	147	29	99	3	69	92
2020	SK	.270	133	452	122	33	99	6	49	98
2021	SSG	.278	134	436	121	**35**	100	8	84	102
2022	SSG	.266	121	414	110	26	87	1	66	96
2023	SSG	.297	128	441	131	29	87	2	67	94
通算		.287	2164	7424	2133	458	1454	173	982	**1658**

FANの一言　通算最多本塁打更新と500本塁打へ！（白両の梨）

---

17 チュ シンス

	추신수	秋信守
		CHOO SHIN SOO

外野手　42歳　4年目　左投左打

①1982.7.13②180cm97kg③釜山高-マリナーズ-インディアンス-レッズ-レンジャーズ-SSG(21)④17億W→3,000万W⑥高校から国内プロを経ずに渡米し、メジャーでMLB通算1671安打、218本塁打、782打点を記録したレジェンド。昨季は1番打者として8本の初回先頭打者本塁打を放った。今シーズン限りでの引退を公言。華やかなフィナーレが予定されている。⑦WBC(09)、アジア大会(10)

年度	チーム	打率	試合	打数	安打	本塁打	打点	盗塁	四球	三振
2017										
2018										
2019										
2020										
2021	SSG	.265	137	461	122	21	69	25	103	123
2022	SSG	.259	112	409	106	16	58	6	84	100
2023	SSG	.266	112	352	97	12	41	8	75	79
通算		.260	361	1252	325	49	168	46	239	302

FANの一言　レジェンドの勇姿を皆で見届けましょう！（ランチバッカー）

27 ギィェルモ・エレディア [ギルモ・エレディア]
エレディア | キューバ
GUILLERMO HEREDIA

外野手 33歳 2年目 左投右打
①1991.1.31②178cm88kg③マリナーズ-レイズ-パイレーツ-メッツ-ブレーブス-SSG(23)④$90万→$115万⑤守(23)⑥主に4番に座り、低い重心から鋭い振りでどんな局面でも対応。チームトップの高打率をマークした。またレフトで好守備を重ね守備賞を手にした。

年度	チーム	打率	試合	打数	安打	本塁打	打点	盗塁	四球	三振
2017		-	-	-	-	-	-	-	-	-
2018		-	-	-	-	-	-	-	-	-
2019		-	-	-	-	-	-	-	-	-
2020		-	-	-	-	-	-	-	-	-
2021		-	-	-	-	-	-	-	-	-
2022		-	-	-	-	-	-	-	-	-
2023	SSG	.323	122	473	153	12	76	12	39	75
通算		.323	122	473	153	12	76	12	39	75

54 チェ ジフン
최지훈 | 崔知訓
CHOI JI HOON

外野手 27歳 5年目 右投左打
①1997.7.23②178cm82kg③光州一高-東国大-SK(20)④3億W→2億5,000万W⑥1、2番に座るセンターとして3年連続20盗塁以上。昨季もチームトップの盗塁数で失敗は2個だった。WBCに続き、アジア大会とAPBCに出場。APBCでは唯一のオーバーエイジ枠だった。ガツガツとした全力プレーで今季もチームをけん引する。⑦WBC(23)、アジア大会(23)、APBC(23)

年度	チーム	打率	試合	打数	安打	本塁打	打点	盗塁	四球	三振
2017		-	-	-	-	-	-	-	-	-
2018		-	-	-	-	-	-	-	-	-
2019		-	-	-	-	-	-	-	-	-
2020	SK	.258	127	466	120	1	27	18	38	80
2021	SSG	.262	136	461	121	5	45	26	51	71
2022	SSG	.304	**144**	569	173	10	61	31	47	77
2023	SSG	.268	117	462	124	2	30	21	29	50
通算		.275	524	1958	538	18	163	96	165	278

1 チョン ソンゴン
정성곤 | 鄭盛坤
JUNG SUNG GON

投手 28歳 10年目 左投左打
①1996.7.10②181cm80kg③仁倉高-KT(15)-SSG(22)④5,500万W→3,100万W⑥KTに在籍した19年に52試合登板、11ホールドを記録した経験を持つ。コ・ヒョジュンに次ぐ左の中継ぎ役になれるか。

年度	防御率	試合	勝利	敗戦	セーブ	投球回	三振
2023	10.38	6	0	0	0	4 1/3	3
通算	6.93	158	9	28	8	317	228

11 ペク スンゴン
백승건 | 白承建
BAEK SEUNG GEON

投手 24歳 6年目 左投左打
①2000.10.29②183cm85kg③仁川高-SK(19)④3,000万W→4,600万W⑥19年のドラ1は昨季自己最多の登板数。5月のリリーフ登板でプロ初勝利を挙げた。球持ちの良さが特徴の左腕投手だ。

年度	防御率	試合	勝利	敗戦	セーブ	投球回	三振
2023	4.97	25	2	2	0	38	29
通算	5.40	52	2	7	0	86 2/3	71

15 コ ヒョジュン
고효준 | 高孝準
KO HYO JUN

投手 41歳 23年目 左投右打
①1983.2.8②179cm81kg③世光高-ロッテ(02)-SK(03)-KIA(16)-ロッテ(18)-LG(21)-SSG(22)④8,500万W→1億5,300万W⑥40歳の昨季は4年ぶり2度目の70試合以上登板。柔軟な肉体から気迫いっぱいに投げ込み、チームの上位争いに進出に貢献した。

FANの 鉄腕中継ぎ！今年も沢山投げて下さい！（中村一徳）

年度	防御率	試合	勝利	敗戦	セーブ	投球回	三振
2023	4.50	73	4	4	0	58	66
通算	5.19	575	45	53	4	868	868

16 イ ゴヌク [イゴヌク]
이건욱 | 李建郁
LEE GEUN WOOK

投手 29歳 11年目 右投右打
①1995.2.13②182cm85kg③東山高-SK(14)④3,100万W→6,100万W⑥日本の投手のようなバランスの良い投球フォームの右腕は、昨季リーグを務めた3年ぶりの白星を挙げた。高2時に大谷翔平と投げ合い勝利している。

年度	防御率	試合	勝利	敗戦	セーブ	投球回	三振
2023	2.09	27	1	0	0	38 2/3	31
通算	5.65	61	7	14	0	178 1/3	131

名鑑の見方[NPB選手経験者は名前が白ヌキ]
背番号 氏名（現地読みに近い表記には[発音]、外国人選手のカタカナ読みには[カタカナ]を併記） ハングル 漢字または国籍 アルファベット
●…新入団 ▲…移籍 ■…復帰
守備位置 年齢 年数 投打
①生年月日②身長体重③経歴（ ）内は入団年④年俸 2023年→2024年（1ウォン=約0.11円）新人と一部の新外国人選手には契約金も記載⑤主な獲得タイトル…M=最優秀選手 新=新人王 首=首位打者 本=本塁打王 点=打点王 盗=盗塁王 防=最優秀防御率 勝=最多勝利 救=最優秀救援 ゴ=ゴールデングラブ賞 守=守備賞（2023年新設）⑥経歴、寸評⑦代表選手選出歴
※成績の太字はリーグトップ

FANの このマークがある選手には読者からのコメントも掲載。

代表選手選出歴に記載の大会
1008 バンコクアジア大会（全メダル）	2015 プレミア12（優勝）
2000 シドニー五輪（銅メダル）	2017 WBC（1次ラウンド敗退）
2002 プサンアジア大会（金メダル）	2017 APBC（準優勝）
2003 アテネ五輪予選（敗退）	2018 ジャカルタアジア大会（金メダル）
2006 WBC（ベスト4）	2019 プレミア12（準優勝）
2006 ドーハアジア大会（銅メダル）	2021 東京五輪（4位）
2007 北京五輪予選（アジア予選、敗退）	2023 杭州アジア大会（金メダル）
2008 北京五輪予選（世界最終予選、2位）	2023 APBC（準優勝）
2008 北京五輪（金メダル）	
2009 WBC（準優勝）	五輪 ▶オリンピック
2010 広州アジア大会（金メダル）	WBC ▶ワールド・ベースボール・クラシック
2013 WBC（1次ラウンド敗退）	APBC ▶アジアプロ野球チャンピオンシップ
2014 インチョンアジア大会（金メダル）	

19 チョ ビョンヒョン

조병현 趙丙炫 / JO BYEONG HYEON

投手	22歳	4年目	右投両打				

①2002.5.8②182cm90kg③世光高-SK(21)④3,000万W→3,000万W⑥軍入隊中の昨季はサンムで プレー。17セーブを挙げタイトルを獲得した。11月に除隊しAPBCで代表入り。今季一軍定着を目指す。⑦APBC(23)

年度	防御率	試合	勝利	敗戦	セーブ	投球回	三振
2023	8.10	3	0	0	0	6 2/3	8

25 キム ジュオン

김주온 金走昷 / KIM JOO ON

投手	28歳	10年目	右投右打				

①1996.12.08②187cm89kg③蔚山工高-サムソン(15)-SK(20)④3,000万W→3,000万W⑥ファームで8試合連続無失点を記録するなど好投するも、一軍では変化球が抜けて実力を発揮できなかった。次のチャンスはつかみたい。

年度	防御率	試合	勝利	敗戦	セーブ	投球回	三振
2023	81.00	1	0	0	0	1	3
通算	8.20	37	0	3	0	37 1/3	26

28 ソン ヨンジン

송영진 宋領鎭 / SONG YOUNG JIN

投手	20歳	2年目	右投両打				

①2004.5.28②185cm90kg③大田高-SSG(23)④3,000万W→4,500万W⑥1年目の昨季は4月の初先発で初勝利。バランスの良いフォームからスピンの利いた直球と縦の変化球を効果的に使った。一軍定着目指す。

年度	防御率	試合	勝利	敗戦	セーブ	投球回	三振
2023	5.70	17	3	3	0	47 1/3	38
通算	5.70	17	3	3	0	47 1/3	38

32 シン ホンミン [シノンミン]

신헌민 申憲珉 / SHIN HEON MIN

投手	22歳	3年目	右投右打				

①2002.7.19②187cm88kg③光州東成高-SSG(22)④3,000万W→3,200万W⑥150キロ超えの速球を誇る右腕。オフにはBFAアジア選手権に代表参加し、日本の社会人代表と対戦した。今季一軍定着を目指す。

年度	防御率	試合	勝利	敗戦	セーブ	投球回	三振
2023	6.00	11	0	0	0	12	8
通算	6.23	12	0	0	0	13	9

33 ロボトゥ・ドゴ [ロバート・ダガー]
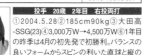
더거 アメリカ合衆国 / ROBERT DUGGER

●	投手	29歳	1年目	右投右打			

①1995.7.3②183cm83kg③テキサス工科大-マーリンズ-マリナーズ-レイズ-レッズ-SSG(24)④〈契〉$10万〈年〉>$65万⑥多くの米系投手とは異なり、重心を前に低くして直球,ツーシームを中心にカーブなどの変化球を多彩に使い分ける。

年度	防御率	試合	勝利	敗戦	セーブ	投球回	三振
23AAA	4.31	29	7	10	0	146 1/3	143
MLB通算	7.17	27	0	7	0	86 2/3	67

34 ハン ドゥソル

한두솔 韓ドゥソル / HAN DOO SOL

投手	27歳	7年目	右投右打				

①1997.1.15②177cm86kg③光州一高-履正社学園-KT(18)-SSG(21)④3,100万W→3,200万W⑥昨季ファームでチームトップの40試合4セーブ8ホールドを記録するも一軍登板は1試合だった。高卒後,大阪で重ねた努力を一軍で発揮したい。

年度	防御率	試合	勝利	敗戦	セーブ	投球回	三振
2023	9.00	1	0	0	0	1	2
通算	15.63	9	0	1	0	6 1/3	3

39 イ ギスン

이기순 李埼淳 / LEE KI SOON

投手	21歳	3年目	右投左打				

①2003.5.14②174cm74kg③東山高-SSG(22)④3,000万W→3,100万W⑥2年目の昨季はファームで9試合に先発。リリーフで一軍マウンドを経験した。小柄な体格から力感いっぱいに投げ込む左腕だ。

年度	防御率	試合	勝利	敗戦	セーブ	投球回	三振
2023	9.00	2	0	0	0	3	3
通算	9.00	2	0	0	0	3	3

41 パク ミンホ [パクミノ、パンミノ]
박민호 朴旼鎬 / PARK MIN HO

投手	32歳	11年目	右投右打				

①1992.2.25②185cm95kg③仁川高-仁荷大-SK(14)④9,500万W→6,000万W⑥横手投げのリリーフ投手は5月まで役割果たすも、ファーム降格後は昇格の機会が得られなかった。今季はフル回転なるか。

年度	防御率	試合	勝利	敗戦	セーブ	投球回	三振
2023	0.90	10	0	0	0	10	4
通算	3.73	248	18	17	8	273	135

42 ムン スンウォン
문승원 文昇元 / MOON SEUNG WON

投手	35歳	13年目	右投右打				

①1989.11.28②180cm88kg③培明高-高麗大-SK(12)④7億W→8億W⑥昨季は先発でスタート後,リリーフに転向。シーズン終盤は再び先発に戻った。140キロ台後半の直球と多彩な球種で任された役割を果たしたい。

年度	防御率	試合	勝利	敗戦	セーブ	投球回	三振
2023	5.23	50	5	8	1	105	65
通算	4.62	231	43	52	5	865 2/3	611

47 オ ウォンソク

오원석 吳源錫 / OH WON SEOK

投手	23歳	5年目	右投左打				

①2001.4.23②182cm80kg③野塔高-SK(20)④1億4,000万W→1億4,000万W⑥昨季は先発として自己最多の8勝。2年続けて規定投球回に到達した。ランナーを出しながらも粘り強く抑えていく。⑦APBC(23)

年度	防御率	試合	勝利	敗戦	セーブ	投球回	三振
2023	5.23	28	8	10	0	144 2/3	88
通算	5.16	100	21	25	0	408 1/3	304

50 パク チョンフン
박종훈 | 朴鐘勲
PARK JONG HUN

	投手 33歳 15年目 右投右打

①1991.8.13②186cm90kg③群山商高 -SK(10)④5億W→11億W⑥以前は地面すれすれのリリースポイントから投げていた下手投げ投手。昨季は60四球19死球と不安定だった。復活するか。⑦アジア大会(18)、プレミア12(19)

年度	防御率	試合	勝利	敗戦	セーブ	投球回	三振
2023	6.19	18	2	6	0	80	56
通算	4.74	230	71	73	0	1077	841

FANの一言 4年ぶり2桁勝利へ！サブマリン再浮上の時（わ）

55 ロエニス・エルリアス
[ロエニス・エリリアス] エリリアス | キューバ
ROENIS ELIAS

	投手 36歳 2年目 左投左打

①1988.8.1②185cm92kg③オマールラネネ高-マリナーズ-レッドソックス-マリナーズ-ナショナルズ-マリナーズ-SSG(23)④$54万→$65万⑥昨季5月に代替外国人として合流。140キロ台後半の直球にカーブ、チェンジアップを織り交ぜて、先発として役割を果たした左腕だ。

年度	防御率	試合	勝利	敗戦	セーブ	投球回	三振
2023	3.70	22	8	6	0	131 1/3	93
通算	3.70	22	8	6	0	131 1/3	93

61 ソ サンジュン
서상준 | 徐祥準
SEO SANG JUN

	投手 24歳 6年目 右投右打

①2000.1.14②193cm108kg③永文高 -SK(19)④3,000万W→3,200万W⑥昨季7月に育成から昇格の長身右腕。初登板で1回4四球するも150キロ超えの直球連発で可能性を見せた。大きく飛躍するか。

年度	防御率	試合	勝利	敗戦	セーブ	投球回	三振
2023	0.00	2	0	0	0	2	3
通算	0.00	2	0	0	0	2	3

90 パク キホ
[パッキホ] 박기호 | 朴基浩
PARK KI HO

	投手 19歳 1年目 右投右打

①2005.7.26②184cm80kg③清州高 -SSG(24)④＜契＞9,000万W＜年＞3,000万W⑥24年ドラフト3R(全体順位30番目)。U18代表に選ばれW杯で先発投手として役割を果たしたアンダースロー投手だ。

ROOKIE

94 チェ ヒョンソク
최현석 | 崔現晢
CHOI HYUN SEOK

	● 投手 21歳 1年目 右投右打

①2003.10.16②185cm90kg③東山高-釜山科学技術大-SSG(24)④＜契＞7,000万W＜年＞3,000万W⑥24年ドラフト4R(全体順位40番目)。大卒ルーキーらしく落ち着いたマウンドさばきを見せる右腕。直球とタイミングを外すカーブ中心に投球を組み立てる。

ROOKIE

51 チョン ドンユン
정동윤 | 鄭東潤
CHUNG DONG YOON

	投手 27歳 9年目 右投左打

①1997.10.22②193cm103kg③野塔高 -SK(16)④3,000万W→3,000万W⑥16年のドラ1は右ひじ手術後の調整で昨季は一、二軍ともに登板なし。9年目の今年、3年ぶりの一軍登板を目指す。

年度	防御率	試合	勝利	敗戦	セーブ	投球回	三振
2023	-	-	-	-	-	-	-
通算	4.70	5	0	0	0	7 2/3	4

57 パク シフ
박시후 | 朴是厚
PARK SI HOO

	投手 23歳 5年目 左投左打

①2001.5.10②182cm88kg③仁川高 -SK(20)④3,000万W→3,000万W⑥昨季はファームで17試合に登板。ワンポイントリリーフを務めた。高いリリースポイントから投げ込むサウスポーだ。

年度	防御率	試合	勝利	敗戦	セーブ	投球回	三振
2023	-	-	-	-	-	-	-
通算	18.00	2	0	0	0	1	0

67 チェ ミンジュン
최민준 | 確民準
CHOI MIN JUN

	投手 25歳 7年目 右投右打

①1999.6.11②178cm83kg③慶南高 -SK(18)④1億3,000万W→1億4,400万W⑥2年連続で50試合以上に登板。7ホールドを記録した。1年目の今季は中継ぎ起用予定。カットボールを得意球に打たせて取る投球を見せる右腕だ。

年度	防御率	試合	勝利	敗戦	セーブ	投球回	三振
2023	4.20	53	5	3	1	60	37
通算	5.01	144	13	10	1	219 1/3	150

92 イ ロウン
이로운 | 李ロウン
LEE RO UN

	投手 20歳 2年目 右投左打

①2004.9.11②185cm105kg③大邱高 -SSG(23)④3,000万W→7,400万W⑥150キロに迫る速球と多彩な球種で緩急を織り交ぜる右腕。昨季は中継ぎ起用された。今季は体を絞って飛躍を目指す。

年度	防御率	試合	勝利	敗戦	セーブ	投球回	三振
2023	5.62	50	6	1	0	57 2/3	52
通算	5.62	50	6	1	0	57 2/3	52

8 ヒョン ウォンフェ
[ヒョヌォネ] 현원회 | 玄元會
HYUN WON HOE

	捕手 23歳 5年目 右投右打

①2001.7.8②180cm95kg③大邱高 -SK(20)④3,000万W→3,000万W⑥今年1月に軍服役から復帰。高校時代はU18代表入り。日本戦に代打で出場し、宮城大弥(現オリックス)と対戦。結果は右飛だった。

年度	打率	試合	安打	本塁打	打点	盗塁	三振
2023	-	-	-	-	-	-	-
通算	-	1	0	0	0	0	0

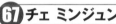

12 チョン ギョンウォン

전경원	全景轅
JUN GYEONG WON	

捕手　25歳　7年目　右投右打

①1999.3.18②184cm95kg③城南高-SK(18)④3,200万W→3,200万W⑥昨季もファームで61試合に出場。4本塁打を記録した。今季は一軍行きをつかめるか。母はバルセロナ五輪アーチェリーの金メダリスト。

年度	打率	試合	安打	本塁打	打点	盗塁	三振
2023	-	-	-	-	-	-	-
通算	.000	1	0	0	0	0	0

20 チョ ヒョンウ

조형우	曺邢宇
CHO HYEONG WOO	

捕手　22歳　4年目　右投右打

①2002.4.4②187cm95kg③光州一高-SSG(21)④3,200万W→6,300万W⑥チーム期待の未来の正捕手。昨季は38試合で先発マスクをかぶった。盗塁阻止では先輩たちを上回った。激しい争いの中で機会を得るか。

年度	打率	試合	安打	本塁打	打点	盗塁	三振
2023	.185	62	22	2	12	0	25
通算	.183	71	24	2	13	0	28

24 キム ミンシク

김민식	金玟植
KIM MIN SIK	

捕手　35歳　13年目　右投左打

①1989.6.28②180cm80kg③馬山高-圓光大-SK(12)-KIA(17)-SSG(22)④1億5,000万W→1億5,000万W⑥昨季はチームで最も多い87試合で先発マスクをかぶった。オフにはFA権を行使し2年契約で残留。新加入の3捕手と争う年になる。

年度	打率	試合	安打	本塁打	打点	盗塁	三振
2023	.218	122	58	5	34	0	57
通算	.227	821	426	24	214	11	366

30 パク テオン

박대온	朴戴瑥
PARK DAE ON	

▲　捕手　29歳　11年目　右投右打

①1995.8.28②182cm85kg③徽文高-NC(14)-SSG(24)④4,000万W→4,000万W⑥2次ドラフトでNCから移籍。昨季の先発出場は3試合だった。リーグ1の捕手王国となったチーム内でリード面でアピールしたい。

年度	打率	試合	安打	本塁打	打点	盗塁	三振
2023	.286	25	8	0	3	0	8
通算	.212	259	77	2	23	0	102

40 シン ボムス

신범수	申範秀
SHIN BEOM SOO	

▲　捕手　26歳　9年目　右投左打

①1998.1.25②177cm83kg③光州東成高-KIA(16)④3,600万W→5,000万W⑥2次ドラフトで移籍。昨季KIAでは出場機会をつかみかけたが、主力捕手の途中加入で出番を失った。新天地でも再び激しい争いとなる。

年度	打率	試合	安打	本塁打	打点	盗塁	三振
2023	.170	36	15	2	10	0	19
通算	.179	96	31	4	21	0	41

59 イ ジヨン

이지영	李知榮
LEE JI YOUNG	

▲　捕手　38歳　17年目　右投右打

①1986.2.27②177cm88kg③済物浦高-慶星大-サムソン(08)-キウム(19)-SSG(24)④5億W→2億W⑥経験豊富な捕手がFA権を行使してキウム残留後、トレードで加入した。走力もあり右方向への打球でもチームに貢献する。⑦WBC(23)

年度	打率	試合	安打	本塁打	打点	盗塁	三振
2023	.249	81	54	0	8	1	39
通算	.280	1270	942	16	368	26	383

4 キム ミンジュン

김민준	金旼俊
KIM MIN JUN	

内野手　20歳　2年目　右投右打

①2004.3.20②181cm78kg③北一高-SSG(23)④3,000万W→3,000万W⑥高卒1年目の昨季はファームで61試合に出場。好成績を残した。遊撃手出身のソン・シホン二軍監督の下、飛躍のきっかけをつかむか。

年度	打率	試合	安打	本塁打	打点	盗塁	三振
2023	-	-	-	-	-	-	-
通算	-	-	-	-	-	-	-

5 キム チャンヒョン [キムチャニョン]

김찬형	金燦亨
KIM CHAN HYUNG	

内野手　27歳　9年目　右投右打

①1997.12.29②182cm83kg③慶南高-NC(16)-SSG(21)④5,000万W→5,000万W⑥昨季6月に軍から復帰。ファースト以外の内野の3ポジションを務めた。内野の控えとして出場機会を狙う。兄はキム・ジュヒョン(キウム)。

年度	打率	試合	安打	本塁打	打点	盗塁	三振
2023	.229	36	11	1	5	0	10
通算	.250	321	132	5	40	10	102

6 キム ソンヒョン

김성현	金聖賢
KIM SUNG HYUN	

内野手　37歳　19年目　右投右打

①1987.3.9②172cm72kg③光州一高-SK(06)④1億5,000万W→2億W⑥セカンド、ショート、サードで出場。7番での打率は.330の好成績を残した。オフにFA宣言残留し3年契約を締結。くせ者感のある選手だ。

年度	打率	試合	安打	本塁打	打点	盗塁	三振
2023	.268	112	83	1	27	4	36
通算	.271	1492	1092	44	430	46	431

7 チェ ジュンウ [チェジュヌ]

최준우	崔埈右
CHOI JUN WOO	

内野手　25歳　7年目　右投左打

①1999.3.25②176cm78kg③奨忠高-SK(18)④4,500万W→4,500万W⑥昨季は主にセカンドの控えとして出場した。先発起用時にはヒットが1本出ると複数安打を記録。集中力を高めて一軍定着したい。

年度	打率	試合	安打	本塁打	打点	盗塁	三振
2023	.267	38	16	0	6	0	10
通算	.240	129	69	3	21	1	44

10 アン サンヒョン

安尚鉉 / AN SANG HYUN / 안상현

内野手 27歳 9年目 右投右打

①1997.1.27②178cm74kg③馬山龍馬高-SK(16)④4,000万W→4,000万W⑥主にセカンドの控えとして出場。上背はないが足を高く上げてタイミングを取り、バットのヘッドを利かせて強い打球を放つ打者だ。

年度	打率	試合	安打	本塁打	打点	盗塁	三振
2023	.241	58	14	0	2	3	15
通算	.230	207	55	3	16	15	70

18 コ ミョンジュン

高明俊 / KO MYEONG JUN / 고명준

内野手 22歳 4年目 右投右打

①2002.7.8②185cm94kg③世光高-SSG(21)④3,000万W→3,000万W⑥チーム期待の長打力のある一塁手。昨季ファームでは66試合に出場し5本塁打を記録した。ポジション争いに加わるか。

年度	打率	試合	安打	本塁打	打点	盗塁	三振
2023	.000	3	0	0	0	0	3
通算	.000	5	0	0	0	0	6

52 チェ ギョンモ

碓璟模 / CHOI KYEUNG MO / 최경모

内野手 28歳 6年目 右投右打

①1996.6.17②168cm73kg③慶北高-弘益大-SK(19)⑤5,000万W→3,700万W⑥昨季はサード、セカンドの控え、代走として出場の小柄な内野手。限られた場面で正確なプレーを見せて、首脳陣の信頼を得た。

年度	打率	試合	安打	本塁打	打点	盗塁	三振
2023	.150	32	3	0	1	2	5
通算	.239	143	26	0	6	4	25

53 キム ソンミン

金成民 / KIM SEONG MIN / 김성민

内野手 23歳 5年目 右投右打

①2001.4.30②184cm88kg③京畿高-SK(20)③3,000万W→3,000万W⑥昨季9月に軍から復帰。一軍出場は1年間での9試合のみだが、今春の一軍キャンプに招集された。内野の控えとして一軍入りを目指す。

年度	打率	試合	安打	本塁打	打点	盗塁	三振
2023							
通算	.286	9	4	2	4	0	3

56 チョン ウィサン [チョ二ィサン]

全儀山 / JEON UI SAN / 전의산

内野手 24歳 5年目 右投左打

①2000.11.25②188cm98kg③慶南高-SK(20)④9,000万W→8,000万W⑥22年に13本塁打を記録し、チームメイトから「村上宗隆似」と呼ばれる大砲。昨季は低迷も再び活躍しファーストのポジションを死守したい。

年度	打率	試合	安打	本塁打	打点	盗塁	三振
2023	.201	56	27	4	21	0	40
通算	.232	133	87	17	66	0	124

93 パク チファン

朴智煥 / PARK JI HWAN / 박지환

● 内野手 19歳 1年目 右投右打

①2005.7.12②183cm75kg③世光高-SSG(24)④＜契＞2億W＜年＞3,000万W⑥24年ドラフト1R(全体順位10番目)。右の遊撃手としてU18代表入りし、4番を務めた。広いスタンスからノーステップでスイングしていく。

ROOKIE

13 ハ ジェフン

河財勲 / HA JAE HOON / 하재훈

外野手 34歳 6年目 右投右打

①1990.10.29②182cm90kg③馬山龍馬高-米3A-四国IL徳島-ヤクルト-四国IL徳島-SK(16)④5,500万W→1億W⑤救(19)⑥昨季が野手再転向2年目。右肩負傷からの回復後、長打力を発揮したバッティングカウントでの外角球を得点にし、レフトへ鋭い打球を放っている。⑦プレミア12(19)

年度	打率	試合	安打	本塁打	打点	盗塁	三振
2023	.303	77	61	7	35	11	53
通算	.273	140	84	13	48	12	93

23 チェ サンミン

崔相珉 / CHOI SANG MIN / 최상민

外野手 25歳 7年目 右投右打

①1999.8.20②178cm75kg③北一高-SK(18)④3,000万W→3,200万W⑥外野の守備固め、代走として昨季は自己最多の出場数となった。走攻守でさらに精度を上げて年間通しての一軍定着を目指す。

年度	打率	試合	安打	本塁打	打点	盗塁	三振
2023	.235	51	8	0	3	2	7
通算	.188	78	9	0	4	5	11

31 イ ジョンボム

李正凡 / LEE JEONG BEOM / 이정범

外野手 26歳 7年目 右投左打

①1998.4.10②178cm88kg③仁川高-SK(17)④3,000万W→3,200万W⑥ファームでは規定打席不足も高打率をマーク。81安打47打点はチームトップだった。一軍では10月の守備時に左ひざを負傷。リハビリ後の復帰となる。

年度	打率	試合	安打	本塁打	打点	盗塁	三振
2023	.172	15	5	0	4	0	6
通算	.232	41	23	3	14	0	23

35 ハン ユソム [ハニュソム]

韓英燮 / HAN YOO SEOM / 한유섬

外野手 35歳 13年目 右投右打

①1989.8.9②190cm105kg③慶南高-慶星大-SK(12)④5億W→9億W⑥昨季は7月まで極度の不振も、夏場以降は1試合4安打を3度記録するなど取り戻した。今季は再び20本超えの活躍を見せるか。

年度	打率	試合	安打	本塁打	打点	盗塁	三振
2023	.273	109	91	7	55	2	81
通算	.272	984	855	170	597	15	808

37 オ テゴン | 오태곤 吳太坤 / OH TAE GON

外野手 33歳 15年目 右投右打

①1991.11.18②186cm88kg③青園高-ロッテ(10)-KT(17)-SK(20)④1億W→2億5,000万W⑥ファーストと外野3ポジションをこなし、俊足と長打力を備えた右打者。どの打順でも機能し、難しいコースにバットを出す独特の打撃を見せる。

年度	打率	試合	安打	本塁打	打点	盗塁	三振
2023	.239	123	65	7	28	20	67
通算	.260	1077	667	64	292	125	652

49 カン ジンソン | 강진성 姜眞成 / KANG JIN SUNG

外野手 31歳 13年目 右投右打

①1993.10.19②176cm89kg③京畿高-NC(12)-トゥサン(22)-SSG(23)④8,000万W→8,500万W⑥ノーステップ打法で内角も高めの失投を逃さないスラッガーは、昨季5月にトゥサンから移籍。一塁手争いに挑む。父はカンヴァンフェ審判。

年度	打率	試合	安打	本塁打	打点	盗塁	三振
2023	.261	58	35	3	17	0	20
通算	.265	460	320	26	153	24	195

60 チェ ヒョンウ | 채현우 蔡弦佑 / CHAE HYUN WOO

外野手 29歳 6年目 右投右打

①1995.11.21②182cm80kg③大邱商苑高-松源大-SK(19)④3,000万W→3,000万W⑥昨季7月に軍から復帰。ファームでは21試合で12盗塁、成功率100%だった。代走として一軍昇格のチャンスをつかみたい。

年度	打率	試合	安打	本塁打	打点	盗塁	三振
2023	-	1	0	0	0	0	0
通算	.125	26	3	0	0	6	9

63 リュ ヒョスン | 류효승 柳孝承 / RYU HYO SEUNG

外野手 28歳 5年目 右投右打

①1996.7.16②190cm100kg③大邱商苑高-成均館大-SK(20)④3,000万W→3,100万W⑥軍服務を経て昨季9月に育成から昇格。ファームではチームトップの11本塁打を記録した。大柄な右の長距離ヒッターだ。

年度	打率	試合	安打	本塁打	打点	盗塁	三振
2023	.000	3	0	0	0	0	0
通算	.091	11	1	1	2	0	4

64 キム チャンピョン | 김창평 金昌平 / KIM CHANG PYEONG

外野手 24歳 6年目 右投右打

①2000.6.14②185cm85kg③光州一高-SK(19)④3,100万W→3,100万W⑥昨季10月に徴兵(社会服務要員)を終了。障がい者福祉施設に従事した。俊足をアピールして一軍定着を目指す。

年度	打率	試合	安打	本塁打	打点	盗塁	三振
2023	-	-	-	-	-	-	
通算	.169	93	25	0	11	9	33

65 キム ジョンミン | 김정민 金淨珉 / KIM JEONG MIN

外野手 20歳 2年目 左投左打

①2004.3.7②180cm75kg③慶南高-SSG(23)④3,000万W→3,000万W⑥ファームではチームトップの79試合に出場。16盗塁43四球もチームトップだった。一軍初ヒットは内野安打。足で一軍入りを目指す。

年度	打率	試合	安打	本塁打	打点	盗塁	三振
2023	.500	8	1	0	0	0	1
通算	.500	8	1	0	0	0	1

97 イ スンミン | 이승민 李承珉 / LEE SEUNG MIN

● 外野手 19歳 1年目 左投右打

①2005.1.6②187cm90kg③徽文高-SSG(24)④<契>1億3,000万W<年>3,000万W⑥24年ドラフト2R(全体順位20番目)。5ツールプレーヤーとして高い評価を受ける。父はサムソンのコーチで中日でもプレーしたイビョンギュ。

ROOKIE

2014年までの名称は「申告選手」。選手登録されていない選手で、5月1日以降に正式登録が可能になる。
正式登録されると一軍の試合に出場できる。現在の登録選手が育成選手扱いになることもある。

 00 パク ソンビン

박성빈	朴晟斌

● 投手　右投右打
2003.12.29
187cm92kg

 03 ユン ソンボ

윤성보	尹晟輔

● 投手　右投右打
2002.9.12
180cm85kg

 04 ピョン ゴンウ

변건우	邊建瑀

● 投手　右投右打
2005.7.15
181cm80kg

 08 イ チャンヒョク

이찬혁	李燦赫

▲ 投手　右投右打
1998.8.20
187cm90kg

 21 ホ ミンヒョク

허민혁	許民赫

投手　右投右打
1999.8.20
188cm90kg

 **43 リュ ヒョンゴン**

류현곤	柳賢坤

投手　右投右打
2004.11.10
178cm78kg

 **45 ユ ホシク**

유호식	俞皓植

投手　右投右打
1999.5.11
190cm104kg

 46 イ スンフン

이승훈	李昇勲

投手　右投右打
2004.8.12
186cm81kg

48 アン ヒョンソ

안현서	安晛棲

投手　左投左打
2004.10.16
185cm83kg

 62 チェ スホ

최수호	崔秀豪

投手　右投右打
2000.7.19
183cm78kg

 **02 キム ギュミン**

김규민	金奎旼

● 捕手　右投左打
2002.8.23
184cm94kg

 44 キム ジヒョン

김지현	金知鉉

● 捕手　右投右打
1998.10.4
184cm95kg

 66 キム ゴンイ

김건이	金建理

捕手　右投左打
2001.5.15
185cm90kg

 3 チェ ユビン

최유빈	崔裕彬

内野手　右投右打
2003.5.5
183cm83kg

 07 ホ ジン

허진	許塡

● 内野手　右投左打
2001.6.16
175cm78kg

 36 キム テユン

김태윤	金兌昀

内野手　右投右打
2003.2.28
170cm65kg

 **95 チョン ジュンジェ**

정준재	鄭俊才

● 内野手　右投左打
2003.1.3
165cm68kg

 **01 ベク チュンソ**

백준서	白埈抒

● 外野手　右投右打
2005.9.26
181cm89kg

 9 パク セジク

박세직	朴世職

外野手　右投右打
2004.7.30
182cm77kg

 58 パク チョンビン

박정빈	朴晸彬

外野手　右投右打
2002.6.14
182cm80kg

 **69 チェ ミンチャン**

최민창	崔珉彰

▲ 外野手　左投左打
1996.4.16
179cm76kg

 **96 チョン ヒョンスン**

정현승	丁晛昇

● 外野手　左投左打
2001.10.24
180cm80kg

PHOTO	**背番号 名前**	
	ハングル	漢字
	記号　位置　投打	
	生年月日	
	身長体重	

67

兵役、公益勤務期間中、またはサンム（尚武/国軍体育部隊）に所属する選手。
サンムは二軍リーグに参加している。

位置	名前	ハングル	漢字	投打	生年月日	身長体重	所属チーム
投手	キム テクヒョン	김택형	金擇亨	左投左打	1996.10.10	185cm90kg	サンム
投手	キム ゴンウ	김건우	金健優	左投左打	2002.7.12	185cm88kg	サンム
投手	チャン ジフン	장지훈	張志熏	右投右打	1998.12.6	177cm78kg	サンム
投手	チョ ヨハン	조요한	趙ヨハン	右投右打	2000.1.6	191cm101kg	サンム
投手	チョン ヨンジュン	전영준	全泳俊	右投右打	2002.4.16	192cm110kg	サンム
投手	ユン テヒョン	윤태현	尹泰玹	右投右打	2003.10.10	189cm93kg	
投手	パク サンフ	박상후	朴相厚	左投左打	2003.8.5	187cm87kg	
投手	キム ドヒョン	김도현	金到賢	右投右打	2003.5.24	179cm89kg	
内野手	ソク チョンウ	석정우	石政祐	右投右打	1999.1.20	180cm82kg	
内野手	キム ゴンウン	김건웅	金建雄	右投右打	2000.5.8	186cm118kg	

位置	名前	ハングル	漢字	投打	生年月日	身長体重	所属チーム
投手	イム ソンジュン	임성준	林成峻	右投右打	2001.11.16	183cm93kg	
投手	キム ジュンヨン	김준영	金俊映	右投右打	2003.11.18	178cm83kg	
外野手	イム グンウ	임근우	林根宇	右投右打	1999.7.22	180cm88kg	

ソウル市がチャムシル球場を解体しドーム球場を建設
工事の6年間LG、トゥサンの本拠地はどこに？

ソウル特別市（以下、ソウル市）は昨年9月18日、同市内のチャムシル総合運動場敷地内にドーム球場を建設する計画を発表。カナダ・トロントのロジャーズセンターを訪問したオ・セフンソウル市長もその内容を明らかにした。そのドーム球場建設の立地が、現在のチャムシル球場を解体撤去した場所となることから問題が生じている。

計画では2025年のシーズン終了後にチャムシル球場を解体。ドーム球場の開場は2032年を予定している。そのため工事が行われる6シーズンの間、チャムシル球場は使えないことになる。

チャムシル球場はLG、トゥサンの2球団が本拠地として使用。両球団の事務所も球場内に入居している。両球団は工事期間中、球場に隣接する競技場を野球場仕様に改装し、一時的に使用することを求めていた。しかしソウル市は周辺工事との兼ね合いで安全管理面から難しいとしている。

ソウル市内にはキウムの本拠地・コチョクスカイドームと、キウムの前身・ネクセンが使用していたアマチュア専用のモクトン球場がある。だが2球団がそれぞれを本拠地とするのは現実的ではない。

その他にソウル近郊の首都圏にはインチョンSSGランダーズフィールド、スウォンKTウィズパークの2球場があるが、6年間も縁故地（保護地域）外の他球団の本拠地を間借りすることは容易ではない。LGとトゥサン、そして韓国野球委員会は、競技場の改装使用の実現に向けて協議を進めたいとしている。

◇新球場建設が続く韓国

韓国ではこの十数年、新球場の建設、計画が続いている。現在KBOリーグ10球団が使用する9つの本拠地球場はすべて自治体の所有物。多くの球場が老朽化による改修、新設が求められる中、高額な建設費用がしばらく実現を遠ざけていた。

しかし野球人気の高まりが状況を変えた。球団が建設費用の一部を負担し、長期利用権を得ることを条件に新球場を建設する形ができた。14年にクァンジュKIAチャンピオンズフィールド、16年テグサムスンライオンズパーク、19年チャンウォンNCパークがこの方式で開場している。

またハンファの本拠地・テジョンも現在、球場横の競技場跡地に新球場を建設中。25年シーズンのオープンを予定している。

韓国第2の都市・プサンも25年のオフにロッテが使用するサジク球場を解体。29年から新球場を使用する予定だ。

一方、SSGは親会社のシンセゲグループが、インチョン市内の自社商業施設の隣接地にドーム球場の建設を予定。韓国初となる企業所有の本拠地球場は28年シーズンの開場を予定している。

チャムシル球場に隣接する競技場。KBOとLG、トゥサンはドーム建設期間中、この競技場を野球仕様に改装して使うことを希望している

NC ダイノス
NC 다이노스

NC DINOS
https://www.ncdinos.com/

縁故地 (日本における保護地域)	チャンウォン市
2023年成績	75勝67敗2分.528
順位	4位/ プレーオフ敗退
チーム打率	.270（3位）
チーム防御率	3.83（2位）

ユニフォーム

◀ Home

Visitor ▶

タンティ
단디

年度別成績

年	順位	球団名	試合	勝	敗	分	勝率
2013	7	NC ダイノス	128	52	72	4	.419
2014	3	NC ダイノス	128	70	57	1	.551
2015	3	NC ダイノス	144	84	57	3	.596
2016	2	NC ダイノス	144	83	58	3	.589
2017	4	NC ダイノス	144	79	62	3	.560
2018	10	NC ダイノス	144	58	85	1	.406
2019	5	NC ダイノス	144	73	69	2	.514
2020	★ 1	NC ダイノス	144	83	55	6	.601
2021	7	NC ダイノス	144	67	68	9	.496
2022	6	NC ダイノス	144	67	74	3	.475
2023	4	NC ダイノス	144	75	67	2	.528
通算			1552	791	724	37	.522

球団情報

■球団事務所
　51323 慶尚南道昌原市馬山會原区三湖路63
　TEL／1644-9112
■本拠地球場/チャンウォンNCパーク
■二軍球場/マサン野球場
　51323 慶尚南道昌原市馬山會原区三湖路63
　チャンウォンNCパークに隣接
■2024年春季キャンプ地
　米国アリゾナ州ツーソン
■オーナー／キム テクチン　김택진
　球団社長／イ ジンマン　이진만
　球団団長（日本におけるGM）／
　イム ソンナム　임선남

選手として在籍した主なNPB経験者

・エリック・テームズ／NC(14～16)-ブルワーズ-ナショナルズ-巨人
・マット・デビッドソン／広島-NC(24～)

■球団小史■人気オンラインゲーム・リネージュの開発、供給などで知られるゲーム企業・NCソフトが親会社。9球団目の新球団として2012年に二軍リーグに加わり、翌年、一軍に参入した。球団創設8年目となる2020年に、初の公式戦1位。韓国シリーズでもトゥサンを破って初優勝を果たした。ホーム球場は2010年までロッテが準本拠地として使用していたマサン。2019年から球場に隣接する運動場跡地に完成の新球場を使用している。

チャンウォンNCパーク
창원 NC파크

メジャーと張り合う
ボールパーク！

メジャーの球場設計に多数関わっている
設計事務所のポピュラス社も参入し造ら
れた、2019年完成のボールパーク。開放
感があり、洗練された造りはメジャーリ
ーグの球場と張り合うレベルだ。

アクセス	快適さ	熱狂度
75	**90**	**80**

◇51323 慶尚南道昌原市馬山 會原区 三湖路63
　TEL055-220-6590
◇収容人員 22,112人
◇天然芝
◇中堅 122m　両翼 101m　フェンスの高さ 3.3m

NC主催試合チケット NCは一塁側ベンチを使用

席種	種別	月～金	土、日、休日	スペシャル
テーブル席	おとな	30,000	40,000	55,000
ミニテーブル席	おとな	18,000	22,000	35,000
内野一般席	おとな	13,000	18,000	25,000
3、4階一般席	おとな	10,000	15,000	20,000
外野一般席	おとな	9,000	11,000	15,000
外野芝生席	おとな	8,000	35,000	50,000

上記は2021年の一部座席の料金。
「ダイナミック・プライシング」導入により、全試合全座席
で状況に合わせて価格が変動します。
単位はウォン　1ウォン＝約0.11円

❶一塁後方には以前のホーム球場。現在は二軍が使用❷ガラス張りのテラスはセットオーダー式のスタバ❸グラウンドが近い内野席で応援❹新しいのにクラシカルな佇まいもある外野席からの眺め❺チームストアはレフト後方に

チャンウォンNCパーク

新しく快適なボールパーク

チャンウォン（昌原）市は2010年7月に3つの市の合併により誕生。野球場はプサンの西、約45キロの旧マサン市にある。チャンウォンNCパークは2018年まで使用していたマサン球場の隣、競技場を解体撤去した跡地に2019年誕生した。バックネット裏の低いフェンス、グラウンドに近い観客席、周囲の街並みと一体化した造りなど、メジャーリーグのボールパークを思わせる球場だ。内外野はコンコースで一周でき、グラウンドを様々な角度から眺めることが可能。内野席には韓国の球場内では初めてエスカレーターが設置され、快適な環境が整っている。応援の中心は一塁側の内野席。ホームのNCは一塁側だがチームストアはレフトスタンドの下にある。

外野席は開放的

この球場は外野のテーブル席が充実。肉、野菜と鉄板などの調理道具がセットになった「ポークベリー・バーベキュー席」（6人席・約14,000円）は、韓国では定番の豚焼肉が手ぶらで楽しめる。しかし用意された食材の他に持ち込みをしているグループが多い。レフト側後方には大型スーパーの「ホームプラス」と「ロッテマート」があるので調達には心配なしだ。レフト側のゲート外には街並みと一体化した広場があり、場外のスタンド下にはNCに関する簡単な展示コーナーも。広場には大きなボール型のモニュメントがあり、記念撮影にお勧めだ。一塁後方のマサン球場は二軍戦で使用されるので日程が合えば気軽に「親子ゲーム」が観戦出来る。

応援しよう！ 応援の中心は内野応援席（一塁側）　勇ましいメロディーが多め　**選手別応援歌**

お決まりの掛け声／거침 없이 가자(コチム オプシ カジャ)！＜ずけずけいこうぜ!＞
選手別応援歌

2 박민우
♪オオオNC 의 박민우(エ バンミヌ) オオオNC 의 박민우(エ バンミヌ)
　オオオNC 의 박민우(エ バンミヌ) 다이노스 박민우(ダイノス バンミヌ) ☆くりかえし

7 김주원
♪다이노(ダイノ) 김주원(キムジュウォン)
「オー NC 김주원(キムジュウォン) 힘차게 달려(ヒムチャゲ タルリョ) ラララ
　オオオ NC 김주원(キムジュウォン) 승리를 위해(スンリル ウィヘ) ラララ」×2
　다이노스(ダイノス) 김주원(キムジュウォン)

10 박세혁
♪「ウォオウオオオ NC 박세혁(バクセヒョク)」×2
　ウォオウオ 안방마님(アンバンマニム) 박세혁(バクセヒョク)
　ウォオウオ 다이노스(ダイノス) 박세혁(バクセヒョク) ☆くりかえし

16 도태훈
♪다이노스(ダイノス) 도태훈(トテフン) 안타(アンタ) 오！ オオオオ
　다이노스(ダイノス) 도태훈(トテフン) 안타(アンタ) 오！ オオオオ

24 데이비슨
♪데이비슨(デイビスン) オオオ 데이비슨(デイビスン) ウォオオオ
　데이비슨(デイビスン) オオオ　NC 다이노스(ダイノス) 데이비슨(デイビスン) ☆くりかえし
　原曲：통다리 토로롱　歌：신비

31 손아섭
♪オー 다이노스(ダイノス) 손아섭(ソナソプ) NC 승리 위해(スンリ ウィヘ) オオオオオ
　다이노스(ダイノス) 손아섭(ソナソプ) ☆くりかえし

36 권희동
♪다이노스(ダイノス) オー 권희동(クォニドン)「NC 오！(オ) 권희동(クォニドン) 오！(オ) 권희동(クォニドン)
　권희동(クォニドン) 안타(アンタ) NC 오！(オ) 권희동(クォニドン) 오！(オ) 권희동(クォニドン)　オーオオオ」×2

37 박건우
♪ウォオオ NC 박건우(バクコヌ) ウォオオ NC 박건우(バクコヌ)
　언제나 거침없이 넌 달려왔지(オンジェナ コチムオプシ ノン タルリョワッチ)
　쎄리라(セリラ) NC 박건우(バクコヌ) 쎄리라(セリラ) NC 박건우(バクコヌ)
　절대 멈추지 않아 승리를 향해 박건우(チョルテ モムチュジ アナ スンリルル ヒャヘ バクコヌ)

72

韓国鉄道公社マサン（馬山）駅から
タクシー▶約5分。**バス▶**約20分。大通りの
東マサン病院前停留所から100番バスに乗
車、チャンウォンNCパーク下車。

マサン市外バスターミナルから
100番バスでチャンウォンNCパーク下車。
マサン高速バスターミナルから
徒歩10分。

主要な場所からの移動方法

インチョン空港から
バス▶空港バス乗り場から高速バスで
マサン市外バスターミナルまで約5時間
半。
鉄道▶空港鉄道を利用しソウル駅へ（約
1時間）。ソウル駅からKTX（高速鉄道）
でマサン駅へ。約3時間。
プサンから
バス▶プサン総合バスターミナルからマ
サン市外バスターミナルまで約1時間
20分。プサン西部バスターミナルから
約40分。

鉄道▶プサン駅の北約6kmにあるプジョ
ン（釜田）駅からムグンファ号で約1時
間半（1日に4本のみ）。

ソウルからの移動方法

鉄道▶KTXでソウル駅からマサン駅まで
約3時間。
ITXセマウル号、ムグンファ号でソウル駅
からマサン駅まで約5時間～5時間半。
バス▶高速バスでソウル高速バスターミ
ナルからマサン高速バスターミナルまで
約3時間55分。

2024 選手名鑑　NC ダイノス

●新加入　▲移籍　■復帰（選手）
赤字はNPB選手経験者

位置	背番号	記号	氏名	ハングル	漢字・国籍	投打
監督・コーチ						
監督	88		カン イングォン	강인권	姜仁權	右右
ヘッド	74		チョン ヒョンド	전형도	全炯道	右右
投手	98		キム スギョン	김수경	金守經	右右
ブルペン	89		パク ソクチン	박석진	朴石鎭	右右
打撃	77		ソン ジマン	송지만	宋志萬	右右
打撃	76		チョン ミンス	전민수	全敏秀	右右
守備	75		チン ジョンギル	진종길	陳鍾吉	右右
一塁ベース外野守備	72	▲	チョン サンヨル	전상렬	全商烈	右右
作戦走塁	93		イ ジョンウク	이종욱	李鍾昱	右右
バッテリー	92		ユン スガン	윤수강	尹棒康	右右
二軍監督	0		コン ピルソン	공필성	孔弼聖	右右
二軍投手	90		ソン ジョンウク	손정욱	孫政煜	右右
ピッチングコーディネーター	91		イ ヨンフン	이용훈	李勇勲	右右
二軍打撃	79		チョ ヨンフン	조영훈	趙煐勲	右右
打撃コーディネーター	78		チェ ゴンヨン	최건용	崔建鏞	右右
二軍一塁ベース塁審	83		ユン ビョンホ	윤병호	尹炳鎬	右右
二軍守備			チ ソクフン	지석훈	池錫訓	右右
二軍作戦走塁	69	●	キム ジョンホ	김종호	金宗鎬	右右
二軍バッテリー	86		キム ジョンミン	김종민	金鐘民	右右
残留軍投手	81	●	キム ゴンテ	김건태	金建兌	右右
残留軍打撃守備	71		ソン ヨンソク	손용석	孫庸碩	右右
選手						
投手	11		ソン ミョンギ	송명기	宋銘基	右右
投手	12		イム ヒョンウォン	임형원	任炯垣	右右
投手	13		イ ジュンホ	임호호	林正統	右左
投手	15		キム テヒョン	김태현	金太晛	左左
投手	17		キム ヨンギュ	김영규	金榮奎	左左
投手	18		シム チャンミン	심창민	沈昌珉	右右
投手	19		チェ ウォンジュン	채원후	蔡源準	右右
投手	20		ダニエル・カスタノ	카스타노	アメリカ合衆国	左左
投手	21		キム シフン	김시훈	金施勲	右右
投手	22		イ ヨンチャン	이용찬	李庸燦	右右
投手	26		チェ ソンヨン	최성영	崔成永	左左
投手	27		イ ジュンホ	이준호	李俊浩	右右
投手	30	●	カイル・ハトゥ	하트	アメリカ合衆国	左左
投手	32	▲	キム ジェヨル	김재열	金宰閲	右右
投手	41		リュ ジョンヒョン	류진욱	柳振旭	右右
投手	43		シン ヨンウ	신영우	申英又	右右
投手	48		イ ヨンジュン	이용준	李庸準	右右
投手	50		ソ イヒョン	소이현	蘇二炫	右右
投手	51		イ ジェハク	이재학	李在學	右右
投手	54		シン ミンヒョク	신민혁	辛旻爀	右右
投手	55		ハン ジェスン	한재승	韓載承	右右
投手	57		チョン サミン	전사민	全嗣民	右右
投手			ソ ウィテ	서의태	徐宜兌	左左
投手	59	●	キム フィゴン	김휘건	金輝建	右右
投手	61		ペ ジェファン	배재환	裵宰煥	右右
投手	67		パク チュヒョン	박주현	朴柱炫	右右
投手	100	●	イム サンヒョン	임상현	林尚炫	右右
投手	101	●	キム ミンギュン	김민균	金旻均	右右
投手	102	●	ホン ユウォン	홍유원	洪裕園	右右
投手	103	●	チェ ウソク	최우석	崔祐碩	右右
捕手	1		アン ジュンヨル	안중열	安重烈	右右
捕手	10		パク セヒョク	박세혁	朴世爀	右左

位置	背番号	記号	氏名	ハングル	漢字・国籍	投打
捕手	25		キム ヒョンジュン	김형준	金炯俊	右右
捕手	42		シン ヨンソク	신용석	辛容碩	右右
内野手	2		パク ミヌ	박민우	朴珉宇	右右
内野手	3		キム スユン	김수윤	金璇玟	右右
内野手	6		ソ ホチョル	서호철	徐浩喆	右右
内野手	7		パク チュチャン	박주찬	朴柱燦	右右
内野手	7		キム ジュウォン	김주원	金周元	右両
内野手	14		チェ ジョンウォン	최정원	崔廷源	右右
内野手	16		ト テフン	도태훈	都泰勲	右左
内野手	24	●	マット・デビッドソン	데이비슨	アメリカ合衆国	右右
内野手	34		オ ヨンス	오영수	呉泳首	右右
内野手	46		チョ ヒョンジン	조현진	趙炫振	右右
内野手	49		チェ ボソン	최보성	崔輔成	右右
内野手	52		ユン ヒョンジュン	윤형준	尹炯竣	右右
内野手			キム ハンビョル	김한별	金ハンビョル	右右
外野手	8	▲	ソン スンファン	송승환	宋承桓	右右
外野手	9		パク ゴニョン	박영빈	朴英彬	左左
外野手	23		チョン ジェファン	천재환	千在煥	右右
外野手	31		ソン アソプ	손아섭	孫兒葉	左左
外野手	33		ハン ソクヒョン	한석현	韓碩賢	左右
外野手	36		クォン ヒドン	권희동	權熙東	右右
外野手	37		パク コヌ	박건혁	朴健祐	右右
外野手	38		キム ソンウク	김성욱	金星旭	右右
外野手	39		パク シウォン	박시원	朴是元	右右
外野手	60		パク ハンギョル	박한결	朴한결	右右
育成選手						
投手	28		チェ シヒョク	최시혁	催禔溢	右右
投手	45		イ ウソク	이우석	李宇錫	右右
投手	47		チョン ルゴン	전루건	田壘件	右右
投手	62		パク チハン	박지한	朴知翰	右右
投手	63		ハ ジュンス	하준수	河俊守	右右
投手	64		カン ゴンジュン	강건준	姜建準	右右
投手	65		イ ヒョウ	이현우	李炫禹	右右
投手	73		モク チフン	목지훈	睦知勲	右右
投手	91		ソ ドンウク	서동욱	徐東郁	右右
投手	95		キム ジュファン	김주환	金周煥	右右
投手	96		ノ ジュファン	노재원	盧載源	右右
投手	104	●	ソン ジュファン	손주환	孫周煥	右右
投手	106	●	ウォン ジョンヘ	원종해	元鐘瀣	右右
投手	110	●	キム ジュンウォン	김준원	金俊洹	右右
投手	113	●	キム ミンヒョク	김민규	金珉揆	右右
捕手	00		ムン サンイン	문상인	文相仁	右右
捕手	109	●	キム ジェミン	김재민	金材珉	右右
捕手	112	●	キム テホ	김태호	金泰昊	右両
内野手	4		キム テクウ	김택우	金澤雨	右右
内野手	35		ハン ジェファン	한재환	韓在喚	右右
内野手	40		ソ ジュンギョ	서준교	徐準敎	右右
内野手	70		シン ソンホ	신성호	申成鎬	右右
内野手	105	●	キム セフン	김세훈	金世勲	右右
内野手	107	●	チョ ヒョンミン	조현민	曺炫敏	右右
内野手	111	●	パク インウ	박인우	朴仁右	右右
外野手	24		チェ ウォンジェ	최우재	崔佑財	右右
外野手	66		キム ボムジュン	김범준	金汎雋	右右
外野手	94		ペ サンオ	배상오	裵相浩	右右
外野手	108	●	コ スンワン	고승완	高承完	右右

88 カン イングォン

강인권 姜仁權 | KANG IN KWON

監督 52歳 30年目 右投右打

①1972.6.26②182cm87kg③大田高-漢陽大-ハンファ(95)-トゥサン(02)-トゥサンコーチ(07)-NCコーチ(12)-トゥサンコーチ(15)-ハンファコーチ(18)-NCコーチ(20)-NC監督(23)

	打率	試合	安打	本塁打	打点	盗塁	三振
通算	.244	710	305	8	119	7	264

現役当時のポジション：捕手

2022年途中、ヘッドコーチから監督代行となり昨季から監督に。長年バッテリーコーチを務めた経験を持つ。穏やかさの一方でベテランの離反には厳しく対処するなどチーム一丸の姿勢を貫いている。

76 チョン ミンス

전민수 全敏秀 | JUN MIN SOO

打撃 35歳 17年目 右投右打

①1989.3.18②177cm76kg③徳壽高-ヒーローズ(08)-KT(16)-LG(19)-NC(21)-NCコーチ(23)

93 イ ジョンウク

이종욱 李鍾旭 | LEE JONG WOOK

作戦走塁 44歳 22年目 左投左打

①1980.6.18②176cm78kg③善隣インターネット高-嶺南大-ヒョンデ(03)-トゥサン(06)-NCコーチ(14)-NCコーチ(19)⑤盗(06)、ゴ(07,08,10)⑦五輪予選(07,08)、五輪(08)、WBC(09)、アジア大会(10)

90 ソン ジョンウク

손정욱 孫政煜 | SON JUNG WOOK

二軍投手 34歳 12年目 左投右打

①1990.12.24②182cm84kg③徳壽高-慶熙大-NC(13)-NCコーチ(23)

78 チェ ゴンヨン

최건용 崔建容 | CHOI KUN YONG

残留続続糧/メンタルコーディネーター 52歳 3年目 右投右打

①1972.6.16②170cm80kg③奨忠高-東国大-NCコーチ(22)

69 キム ジョンホ

김종호 金宗鎬 | KIM JONG HO

● 二軍作戦走塁 40歳 18年目 左投左打

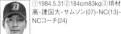

①1984.5.31②184cm83kg③培材高-建国大-サムソン(07)-NC(13)-NCコーチ(24)

71 ソン ヨンソク

손영석 孫庸碩 | SON YOEUNG SEK

残留軍打撃守備 37歳 19年目 右投右打

①1987.4.13②176cm90kg③釜山高-ロッテ(06)-ロッテコーチ(18)-NCコーチ(23)

74 チョン ヒョンド

전형도 全炯道 | JEON HYUNG DO

ヘッド 53歳 31年目 右投右打

①1971.10.30②177cm83kg③徽文高-檀国大-ハンファ(94)-OB(95)-トゥサンコーチ(11)-ハンファコーチ(18)-SSGコーチ(21)-NCコーチ(23)

89 パク ソクチン

박석진 朴石鎭 | PARK SEOK JIN

ブルペン 52歳 30年目 右投右打

①1972.7.19②179cm80kg③慶南高-檀国大-サムソン(95)-ロッテ(97)-サムソン(04)-ロッテ(07)-LG(07)-ヤクルトコーチ-LGコーチ(12)-NCコーチ(19)⑦五輪(00)

75 チン ジョンギル

진종길 陳鍾吉 | JIN JONG KIL

守備 43歳 21年目 右投右打

①1981.9.23②178cm80kg③釜山高-東義大-サムソン(04)-NCコーチ(13)

92 ユン スガン

윤수강 尹粹康 | YOON SOO KANG

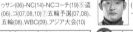

バッテリー 34歳 13年目 右投右打

①1990.2.22②181cm100kg③光州一高-成均館大-ロッテ(12)-KT(15)-LG(16)-NC(18)-NCコーチ(23)

99 イ ヨンフン

이용훈 李勇勳 | LEE YONG HOON

ピッチングコーディネーター 47歳 25年目 右投右打

①1977.7.14②183cm83kg③釜山工高-慶星大-サムソン(00)-SK(02)-ロッテ(03)-ロッテコーチ(15)-NCコーチ(22)

83 ユン ビョンホ

윤병호 尹炳鎬 | YOON BYUNG HO

二軍作戦走塁 35歳 10年目 右投右打

①1989.7.5②181cm85kg③世光高-ワンダーズ-NC(13)-NCコーチ(22)

86 キム ジョンミン

김종민 金鐘民 | KIM JONG MIN

二軍バッテリー 38歳 11年目 右投右打

①1986.3.30②176cm85kg③大田高-檀国大-KT(14)-NC(17)-ハンファ(19)-NCコーチ(21)

98 キム スギョン

김수경 金守經 | KIM SOO KYUNG

投手 45歳 27年目 右投右打

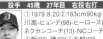

①1979.8.20②183cm90kg③仁川高-ヒョンデ(98)-ヒーローズ(08)-ネクセンコーチ(13)-NCコーチ(18)⑤新(98)、勝(00)⑦五輪(00)

77 ソン ジマン

송지만 宋志晩 | SONG JI MAN

打撃 51歳 29年目 右投右打

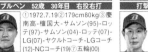

①1973.3.2②178cm85kg③東山高-仁荷大-ハンファ(96)-ヒョンデ(04)-ヒーローズ(08)-ネクセンコーチ(15)-KIAコーチ(20)-NCコーチ(23)⑦WBC(06)

72 チョン サンヨル

전상렬 全商烈 | CHUN SANG RYUL

▲ 一塁ベース/外野守備 52歳 34年目 左投右打

①1972.6.12②174cm77kg③大邱商高-サムソン(91)-ハンファ(97)-トゥサン(99)-トゥサンコーチ(12)-ハンファコーチ(18)-NCコーチ(24)

0 コン ピルソン

공필성 孔弼聖 | KONG PILL SUNG

二軍監督 57歳 35年目 右投右打

①1967.11.11②177cm77kg③馬山商高-星星大-ロッテ(90)-ロッテコーチ(02)-トゥサンコーチ(16)-ロッテコーチ(19)-トゥサンコーチ(20)-NCコーチ(22)

79 チョ ヨンフン

조영훈 趙煐勳 | CHO YOUNG HUN

二軍打撃 42歳 20年目 左投左打

①1982.11.12②185cm90kg③東草商高-建国大-サムソン(05)-KIA(12)-NC(13)-NCコーチ(20)

80 チ ソクフン

지석훈 池汭訓 | CHI SEOK HOON

二軍守備 40歳 22年目 右投右打

①1984.3.17②181cm81kg③徽文高-ヒョンデ(03)-ヒーローズ(08)-NC(13)-NCコーチ(23)

81 キム ゴンテ

김건태 金建兌 | KIM GEON TAE

● 残留軍投手 33歳 15年目 右投右打

①1991.10.2②185cm84kg③眞興高-ネクセン(10)-NC(18)-NCコーチ(24)

※2021年から監督、コーチの年俸は非公表となりました。

17 キム ヨンギュ [キミョンギュ]　김영규　金榮奎　KIM YOUNG KYU

投手　24歳　7年目　左投左打

①2000.2.10②188cm86kg③光州一高-NC(18)④1億4,000万W→2億2,500万W⑥セットアッパーとしてリーグ3位タイの24ホールドを記録。左打者への外角低めのスライダーで抑えていった。アジア大会で金メダルを獲得し兵役が免除に。APBCにも出場した。今季は先発転向が検討されたが、左ひじ痛のため見送られる予定だ。⑦アジア大会(23)、APBC(23)

年度	チーム	防御率	試合	勝戦	敗戦	セーブ	投球回	安打	四球	三振
2017	-	-	-	-	-	-	-	-	-	-
2018	-	-	-	-	-	-	-	-	-	-
2019	NC	5.29	30	5	4	0	66 1/3	32	31	46
2020	NC	5.45	20	2	2	0	67 2/3	83	31	55
2021	NC	5.37	37	5	3	0	63 2/3	69	28	42
2022	NC	3.41	72	2	7	1	66	56	22	46
2023	NC	3.06	63	2	4	0	61 2/3	45	23	48
通算		4.54	222	16	20	1	325 1/3	335	118	237

41 リュ ジンウク [リュジヌク]　류진욱　柳振旭　RYU JIN WOOK

投手　28歳　10年目　右投右打

①1996.10.10②189cm88kg③釜山高-NC(15)④7,500万W→1億6,500万W⑥チームトップの登板数を記録し、22ホールドを記録した右腕。セットアッパーとしてチームに大きく貢献し、ポストシーズンでもフル回転した。動きのあるスピンの利いた直球と空振りを誘うフォークボールでピンチを切り抜ける。2年続けての活躍なるか。

年度	チーム	防御率	試合	勝戦	敗戦	セーブ	投球回	安打	四球	三振
2017	-	-	-	-	-	-	-	-	-	-
2018	-	-	-	-	-	-	-	-	-	-
2019	-	-	-	-	-	-	-	-	-	-
2020	NC	6.00	3	0	0	0	3	4	1	3
2021	NC	2.08	44	1	0	1	43 1/3	40	22	31
2022	NC	4.86	51	4	2	0	46 1/3	48	31	37
2023	NC	2.15	70	1	4	0	67	41	32	62
通算		2.99	168	6	6	1	159 2/3	133	86	133

53 シン ミンヒョク [シンミニョク]　신민혁　辛旻爀　SHIN MIN HYEOK

投手　25歳　7年目　右投右打

①1999.2.4②184cm95kg③野塔高-NC(18)④1億3,500万W→1億8,000万W⑥昨季は先発として4月に3勝するも、その後は5回以上の降板も多く勝ち星にはつながらなかった。投球の4割以上を占めるチェンジアップを中心に組み立て、走者を出しながらも抑えていく。ポストシーズンでは3試合に先発し16回1/3を2失点と好投した。⑦APBC(23)

年度	チーム	防御率	試合	勝戦	敗戦	セーブ	投球回	安打	四球	三振
2017	-	-	-	-	-	-	-	-	-	-
2018	-	-	-	-	-	-	-	-	-	-
2019	-	-	-	-	-	-	-	-	-	-
2020	NC	5.79	17	2	3	0	42	44	13	26
2021	NC	4.41	30	9	6	0	145	155	44	107
2022	NC	4.56	26	4	9	0	118 1/3	183	41	105
2023	NC	3.98	29	5	5	0	122	122	25	97
通算		4.46	102	20	23	0	427 1/3	462	113	335

25 キム ヒョンジュン [キミョンジュン]　김형준　金亨俊　KIM HYUNG JUN

捕手　25歳　7年目　右投右打

①1999.11.2②187cm98kg③世光高-NC(18)④5,000万W→5,800万W⑥右ひざ手術を経て8月に一軍昇格すると17安打中、6本塁打を記録。10月のアジア大会で正捕手を務めて金メダルを獲得し、11月のAPBCでも投手陣をリードした。激動の数ヶ月を経て大きく成長し、チームでも1番手捕手になったシンデレラボーイだ。⑦アジア大会(23)、APBC(23)

年度	チーム	打率	試合	打数	安打	本塁打	打点	盗塁	四球	三振
2017	-	-	-	-	-	-	-	-	-	-
2018	NC	.160	60	81	13	0	9	1	7	32
2019	NC	.224	55	107	24	2	9	0	8	43
2020	NC	.306	44	72	22	3	11	0	10	21
2021	-	-	-	-	-	-	-	-	-	-
2022	-	-	-	-	-	-	-	-	-	-
2023	NC	.236	26	72	17	6	18	0	3	24
通算		.229	185	332	76	11	47	1	33	101

2 パク ミンウ [パクミヌ、パンミヌ]　박민우　朴珉宇　PARK MIN WOO

内野手　31歳　13年目　右投左打

①1993.2.6②185cm80kg③徽文高-NC(12)④11億W→10億W⑤新(14)、ゴ(19,20)⑥現役では3位の通算打率(3000打席以上)を誇る巧打者と、チームトップの盗塁数を記録した。二塁手としては広い守備範囲でピンチから投手を救っている。昨季は主に2番に座ったが、今季は1番を務める予定。明るく活発な性格でチームを盛り上げる。⑦APBC(17)、アジア大会(18)、プレミア12(19)

年度	チーム	打率	試合	打数	安打	本塁打	打点	盗塁	四球	三振
2017	NC	.363	106	388	141	3	47	11	46	51
2018	NC	.324	115	411	133	5	33	17	32	51
2019	NC	.344	125	468	161	1	45	18	41	40
2020	NC	.345	126	467	161	8	63	13	36	48
2021	NC	.261	50	180	47	1	18	12	22	25
2022	NC	.267	104	390	104	4	38	21	42	55
2023	NC	.316	124	452	143	2	46	26	49	58
通算		.320	1162	4168	1332	31	438	243	448	598

7 キム ジュウォン [キムジュウォン]　김주원　金周元　KIM JU WON

内野手　22歳　4年目　右投両打

①2002.7.30②185cm83kg③裕信高-NC(21)④9,000万W→1億6,000万W⑥長打力と俊足を兼ね備えたスイッチヒッターの遊撃手。下位打線に座り2年連続の2ケタ本塁打、2ケタ盗塁を記録した。アジア大会金メダルで兵役が免除に。APBCでも台湾戦の3安打など活躍を見せた。さらなる成長が期待させる球界期待のスター候補だ。⑦アジア大会(23)、APBC(23)

年度	チーム	打率	試合	打数	安打	本塁打	打点	盗塁	四球	三振
2017	-	-	-	-	-	-	-	-	-	-
2018	-	-	-	-	-	-	-	-	-	-
2019	-	-	-	-	-	-	-	-	-	-
2020	-	-	-	-	-	-	-	-	-	-
2021	NC	.241	69	166	40	5	16	6	17	57
2022	NC	.223	96	273	61	10	37	15	30	89
2023	NC	.233	127	403	94	10	54	23	44	106
通算		.232	292	842	195	25	117	31	91	252

31 ソン アソプ [ソナソプ]

손아섭 | 孫兒葉
SON AH SEOP

外野手 36歳 18年目 右投左打

①1988.3.18②174cm84kg③釜山高-ロッテ(07)-NC(22)④5億W→5億W⑤首(23)、ゴ(11,12,13,14,17,23)⑥通算現役1位、8年連続150安打のヒットメーカーが昨季ようやく初の首位打者となった。今季は通算2504安打のパク・ヨンテク(元LG)を抜く歴代トップが見えてきた。昨季の1番から今季は3番に座る予定。今季もバットを短く持って鋭く振り抜く。⑦WBC(13,17)、アジア大会(14,18)、プレミア12(15)

年度	チーム	打率	試合	打数	安打	本塁打	打点	盗塁	四球	三振
2017	ロッテ	.335	144	576	193	20	80	25	83	96
2018	ロッテ	.329	141	553	182	26	88	28	83	92
2019	ロッテ	.295	134	512	151	10	63	13	52	92
2020	ロッテ	.352	141	540	190	11	85	5	61	56
2021	ロッテ	.319	134	542	173	3	58	11	61	67
2022	NC	.277	138	548	152	4	48	7	59	76
2023	NC	**.339**	140	551	**187**	5	65	14	50	67
通算		.322	1974	7500	2416	174	986	226	909	1212

FAN の 小さな大打者。歴代最多安打も250盗塁も通過点！(まっくすういんぐ〜)

37 パク コンウ [パクコヌ、パッコヌ]

박건우 | 朴健祐
PARK KUN WOO

外野手 34歳 16年目 右投右打

①1990.9.8②184cm80kg③ソウル高-トゥサン(09)-NC(22)④9億W→8億W⑤コ(23)⑥昨季は試合終盤に交代を申し出た問題で7月に二軍行きを経験するも、後半戦に活躍。主に3番として自己最多打点を記録した。通算打率は歴代3位、右打者ではトップ。ひと握り短く持ったバットで高いミート力を見せる。外野の守備も高いレベルを発揮している。⑦WBC(17,23)、プレミア12(19)、五輪(21)

年度	チーム	打率	試合	打数	安打	本塁打	打点	盗塁	四球	三振
2017	トゥサン	.366	131	483	177	20	78	20	41	64
2018	トゥサン	.326	148	487	159	12	84	7	28	65
2019	トゥサン	.319	127	458	146	10	64	12	60	57
2020	トゥサン	.304	129	487	148	14	70	8	42	65
2021	トゥサン	.325	126	458	149	6	63	13	50	72
2022	NC	.336	111	460	137	10	63	3	44	62
2023	NC	.319	130	458	144	5	57	5	56	71
通算		.326	1167	3996	1303	110	624	92	376	596

FAN の 打撃の天才！こんなバッターになりたい！笑 (ランチバッカー)

11 ソン ミョンギ

송명기 | 宋銘基
SONG MYUNG GI

投手 24歳 6年目 右投右打

①2000.8.9②191cm93kg③奨忠高-NC(19)④1億3,000万W→1億3,500万W⑤スリークォーターの長身右腕は、重心を落として体重移動し動きのあるボールを見せる。昨季は先発、継ぎと様々な起用に応えた。

年度	防御率	試合	勝利	敗戦	セーブ	投球回	三振
2023	4.83	35	4	9	0	104 1/3	65
通算	4.86	122	26	28	0	426	346

12 イム ヒョンウォン [イミョンウォン]

임형원 | 任炯垣
LIM HYOUNG WON

投手 23歳 5年目 右投右打

①2001.9.15②183cm73kg③仁川高-NC(20)④3,000万W→3,000万W⑥軍から除隊後、オフに豪州リーグに派遣された。横手に近いスリークォーターから投げる右腕はリリーフとして4年ぶりの一軍出場を目指す。

年度	防御率	試合	勝利	敗戦	セーブ	投球回	三振
2023	-	-	-	-	-	-	-
通算	-	1	0	0	0	0	0

13 イム ジョンホ

임정호 | 林正鎬
LIM JUNG HO

投手 34歳 12年目 左投左打

①1990.4.16②188cm90kg③信一高-成均館大-NC(13)④9,000万W→1億3,500万W⑥昨季は自身4度目の60試合以上登板。15ホールドを記録した。横手に近いスリークォーターから変化球でタイミングを外していく左腕だ。

年度	防御率	試合	勝利	敗戦	セーブ	投球回	三振
2023	4.68	65	4	4	0	50	49
通算	4.31	414	16	16	1	257	263

15 キム テヒョン

김태현 | 金太現
KIM TAE HYUN

投手 26歳 8年目 左投右打

①1998.3.21②188cm95kg③金海高-NC(17)④3,000万W→4,000万W⑥独特のステップで右足を踏み出して投げる17年のドラ1左腕。昨季のリリーフ登板で初勝利を挙げた。勝ちパターンの一角を担いたい。

年度	防御率	試合	勝利	敗戦	セーブ	投球回	三振
2023	4.43	16	1	0	0	20 1/3	14
通算	6.00	24	1	0	0	27	18

名鑑の見方 [NPB選手経験は名前が白ヌキ]

背番号 氏名(現地読みに近い表記には[発音]、外国人選手のカタカナ読みには[カタカナ]を併記) ハングル 漢字または国籍 アルファベット
●…新入団 ▲…移籍 ■…復帰
守備位置 年齢 年数 投打
①生年月日②身長体重③経歴( )内は入団年④年俸 2023年→2024年(1ウォン=約0.11円)新人と一部の新外国人選手には契約金も記載⑤主な獲得タイトル…M=最優秀選手 新=新人王 首=首位打者 本=本塁打王 点=打点王 盗=盗塁王 防=最優秀防御率 救=最優秀救援 ゴ=ゴールデングラブ賞、守=守備賞(2023年新設)⑥経歴、寸評⑦代表選手選出歴 ※成績の太字はリーグトップ

FAN の このマークがある選手には読者からのコメントも掲載。

代表選手選出歴に記載の大会

1998 バンコクアジア大会(金メダル)	2016 プレミア12(優勝)
2000 シドニー五輪(銅メダル)	2017 WBC(1次ラウンド敗退)
2002 プサンアジア大会(金メダル)	2017 APBC(準優勝)
2003 アテネ五輪予選(敗退)	2018 ジャカルタアジア大会(金メダル)
2006 WBC(ベスト4)	2019 プレミア12(準優勝)
2006 ドーハアジア大会(銅メダル)	2021 東京五輪(4位)
2007 北京五輪予選(アジア予選、敗退)	2023 WBC(1次ラウンド敗退)
2008 北京五輪予選(世界最終予選、2位)	2023 杭州アジア大会(金メダル)
2008 北京五輪(金メダル)	2023 APBC(準優勝)
2009 WBC(準優勝)	
2010 広州アジア大会(金メダル)	五輪 ▶ オリンピック
2013 WBC(1次ラウンド敗退)	WBC ▶ ワールド・ベースボール・クラシック
2014 インチョンアジア大会(金メダル)	APBC ▶ アジアプロ野球チャンピオンシップ

FAN の 25 キム ヒョンジュン → 打撃センスも抜群！目指せ！正捕手！(明)

18 シム チャンミン
심창민　沈昌珉
SIM CHANG MIN

投手　31歳　14年目　右投右打

①1993.02.01②185cm86kg③慶南高-サムソン(11)-NC(22)④1億5,000万W→8,500万W⑥かつてサムソンのセットアッパーとして活躍した横手振り投げ右腕。右ひじ痛から復帰も昨季はファームでは30回1/3で71四死球という内容だった。⑦プレミア12(15)、WBC(17)

年度	防御率	試合	勝利	敗戦	セーブ	投球回	三振
2023	2.70	5	0	1	0	3 1/3	5
通算	4.22	485	31	29	51	491	564

19 チェ ウォンフ [チェウォヌ]
채원후　蔡援后
CHAE WON HOO

投手　29歳　10年目　右投左打

①1995.7.11②180cm70kg③光州一高-トゥサン(15)-LG(21)-NC(23)④3,800万W→3,500万W⑥昨季中にLGから移籍のリリーフ右腕は名前をチェ・ジソンから改名。走者を出しても粘り強い投球で抑えていきたい。

年度	防御率	試合	勝利	敗戦	セーブ	投球回	三振
2023	8.10	3	0	0	0	3 1/3	2
通算	4.29	57	1	0	0	56 2/3	56

20 ダニエル・カスタノ
카스타뇨　アメリカ合衆国
DANIEL CASTANO

● 投手　30歳　1年目　左投右打

①1994.9.17②190cm104kg③ベイラー大-マーリンズ-NC(24)＜契＞$13万＜年＞$52万⑥ツーシーム、スライダーを中心に投球を組み立て、高低を上手く使って投げる左腕。高めの変化球の軌道がABSにハマりそうだ。

年度	防御率	試合	勝利	敗戦	セーブ	投球回	三振
23MLB	21.00	2	0	0	0	3	3
MLB通算	4.47	24	2	7	0	88 2/3	49

21 キム シフン
김시훈　金施勲
KIM SI HOON

投手　25歳　7年目　右投右打

①1999.2.24②188cm95kg③馬山高-NC(18)④9,000万W→1億1,000万W⑥2年連続2ケタホールドとなる12ホールドをマーク。動きのある150キロに迫る直球と、フォークやカーブの縦の変化球を駆使して勝利に貢献した。

年度	防御率	試合	勝利	敗戦	セーブ	投球回	三振
2023	4.44	61	4	3	3	52 2/3	49
通算	3.71	120	8	8	3	136	128

22 イ ヨンチャン
이용찬　李庸燦
LEE YONG CHAN

投手　35歳　18年目　右投右打

①1989.1.2②185cm85kg③奨忠高-トゥサン(07)-NC(21)④4億W→4億W⑥WBC以後のシーズン序盤が不安定なスタートだったが、6年ぶりの60試合登板。自己最多のセーブ数だった。今季もフォークを多投し抑える。⑦アジア大会(18)、プレミア12(19)、WBC(23)

年度	防御率	試合	勝利	敗戦	セーブ	投球回	三振
2023	4.13	60	4	4	19	61	51
通算	3.72	500	61	60	157	998 1/3	765

26 チェ ソンヨン
최성영　崔成永
CHOI SUNG YOUNG

投手　27歳　9年目　左投右打

①1997.4.28②180cm85kg③雪嶽高-NC(16)④7,200万W→8,300万W⑥130キロ台後半の直球とチェンジアップ、スライダーで緩急を付けて抑える左腕。先発、中継ぎの両面で幅広く起用されている。

年度	防御率	試合	勝利	敗戦	セーブ	投球回	三振
2023	4.86	18	5	4	0	66 2/3	39
通算	5.21	100	13	11	1	290	196

27 イ ジュンホ [イジュノ]
이준호　李俊浩
LEE JUN HO

投手　24歳　2年目　右投右打

①2000.3.27②181cm85kg③慶南高-成均館大-NC(23)④3,000万W→4,500万W⑥大卒1年目の昨季は先発を2度経験。動きのある直球と変化球を高低にうまく使って、今後の飛躍を感じさせた。先発ローテ入りなるか。

年度	防御率	試合	勝利	敗戦	セーブ	投球回	三振
2023	4.83	17	3	2	0	31 2/3	19
通算	4.83	17	3	2	0	31 2/3	19

30 カイル・ハトウ [カイル・ハート]
하트　アメリカ合衆国
KYLE HART

● 投手　32歳　1年目　左投左打

①1992.11.23②196cm90kg③インディアナ大-レッドソックス-NC(24)＜契＞$20万＜年＞$50万⑥長身からのツーシームとカットボール、チェンジアップ、スライダーが持ち味の左腕。左右を幅広く使い安定感のある投球を見せる。

年度	防御率	試合	勝利	敗戦	セーブ	投球回	三振
23AAA	4.53	19	4	6	0	89 1/3	86
MLB通算	15.55	1	0	0	0	11	13

32 キム ジェヨル
김재열　金宰閱
KIM JAE YEOL

▲ 投手　28歳　11年目　右投右打

①1996.1.2②183cm97kg③釜山高-ロッテ(14)-KIA(20)-NC(24)④6,000万W→6,000万W⑥2次ドラフトでKIAから移籍。昨季はファームで先発として7勝、22年には一軍で47試合登板した。上体を力感いっぱいに押し出して投げ込む。

年度	防御率	試合	勝利	敗戦	セーブ	投球回	三振
2023	13.11	16	1	2	0	11 2/3	9
通算	6.36	94	2	3	1	104 2/3	76

43 シン ヨンウ [シニョンウ]
신영우　申英又
SHIN YEONG WOO

投手　20歳　2年目　右投右打

①2004.4.21②182cm84kg③慶南高-NC(23)④3,000万W→3,000万W⑥高卒1年目の昨季はファームで17試合に登板。主に先発を務めた。150キロ超えの直球を一軍で披露するチャンスをつかみたい。

年度	防御率	試合	勝利	敗戦	セーブ	投球回	三振
2023	-	-	-	-	-	-	-
通算	-	-	-	-	-	-	-

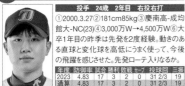

48 イ ヨンジュン

이용준	李庸準
LEE YONG JUN	

投手　22歳　4年目　右投右打

①2002.5.8②180cm95kg③ソウルデザイン高-NC(21)④3,500万W→6,700万W⑥前半戦は先発、後半はリリーフを務めた右腕。コンパクトな腕の振りからボールを低めに集め、ゴロを打たせてピンチをしのいでいく。

年度	防御率	試合	勝利	敗戦	セーブ	投球回	三振
2023	4.30	24	3	4	0	67	50
通算	5.66	36	3	5	0	90 2/3	91

50 ソ イヒョン

소이현	蘇二炫
SO RHEE HYUN	

投手　25歳　8年目　右投右打

①1999.2.9②185cm93kg③ソウルデザイン高-NC(17)④3,100万W→3,200万W⑥昨季軍服務から復帰した速球派右腕。8年目の今季、3年ぶりの一軍とプロ初勝利を目指す。同姓同名の女性俳優がいる。

年度	防御率	試合	勝利	敗戦	セーブ	投球回	三振
2023	-	-	-	-	-	-	-
通算	-	-	-	-	-	-	-

51 イ ジェハク

이재학	李在學
LEE JAE HAK	

投手　34歳　15年目　右投右打

①1990.10.4②181cm84kg③大邱高-トゥサン(10)-NC(12)④2億W→2億W⑤新(13)⑥スリークォーターから回転数の多いチェンジアップを武器に投げ込む右腕は、打球を手に受けるなど離脱が多かった。先発として再び活躍だ。⑦アジア大会(14)

年度	防御率	試合	勝利	敗戦	セーブ	投球回	三振
2023	4.54	15	5	5	0	67 1/3	43
通算	4.52	285	82	76	1	1321	1108

54 キム ジンホ [キムジノ]

김진호	金振虎
KIM JIN HO	

投手　26歳　8年目　右投右打

①1998.6.7②183cm90kg③光州東成高-NC(17)④6,000万W→6,500万W⑥高い制球力を誇る右腕。昨季は5月途中までに9ホールドを記録したが、右肩の故障で戦列を離れた。150キロに迫る直球で三振を奪う。

年度	防御率	試合	勝利	敗戦	セーブ	投球回	三振
2023	2.76	19	2	1	0	16 1/3	22
通算	6.01	59	6	3	1	70 1/3	65

55 ハン ジェスン

한재승	韓載承
HAN JAE SEUNG	

投手　23歳　4年目　右投右打

①2001.11.21②180cm90kg③仁川高-NC(21)④3,200万W→3,400万W⑥昨季9月に一軍昇格した速球派右腕。ファームでは20回2/3で40個の三振を奪った。オフには豪州リーグに派遣。リリーフとして期待されている。

年度	防御率	試合	勝利	敗戦	セーブ	投球回	三振
2023	4.66	11	0	1	0	9 2/3	10
通算	3.54	23	0	1	0	20 1/3	21

57 チョン サミン

전사민	全詞民
CHUN SA MIN	

投手　25歳　6年目　右投右打

①1999.7.6②194cm85kg③釜山情報高-NC(19)④3,100万W→3,400万W⑥長身からのツーシームを軸に投球を組み立てる右腕。昨季は先発起用された。キャンプで左内腹斜筋を痛め、回復後の復帰となる。

年度	防御率	試合	勝利	敗戦	セーブ	投球回	三振
2023	4.76	7	1	1	0	17	6
通算	4.10	17	0	2	0	26 1/3	19

58 ソ ウィテ

서의태	徐宜兌
SEO EUI TAE	

投手　27歳　9年目　右投左打

①1997.9.5②194cm115kg③京畿高-KT(16)-ネクセン(17)-NC(22)④3,000万W→3,000万W⑥昨季は育成選手としてファームでチームトップの46試合に登板した。大柄な体格から迫力満点に投げ込むスリークォーター左腕だ。

年度	防御率	試合	勝利	敗戦	セーブ	投球回	三振
2023	-	-	-	-	-	-	-
通算	54.00	1	0	0	0	2/3	1

59 キム フィゴン

김휘건	金輝建
KIM HWI GEON	

● 投手　19歳　1年目　右投右打

①2005.8.27②191cm105kg③徽文高-NC(24)④＜契＞2億5,000万W＜年＞3,000万W⑥24年ドラフト1R(全体順位5番目)。速球派のドラ1右腕。地元チャンウォン生まれだが中学、高校時代は別の地域で暮らした。

ROOKIE

61 ペ ジェファン

배재환	裵宰煥
BAE JAE WHAN	

投手　29歳　11年目　右投右打

①1995.2.24②186cm95kg③ソウル高-NC(14)④9,000万W→6,300万W⑥軍服務終了後、昨季は育成でスタート。7月に昇格した。19,20年には50試合以上登板の実績がある。顔がソンドンヨルに似た貫禄満点になった右腕だ。

年度	防御率	試合	勝利	敗戦	セーブ	投球回	三振
2023	-	-	-	-	-	-	-
通算	4.38	161	8	13	1	164 1/3	149

67 パク チュヒョン

박주현	朴柱泫
PARK JU HYEON	

投手　25歳　10年目　左投右打

①1999.8.3②184cm85kg③沖岩高-KT(18)-NC(23)④3,000万W→3,000万W⑥KTを戦力外になった後、昨季開幕前にNC入り。ファームで36試合に登板した。持ち前の球威を武器に初の一軍登板を目指す。

年度	防御率	試合	勝利	敗戦	セーブ	投球回	三振
2023	-	-	-	-	-	-	-
通算	-	-	-	-	-	-	-

100 イム サンヒョン

임상현 / 林尚炫
LIM SANG HYEON

● 投手 19歳 1年目 右投右打

①2005.7.16②184cm89kg③大邱商苑高-NC(24)④＜契＞1億5,000万W＜年＞3,000万W⑥24年ドラフト2R（全体順位15番目）。高いリリースポイントからの直球と落差あるカーブが特長の右腕。がっしりとした体格から投げ込む。

ROOKIE

101 キム ミンギュン

김민균 / 金旻均
KIM MIN GYUN

● 投手 19歳 1年目 右投左打

①2005.1.18②188cm88kg③京畿高-NC(24)④＜契＞9,000万W＜年＞3,000万W⑥24年ドラフト3R（全体順位25番目）。高いリリースポイントから投げ下ろす左腕。ク・チャンモに次ぐ未来のサウスポーエースを目指す。

ROOKIE

102 ホン ユウォン

홍유원 / 洪裕園
HONG YU WON

● 投手 19歳 1年目 右投右打

①2005.5.17②188cm96kg③大邱高-NC(24)④＜契＞7,000万W＜年＞3,000万W⑥24年ドラフト4R（全体順位35番目）。チームの先輩リュ・ジンウクのように体をしなやかに使って投げると評価を受ける右腕。

ROOKIE

103 チェ ウソク

최우석 / 崔祐碩
CHOI WOO SEOK

● 投手 19歳 1年目 右投右打

①2005.3.31②190cm90kg③飛鳳高-NC(24)④＜契＞6,000万W＜年＞3,000万W⑥24年ドラフト5R（全体順位45番目）。6年前に野球部を新設した高校の出身。球持ちの長さに評価を受ける右腕だ。

ROOKIE

1 アン ジュンヨル

안중열 / 安重烈
AN JOONG YEOL

● 捕手 29歳 11年目 右投右打

①1995.9.1②176cm87kg③釜山高-KT(14)-ロッテ(15)-NC(23)④6,000万W→7,100万W⑥移籍1年目の昨季は50試合で先発マスクをかぶった。レベルの高い捕手陣の中で、今季はケガなく年間通して一軍出場を果たしたい。

年度	打率	試合	安打	本塁打	打点	盗塁	三振
2023	.195	77	30	4	17	0	45
通算	.213	400	169	16	74	2	226

10 パク セヒョク

박세혁 / 朴世爀
PARK SEI HYOK

● 捕手 34歳 13年目 右投右打

①1990.1.9②181cm86kg③信一高-高麗大-トゥサン(12)-NC(23)④7億W→7億W⑥FA移籍1年目の昨季は左手首を痛めて離脱するなど、年間通しての出場とはならなかった。巨人の監督に就任した「師匠」に活躍を報告したい10番だ。⑦プレミア12(19)

年度	打率	試合	安打	本塁打	打点	盗塁	三振
2023	.211	88	51	6	32	1	43
通算	.253	670	559	30	291	29	420

42 シン ヨンソク [シニョンソク]

신용석 / 辛容碩
SHIN YONG SEOK

● 捕手 21歳 2年目 右投右打

①2003.10.11②181cm91kg③馬山高-NC(23)④3,000万W→3,000万W⑥昨季は育成選手だった地元校出身の捕手。オフにはBFAアジア選手権に参加し、指名打者として日本の社会人代表と対戦した。

年度	打率	試合	安打	本塁打	打点	盗塁	三振
2023	-	-	-	-	-	-	-
通算	-	-	-	-	-	-	-

3 キム スユン

김수윤 / 金遂狁
KIM SU YUN

● 内野手 26歳 8年目 右投右打

①1998.7.16②180cm83kg③釜山高-NC(17)④3,100万W→3,200万W⑥昨季はファームで65試合に出場。一軍ではサードとファーストで出場した。守備力が向上し、キャンプでは監督から高評価を受けた。

年度	打率	試合	安打	本塁打	打点	盗塁	三振
2023	.214	16	3	0	2	0	4
通算	.132	33	5	1	4	0	13

5 ソ ホチョル

서호철 / 徐浩喆
SEO HO CHEOL

● 内野手 28歳 6年目 右投右打

①1996.10.16②179cm85kg③嶺泉高-東義大-NC(19)④4,500万W→1億2,000万W⑥主に三塁手としてレギュラーに定着。球際に強い守備を見せ、打撃では2,7番に座り、役割を果たした。失投を逃さず振り抜くプルヒッターだ。

年度	打率	試合	安打	本塁打	打点	盗塁	三振
2023	.287	114	114	5	41	4	51
通算	.257	205	154	7	55	7	94

6 パク チュチャン

박주찬 / 朴柱燦
PARK JU CHAN

● 内野手 28歳 6年目 右投右打

①1996.1.11②178cm84kg③江陵高-東亜大-NC(19)④3,000万W→3,100万W⑥10月に育成から昇格。サード、ファーストを任された。ファームでは83試合に出場し、リーグ3位の打率.336をマーク。BFAアジア選手権で代表入りした。

年度	打率	試合	安打	本塁打	打点	盗塁	三振
2023	.143	5	2	0	0	0	2
通算	.143	5	2	0	0	0	2

14 チェ ジョンウォン

	최정원	崔廷源
		CHOI JEONG WON

内野手 24歳 6年目 右投左打

①2000.6.24②176cm70kg③清州高-NC(19)④6,600万W→6,600万W⑥昨季6月にサンムから復帰。俊足と短く持ったバットでの鋭いスイングが特長。セカンドまたは外野手の守備でも積極的なプレーを見せる。

年度	打率	試合	安打	本塁打	打点	盗塁	三振
2023	.260	39	13	0	5	4	13
通算	.278	160	84	0	15	18	66

16 ト テフン

	도태훈	都泰勲
		DO TAE HUN

内野手 31歳 9年目 右投左打

①1993.3.18②184cm85kg③釜山高-東義大-NC(16)④5,000万W→8,000万W⑥昨季は自己最多の出場数。下位打線に座り内野の全ポジションについた。覚えやすくセになる応援歌にハマるファンが増えている。

堅実な守備で頼れる内野のスーパーサブ！（MALI）

年度	打率	試合	安打	本塁打	打点	盗塁	三振
2023	.234	117	56	5	23	2	48
通算	.217	360	118	10	55	3	102

24 マット・デビッドソン

	데이비슨	アメリカ合衆国
		MATTHEW DAVIDSON

● **内野手 33歳 1年目 右投右打**

①1991.3.26②190cm104kg③ユカイパ高-ダイヤモンドバックス-ホワイトソックス-レッズ-ダイヤモンドバックス-アスレチックス-広島-NC(24)④〈契〉$14万〈年〉$56万⑥高打率を誇る打者が揃うチームに長打力発揮が期待された加入。4番一塁が任される予定。球団初のNPB選手経験のある外国人打者となった。

年度	打率	試合	安打	本塁打	打点	盗塁	三振
23NPB	.210	112	73	19	44	0	120
NPB通算	.210	112	73	19	44	0	120

34 オ ヨンス

	오영수	呉泳首
		OH YOUNG SOO

内野手 24歳 7年目 右投右打

①2000.1.30②178cm93kg③馬山龍馬高-NC(18)④6,000万W→7,200万W⑥レギュラー一塁手として迎えた昨季。好不調の波が大きく、年間通しての出塁とはならなかった。今季は持ち前の長打力を発揮したい。

年度	打率	試合	安打	本塁打	打点	盗塁	三振
2023	.236	70	49	4	24	3	55
通算	.232	167	107	10	55	3	122

46 チョ ヒョンジン

	조현진	趙玹振
		CHO HYUN JIN

内野手 22歳 4年目 右投左打

①2002.9.10②182cm69kg③馬山高-ハンファ(21)-NC(23)④3,000万W→3,100万W⑥昨年2月のキャンプ中にハンファから移籍。9月に育成選手から昇格。確実性の高い打撃とショート、セカンドの控えとして一軍チャンスを狙う。

年度	打率	試合	安打	本塁打	打点	盗塁	三振
2023	.200	10	1	0	0	0	1
通算	.200	10	1	0	0	0	1

49 チェ ボソン

	최보성	崔輔城
		CHOI BO SUNG

内野手 26歳 7年目 右投右打

①1998.10.16②181cm88kg③開成高-NC(18)④3,000万W→3,200万W⑥昨季もファームで3割近い打率をマーク。一軍では8月に1試合3安打を記録した。サードのポジション争いに加わりたい、地元出身選手だ。

年度	打率	試合	安打	本塁打	打点	盗塁	三振
2023	.263	12	5	0	0	2	2
通算	.258	22	8	0	0	1	7

52 ユン ヒョンジュン [ユニョンジュン]

	윤형준	尹炯竣
		YOON HYEONG JUN

内野手 30歳 12年目 右投右打

①1994.1.31②186cm97kg③眞興高-NC(13)-LG(18)-NC(21)④4,000万W→6,500万W⑥昨季は一塁手として自己最多の出場機会をつかんだ長距離砲。今季は新外国人選手も加わりさらに激しいポジション争いとなる。

年度	打率	試合	安打	本塁打	打点	盗塁	三振
2023	.252	82	55	5	27	1	58
通算	.251	179	96	11	45	2	105

68 キム ハンビョル

	김한별	金ハンビョル
		KIM HAN BYUL

内野手 23歳 5年目 右投右打

①2001.1.18②177cm85kg③培材高-NC(20)④3,100万W→3,800万W⑥昨季は自己最多の出場数。ショート、セカンド、サードの守備で打球に対して速い対応を見せた。今季も一軍定着だ。

年度	打率	試合	安打	本塁打	打点	盗塁	三振
2023	.216	79	21	0	4	0	23
通算	.195	103	23	0	4	0	29

8 ソン スンファン

	송승환	宋承桓
		SONG SEUNG HWAN

▲ **外野手 24歳 6年目 右投右打**

①2000.10.28②183cm93kg③ソウル高-トゥサン(19)-NC(24)④3,500万W→3,500万W⑥2次ドラフトでトゥサンから移籍。昨季もファームでは高打率をマークした。長打力のある右打者として一軍争いに加わっていきたい。

年度	打率	試合	安打	本塁打	打点	盗塁	三振
2023	.229	30	16	0	4	0	16
通算	.230	43	23	1	8	0	24

9 パク ヨンビン [パギョンビン]

	박영빈	朴英彬
		PARK YOUNG BIN

外野手 27歳 5年目 右投右打

①1997.7.16②182cm88kg③沖岩高-慶熙大-NC(20)-独立さ濾川-NC(23)④3,000万W→3,200万W⑥昨季5月に育成から昇格。外野の守備固め、代走で出場を重ねた。戦力外後、軍服務と独立リーグを経てテストにより再入団した選手だ。

年度	打率	試合	安打	本塁打	打点	盗塁	三振
2023	.071	41	1	0	0	4	6
通算	.071	41	1	0	0	4	6

81

23 チョン ジェファン 천재환 ／ 千在煥
CHEON JAE HWAN

外野手　30歳　8年目　右投右打

①1994.4.1②181cm83kg③和順高-高麗大-NC(17)④3,100万W→5,000万W⑥昨季は春先にレギュラー定着。快打に加えてバントヒットなど多彩なプレーを見せた。年間通しての一軍ベンチ入りを目指す。

年度	打率	試合	安打	本塁打	打点	盗塁	三振
2023	.239	78	39	2	17	2	44
通算	.222	107	44	3	18	3	55

33 ハン ソクヒョン [ハンソッキョン] 한석현 ／ 韓碩賢
HAN SUK HYUN

外野手　30歳　11年目　左投左打

①1994.5.17②181cm73kg③慶南高-LG(14)-NC(23)④3,900万W→3,900万W⑥移籍1年目の昨季は開幕を一軍で迎えて出場機会を得るも、5月以降はファームの日々が続いた。ライバルは多いが足とバットでアピールだ。

年度	打率	試合	安打	本塁打	打点	盗塁	三振
2023	.200	27	12	0	2	2	20
通算	.217	58	20	0	3	5	31

36 クォン ヒドン [クォニドン] 권희동 ／ 權熙東
KWON HUI DONG

外野手　34歳　12年目　右投右打

①1990.12.30②177cm85kg③慶州高-慶南大-NC(13)④9,000万W→1億5,500万W⑥低い位置にグリップを置き、かがめた体を揺らしてタイミングを取る、「プチこんにゃ打法」のスラッガー。昨季は5番、今季は2番で役割発揮に。

年度	打率	試合	安打	本塁打	打点	盗塁	三振
2023	.285	96	88	7	63	2	50
通算	.262	953	733	88	444	26	525

38 キム ソンウク 김성욱 ／ 金星旭
KIM SEONG UK

外野手　31歳　13年目　右投右打

①1993.5.1②181cm83kg③眞興高-NC(12)④1億W→9,500万W⑥俊足と強肩、長打力を兼ね備えた右の外野手。外国人選手が外野手から内野手になり、出場機会が戻ってきた。再びレギュラー定着だ。

年度	打率	試合	安打	本塁打	打点	盗塁	三振
2023	.223	93	40	6	16	6	63
通算	.245	833	442	61	233	54	422

39 パク シウォン 박시원 ／ 朴是元
PARK SI WON

外野手　23歳　5年目　右投右打

①2001.5.30②185cm85kg③光州一高-NC(20)④3,000万W→3,000万W⑥昨季5月に軍から復帰。ファームでは33試合に出場した。オフには豪州リーグに派遣された。引きつけてとらえる打撃で結果を残したい。

年度	打率	試合	安打	本塁打	打点	盗塁	三振
2023	-	-	-	-	-	-	-
通算	.000	2	0	0	0	0	0

60 パク ハンギョル [パッカンギョル] 박한결 ／ 朴한결
PARK HAN GYEOL

外野手　20歳　2年目　右投右打

①2004.4.26②181cm90kg③慶北高-NC(23)④3,000万W→3,100万W⑥高卒1年目の昨季は9月の初打席で走者一掃の満塁サヨナラ適時打を放った。その4日後には初アーチ。長打力と足を武器にさらに飛躍だ。

年度	打率	試合	安打	本塁打	打点	盗塁	三振
2023	.333	12	5	1	5	0	7
通算	.333	12	5	1	5	0	7

背番号	名前	
PHOTO	ハングル	漢字
	記号　位置　投打	
	生年月日	
	身長体重	

育成選手

2014年までの名称は「申告選手」。選手登録されていない選手で、5月1日以降に正式登録が可能になる。
正式登録されると一軍の試合に出場できる。現在の登録選手が育成選手扱いになることもある。

28 チェ シヒョク
| 최시혁 | 催禔洫 |

投手 右投右打
2000.7.19
190cm85kg

45 イ ウソク
| 이우석 | 李宇錫 |

投手 右投右打
1996.4.16
185cm80kg

47 チョン ルゴン
| 전루건 | 田曡件 |

投手 右投右打
2000.6.9
185cm80kg

56 パク チハン
| 박지한 | 朴知韓 |

投手 左投右打
2000.10.21
185cm90kg

62 ハ ジュンス
| 하준수 | 河俊守 |

投手 右投右打
2000.5.7
189cm95kg

63 ノ シフン
| 노시훈 | 盧時勳 |

投手 右投右打
1998.8.4
188cm95kg

64 カン ゴンジュン
| 강건준 | 姜建準 |

投手 右投右打
2003.7.14
186cm84kg

65 イ ヒョンウ
| 이현우 | 李炫禹 |

投手 右投右打
2003.5.5
183cm90kg

73 モク チフン
| 목지훈 | 睦知勳 |

投手 右投右打
2004.5.11
181cm83kg

91 ソ ドンウク
| 서동욱 | 徐東郁 |

投手 右投右打
2004.2.26
177cm80kg

95 キム ジュファン
| 김주환 | 金周煥 |

投手 右投右打
2004.10.29
186cm93kg

96 ノ ジェウォン
| 노재원 | 盧載源 |

投手 右投右打
2001.7.26
179cm93kg

104 ソン ジュファン
| 손주환 | 孫周煥 |

● 投手 右投右打
2002.1.5
177cm85kg

106 ウォン ジョンヘ
| 원종해 | 元鐘邂 |

● 投手 右投右打
2005.4.9
183cm83kg

110 キム ジュンウォン
| 김준원 | 金俊沅 |

● 投手 右投右打
2005.5.31
190cm82kg

113 キム ミンギュ
| 김민규 | 金珉揆 |

● 投手 右投右打
2001.9.7
183cm84kg

00 ムン サンイン
| 문상인 | 文相仁 |

捕手 右投右打
1998.1.31
185cm79kg

109 キム ジェミン
| 김재민 | 金材珉 |

● 捕手 右投右打
2005.8.31
178cm88kg

112 キム テホ
| 김태호 | 金泰昊 |

捕手 右投両打
2001.2.15
178cm93kg

4 キム テクウ
| 김택우 | 金澤雨 |

内野手 右投左打
2000.6.12
171cm75kg

35 ハン ジェファン
| 한재환 | 韓在喚 |

内野手 右投右打
2001.10.19
177cm89kg

40 ソ ジュンギョ
| 서준교 | 徐準教 |

内野手 右投右打
2003.5.23
181cm83kg

70 シン ソンホ
| 신성호 | 申成鎬 |

内野手 右投右打
2003.9.28
178cm76kg

105 キム セフン
| 김세훈 | 金世勳 |

● 内野手 右投右打
2005.4.4
174cm77kg

107 チョ ヒョンミン
| 조현민 | 曺炫敏 |

● 内野手 右投右打
2005.3.23
181cm83kg

111 パク インウ
| 박인우 | 朴仁右 |

● 内野手 右投右打
2001.12.14
177cm80kg

24 チェ ウジェ
| 최우재 | 碓玗財 |

外野手 右投左打
1997.4.11
186cm90kg

66 キム ボムジュン
| 김범준 | 金汎寯 |

外野手 右投右打
2000.4.20
183cm90kg

94 ペ サンホ
| 배상호 | 裵相浩 |

外野手 左投左打
2004.3.12
181cm75kg

108 コ スンワン
| 고승완 | 高承完 |

● 外野手 右投右打
2001.3.15
178cm81kg

軍保留選手

兵役、公益勤務期間中、またはサンム（尚武/国軍体育部隊）に所属する選手。
サンムは二軍リーグに参加している。

位置	名前	ハングル	漢字	投打	生年月日	身長体重	所属チーム
投手	ク チャンモ	구창모	具昌模	左投左打	1997.2.17	183cm85kg	サンム
投手	キム ノクウォン	김녹원	金禄湲	右投右打	2003.5.17	182cm88kg	
投手	キム テギョン	김태경	金兌勁	右投右打	2001.4.7	188cm95kg	サンム
投手	パク トンス	박동수	朴東洙	右投両打	1999.5.24	177cm85kg	サンム
投手	イム ジミン	임지민	林知民	右投右打	2003.10.11	185cm82kg	
投手	チョン グボム	정구범	郑求範	左投左打	2000.6.16	183cm71kg	
投手	チョン ジュヨン	정주영	鄭周泳	左投左打	2004.6.8	184cm97kg	
投手	チョ ミンソク	조민석	趙珉奭	右投両打	1998.12.21	180cm81kg	サンム
投手	ハ ジュンヨン	하준영	河俊永	左投左打	1999.9.6	182cm79kg	
内野手	オ テヤン	오태양	呉太陽	右投右打	2002.4.25	178cm67kg	サンム
外野手	オ ジャンハン	오장한	呉奬韓	右投右打	2002.5.20	185cm90kg	サンム

育成・軍保留選手

位置	名前	ハングル	漢字	投打	生年月日	身長体重	所属チーム
投手	カン テギョン	강태경	姜兌炅	右投左打	2001.7.26	188cm95kg	
投手	イ ジュンヒョク	이준혁	李峻赫	右投右打	2003.6.30	184cm87kg	
捕手	キム ジョンホ	김정호	金正浩	右投右打	1998.7.13	172cm84kg	
捕手	パク ソンジェ	박성재	朴成宰	右投右打	2003.3.21	179cm85kg	サンム
内野手	アン インサン	안인산	安仁山	右投右打	2001.2.27	181cm95kg	
内野手	イ ハン	이한	李ハン	右投右打	2003.8.25	181cm83kg	
内野手	チョ ヒョウォン	조효원	曺孝元	右投右打	1999.3.10	180cm87kg	

WBCで今永昇太から一発を放った右の好打者
大会の「後遺症」を語る

昨年3月に行われたWBC。1次ラウンドで敗退した韓国チームの中で16打数6安打6打点と活躍、日本戦で今永昇太（DeNA、現カブス）から放った一発を含む2本塁打を記録した打者がいる。外野手のパク・コンウ（NC）だ。

パク・コンウは通算打率3割2分台でKBOリーグ歴代3位（3000打席以上）、右打者ではトップに立つ。そのパク・コンウが昨季前半戦に「WBC後遺症」を口にした。

「例年よりも早い時期に体を作ったからか、WBCに出た後は自分のペースが落ちています。バッティングの時のバランスが良くなくて、ボールが速く見えてしまいます。前までなら『イーチ、ニ』というタイミングでボールを見られたのが、今は『イチ、ニ』という感じです。変化球も待てないんです」

パク・コンウは自身の本来の打撃スタイルについて「球種やコースを読むのではなく、『次の球を打つ』と決めて、ボールがストライクゾーンにきたらフェアゾーンに入れるし、外れたら見逃すかカットして対応する」と話す。今永との対戦でもそうだった。

「1球目のスライダーを空振り、2球目直球（152キロ）も空振りして、ボールの後、引っ張るのは無理だと思って、次の球（直球153キロ）を当てにいったら運良く、ライトにホームランが入りました」

パク・コンウは今永について「自分が今まで対戦した左投手の中で一番いいストレート。ホップしてきました」と振り返った。

パク・コンウは身長184cm80kg。小柄ではないがバットを少し短く持っている。

「バットのヘッドを

生かして打つタイプではなく、バットスピードが大事」というのが理由だ。WBCでは今永の速球にも対応出来たパク・コンウ。しかしWBC直後はリーグの投手の球を速く感じていた。

夏前は自身の状態を「良くない」と話したが、徐々に調子を上げていった。前半戦が打率2割8分6厘だったのに対し、後半戦は3割6分。シーズンを打率3割1分9厘、12本塁打、打点は自己最多の85で終えた。リーグ屈指の右の好打者は修正能力も一流。打率3割を連続8年に伸ばし、チームのポストシーズン進出にも貢献した。

球団本拠地（日本における保護地域）	ソウル特別市	
2023年成績	74勝68敗2分.521	
順位	5位/ワイルドカード決定戦敗退	
チーム打率	.255（9位）	
チーム防御率	3.92（3位）	

ユニフォーム

◀ Home

Visitor ▶

チョルンイ
절웅이

球団情報

■球団事務所
　05500ソウル特別市 松坡区オリンピック路25
　蚕室野球場内　TEL／02-2240-1777
■本拠地球場／チャムシル総合運動場
■二軍球場／ベアーズパーク
　京畿道利川市栢沙面圓寂路668
　🚇地下鉄キョンガン（京江）線シンドゥンドイェチョン
　（新屯陶芸村）駅からタクシーで15分
■2024年春季キャンプ地
　1次 豪州ニューサウスウェールズ州シドニー
　2次 宮崎市各地
■オーナー／パク チョンウォン　박정원
　球団社長／コ ヨンソプ　고영섭
　球団団長（日本におけるGM）／
　キム テリョン　김태룡

■球団小史■かつてはビールの銘柄として知られるOBを球団名にしていたが、1999年より財閥名のトゥサンを名乗る。親会社グループは発電所のタービン供給や淡水化装置開発などのインフラ事業をメインにしている。プロ野球発足当初の本拠地はテジョンだったが、1985年より現在のソウルに根を下ろし、翌年からチャムシル球場をLGと共同使用している。2015年から7年続けて韓国シリーズに進出した。

年度別成績

年	順位	球団名	試合	勝	敗	分	勝率
1982	★1	OBベアーズ	80	56	24	0	.700
1983	5	OBベアーズ	100	44	55	1	.444
1984	3	OBベアーズ	100	58	41	1	.586
1985	4	OBベアーズ	110	51	57	2	.472
1986	4	OBベアーズ	108	56	48	4	.538
1987	4	OBベアーズ	108	55	52	1	.514
1988	5	OBベアーズ	108	54	52	2	.509
1989	5	OBベアーズ	120	54	63	3	.463
1990	7	OBベアーズ	120	35	80	5	.313
1991	8	OBベアーズ	126	51	73	2	.413
1992	5	OBベアーズ	126	56	66	4	.460
1993	3	OBベアーズ	126	66	55	5	.544
1994	7	OBベアーズ	126	53	72	1	.425
1995	★1	OBベアーズ	126	74	47	5	.607
1996	8	OBベアーズ	126	47	73	6	.397
1997	5	OBベアーズ	126	57	64	5	.472
1998	4	OBベアーズ	126	61	62	3	.496
1999 ドリーム	3	トゥサンベアーズ	132	76	51	5	.598
2000 ドリーム	2	トゥサンベアーズ	133	76	57	0	.571
2001	★1	トゥサンベアーズ	133	65	63	5	.508
2002	5	トゥサンベアーズ	133	66	65	2	.504
2003	7	トゥサンベアーズ	133	57	74	2	.435
2004	3	トゥサンベアーズ	133	70	62	1	.530
2005	2	トゥサンベアーズ	126	72	51	3	.585
2006	5	トゥサンベアーズ	126	63	60	3	.512
2007	2	トゥサンベアーズ	126	70	54	2	.565
2008	2	トゥサンベアーズ	126	70	56	0	.556
2009	3	トゥサンベアーズ	133	71	60	2	.534
2010	3	トゥサンベアーズ	133	73	57	3	.549
2011	5	トゥサンベアーズ	133	61	70	2	.466
2012	3	トゥサンベアーズ	133	68	62	3	.523
2013	2	トゥサンベアーズ	128	71	54	3	.568
2014	6	トゥサンベアーズ	128	59	68	1	.465
2015	★1	トゥサンベアーズ	144	79	65	0	.549
2016	★1	トゥサンベアーズ	144	93	50	1	.650
2017	2	トゥサンベアーズ	144	84	57	3	.596
2018	2	トゥサンベアーズ	144	93	51	0	.646
2019	★1	トゥサンベアーズ	144	93	51	0	.646
2020	2	トゥサンベアーズ	144	79	61	4	.564
2021	2	トゥサンベアーズ	144	71	65	8	.522
2022	9	トゥサンベアーズ	144	60	82	2	.423
2023	5	トゥサンベアーズ	144	74	68	2	.521
通算			5347	2737	2502	108	.522

※★は優勝年　※'99、00年はドリーム、マジックの2リーグ制
※勝率計算…・'82〜'86年：勝÷（勝＋敗）
・'87〜'97年：勝÷(引分×0.5)÷試合数　・'98〜08年：勝÷（勝＋敗）
・'09〜10年：勝÷試合数　・'11年〜：勝÷（勝＋敗）

選手として在籍した主なNPB経験者

・吉本 博／太平洋-クラウン-西武-大洋-OB（88〜90）-テピョンヤン-OB・トゥサンコーチ（92〜17）
・イ ヘチョン（李恵践）／OB・トゥサン（98〜08）-ヤクルト-トゥサン（11〜13）-NC
・タイロン・ウッズ／OB・トゥサン（98〜02）-横浜-中日
・入来 智／近鉄-広島-近鉄-巨人-ヤクルト-トゥサン（03）
・マット・ランデル／ダイエー-巨人-トゥサン（05〜09）
・ダニエル・リオス／KIA-トゥサン（05途中〜07）-ヤクルト
・ラウル・アルカンタラ／トゥサン(20)-阪神-トゥサン(23〜)

※詳しい情報はチャムシル球場を共同使用するLGのページ（P.23～）に掲載しています。

ソウル チャムシル総合運動場野球場

チャムシルあれこれひとこと!!

・イニング間のイベントが多彩。大型ビジョンを使用したビールの一気飲みやダンス対決、キスタイムなど飽きさせない。
・試合前に有名人の始球式が行われることも！
・地下鉄駅のコンコースにグッズショップやコーヒースタンドが出店しにぎわっている。
・内野席にはスロープを上って入場する。

各球場あれこれひとこと!!

・各球場とも、係員に申し出れば再入場が可能。
・缶、ビンの持ち込みは禁止。ペットボトルは1リットル未満で未開封のアルコール飲料以外に限る（1人1本まで）。
・所持品の大きさ制限⇒かばん：高さ、幅、奥行きのそれぞれが45cm×45cm×20cm以下。手提げ袋など：50cm×30cm×12cmまで。

トゥサン主催試合チケット

トゥサンは一塁側ベンチを使用

席種		種別	月～木	金.土.日.休日
VIP席	VIP席	おとな	70,000	70,000
テーブル席	テイブル席	おとな	47,000	53,000
エキサイティングゾーン	익사이팅존	おとな	25,000	30,000
ブルー席	블루석	おとな	20,000	22,000
オレンジ席（応援席）	오렌지석（응원석）	おとな	18,000	20,000
レッド席	레드석	おとな	16,000	18,000
ネイビー席	네이비석	おとな	13,000	15,000
外野席	외야석	おとな	8,000	9,000
		こども	4,000	5,000

単位はウォン　1ウォン＝約0.11円

応援しよう！　　応援の中心は内野オレンジ席（一塁側）　女声のボリュームに驚く！　　**選手別応援歌**

お決まりの掛け声／최강두산！＜最強トゥサン！＞

選手別応援歌

13 허경민
ヘギョンミン
♪승리를 위해 힘차게 날려라 오오 오오오 오오오 허경민
スンニルル ウィヘ ヒムチャゲ ナルリョラ オオ オオオ オオオ ホギョンミン
승리를 위해 힘차게 날려라 오오 오오오오- 두산 허경민
スンニルル ウィヘ ヒムチャゲ ナルリョラ オオ オオオオオ トゥサン ホギョンミン

23 강승호
カンスンホ
♪강승호 안타 강승호 안타 최강두산
カンスンホ アンタ カンスンホ アンタ チェガン トゥサン
강승호 강승호 두산의 강승호 ☆くりかえし
カンスンホ カンスンホ トゥサンエ カンスンホ

25 양의지
ヤンウィジ
♪＜女性パート＞두산의 안방마님 양의지
トゥサンエ アンバンマニム ヤンウィジ
＜男性パート＞양의지！×2
ヤンウィジ
＜女性パート＞날려줘 홈런을 날려줘 두산의 안방마님
ナルリョジョ ホムロヌル ナルリョジョ トゥサンエ アンバンマニム
＜男女＞양의지！ ☆くりかえし
ヤンウィジ
原曲：꽃집의 아가씨

31 정수빈
チョンスビン
♪수빈 두산의 정수빈 수빈 승리를 위하여 수빈
スビン トゥサンエ チョンスビン スビン スンニルル ウィハヨ スビン
힘차게 치고 달려 최강 두산 정수빈 ☆くりかえし
ヒムチャゲ チゴ タルリョ チェガン トゥサン チョンスビン

32 김재환
キムジェファン
♪두산 승리를 위해 다같이 김재환
トゥサン スンニルル ウィヘ タガチ キムジェファン
두산 승리를 위해 우오오 우오오 ☆くりかえし
トゥサン スンニルル ウィヘ ウオオ ウオオ
原曲：다신 歌：이정

33 김인태
キムインテ
♪날려라 날려라 날려라 두산의 김인태
ナルリョラ ナルリョラ ナルリョラ トゥサンエ キミンテ
안타 안타 김인태 최강 두산 김인태
アンタ アンタ キミンテ チェガン トゥサン キミンテ
☆くりかえし

52 김재호
キムジェホ
♪오～ 김재호 최강두산 김재호
オ キムジェホ チェガン トゥサン キムジェホ
오오오오 김재호 두산 김재호 ☆くりかえし
オオオオ キムジェホ トゥサン キムジェホ
原曲：レッツ・ツイスト・アゲイン 歌：チャビー・チェッカー

53 양석환
ヤンソッカン
♪최강 두산 양석환 안타 날려라
チェガン トゥサン ヤンソッカン アンタ ナルリョラ
최강 두산 양석환 홈런 날려라
チェガン トゥサン ヤンソッカン ホムロン ナルリョラ
「우오 우오 우오 양석환」×3 우오우오오
ウォウ ウォウ ウオ ヤンソッカン ウオウオオ

2024 選手名鑑　トゥサン ベアーズ

● 新加入　▲ 移籍　■ 復帰（選手）
★WBC2023代表選手　赤字はNPB選手経験者

位置	背番号	記号	氏名	ハングル	漢字・国籍	投打
監督・コーチ						
監督	77		イ スンヨプ	이승엽	李承燁	左左
ヘッド	73	▲	パク フンシク	박흥식	朴興植	左左
投手	70	▲	チョ ウンチョン	조웅천	曺雄千	右右
打撃	79		パク チョンベ	박정배	朴廷培	右右
打撃	75		キム ハンス	김한수	金翰秀	右右
打撃	91		イ ヨンス	이영수	李永守	右右
守備	92		チョ ソンファン	조성환	趙晟桓	右右
走塁	88		チョン ジンホ	정진호	鄭振浩	左左
作戦	89		後藤 孝志	고토	日本	右右
バッテリー	78		芹澤 裕二	세리자와	日本	右右
二軍監督	76		イ ジョンフン	이정훈	李政勳	右右
二軍投手	82		クォン ミョンチョル	권명철	權明哲	右右
二軍投手	84		キム サンジン	김상진	金尚珍	右右
二軍投手	81	●	キム ジヨン	김지용	金志容	右右
二軍打撃	71		イ ドヒョン	이도형	李到炯	右右
二軍守備	86		カン ソクチョン	강석천	姜錫千	右右
二軍作戦&走塁	83	▲	キム ドンハン	김동한	金東漢	右右
二軍バッテリー	80		キム ジンス	김진수	金眩秀	右右
二軍リハビリ残留軍	90	●	カ ドゥクヨム	가득염	賈得焰	左左
二軍リハビリ残留軍	72		チョ ギョンテク	조경택	曺敬澤	右右
二軍リハビリ残留軍	74	▲	チョ インソン	조인성	趙寅成	右右
トレーニング			チョン ジョンミン	천종민	千鍾珉	
トレーニング			チョ グァンヒ	조광희	趙光熙	
トレーニング			ユ ジョンス	유종수	柳悰帥	
二軍トレーニング	87		イ グァンウ	이광우	李光雨	右右
二軍トレーニング			イ ドクヒョン	이덕현	李德鉉	
選手						
投手	1		パク チグク	박치국	朴治國	右右
投手	12		パク チョンス	박정수	朴正洙	右右
投手	17		ホン ゴンヒ	홍건희	洪建喜	右右
投手	18		パク ソジュン	박소준	朴昭俊	右右
投手	19		キム ミンギュ	김민규	金愍圭	右右
投手	27		キム ガンリュル	김강률	金江栗	右右
投手	28		チェ スンヨン	최승용	崔丞鎔	左左
投手	29		イ ビョンホン	이병헌	李炳憲	左左
投手	30		キム ジョンウ	김정우	金星玗	右右
投手	41		キム ドンジュ	김동주	金東周	左左
投手	42		チェ ジガン	최지강	崔智剛	右右
投手	43		ラウル・アルカンタラ	알칸타라	ドミニカ	右右
投手	46		キム ミョンシン	김명신	金明信	右右
投手	47		クァク ビン	곽빈	郭斌	右右
投手	48		ブレンドゥン・ワデル	브랜든	アメリカ合衆国	左左
投手	49		パク シンジ	박신지	朴新知	右右
投手	50		イ ヨンハ	이영하	李映河	右右
投手	55		イ スンジン	이승진	李昇眞	右右
投手	56		キム ホジュン	김호준	金虎峻	右右
投手	59		チェ ジュンホ	최준호	崔準漢	右右
投手	61		チェ ウォンジュン	최원준	崔源竣	右右
投手	62		キム ユソン	김유성	金有星	右右
投手	63	●	キム テクヨン	김택연	金澤延	右右
投手	64		イ ウォンジェ	이원재	李源宰	右右
投手	65		チョン チョルウォン	정철원	鄭哲元	右右
投手	69		ペク スンウ	백승우	白昇祐	左左
投手	99		イ ギョフン	이교훈	利教勳	左左

位置	背番号	記号	氏名	ハングル	漢字・国籍	投打
投手	104		チェ ジョンイン	최종인	崔種仁	右右
捕手	20		アン スンハン	안승한	安乘漢	右右
捕手	22		チャン スンヒョン	장승현	張承賢	右右
捕手	25		ヤン ウィジ	양의지	梁義智	右右
捕手	45	▲	キム ギヨン	김기연	金起衍	右右
捕手	67		ユン ジュンホ	윤준호	尹俊皓	右右
内野手	2		パク チフン	박지훈	朴池熏	右右
内野手	5	●	ヨ ドンゴン	여동건	呂東件	右右
内野手	6		オ ミョンジン	오명진	呉明鎭	右右
内野手	7		イ ユチャン	이유찬	李宥燦	右右
内野手	9		パク チュンヨン	박준영	朴俊英	右右
内野手	10		キム ミンヒョク	김민혁	金民奕	右右
内野手	13		ホ ギョンミン	허경민	許敬民	右右
内野手	14		パク ケボム	박계범	朴桂範	右右
内野手	15		チョン ミンジェ	전민재	全玟哉	右右
内野手	16		ソ イェイル	서예일	徐藝日	右両
内野手	23		カン スンホ	강승호	姜勝漢	右右
内野手	34		クォン ミンソク	권민석	權珉奭	右右
内野手	36	●	イ ジョンソン	임종성	林鐘成	右右
内野手	52		キム ジェホ	김재호	金宰鎬	右右
内野手	53		ヤン ソクファン	양석환	梁碩桓	右右
外野手	4	●	ヘンリ・ラモス	라모스	プエルトリコ	右両
外野手	8		キム デヨン	김대영	金兌珉	右右
外野手	31		チョン スビン	정수빈	鄭秀彬	左左
外野手	32		キム ジェファン	김재환	金宰煥	左左
外野手	33		キム インテ	김인태	金仁泰	左左
外野手	37		キム デハン	김대한	金大韓	右右
外野手	44		ホン ソンホ	홍성호	洪成昊	右右
外野手	51		チョ スヘン	조수행	趙修行	左左
外野手	57		ヤン チャンヨル	양찬열	梁璨烈	左左
外野手	102		キム ムンス	김문수	金門秀	右右
外野手	114	●	チョン ダミン	전다민	田茶珉	右右
育成選手						
投手	24		チェ ファンユ	제환유	諸煥儒	右右
投手	35		チョン ヒョングン	전형근	全瀅根	右右
投手	38		チョ ジェュン	조제영	趙濟煐	右右
投手	103		ムン ウォン	문원	文援	右右
投手	105		イ サンヨン	이상연	李尚鍊	右右
投手	106		イ ジュヨプ	이주엽	李柱曄	右右
投手	107		ナム ユル	남율	南律	右右
投手	110		チェ セチャン	최세창	崔世昌	右右
投手	111		ハン チュンヒ	한충희	韓忠熹	右右
投手	112		ペ チャンヒョン	배창현	裵昶賢	左左
投手	113	●	イ ミンヒョク	이민혁	李顯赫	右右
投手	115		パク チホ	박지호	朴志浩	左左
投手	117	●	キム ムビン	김무빈	金武批	左左
捕手	101	●	キム テワン	김태완	金泰完	右右
捕手	108		チャン ギュビン	장규빈	張圭彬	右右
捕手	119		パク ミンジュン	박민준	朴民埈	右右
内野手	93		リュ ヒョンジュン	류현준	柳弦俊	右右
外野手	60		イム ソジュン	임서준	任鋭濬	左右
外野手	68	●	カン ヒョン	강현구	姜賢求	右右
外野手	109		チョン ダワン	강태완	康迫琬	右右
外野手	116	●	ヤン ヒョンジン	양현진	梁賢眞	右右
外野手		●	ソン ユルギ	손율기	孫率暉	右右

77 イ スンヨプ
이승엽 | 李承燁 | LEE SEUNG YUOP

監督　48歳　30年目　左投左打

①1976.8.19②184cm88kg③慶北高-サムソン(95)-千葉ロッテ-巨人-オリックス-サムソン(12)-トゥサン監督(23)⑤M(97,99,01,02,03)-本(97,98,99,00,01,02)-点(97,99,02,03)-③(97,98,99,00,01,02,03,12,14,15)⑦五輪(00,08)、アジア大会(02)、五輪予選(03,08)、WBC(06,13)

打率	試合	安打	本塁打	打点	盗塁	三振
通算 .302	1906	2156	467	1498	57	1344

現役当時のポジション：一塁手

日本でもプレーした球界のスーパースターが昨季監督に就任。古巣サムソンではなくトゥサンのユニフォームをオーナーからの誘いで着た。前年9位からAクラス入りに成功。さらに上を目指す。

91 イ ヨンス
이영수 | 李永守 | LEE YOUNG SOO

打撃　43歳　21年目　左投左打

①1981.5.9②184cm90kg③大邱商高-漢陽大-KIA(04)-サムソンコーチ(18)-トゥサンコーチ(23)

89 後藤 孝志
고토 | 日本 | GOTO KOJI

作戦　55歳　7年目　右投右打

①1969.5.14②186cm90kg③中京高-巨人-BC新潟監督-巨人コーチ-トゥサンコーチ(18)-巨人コーチ(23)

82 クォン ミョンチョル
권명철 | 權明哲 | KWON MYUNG CHUL

二軍投手　55歳　33年目　右投右打

①1969.10.28②183cm90kg③仁川高-仁荷大-OB(92)-ヘナ(99)-SK(00)-トゥサン(03)-トゥサンコーチ(05)-LGコーチ(11)-トゥサンコーチ(12)

71 イ ドヒョン
이도형 | 李到炯 | LEE DO HYUNG

二軍打撃　49歳　32年目　右投右打

①1975.5.24②182cm102kg③徽文高-OB(93)-ハンファ-NCコーチ(15)-トゥサンコーチ(19)

80 キム ジンス
김진수 | 金珍秀 | KIM JIN SOO

二軍バッテリー　45歳　27年目　右投右打

①1979.4.19②180cm90kg③慶南高-ロッテ(98)-トゥサン(06)-トゥサンコーチ(12)

74 チョ インソン
조인성 | 趙寅成 | CHO IN SUNG

▲ 二軍リハビリ残留軍　49歳　27年目　右投右打

①1975.5.25②182cm110kg③蒼延世大-LG(98)-SK(12)-ハンファ(14)-トゥサンコーチ(18)-LGコーチ(21)-トゥサンコーチ(24)⑤ゴ(10)③アジア大会(98,06)、五輪予選(03)、WBC(06)、五輪予選(07,08)

73 パク フンシク
박흥식 | 朴興植 | PARK HEUNG SIK

▲ ヘッド　62歳　40年目　左投左打

①1962.1.5②173cm80kg③信一高-漢陽大-MBC(85)-LG(90)-サムソンコーチ(96)-KIAコーチ(08)-ネクセンコーチ(11)-ロッテコーチ(13)-KIAコーチ(15)-ロッテコーチ(22)-トゥサンコーチ(24)

79 パク チョンベ
박정배 | 朴廷培 | PARK JUNG BAE

投手　42歳　19年目　右投右打

①1982.4.1②180cm90kg③公州高-漢陽大-トゥサン(05)-SK(12)-キウムコーチ(21)-トゥサンコーチ(23)

92 チョ ソンファン
조성환 | 趙晟桓 | CHO SUNG HWAN

守備　48歳　26年目　右投右打

①1976.12.23②181cm81kg③沖岩高-圓光大-ロッテ(99)-ヤクルトコーチ(18)-ハンファコーチ(21)-トゥサンコーチ(23)⑤ゴ(08,10)

78 芹澤 裕二
세리자와 | 日本 | SERIZAWA YUJI

バッテリー　56歳　15年目　右投右打

①1968.4.12②177cm80kg③大宮東高-中日-中日コーチ-楽天コーチ-SKコーチ(10)-サムソンコーチ(17)-LGコーチ(19)-SSGコーチ(21)-トゥサンコーチ(23)

84 キム サンジン
김상진 | 金尚珍 | KIM SANG JIN

二軍投手　54歳　35年目　右投右打

①1970.3.15②182cm91kg③青龍高-OB(90)-サムソン(99)-SK(02)-SKコーチ(06)-サムソンコーチ(17)-トゥサンコーチ(20)

86 カン ソクチョン
강석천 | 姜錫千 | KANG SEOK CHEON

二軍守備　57歳　36年目　右投右打

①1967.12.7②185cm87kg③大田高-仁荷大-ビングレ(89)-ハンファ(94)-ハンファコーチ(05)-トゥサンコーチ(15)

90 カ ドゥギョム
가득염 | 賈得焔 | KA DEUG YUM

● 二軍リハビリ/残留軍　55歳　33年目　右投右打

①1969.10.1②184cm81kg③大田高-東国大-ロッテ(92)-SK(07)-ロッテコーチ(11)-トゥサンコーチ(13)-KTコーチ(16)-LGコーチ(19)-トゥサンコーチ(24)

チョン ジョンミン	천종민	千鍾珉
トレーニング　40歳　11年目		

チョ グァンヒ	조광희	趙光熙
トレーニング　30歳　5年目		

ユ ジョンス	유종수	柳悰帥
トレーニング　28歳　3年目		

70 チョ ウンチョン
조웅천 | 曺雄千 | CHO WOONG CHUN

投手　53歳　35年目　右投右打

①1971.3.17②183cm82kg③順天商高-サムソン(90)-ヒョンデ(96)-SK(01)-SKコーチ(11)-トゥサン(17)-ロッテコーチ(24)⑤救(03)⑦五輪予選(03)

75 キム ハンス
김한수 | 金翰秀 | KIM HAN SOO

打撃　53歳　31年目　右投右打

①1971.10.30②188cm94kg③光栄高-中央大-サムソン(94)-サムソンコーチ(08)-サムソン監督(17)-トゥサンコーチ(23)⑤ゴ(98,99,01,02,03,04)⑦五輪(00)

88 チョン ジンホ
정진호 | 鄭振浩 | JUNG JIN HO

走塁　36歳　14年目　右投右打

①1988.10.2②185cm78kg③裕信高-中央大-トゥサン(11)-ハンファ(20)-トゥサンコーチ(22)

76 イ ジョンフン
이정훈 | 李政勲 | LEE JEONG HOON

二軍監督　61歳　38年目　左投左打

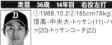

①1963.8.28②169cm80kg③大邱商高-東亜大ビングレ(87)-ハンファ(94)-サムソン(95)-OB(97)-ハンファコーチ(06)-ハンファコーチ(13)-ハンファコーチ(21)⑤新(87)、首(91,92)、ゴ(88,90,91,92)

81 キム ジヨン
김지용 | 金志容 | KIM JI YONG

● 二軍投手　36歳　15年目　右投右打

①1988.2.20②174cm86kg③中央高-江陵嶺東大-LG(10)-トゥサン(22)-トゥサンコーチ(24)

83 キム ドンハン
김동한 | 金東漢 | KIM DONG HAN

▲ 二軍作戦/走塁　36歳　14年目　右投右打

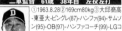

①1988.6.24②174cm73kg③奨忠高-東国大-トゥサン(11)-ロッテ(16)-ロッテコーチ(21)-トゥサンコーチ(24)

72 チョ ギョンテク
조경택 | 曺敬澤 | CHO KYOUNG TAEK

二軍リハビリ/残留軍　54歳　35年目　右投右打

①1970.11.25②183cm94kg③原州高-テピョンヤン(90)-OB(92)-トゥサンコーチ(04)-ハンファコーチ(15)

87	イ グァンウ	이광우	李光雨
	二軍トレーニング　59歳　36年目		

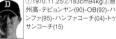

	イ ドクヒョン	이덕현	李德鉉
	二軍トレーニング　28歳　2年目		

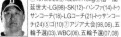

※2021年から監督、コーチの年俸は非公表となりました。

43 ラウル・アルカンタラ

알칸타라 ｜ ドミニカ共和国 / ALCANTARA RAUL

投手 32歳 6年目 右投右打

①1992.12.4②193cm100kg③リセオエマバランゲエル高-アスレチックス-KT(19)-トゥサン(23)④\$50万→\$80万⑤勝(20)⑥NPBを経て3年ぶりにKBO復帰の右腕は150キロ超の直球をしっかりとコントロールし、夏前までは1点台の防御率を維持。チームの勝ち頭となった。投球回数はリーグトップ。6.7回まで任せられる右腕の活躍はチームの順位を大きく左右する。

年度	チーム	防御率	試合	勝利	敗戦	セーブ	投球回	安打	四球	三振
2017		-	-	-	-	-	-	-	-	-
2018		-	-	-	-	-	-	-	-	-
2019	KT	4.01	27	11	11	0	172 2/3	189	27	100
2020	トゥサン	2.54	31	20	2	0	198 2/3	174	30	182
2021		-	-	-	-	-	-	-	-	-
2022		-	-	-	-	-	-	-	-	-
2023	トゥサン	2.67	31	13	9	0	192	171	35	162
通算		3.04	89	44	22	0	563 1/3	534	92	444

47 クァク ピン

곽빈 郭斌 / GWAK BEEN

投手 25歳 7年目 右投右打

①1999.5.28②187cm95kg③培明高-トゥサン(18)④1億4,000万W→2億1,000万W⑤走者を出しながらも要所を締める投球で初の2ケタ勝利を挙げた。アジア大会では背中の張りを訴えて登板はなし。しかしAPBC決勝日本戦では先発として5回を投げ、牧秀悟に喫したソロアーチの1点に抑えた。さらに飛躍し球界のエースの座を目指す。⑦WBC(23)、アジア大会(23)、APBC(23)

年度	チーム	防御率	試合	勝利	敗戦	セーブ	投球回	安打	四球	三振
2017		-	-	-	-	-	-	-	-	-
2018	トゥサン	7.55	32	3	1	0	31	44	11	26
2019		-	-	-	-	-	-	-	-	-
2020		-	-	-	-	-	-	-	-	-
2021	トゥサン	4.10	21	4	7	0	98 2/3	78	79	96
2022	トゥサン	3.78	27	8	9	0	147 2/3	143	60	138
2023	トゥサン	3.90	23	12	7	0	127 1/3	96	58	106
通算		3.87	103	27	24	0	404 2/3	361	214	366

65 チョン チョルウォン [チョンチョルウォン]

정철원 鄭哲元 / JEONG CHEOL WON

投手 25歳 7年目 右投右打

①1999.3.27②192cm95kg③安山工高-トゥサン(18)④1億W→1億6,500万W⑤新(22)⑥前半戦はセットアッパーとして11ホールド、後半戦は抑えを意識する。長身から投げ下ろす150キロに迫る直球とスライダーとフォークで打者を抑えていく。リリーフ陣の中で大きな役割を担う。プロ入り後の入隊時には銃を扱う砲兵として活動していた。⑦WBC(23)

年度	チーム	防御率	試合	勝利	敗戦	セーブ	投球回	安打	四球	三振
2017		-	-	-	-	-	-	-	-	-
2018		-	-	-	-	-	-	-	-	-
2019		-	-	-	-	-	-	-	-	-
2020		-	-	-	-	-	-	-	-	-
2021		-	-	-	-	-	-	-	-	-
2022	トゥサン	3.10	58	4	3		72 2/3	60	26	47
2023	トゥサン	3.96	67	4	3		72 2/3	46	32	55
通算		3.53	125	11	9	1	145 1/3	126	58	102

25 ヤン ウィジ

양의지 梁義智 / YANG EUI JI

捕手 37歳 19年目 右投右打

①1987.6.5②180cm95kg③眞興高-トゥサン(06)-NC(19)-トゥサン(23)③3億W→5億W⑤新(10)、首(19)、点(21)⑥(14,15,16,18,19,20,21,22,23)。さらに4年ぶりに古巣復帰した昨季もクリーンナップに座り存在感を発揮した。捕手としては94試合で先発マスクをかぶり投手陣をリード。盗塁阻止率はレギュラー捕手の中でトップクラスだ。攻守でチームを緩やかにけん引する。⑦プレミア12(15,19)、WBC(17,23)、アジア大会(18)、五輪(21)

年度	チーム	打率	試合	打数	安打	本塁打	打点	盗塁	四球	三振
2017	トゥサン	.277	111	347	96	14	67	1	43	53
2018	トゥサン	.358	130	439	157	23	77	6	45	60
2019	NC	.354	118	390	138	20	68	4	48	43
2020	NC	.328	130	461	151	33	124	5	46	47
2021	NC	.325	141	480	156	30	111	2	69	48
2022	NC	.283	130	427	121	20	94	3	60	48
2023	NC	.305	129	439	134	17	68	8	57	68
通算		.307	1714	5474	1680	245	1012	54	628	701

> FANの トゥサンの要。試合を決める一打に期待！（おびはじ）

13 ホ ギョンミン

허경민 許敬民 / HEO KYOUNG MIN

内野手 34歳 16年目 右投右打

①1990.8.26②176cm69kg③光州一高-トゥサン(09)④12億W→6億W⑤ゴ(18)、守(21)⑥昨季も2番を中心にあらゆる打順で役割を果たした三塁手。打撃、守備、作戦面などすべてにおいて安定した活躍を見せるプレーヤーだ。今季は打撃時にめがねをかけ、ミートをポイントを前に置いてさらなるレベルアップを目指している。⑦プレミア12(15,19)、WBC(17)、五輪(21)

年度	チーム	打率	試合	打数	安打	本塁打	打点	盗塁	四球	三振
2017	トゥサン	.257	130	369	95	3	40	8	29	48
2018	トゥサン	.324	130	516	167	10	79	20	32	52
2019	トゥサン	.288	133	475	137	4	60	11	34	36
2020	トゥサン	.332	117	437	145	7	63	10	34	30
2021	トゥサン	.278	136	468	130	6	55	3	46	39
2022	トゥサン	.289	121	432	125	8	46	3	39	46
2023	トゥサン	.305	117	428	126	5	58	5	35	40
通算		.291	1433	4648	1354	53	575	120	372	417

> FANの キレッキレの守備も打撃も期待してます！（ぶるやぎ）

53 ヤン ソクファン [ヤンソクファン]

양석환 梁碩桓 / YANG SUK HWAN

内野手 33歳 11年目 右投右打

①1991.7.15②185cm90kg③信一高-東国大-LG(14)-トゥサン(21)④4億W→3億W⑥クリーンアップに座り、昨季はチームトップの本塁打、打点を記録した。ミートポイントを前に置き、左方向へライナー性の打球を放つ長距離砲はオフにFA権を行使し4年プラス2年で残留。今季はチームのキャプテンとして精神面でもチームを引っ張る。

年度	チーム	打率	試合	打数	安打	本塁打	打点	盗塁	四球	三振
2017	LG	.263	132	445	117	14	83	3	37	64
2018	LG	.263	140	483	127	22	83	2	34	81
2019		-	-	-	-	-	-	-	-	-
2020	LG	.246	40	130	32	5	20	0	17	35
2021	トゥサン	.244	130	488	119	28	96	2	42	100
2022	トゥサン	.244	107	405	99	20	73	3	18	101
2023	トゥサン	.265	140	524	147	21	89	4	41	114
通算		.265	897	3024	801	122	499	21	211	692

31 チョン スビン

	정수빈	鄭秀彬
		JUNG SOO BIN

外野手　34歳　16年目　左投左打

①1990.10.7②175cm70kg③裕信高-トゥサン(09)④6億W→6億W⑤盗(23)⑥昨季は1番打者として39盗塁を記録し、自身初タイトルを獲得した。短く持ったバットで野手の間を抜く打球を放ち、守備では俊足を生かした広い守備範囲と球際に強いプレーを見せている。今年も相手チームにとって嫌なプレーをして役割を果たした。

年度	チーム	打率	試合	打数	安打	本塁打	打点	盗塁	四球	三振
2017										
2018	トゥサン	.367	26	98	36	2	23	5	11	13
2019	トゥサン	.265	123	441	117	0	41	26	57	60
2020	トゥサン	.298	141	490	146	5	59	15	55	56
2021	トゥサン	.259	104	313	81	3	37	15	29	56
2022	トゥサン	.259	127	405	105	3	41	15	39	56
2023	トゥサン	.287	137	498	143	2	33	39	64	63
	通算	.279	1543	4767	1332	32	497	275	472	706

32 キム ジェファン

	김재환	金宰煥
		KIM JAE HWAN

外野手　36歳　17年目　右投左打

①1988.9.22②183cm90kg③仁川高-トゥサン(08)④15億W→15億W⑤M(18)、本(18)、点(18)、ゴ(16,18)⑥リーグを代表するパワーヒッターにとって昨季はレギュラー定着以来、最も不満が残るシーズンだった。秋季合宿にイ・スンヨプ監督、オフに渡米しカン・ジョンホ元選手のアドバイスを受け、力を的確にバットに伝えることを習得。復活が期待される。⑦アジア大会(18)、プレミア12(19)

年度	チーム	打率	試合	打数	安打	本塁打	打点	盗塁	四球	三振
2017	トゥサン	.340	**144**	541	185	35	115	4	81	123
2018	トゥサン	.334	139	527	176	**44**	**133**	2	81	134
2019	トゥサン	.283	136	495	140	15	91	3	63	113
2020	トゥサン	.266	140	516	137	30	113	6	**91**	**154**
2021	トゥサン	.274	137	475	130	27	102	2	81	127
2022	トゥサン	.248	128	448	111	23	72	6	81	133
2023	トゥサン	.220	132	405	89	15	70	13	72	100
	通算	.284	1247	4254	1208	234	840	36	617	1071

 球界の4番打者。今年も重要の夜室に勝利の一打を誘れ！(まっくすういんぐー)

1 パク チグク

	박치국	朴治國
		PARK CHI GUK

投手　26歳　8年目　右投右打

①1998.3.10②178cm74kg③済物浦高-トゥサン(17)④1億500万W→1億3,000万W⑥昨季は自身4度目の60試合以上に登板。11ホールドを記録した。横手からのチェンジアップ、スライダーを左右の低めに決めていく。⑦アジア大会(18)

年度	防御率	試合	勝利	敗戦	セーブ	投球回	三振
2023	3.59	62	5	3	2	52 2/3	48
通算	4.02	312	16	18	8	309	264

12 パク チョンス

	박정수	朴正洙
		PARK JUNG SOO

投手　28歳　10年目　右投左打

①1996.1.29②178cm74kg③野塚高-KIA(15)-NC(20)-トゥサン(21)④4,500万W→5,500万W⑥昨季は自己最多の登板数。横手からの右打者の外角に逃げるスライダーと、胸元への直球を武器に抑えている。

年度	防御率	試合	勝利	敗戦	セーブ	投球回	三振
2023	4.17	25	1	0	1	36 2/3	28
通算	5.79	105	6	1	1	180 1/3	144

17 ホン ゴンヒ [ホンゴニ]

	홍건희	洪建喜
		HONG GEON HUI

投手　32歳　14年目　右投右打

①1992.9.29②187cm97kg③和順浦高-KIA(11)-トゥサン(20)④3億W→3億W⑥昨季は夏場まで抑えを務め、自己最多のセーブ数を記録。オフにはFA宣言残留した。140キロ台後半の直球と縦の変化球で三振を奪える右腕だ。

年度	防御率	試合	勝利	敗戦	セーブ	投球回	三振
2023	3.06	64	1	5	22	61 2/3	62
通算	5.10	403	21	44	49	601 2/3	542

18 パク ソジュン

	박소준	朴昭俊
		PARK SO JUN

投手　29歳　12年目　右投右打

①1995.1.21②177cm68kg③清州高-トゥサン(13)④4,000万W→3,300万W⑥右ひじ手術を経て昨季9月に育成から昇格。改名前の名前はパク・チョンギだった。3年ぶりの一軍マウンドを目指す。

年度	防御率	試合	勝利	敗戦	セーブ	投球回	三振
2023	-	-	-	-	-	-	-
通算	5.83	33	1	6	0	88	55

名鑑の見方［NPB選手経験者は名前が白ヌキ］

背番号 氏名(現地読みに近い表記には[発音]、外国人選手のカタカナ読みには[カタカナ]を併記)　ハングル/漢字または国籍　アルファベット

●…新入団　▲…移籍　■…復帰

守備位置　年齢　年数　投打

①生年月日②身長体重③経歴（ ）内は入団年④年俸 2023年→2024年(1ウォン=約0.11円)新人と一部の新外国人選手には契約金も記載⑤主な獲得タイトル…M=最優秀選手 新=新人王 首=首位打者 本=本塁打 打=打点王 盗=盗塁王 防=最優秀防御率 勝=最多勝利 救=最優秀救援 ゴ=ゴールデングラブ賞、守=守備賞(2023年新設)⑥経歴、寸評⑦代表選手選出歴 ※成績の太字はリーグトップ

 このマークがある選手には読者からのコメントも掲載。

代表選手選出歴に記載の大会

1998	バンコクアジア大会(金メダル)
2000	シドニー五輪(銅メダル)
2002	プサンアジア大会(金メダル)
2003	アテネ五輪予選(敗退)
2006	WBC(ベスト4)
2006	ドーハアジア大会(銅メダル)
2007	北京五輪予選(アジア予選.敗退)
2008	北京五輪予選(世界最終予選.2位)
2008	北京五輪(金メダル)
2009	WBC(準優勝)
2010	広州アジア大会(金メダル)
2013	WBC(1次ラウンド敗退)
2014	インチョンアジア大会(金メダル)
2015	プレミア12(優勝)
2017	WBC(1次ラウンド敗退)
2017	APBC(準優勝)
2018	ジャカルタアジア大会(金メダル)
2019	プレミア12(準優勝)
2021	東京五輪(4位)
2023	WBC(1次ラウンド敗退)
2023	杭州アジア大会(金メダル)
2023	APBC(準優勝)

五輪 ▶ オリンピック
WBC ▶ ワールド・ベースボール・クラシック
APBC ▶ アジアプロ野球チャンピオンシップ

⑲ キム ミンギュ

| 김민규 | 金愍圭 |
| KIM MIN GYU | |

投手　25歳　7年目　右投右打

①1999.5.7②183cm90kg③徽文高-トゥサン(18)④5,500万W→5,000万W⑥昨季6月に軍から復帰。ファームでは主に先発でチームトップタイの6勝を挙げた。股関節を柔軟に使ったフォームから緩急を生かした投球を見せる。

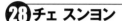

年度	防御率	試合	勝利	敗戦	セーブ	投球回	三振
2023	4.32	6	0	0	0	8 1/3	5
通算	5.46	47	5	4	1	120 1/3	98

㉗ キム ガンリュル [キムガンニュル]

| 김강률 | 金江栗 |
| KIM KANG RYUL | |

投手　36歳　18年目　右投右打

①1988.8.28②187cm95kg③京畿高-トゥサン(07)④2億W→1億5,000万W⑥21年に21セーブを記録した経験のあるリリーフ右腕。昨季は7ホールドを記録した。高めに速球を投げ込んで空振りを誘っていく。

年度	防御率	試合	勝利	敗戦	セーブ	投球回	三振
2023	4.21	32	1	0	1	25 2/3	21
通算	3.89	395	24	12	45	434 2/3	345

㉘ チェ スンヨン

| 최승용 | 崔承鎔 |
| CHOI SEUNG YONG | |

投手　23歳　4年目　左投左打

①2001.5.11②190cm87kg③蘇萊高-トゥサン(21)④6,000万W→1億200万W⑥昨季も先発、中継ぎの両方で起用され、シーズン後半とAPBCでも安定感を見せた左腕。今季は左ひじ疲労骨折により途中合流となる。⑦APBC(23)

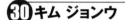

年度	防御率	試合	勝利	敗戦	セーブ	投球回	三振
2023	3.97	34	3	6	1	111	82
通算	4.53	97	6	13	1	222 2/3	162

㉙ イ ビョンホン

| 이병헌 | 李炳憲 |
| LEE BYEONG HEON | |

投手　21歳　3年目　左投左打

①2003.6.4②183cm95kg③ソウル高-トゥサン(22)④3,100万W→3,600万W⑥スリークォーターからのスライダーと高めの速球で空振りを誘う22年のドラ1左腕。昨季は4、5月に好投を続け5ホールドを記録した。

年度	防御率	試合	勝利	敗戦	セーブ	投球回	三振
2023	4.67	36	0	0	0	27	28
通算	4.50	45	0	0	0	32	33

㉚ キム ジョンウ

| 김정우 | 金呈玗 |
| KIM JEONG WOO | |

投手　25歳　7年目　右投右打

①1999.5.15②183cm87kg③東山高-SK(18)-トゥサン(23)④3,000万W→3,100万W⑥昨季5月にSSGから移籍した18年のドラ1。チェンジアップとスライダーを持ち球にファームでは抑えとして高い安定感を見せた。

年度	防御率	試合	勝利	敗戦	セーブ	投球回	三振
2023	9.45	7	0	0	0	6 2/3	6
通算	9.39	8	0	0	0	7 2/3	6

㊶ キム ドンジュ

| 김동주 | 金東周 |
| KIM DONG JU | |

投手　22歳　4年目　右投右打

①2002.2.14②190cm90kg③善隣インターネット高-トゥサン(21)④3,100万W→5,500万W⑥期待の長身右腕は4月の初先発で初勝利。年間通して先発を務めた。動きのある140キロ台後半の直球を持ち味に勝利をつかみたい。

年度	防御率	試合	勝利	敗戦	セーブ	投球回	三振
2023	4.14	18	3	6	0	78 1/3	59
通算	4.74	28	4	6	0	95	72

㊷ チェ ジガン

| 최지강 | 崔智剛 |
| CHOI JI KANG | |

投手　23歳　3年目　右投右打

①2001.7.23②180cm88kg③光州東成高-江陵嶺東大-トゥサン(22)④3,000万W→3,400万W⑥昨季はリリーフとして開幕戦でプロ初勝利を挙げた。鋭い腕の振りから左右低めを突いていく投球で期待に応えていきたい。

年度	防御率	試合	勝利	敗戦	セーブ	投球回	三振
2023	5.32	25	2	1	0	22	14
通算	6.46	27	2	1	0	23 2/3	16

㊻ キム ミョンシン

| 김명신 | 金明信 |
| KIM MYEONG SIN | |

投手　31歳　8年目　右投右打

①1993.11.29②178cm90kg③慶北高-慶星大-トゥサン(17)④1億4,500万W→2億2,500万W⑥昨季もチームトップの70試合に登板した。24ホールドもチーム1だった。捕手が構えたところに投げ込み、フライを打たせて取れるリリーフ右腕だ。⑦APBC(17)

年度	防御率	試合	勝利	敗戦	セーブ	投球回	三振
2023	3.65	70	3	3	1	79	65
通算	3.90	251	12	10	1	286 1/3	218

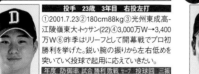

㊽ ブレンドゥン・ワデル [ブランドン・ワデル]

| ブランドン | アメリカ合衆国 |
| BRANDON WADDELL | |

投手　30歳　3年目　左投左打

①1994.6.3②190cm81kg③バージニア大-パイレーツ-ツインズ-オリオールズ-カージナルス-トゥサン(22)-トゥサン(23)④$23万→$75万⑥22年7月に途中入団も退団。しかし昨季6月に復帰白星を重ねた。捕手が構えたところに巧みなスライダーを投げ込み打ち取っている。

年度	防御率	試合	勝利	敗戦	セーブ	投球回	三振
2023	2.49	18	11	3	0	104 2/3	100
通算	2.92	29	16	4	0	169 2/3	140

㊾ パク シンジ

| 박신지 | 朴新知 |
| PARK SHIN ZI | |

投手　25歳　7年目　右投右打

①1999.7.16②185cm76kg③京畿高-トゥサン(18)④3,600万W→3,500万W⑥昨季は1試合を除きリリーフ登板。細身の体格からスピンの効いた直球と、スライダーを低めに集める右腕だ。安定感を増して一軍定着したい。

年度	防御率	試合	勝利	敗戦	セーブ	投球回	三振
2023	5.54	15	0	0	0	26	15
通算	6.21	65	2	8	0	111 2/3	72

50 イ ヨンハ

	이영하	李映河
		LEE YOUNG HA

投手　27歳　9年目　右投右打

①1997.11.1②192cm91kg③善隣インターネット高-トゥサン(16)④1億2,000万W→1億W⑥長身から150キロ台の直球とスライダー、フォークを投げ下ろす右腕。17勝を挙げた19年に迫る活躍が期待されている。⑦プレミア12(19)

年度	防御率	試合	勝利	敗戦	セーブ	投球回	三振
2023	5.49	36	5	3	0	39 1/3	28
通算	4.85	223	51	38	7	670 1/3	455

55 イ スンジン

	이승진	李昇眞
		LEE SEUNG JIN

投手　29歳　11年目　右投右打

①1995.1.7②186cm86kg③野塔高-SK(14)-トゥサン(20)④8,800万W→5,500万W⑥昨季は4月の1試合の登板のみ。味方のエラーがきっかけの4失点、危険球によりマウンドを降りた。21年に13ホールドの右腕は復権なるか。

年度	防御率	試合	勝利	敗戦	セーブ	投球回	三振
2023	0.00	1	0	0	0	2/3	1
通算	5.34	167	6	10	2	192	163

56 キム ホジュン [キモジュン]

	김호준	金虎峻
		KIM HO JUN

投手　26歳　7年目　右投右打

①1998.5.17②180cm82kg③安山工高-トゥサン(18)④3,000万W→3,100万W⑥育成入団、軍服務を経て6年目の昨季一軍初登板を果たした。ファームでは37試合に登板した。左打者の外低めへのスライダーを効果的に使っていく。

年度	防御率	試合	勝利	敗戦	セーブ	投球回	三振
2023	12.00	3	0	0	0	3	2
通算	12.00	3	0	0	0	3	2

59 チェ ジュンホ [チェジュノ]

	최준호	崔準濩
		CHOI JUN HO

投手　20歳　2年目　右投右打

①2004.6.3②188cm90kg③北一高-トゥサン(23)④3,000万W→3,000万W⑥プロ1年目の昨季はファームで先発、リリーフで8試合に登板した。高い制球力とスライダー、フォークの光る持ち球に一軍行きを目指す。

年度	防御率	試合	勝利	敗戦	セーブ	投球回	三振
2023	-	-	-	-	-	-	-
通算	-	-	-	-	-	-	-

61 チェ ウォンジュン

	최원준	崔源峻
		CHOI WON JOON

投手　30歳　8年目　右投右打

①1994.12.21②182cm91kg③信一高-東国大-トゥサン(17)④3億3,000万W→2億5,000万W⑥横手投げの先発右腕の昨季は、勝ち星が遠いシーズンだった。動きのあるボールで詰まらせ、3度目の2ケタ勝利を挙げたい。⑦五輪(21)

年度	防御率	試合	勝利	敗戦	セーブ	投球回	三振
2023	4.93	26	3	10	0	107 2/3	71
通算	3.82	167	34	31	1	617 2/3	434

62 キム ユソン [キミュソン]

	김유성	金有星
		KIM YU SEONG

投手　22歳　2年目　右投右打

①2002.1.1②190cm98kg③金海高-高麗大-トゥサン(23)④3,000万W→3,000万W⑥「アーリードラフト」により大学2年で昨季入団。空振りが取れる高めの速球を武器に活躍が期待される右腕。今季成長を見せるか。

年度	防御率	試合	勝利	敗戦	セーブ	投球回	三振
2023	9.95	7	0	0	0	6 1/3	6
通算	9.95	7	0	0	0	6 1/3	6

63 キム テクヨン [キムテギョン]

	김택연	金澤延
		KIM TAEK YEON

● 投手　19歳　1年目　右投右打

①2005.6.3②181cm95kg③仁川高-トゥサン(24)④＜契＞3億5,000万W＜年＞3,000万W⑥24年ドラフト1R(全体順位2番目)。高校時代最速153キロの右腕。縦スラと落差あるカーブを持ち球に高評価を受ける。

64 イ ウォンジェ

	이원재	李源宰
		LEE WON JAE

投手　21歳　3年目　左投左打

①2003.5.7②187cm98kg③慶南高-トゥサン(22)④3,000万W→3,000万W⑥昨季ファームではチームトップタイの6勝をマーク。5月に一軍初登板初先発するも2回途中KOとなった。長いリーチからのスライダーがハマるか。

年度	防御率	試合	勝利	敗戦	セーブ	投球回	三振
2023	27.00	1	0	0	0	1	0
通算	27.00	1	0	0	0	1	0

69 ペク スンウ

	백승우	白昇祐
		BAEK SEUNG WOO

投手　24歳　2年目　左投左打

①2000.1.4②183cm95kg③釜山高-東亜大-トゥサン(23)④3,000万W→3,100万W⑥大卒1年目の昨季は5月に育成から昇格。ファームでチームトップタイの37試合に登板した。高いリリースポイントからの直球、スライダー、カーブで抑える。

年度	防御率	試合	勝利	敗戦	セーブ	投球回	三振
2023	0.00	6	0	0	0	4	1
通算	0.00	6	0	0	0	4	1

99 イ ギョフン

	이교훈	利敎勲
		LEE KYO HOON

投手　24歳　6年目　左投左打

①2000.5.29②181cm83kg③ソウル高-トゥサン(19)④3,100万W→3,300万W⑥昨年12月に軍服務を終了。丁寧に左右のコースを突いていく左腕投手だ。ファームでアピールして3年ぶりの一軍登板を目指す。

年度	防御率	試合	勝利	敗戦	セーブ	投球回	三振
2023	-	-	-	-	-	-	-
通算	10.66	16	0	0	0	12 2/3	11

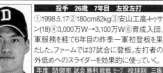

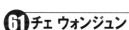

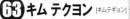

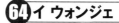

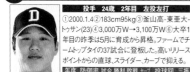

ROOKIE

104 チェ ジョンイン

最終仁 崔種仁 CHOI JONG IN

投手 23歳 5年目 右投右打

①2001.5.1②185cm84kg③釜山高-トゥサン(20)④3,000万W→3,000万W⑥昨季は育成選手としてファームで21試合に登板。前半は先発、後半はリリーフを務めた。150キロ台の速球を武器に初の一軍を目指す。

年度	防御率	試合	勝利	敗戦	セーブ	投球回	三振
2023	-	-	-	-	-	-	-
通算	-	-	-	-	-	-	-

20 アン スンハン

安乗漢 安乗漢 AHN SEUNG HAN

捕手 32歳 11年目 右投右打

①1992.1.25②176cm98kg③沖縄高-東亜大-KT(14)-トゥサン(20)④4,500万W→5,500万W⑥昨季も8試合で先発出場。高い盗塁阻止率を誇った昨年とは一転、盗塁を許す場面が続いた。ライバルとの一軍争いの年だ。

年度	打率	試合	安打	本塁打	打点	盗塁	三振
2023	.208	22	5	0	1	1	10
通算	.221	88	23	0	14	1	35

22 チャン スンヒョン

張承賢 張承賢 JANG SEUNG HYUN

捕手 30歳 12年目 右投右打

①1994.3.7②184cm86kg③済物浦高-トゥサン(13)④6,000万W→6,000万W⑥率は低いが昨季は4月に2試合連続本塁打を放ったプルヒッター。捕手としてはヤン・ウィジに次ぐ2番手の座をキープしたい。⑦APBC(17)

年度	打率	試合	安打	本塁打	打点	盗塁	三振
2023	.158	76	21	2	9	1	36
通算	.206	306	100	5	52	1	134

45 キム ギヨン

金起衍 金起衍 KIM KI YEON

▲ 捕手 27歳 9年目 右投右打

①1997.9.7②178cm106kg③眞興高-LG(16)-トゥサン(24)④3,500万W→4,000万W⑥2次ドラフトでLGから移籍。昨季は11試合で先発マスクを被った。高校の先輩、ヤン・ウィジに次ぐ2番手捕手の座を狙いにいく。

年度	打率	試合	安打	本塁打	打点	盗塁	三振
2023	.118	28	4	0	2	1	10
通算	.140	43	6	0	3	1	13

67 ユン ジュンホ [ユンジュノ]

尹俊皓 尹俊皓 YUN JUN HO

捕手 24歳 2年目 右投右打

①2000.11.14②179cm90kg③慶南高-東義大-トゥサン(23)④3,000万W→3,000万W⑥大卒1年目の昨季はファームで72試合に出場し実戦経験を積んだ。今年6月からサンム入りが予定されている。

年度	打率	試合	安打	本塁打	打点	盗塁	三振
2023	-	-	-	-	-	-	-
通算	-	-	-	-	-	-	-

2 パク チフン

朴池焄 朴池焄 PARK JI HOON

内野手 24歳 5年目 右投右打

①2000.9.7②183cm80kg③馬山高-トゥサン(20)④3,600万W→3,600万W⑥昨季6月に軍服務を終えて復帰。内野の各ポジションをこなし、足と小技でチームに貢献する。年間を通してのベンチ入りを目指す。

年度	打率	試合	安打	本塁打	打点	盗塁	三振
2023	.211	22	4	0	2	1	7
通算	.242	66	8	0	4	4	12

5 ヨ ドンゴン

呂東件 呂東件 YEO TONG KEON

● 内野手 19歳 1年目 右投右打

①2005.8.4②175cm75kg③ソウル高-トゥサン(24)④〈契〉1億5,000万W〈年〉3,000万W⑥24年ドラフト2R(全体順位12番目)。5ツールプレーヤーとして評価が高い遊撃手。U18W杯日本戦では3番一塁で出場し1安打を記録した。

ROOKIE

6 オ ミョンジン

呉明鎮 呉明鎮 OH MYEONG JIN

内野手 23歳 5年目 右投右打

①2001.9.4②179cm79kg③世光高-トゥサン(20)④3,100万W⑥昨年11月に軍務を終了。今春は一軍キャンプに参加しアピールを続けた。打力のある二塁手として一軍出場を目指す。

年度	打率	試合	安打	本塁打	打点	盗塁	三振
2023							
通算	.000	7	0	0	0	0	2

7 イ ユチャン

李有燦 李有燦 LEE YU CHAN

内野手 26歳 8年目 右投右打

①1998.8.5②175cm68kg③北一高-トゥサン(17)④6,000万W→8,500万W⑥昨季は自身2度目となる100試合以上に出場。セカンド、ショートで出番を重ねた。細身の俊足選手は精度をさらに上げて信頼を得たい。

年度	打率	試合	安打	本塁打	打点	盗塁	三振
2023	.243	104	51	1	16	12	51
通算	.248	271	90	2	27	30	97

9 パク チュンヨン [パクチュニョン]

朴俊英 朴俊英 PARK JUN YOUNG

内野手 27歳 9年目 右投右打

①1997.8.5②180cm90kg③京畿高-NC(16)-トゥサン(23)④6,000万W→7,000万W⑥昨季はFA人的補償でウサン入りした後、育成選手でスタート。7月に登録となった。外角球を遠くに運ぶプルヒッターだ。

年度	打率	試合	安打	本塁打	打点	盗塁	三振
2023	.228	51	29	4	17	2	53
通算	.211	272	138	16	70	14	216

10 キム ミンヒョク [キムミニョク]
金民赫 | 金民奕
KIM MIN HYEOK

内野手 28歳 10年目 右投右打

①1996.5.3②188cm100kg③光州東成高-トゥサン(15)④4,500万W→3,800万W⑥期待の長距離砲の昨季はファーム暮らしが長く、71試合に出場し9本塁打。一軍での一発はなかった。存在感を示せるか正念場だ。

年度	打率	試合	安打	本塁打	打点	盗塁	三振
2023	.138	21	4	0	3	0	9
通算	.228	105	45	7	31	0	61

14 パク ケボム [パッケボム]
박계범 | 朴桂範
PARK GYE BEOM

内野手 28歳 11年目 右投右打

①1996.1.11②177cm84kg③曉泉高-サムソン(14)-トゥサン(21)④9,700万W→8,500万W⑥昨季もショートをはじめとした内野の控えとして役割を果たした。失投を逃さずとらえる打撃で出場機会を増やしていきたい。

年度	打率	試合	安打	本塁打	打点	盗塁	三振
2023	.219	78	37	2	15	2	44
通算	.238	419	230	16	116	19	239

15 チョン ミンジェ
전민재 | 全玟哉
JEON MIN JAE

内野手 25歳 7年目 右投右打

①1999.6.30②181cm73kg③大田高-トゥサン(18)④3,600万W→3,400万W⑥昨季はサードをはじめ内野の全ポジションで出場。控え選手として役割を果たした。チームに同タイプの選手が並ぶ中、結果を残してアピールしたい。

年度	打率	試合	安打	本塁打	打点	盗塁	三振
2023	.235	19	4	0	1	3	7
通算	.284	77	21	0	5	3	19

16 ソ イェイル
서예일 | 徐藝日
SEO YE IL

内野手 31歳 9年目 右投両打

①1993.6.19②178cm83kg③城南高-東国大-トゥサン(16)④3,400万W→3,400万W⑥昨季はファームで75試合に出場。チームトップの11盗塁を記録するなど好成績を残すも一軍出場はわずかだった。昇格チャンスをつかめるか。

年度	打率	試合	安打	本塁打	打点	盗塁	三振
2023	.222	5	2	0	1	0	2
通算	.190	145	20	0	6	0	29

23 カン スンホ
강승호 | 姜勝澔
KANG SEUNG HO

内野手 30歳 12年目 右投右打

①1994.2.9②178cm88kg③北一高-LG(13)-SK(18)-トゥサン(21)④2億W→2億5,500万W⑥2年続けてセカンドのポジションをキープ。9月には本塁打、三塁打、二塁打、単打の順で記録する「リバース・サイクル安打」をリーグ初達成した。

年度	打率	試合	安打	本塁打	打点	盗塁	三振
2023	.265	127	111	7	59	13	110
通算	.252	561	422	34	228	37	442

34 クォン ミンソク
권민석 | 權珉奭
KWON MIN SEOK

内野手 25歳 7年目 右投右打

①1999.2.20②184cm74kg③江陵高-トゥサン(18)④3,100万W→3,100万W⑥昨季ファームではチームで最も多い86試合に出場。しかし一軍昇格は6月の2日間にとどまった。内野の控えとして昇格チャンスを得られるか。

年度	打率	試合	安打	本塁打	打点	盗塁	三振
2023	.000	1	0	0	0	0	1
通算	.232	105	16	0	8	1	24

36 イム ジョンソン
임종성 | 林鐘成
IM JONG SUNG

内野手 19歳 1年目 右投右打

①2005.3.3②183cm90kg③慶北高-トゥサン(24)④＜契＞1億W＜年＞3,000万W⑥24年ドラフト3R(全体順位22番目)。打力のある右の三塁手。テレビ番組「最強野球団」でキム・ソングン監督から特別指導を受けて話題になった。

ROOKIE

52 キム ジェホ
김재호 | 金宰鎬
KIM JAE HO

内野手 39歳 21年目 右投右打

①1985.3.21②181cm75kg③中央高-トゥサン(04)⑤5億W→3億W⑤ゴ(15,16)⑥長年チームを支える遊撃手。昨季は主に2番に座った。若手選手の存在はあるが、安定感ではまだまだ追随を許さない。⑦プレミア12(15)、WBC(17)

年度	打率	試合	安打	本塁打	打点	盗塁	三振
2023	.283	91	70	3	24	4	24
通算	.272	1736	1197	53	589	79	629

4 ヘンリ・ラモス [ヘンリー・ラモス]
라모스 | プエルトリコ
HENRY RAMOS

外野手 32歳 右投両打

①1992.4.15②183cm97kg③アルフォンソ・カスタ・マルチネス高-ダイヤモンドバックス-KT(22)-レッズ-トゥサン(24)④＜契＞$10万＜年＞$55万⑥22年にKTに在籍するも4月に死球による骨折で戦列を離脱。5月末に途中退団となった。2,3番に座りチームの得点力アップに貢献したい。

年度	打率	試合	安打	本塁打	打点	盗塁	三振
2023	.						
通算	.250	18	18	3	11	2	18

8 キム テグン
김태근 | 金兌根
KIM TAE KEUN

外野手 28歳 6年目 右投右打

①1996.8.10②175cm74kg③培明高-建国大-トゥサン(19)④3,100万W→3,400万W⑥昨季7月に育成から昇格。外野の控えとして俊足を生かし、攻守で役割を果たした。右打ちの外野手として存在感を発揮したい。

年度	打率	試合	安打	本塁打	打点	盗塁	三振
2023	.212	41	16	0	3	0	21
通算	.232	52	13	0	5	1	22

33 キム インテ [キミンテ]

	김인태	金仁泰
		KIM IN TAE

外野手　30歳　12年目　左投左打

①1994.7.3②178cm78kg③北一高-トゥサン(13)④1億W→9,000万W⑥強いリストと高い打撃技術を誇る外野手は、昨季4月の走塁時に右肩を脱臼。負傷離脱が続いている。3年ぶりのレギュラー獲りなるか。

年度	打率	試合	安打	本塁打	打点	盗塁	三振
2023	.255	47	25	1	14	2	26
通算	.245	457	239	20	122	4	206

37 キム デハン

	김대한	金待漢
		KIM DAE HAN

外野手　24歳　6年目　右投右打

①2000.12.6②185cm83kg③徽文高-トゥサン(19)④4,500万W→3,700万W⑥低めのボールをすくい上げて引っ張っていく19年のドラ1。昨季は右手骨折で出遅れた。長打力をアピールしてライトのポジション争いに加わる。

年度	打率	試合	安打	本塁打	打点	盗塁	三振
2023	.198	33	16	1	7	1	21
通算	.203	103	39	5	18	3	57

44 ホン ソンホ

	홍성호	洪成昊
		HONG SEONG HO

外野手　27歳　9年目　右投右打

①1997.7.15②187cm98kg③善隣インターネット高-トゥサン(16)③3,100万W→3,300万W⑥昨季ファームで打率.364を記録し首位打者に。15本塁打、59打点をマークした。トゥータップで強い打球を放つ打者は一軍定着を目指す。

年度	打率	試合	安打	本塁打	打点	盗塁	三振
2023	.292	21	14	0	5	0	14
通算	.258	33	17	0	5	0	21

51 チョ スヘン

	조수행	趙修行
		JO SOO HAENG

外野手　31歳　9年目　右投左打

①1993.8.30②178cm73kg③江陵高-建国大-トゥサン(16)③7,800万W→9,500万W⑥昨季は自己最多の出場数、3年連続となる20盗塁以上を記録した。今季も塀際に強い守備でピンチからチームを救う。

年度	打率	試合	安打	本塁打	打点	盗塁	三振
2023	.219	126	48	1	17	26	38
通算	.253	667	182	4	60	86	152

57 ヤン チャンヨル

	양찬열	梁贊烈
		YANG CHAN YEOL

外野手　27歳　5年目　右投左打

①1997.5.25②179cm84kg③奨忠高-檀国大-トゥサン(20)④4,300万W→4,000万W⑥走攻守で高い能力を誇る外野手。広角に打ち分ける打撃でファームでは高打率を残した。ポジション争いを熱くする一人だ。

年度	打率	試合	安打	本塁打	打点	盗塁	三振
2023	.239	44	21	0	6	3	23
通算	.240	102	46	3	21	3	48

102 キム ムンス

	김문수	金門秀
		KIM MOON SOO

外野手　20歳　2年目　右投右打

①2004.3.29②188cm94kg③京畿高-トゥサン(23)③3000万W→3,000万W⑥高卒1年目の昨季は育成選手としてファームで66試合に出場。シーズン後半に3本塁打を記録した。初の一軍出場を目指す。

年度	打率	試合	安打	本塁打	打点	盗塁	三振
2023	-	-	-	-	-	-	-
通算	-	-	-	-	-	-	-

114 チョン ダミン

	전다민	田茶珉
		JEON DA MIN

● 外野手　23歳　1年目　右投左打

①2001.8.21②177cm75kg③雪嶽高-江陵嶺東大-トゥサン(24)④＜契＞6,000万W＜年＞3,000万W⑥24年ドラフト6R(全体順位52番目)。俊足外野手は昨年第1回が行われた高校、大学オールスター戦でMVPを獲得した。

ROOKIE

育成選手

2014年までの名称は「申告選手」。選手登録されていない選手で、5月1日以降に正式登録が可能になる。
正式登録されると一軍の試合に出場できる。現在の登録選手が育成選手扱いになることもある。

 24 チェ ファンユ

제환유	諸煥儒

投手　右投左打
2000.9.30
183cm76kg

 35 チョン ヒョングン

전형근	全瀅根

投手　右投右打
2000.5.17
183cm80kg

 38 チョ ジェヨン

조제영	趙濟煐

投手　右投右打
2001.2.12
182cm89kg

 100 ムン ウォン

문원	文援

投手　右投右打
1998.8.22
187cm91kg

 103 イ サンヨン

이상연	李尚鍊

投手　右投右打
2001.8.10
195cm103kg

 106 イ ジュヨプ

이주엽	李柱曄

投手　右投右打
2001.3.26
188cm90kg

 107 ナム ユル

남율	南律

投手　右投右打
2004.4.8
183cm76kg

 **108 チェ セチャン**

최세창	崔世昌

投手　右投右打
2001.6.1
187cm95kg

 110 ハン チュンヒ

한충희	韓忠熹

投手　右投右打
2003.12.25
181cm90kg

 **111 ペ チャンヒョン**

배창현	裵昶賢

投手　左投左打
1998.12.9
183cm78kg

 112 イ ミンヒョク

이민혁	李頤赫

投手　右投右打
1998.4.13
185cm94kg

 113 パク チホ

박지호	朴志浩

● 投手　左投左打
2003.7.2
181cm99kg

 115 キム ムビン

김무빈	金武玭

● 投手　左投左打
2005.4.11
181cm85kg

 117 キム テワン

김태완	金泰完

● 投手　右投右打
2005.3.29
184cm87kg

 101 チャン ギュビン

장규빈	張圭彬

捕手　右投右打
2001.4.21
186cm98kg

 105 パク ミンジュン

박민준	朴民埈

捕手　右投右打
2002.10.21
183cm95kg

 **119 リュ ヒョンジュン**

류현준	柳弦俊

● 捕手　右投右打
2005.3.25
182cm92kg

 93 イム ソジュン

임서준	任敍濬

内野手　右投右打
2004.7.11
185cm85kg

 60 カン ヒョング

강현구	姜賢求

外野手　右投右打
2002.6.16
186cm98kg

 **68 カン テワン**

강태완	康迫琓

外野手　左投左打
2004.9.17
186cm88kg

 **109 ヤン ヒョンジン**

양현진	梁賢眞

外野手　右投右打
2002.1.3
191cm86kg

 116 ソン ユルギ

손율기	孫率嶼

● 外野手　右投左打
2005.6.11
180cm100kg

PHOTO

背番号 名前

ハングル	漢字

記号　位置　投打
生年月日
身長体重

兵役、公益勤務期間中、またはサンム（尚武/国軍体育部隊）に所属する選手。
サンムは二軍リーグに参加している。

位置	名前	ハングル	漢字	投打	生年月日	身長体重	所属チーム
投手	キム ドユン	김도윤	金度潤	右投左打	2002.6.28	181cm83kg	
投手	クォン フィ	권휘	權輝	右投右打	2000.12.7	181cm87kg	
投手	ナム ホ	남호	南皓	左投左打	2000.7.20	185cm86kg	
投手	パク ウン	박웅	朴雄	右投右打	1997.11.12	192cm103kg	
投手	ユン テホ	윤태호	尹泰晧	右投右打	2003.10.10	190cm88kg	
投手	チャン ウジン	장우진	張友軫	右投右打	2004.3.20	188cm84kg	
捕手	パク ソンジェ	박성재	朴成宰	右投右打	2002.11.18	186cm98kg	サンム
内野手	アン ジェソク	안재석	安宰奭	右投左打	2002.2.15	185cm75kg	
外野手	キム ドンジュン	김동준	金東俊	左投左打	2002.9.4	193cm100kg	

育成・軍保留選手							
位置	名前	ハングル	漢字	投打	生年月日	身長体重	所属チーム
内野手	イ ミンソク	이민석	李旻錫	右投右打	2001.11.1	182cm88kg	
内野手	シン ミンチョル	신민철	申旼撤	右投右打	2003.1.13	185cm90kg	
外野手	カン ドンヒョン	강동형	姜棟馨	右投左打	1999.12.7	186cm86kg	

設備が充実。ソフトバンク三軍との対戦も実施

2リーグ制で運営

韓国の二軍は「フューチャーズリーグ」と呼ばれ、移動の利便性を考え、北部、南部の2リーグに分かれています。

北部リーグ
LG
トゥサン
コヤン（キウム二軍）
SSG
ハンファ

南部リーグ
サムソン
ロッテ
KIA
サンム（尚武＝国軍体育部隊）
KT
NC

◀2014年に完成したLGチャンピオンズパークの本球場

◀2012年に完成したソサンにあるハンファのグラウンド

◀2014年に完成したベアーズパーク

◀サムソンの田畑一也 育成軍投手コーチ

2024年の試合数は118（サンムは120）。他のリーグと対戦する交流戦が北部は8回戦、南部は6回戦（サンムは8回戦）編成されています。

二軍戦には各チームに契約金なしで入団した育成選手（以前の名称は「申告選手」）も出場できます。なお育成選手は正式登録されれば5月1日以降、一軍戦にも出場可能です。

韓国の二軍リーグで日本と最も異なる点は、軍隊のチーム・サンム（尚武）があることです。サンムは毎年、入団テストを行いメンバーを集めます。テストの参加者は兵役を控えた選手たちでプロ、アマ問わず参加します。合格すれば1年6か月の兵役期間中、野球ができますが、それ以外の選手はその間、公益勤務や軍服務のみを務めることになります。

2019年まではサンム同様に兵役中の選手が所属する警察野球団が参加していましたが、警察野球団は活動を終了しました。二軍戦の試合開始時間は13時、7月9日から8月25日は18時です（その他例外もあり）。雨天中止の場合は翌日にダブルヘッダーを編成（7、8月を除く）。ダブルヘッダーは2試合とも7回制で行われます。

ソフトバンク三軍が遠征

韓国の二軍では、2012年から福岡ソフトバンクホークスの三軍チームとの非公式試合を行っています。近年は感染症拡大による渡航制限があり中断していましたが、2022年10月の教育リーグで3年ぶりに再開。昨年は交流戦9試合、秋の教育リーグで12試合が行われました。

「一軍を見たら次は二軍も！」という野球好きの方は多いでしょう。韓国の二軍戦は球場アクセスやスケジュール面で、訪れるのに少しハードルが高いですが、もしチャンスがあったら足を運んでみてください。ちなみに過去の「韓国プロ野球観戦ツアー」では、専用車での移動中に、「二軍球場にふらっと立ち寄り！」なんてサプライズを行ったこともあります。

| 二軍球場 | **サンム：** 慶尚北道 聞慶市 虎渓面 尚武路101　国軍体育部隊内 |

※その他の二軍球場は各球団の紹介ページに掲載しています。

KIA タイガース
KIA 타이거즈

KIA TIGERS
https://tigers.co.kr/

縁故地（日本における保護地域）	クァンジュ広域市
2023年成績	73勝69敗2分.514
順位	6位
チーム打率	.276（2位）
チーム防御率	4.13（5位）

ユニフォーム

◀ Home

Visitor ▶

ホ ゴ リ
호걸이

球団情報

■球団事務所
　61255 光州広域市北区祥林路10　光州KIAチャンピオンズフィールド2階　TEL／070-7686-8000
■本拠地球場／クァンジュKIAチャンピオンズフィールド
■準本拠地／クンサン（群山）ウォルミョン（月明）競技場野球場
　収容人員　11,000人
　中堅122m 両翼98m 外野フェンス2m 人工芝
　🚇韓国鉄道公社クンサン駅からタクシーで15分
■二軍球場／KIAチャレンジャーズフィールド
　全羅南道咸平郡鶴橋面谷倉里693
　🚌ハムピョンバスターミナルからタクシーで20分。
■2024年春季キャンプ地
　1次 豪州キャンベラ
　2次 沖縄県国頭郡金武町 金武町ベースボールスタジアム
■オーナー／ソン ホソン　송호성
　球団社長／チェ ジュンヨン　최준영
　球団団長（日本におけるGM）／
　シム ジェハク　심재학

■球団小史■前身は優勝9回を誇った名門球団・ヘテ。2001年シーズン途中から自動車会社・KIAを母体とする球団となり現在に至る。ヘテ時代からクァンジュを本拠地とし、数多くのスターを輩出してきた。クァンジュがあるチョルラ（全羅）道は地元意識が強く、遠征地でも同地域出身者の熱い声援を受けている。2014年に新球場が完成。2017年は8年ぶりの優勝を果たし、球団創設以来初の観客動員数100万人を突破した。

年度別成績

年	順位	球団名	試合	勝	敗	分	勝率
1982	4	ヘテ タイガース	80	38	42	0	.475
1983	★ 1	ヘテ タイガース	100	55	44	1	.556
1984	5	ヘテ タイガース	100	43	54	3	.443
1985	3	ヘテ タイガース	110	57	52	1	.523
1986	★ 1	ヘテ タイガース	108	67	37	4	.644
1987	★ 1	ヘテ タイガース	108	55	48	5	.532
1988	★ 1	ヘテ タイガース	108	68	38	2	.639
1989	★ 1	ヘテ タイガース	120	65	51	4	.558
1990	3	ヘテ タイガース	120	68	49	3	.579
1991	★ 1	ヘテ タイガース	126	79	42	5	.647
1992	3	ヘテ タイガース	126	71	54	1	.567
1993	★ 1	ヘテ タイガース	126	81	42	3	.655
1994	3	ヘテ タイガース	126	65	59	2	.524
1995	3	ヘテ タイガース	126	64	58	4	.524
1996	★ 1	ヘテ タイガース	126	73	51	2	.587
1997	★ 1	ヘテ タイガース	126	75	50	1	.599
1998	5	ヘテ タイガース	126	61	64	1	.488
1999ドリーム	7	ヘテ タイガース	132	60	69	3	.465
2000ドリーム	6	ヘテ タイガース	133	57	72	4	.442
2001	5	ヘテタイガース/KIA タイガース	133	60	68	5	.469
2002	3	KIA タイガース	133	78	51	4	.605
2003	3	KIA タイガース	133	78	50	5	.609
2004	3	KIA タイガース	133	67	61	5	.523
2005	8	KIA タイガース	126	49	76	1	.391
2006	4	KIA タイガース	126	64	59	3	.520
2007	8	KIA タイガース	126	51	74	1	.408
2008	6	KIA タイガース	126	57	69	0	.452
2009	★ 1	KIA タイガース	133	81	48	4	.609
2010	5	KIA タイガース	133	59	74	0	.444
2011	4	KIA タイガース	133	70	63	0	.526
2012	5	KIA タイガース	133	62	65	6	.488
2013	8	KIA タイガース	128	51	74	3	.408
2014	8	KIA タイガース	128	54	74	0	.422
2015	7	KIA タイガース	144	67	77	0	.465
2016	5	KIA タイガース	144	70	73	1	.490
2017	★ 1	KIA タイガース	144	87	56	1	.608
2018	5	KIA タイガース	144	70	74	0	.486
2019	7	KIA タイガース	144	62	80	2	.437
2020	6	KIA タイガース	144	73	71	0	.507
2021	9	KIA タイガース	144	58	76	10	.433
2022	5	KIA タイガース	144	70	73	1	.490
2023	6	KIA タイガース	144	73	69	2	.514
通算			5347	2713	2531	103	.517

※★は優勝年　※99、00年はドリーム、マジックの2リーグ制
※勝率計算… ・82〜86年：勝÷（勝＋敗）
・87〜97年：{勝＋（引分×0.5）}÷試合数　・98〜08年：勝÷（勝＋敗）
・09〜10年：勝÷試合数　・11年〜：勝÷（勝＋敗）

選手として在籍した主なNPB経験者

・**木本茂美**／広島-ヘテ（83〜88）
・**宇田東植**／東映-日拓-日本ハム-阪神-ヘテ（83〜84）
・**ソン ドンヨル（宣銅烈）**／ヘテ（85〜95）-中日-サムソンコーチ、監督-KIA監督（12〜14）
・**イ ジョンボム（李鍾範）**／ヘテ（93〜97）-中日-KIA（01〜11）-ハンファコーチ-LGコーチ
・**セス・グライシンガー**／KIA（05〜06）-ヤクルト-巨人-千葉ロッテ
・**リック・ガトームソン**／ヤクルト-ソフトバンク-KIA（09）
・**アンソニー・レルー**／ソフトバンク-KIA（12〜13）
・**ボー・タカハシ**／KIA（21）-西武

日程
LG
KT
SSG
NC
トゥサン
KIA
ロッテ
サムソン
ハンファ
キウム
記録

クァンジュ KIAチャンピオンズフィールド
광주 KIA 챔피언스 필드

情熱の地に
生まれた新球場

ヘテ当時、黄金時代を築いたKIAの本拠
地・クァンジュ。2014年、その地に新し
い球場が誕生した。これまでの熱き伝統
を継承しつつ、洗練されたスタジアムで
新たな一歩を歩んでいる。

◇61255 光州広域市 北区 祥林路10
　ＴＥＬ/070-7686-8000
◇座席数 20,500席
◇天然芝
◇中堅　121m　両翼　99m　フェンスの高さ 3.2m

アクセス	快適さ	熱狂度
75	85	85

KIA主催試合チケット
KIAは三塁側ベンチを使用

席種	種別	月〜木	金,土,日,休日
チャンピオン席	おとな	45,000	50,000
中央テーブル席（2人席）	おとな	80,000	90,000
中央テーブル席（3人席）	おとな	120,000	135,000
タイガース家族席（4人席）	おとな	70,000	80,000
タイガース家族席（6人席）	おとな	105,000	120,000
パーティー席（4人席）	おとな	100,000	120,000
スカイピクニック席（4人席）	おとな	70,000	80,000
エコダイナミック家族席（6人席）	おとな	96,000	108,000
サプライズ席	おとな	22,000	25,000
K9席	おとな	14,000	16,000
K8席	おとな	12,000	14,000
K5席	おとな	11,000	13,000
K3席	おとな	8,000	9,000
外野席	おとな	9,000	11,000
スカイボックス	10人部屋	650,000	700,000

上記以外の座席区分、こども料金もあり　単位はウォン　1ウォン＝約0.11円

❶地域の住宅も見渡せる上段からの眺め❷内野席から熱い声援を送る❸通路には過去のユニフォームなどの展示物がある❹左中間の芝生席と砂場❺あちこちに選手の巨大バナーが

クァンジュ KIA チャンピオンズフィールド

赤い座席はインパクトあり

クァンジュは朝鮮半島の南西部、ホナム（湖南）地方にある人口約140万人の都市。1980年に起きた民主化運動「光州事件」でも知られる街だ。またクァンジュは食の都として名が通っている。この球場は旧球場に隣接したムドゥン（無等）競技場跡地に2014年にオープン。それまでの老朽化が進んでいた小球場から、2万人以上収容可能なスタジアムへと移転した。球場はクァンジュ市の施設だが、KIA球団は総工費の約3分の1に当たる約300億ウォン（約27億円）を出資。25年の長期賃貸契約を結んでいる。全席赤色で統一された座席はインパクトがあり、明るい雰囲気を作り出している。

家族に愛される公園のような外野席

広々としているがどの座席からもグラウンドを遠く感じないのがこの球場の特徴だ。内野には他球場と同じくテーブル席が数多く配置されグループでの来場者が多い。なお座席区分の「K9」や「K7」はKIA自動車の車種名だ。また1階席上部のゴンドラ部分に設けられたフードコートの外には予約制のテラス席もある。外野席はフラットな作りになっていて周辺道路との境目は柵があるのみ。地域との緊密性が高くなっている。座席は芝生席とベンチが中心でパラソル付きのウッドテーブルも設置。またセンター後方には広い砂場があり、公園を思わせる。夏にはプールも登場するなどファミリーが楽しめるように工夫されている。

応援しよう！ | **応援の中心はK7席（三塁側）　黄色い応援バットを打ち鳴らそう！** | **選手別応援歌**

お決まりの掛け声／チェーガン　最強キア！＜最強キア！＞

選手別応援歌

1 박찬호（パクチャンホ）
♪호! KIA 박찬호 호! KIA 박찬호（ホ KIA パクチャンホ ホ KIA パクチャンホ）
호! 승리를 위해 타이거즈 박찬호（ホ スンニルル ウィヘ タイガース パクチャンホ）

3 김선빈（キムソンビン）
♪「작은거인 KIA 의 김선빈」×2（チイサイ キョジン ウエヨ チャイコウイン チャグンコイン KIA の キムソンビン）
그라운드 위에서 자유롭게 작은거인 KIA 김선빈（グラウンドゥ ウィエソ チャユロプケ チャグンコイン KIA キムソンビン）

☆くりかえし

原曲：새들처럼　歌：변진섭

30 소크라테스（ソクラテス）
♪타이거즈 소크라테스 소크라테스 워오오오（タイガース ソクラテス ソクラテス ウォオオオ）
타이거즈 소크라테스 소크라테스 워오오오（タイガース ソクラテス ソクラテス ウォオオオ）

☆くりかえし

曲：Narco　作：Blasterjaxx & Timmy Trumpet

34 최형우（チェヒョンウ）
♪「최강 KIA 타이거즈 최형우」×2（チェガン KIA タイガース チェヒョンウ）
オー 최형우 オー 최형우 オー 최형우 KIA의 해결사（オー チェヒョンウ オー チェヒョンウ オー チェヒョンウ KIAの ヘギョルサ）

原曲：최강공룡합체 다이노코어

47 나성범（ナソンボム）
♪타이거즈 나성범 안타 안타 날려라 날려라 나성범（タイガース ナソンボム アンタ アンタ ナルリョラ ナルリョラ ナソンボム）
타이거즈 나성범 안타 オオオオオオ（タイガース ナソンボム アンタ オオオオオオ）
타이거즈 나성범 홈런 홈런 날려라 날려라 나성범（タイガース ナソンボム ホムロン ホムロン ナルリョラ ナルリョラ ナソンボム）
타이거즈 나성범 홈런 オオオオオオ（タイガース ナソンボム ホムロン オオオオオオ）

原曲：さらば恋人よ（イタリア民謡）

52 황대인（ファンデイン）
♪안타를 날려라 홈런을 날려라 オオオ KIA（アンタル ナルリョラ ホムロヌル ナルリョラ オオオ KIA）
타이거즈 황대인 승리를 위하여 다함께 외쳐라（タイガース ファンデイン スンニルル ウィハヨ タハムケ ウェチョラ）
안타 홈런 황대인（アンタ ホムロン ファンデイン）

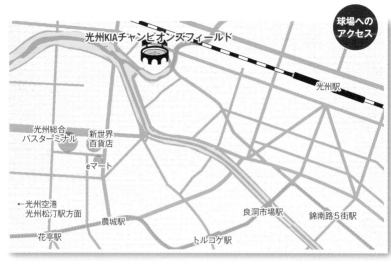

**球場への
アクセス**

光州KIAチャンピオンズフィールド

光州駅

光州総合
バスターミナル

新世界
百貨店

eマート

←光州空港
光州松汀駅方面

農城駅

花亭駅

トルコゲ駅

良洞市場駅

錦南路5街駅

日程
LG
KT
SSG
NC
トゥサン
KIA
ロッテ
サムソン
ハンファ
キウム
記録

総合バスターミナルから
タクシー▶約7分。**バス**▶約15分。
徒歩▶約25分。バスは16番バスでクァンジュ
KIAチャンピオンズフィールド下車。徒歩の場
合は野球場南側に流れるクァンジュ川の川
沿いを歩く。

韓国鉄道公社クァンジュ駅から
タクシーで約7分。クァンジュ駅からのバスは
行きと帰りで停留所名称が異なり、やや難。
クァンジュ ソンジョン（松汀）駅から
タクシーで約30分。98番バスで約1時間。その
他に球場から約500m北にあるキョンシン（景
信）女高バス停を利用する方法などがある。

主要な場所からの移動方法

インチョン空港から
バス▶空港バス乗り場から高速バスでク
ァンジュバスターミナルまで約4時間半。
鉄道▶6770番バスでクァンミョン駅に行き
（約45分）、クァンミョン駅からKTXでクァ
ンジュソンジョン駅へ。
プサンから
高速バスでクァンジュ総合バスターミナル
まで約3時間半。
テグから
高速バスでクァンジュ総合バスターミナル
まで約3時間50分。

ソウル中心部からの移動方法

鉄道▶KTXでヨンサン駅からクァンジュ ソ
ンジョン駅まで約2時間。クァンジュ ソン
ジョン駅は市中心部の西南約11kmに位
置する。
※クァンジュ ソンジョン方面の列車は主
にソウル駅の南3kmのヨンサン駅から発
着。ソウル駅に停車するのは1日に数本
のみ。
バス▶高速バスでソウル高速バスターミ
ナルからクァンジュ総合バスターミナルま
で約3時間半。

KIA タイガース

● 新加入　▲ 移籍　■ 復帰（選手）
赤字はNPB選手経験者

位置	背番号	記号	氏名	ハングル	漢字・国籍	投打
監督・コーチ						
監督	71		イ ボムホ	이범호	李机浩	右右
ヘッド	70		チン ガブヨン	진갑용	陳甲龍	右右
投手	73	▲	チョン ジェフン	정재훈	鄭載勲	右右
投手	85	●	イ ドンゴル	이동걸	李東杰	右右
打撃	77		ホン セワン	홍세완	洪世完	右右
守備	76		パク キナム	박기남	朴基楠	右右
走塁	80		イ ヒョンゴン	이현곤	李賢坤	右右
作戦	75		チョ ジェヨン	조재영	曹幸榮	右右
バッテリー	83	●	中村 武志	たけし	日本	右右
二軍監督	68		ソン スンラク	손승락	孫勝洛	右右
二軍投手	97		イ サンファ	이상화	李相和	右右
二軍投手	79		イ ジョンホ	이정호	李正鎬	右右
二軍打撃	78		チェ ヒソプ	최희섭	崔熙渉	左左
二軍守備	81		ユン ヘジン	윤해진	尹該振	左左
二軍走塁	90		パク ヒョイル	박효일	朴孝一	右右
二軍バッテリー	87		イ ヘチャン	이해창	李海昌	右右
残留軍投手	93	●	ソ ドクウォン	서덕원	徐德源	右右
残留軍打撃	91	●	キム ソクヨン	김석연	金石連	右右
トレーニング統括			パク チャンミン	박창민	朴昶玟	
AT			チョン ヨン	정영	鄭鍈	
AT			チョン サンオク	정상욱	丁湘玉	
AT			チョ ヒヨン	조희영	喜喜榮	
AT			パク チュンソ	박준서	朴峻緒	
AT			ファン ジョンヒョン	황종현	黃鍾顯	
AT			キム ミンギ	김민기	金琝基	
AT			チョ ジュンフェ	조준회	趙俊會	
AT		●	ペク スンフン	백승훈	白承勳	
AT		●	キム ドクシン	김덕신	金德信	
S&C			キム ドンフ	김동후	金瞳厚	
S&C		●	ノ ミンチョル	노민철	盧玟喆	
S&C		●	パク チョンウク	박정욱	朴政煜	
選手						
投手	0		クァク トギュ	곽도규	郭道圭	左左
投手	4		ユ ジソン	유지성	劉志成	左左
投手	10		ユ スンチョル	유승철	柳承澈	右両
投手	12	●	ウィル・クロウ	크로우	アメリカ合衆国	右右
投手	13		ユン ヨンチョル	윤영철	尹暎喆	左左
投手	17		イム ギヨン	임기영	林起映	右右
投手	19		ユン ジュンヒョン	윤중현	尹重鉉	右右
投手	20		イ ジュンヨン	이준영	李焌泳	左左
投手	21		キム サユン	김사윤	金仕潤	右右
投手	24		キム スンヒョン	김승현	金昇賢	右右
投手	31		パク チュンピョ	박준표	朴峻杓	右右
投手	33	▲	イ ヒョンボム	이형범	李炯範	右右
投手	36		カン イジュン	강이준	姜而俊	右右
投手	38		キム チャンミン	김찬민	金燦民	右右
投手	39		チェ ジミン	최지민	崔智旻	左左
投手	40	●	ジェイムス・ネイル	네일	アメリカ合衆国	右右
投手	41		ファン ドンハ	황동하	黃鄧夏	右右
投手	43		キム ユゴン	김건국	金建國	右右
投手	45	●	キム ミンジュ	김민주	金政柱	右右
投手	47		チャン ミンギ	장민기	張珉綺	左左
投手	48		イ ウィリ	이의리	李義理	右左
投手	49		イム ユシン	김유신	金維信	右右
投手	50		チャン ヒョンシク	장현식	張現植	右右
投手	51		チョン サンヒョン	전상현	全相炫	右右

位置	背番号	記号	氏名	ハングル	漢字・国籍	投打
投手	53		キム ギフン	김기훈	金技訓	左左
投手	54		ヤン ヒョンジョン	양현종	梁玹種	左左
投手	62		チョン ヘヨン	정해영	鄭海英	右右
投手	67	●	チョ デヒョン	조대현	趙大鉉	右右
投手	69		キム デユ	김대유	金大洧	左左
捕手	22		チュ ヒョサン	주효상	朱曉祥	右左
捕手	26		ハン スンテク	한승택	韓承澤	右右
捕手	42		キム テグン	김태군	金泰郡	右右
捕手	44	●	イ サンジュン	이상준	李尙俊	右右
捕手	55		ハン ジュンス	한준수	韓俊洙	右右
内野手	1		パク チャンホ	박찬호	朴燦澔	右右
内野手	2	▲	コ ミョンソン	고명성	高明星	右右
内野手	3		キム ソンビン	김선빈	金善彬	右右
内野手	5		キム ドヨン	김도영	金倒永	右右
内野手	6		ホン ジョンピョ	홍종표	洪宗杓	右右
内野手	11		ユン ドヒョン	윤도현	尹道鉉	右右
内野手	14		キム ギュソン	김규성	金奎成	右左
内野手	23		チェ ジョンヨン	최정용	崔廷龍	右左
内野手	29		ビョン ウヒョク	변우혁	邊玗赫	右右
内野手	37		パク ミン	박민	朴慜	右右
内野手	52		ファン デイン	황대인	黃大仁	右右
内野手	56		オ ソンウ	오선우	吳善右	左左
内野手	58	▲	ソ ゴンチャン	서건창	徐建昌	右左
内野手	59	●	チョン ヘウォン	정해원	鄭諧園	右右
外野手	8		イ チャンジン	이창진	李昶鎭	右右
外野手	15		パク チョンウ	박정우	朴政佑	左左
外野手	16		チェ ウォンジュン	최원준	崔元準	右左
外野手	25		イ ウソン	이우성	李遇成	右右
外野手	27		キム ホリョン	김호령	金虎伶	右右
外野手	30		ソクラテス・ブリト	소크라테스	ドミニカ共和国	左左
外野手	34		チェ ヒョンウ	최형우	崔烔宇	左左
外野手	35		キム ソクファン	김석환	金夕煥	左左
外野手	47		ナ ソンボム	나성범	羅成範	左左
外野手	57		コ ジョンウク	고종욱	高宗郁	右右
育成選手						
投手	015		イ ドヒョン	이도현	李導炫	左左
投手	021		ホン ウォンビン	홍원빈	洪源彬	右右
投手	022		オ ギュソク	오규석	吳圭錫	右右
投手	03		パク コンウ	박건어	朴健友	左左
投手	033	●	キム テユン	김태윤	金泰潤	左右
投手	034		カン ドンフン	강동훈	姜東勳	右左
投手	035	●	チェ ジウン	최지웅	崔智雄	右右
投手	037	●	キム ミンジェ	김민재	金珉滅	右右
投手	039	●	ソン ヨンタク	성영탁	成泳卓	右右
投手	63		イ ソンチョン	이송찬	李松贊	右右
捕手	020		クォン ヒョクキョン	권혁경	權爀卿	右右
捕手	06		イ ソンジュ	이성주	李性周	右右
内野手	01		チャン シヒョン	장시현	張視瑣	右右
内野手	010		キム ゾンヒョク	김재현	金宗玄	右右
内野手	013		チェ スビン	최수빈	崔秀彬	右右
内野手	02		キム ドウォル	김도월	金濤刖	左左
内野手	28		イム ソクホ	임석진	林錫進	右右
内野手	038		カン ミンジェ	강민재	康珉齊	右右
内野手	040	●	キム ドゥヒョン	김두현	金杜炫	右右
内野手	07		キム ウォンギョン	김원경	金園暻	右右
内野手	9		オ ジョンファン	오정환	吳晸煥	右右
外野手	04		キム ミンス	김민수	金旻秀	右右

71 イ ボムホ

이범호　李机浩　LEE BUM HO
監督　43歳　25年目　右投右打

①1981.11.25②183cm93kg③大邱高-ハンファ(00)-ソフトバンク-KIA(11)-KIAコーチ(21)-KIA監督(24)⑤ゴ(05,06)⑦WBC(06,09)

	打率	試合	安打	本塁打	打点	盗塁	三振
通算	.271	2001	1727	329	1127	49	1158

現役当時のポジション：三塁手
前任監督が春季キャンプ直前に金銭トラブルで解任。急遽打撃コーチから昇格した。現役時代は2010年にソフトバンクでプレー。KIAで国内復帰した。持ち前のカリスマ性でチームをけん引する。

76 パク キナム
박기남　朴基楠　PARK KI NAM
守備　43歳　21年目　右投右打

①1981.8.14②175cm80kg③培材高-檀国大-LG(04)-KIA(09)-KIAコーチ(19)

83 中村 武志

タケシ　日本　NAKAMURA TAKESHI
バッテリー　57歳　10年目　右投右打

①1967.3.17②182cm85kg③花園高-中日-横浜-楽天-横浜コーチ-中日コーチ-千葉ロッテコーチ-KIA(15)-中日コーチ-KIAコーチ(24)

79 イ ジョンホ

이정호　李正鎬　LEE JUNG HO
二軍投手　42歳　24年目　右投右打

①1982.4.27②187cm98kg③大邱高-サムソン-(01)-ヒョンデ(05)-ヒーローズ(08)-キウムコーチ(20)-KIAコーチ(23)

90 パク ヒョイル

박효일　朴孝一　PARK HYO IL
二軍走塁　34歳　12年目　右投右打

①1990.4.18②178cm85kg③大邱商高-東義大-KIA(13)-KIAコーチ(22)

91 キム ソクヨン
김석연　金石連　KIM SUK YEON
残留軍打撃　56歳　34年目　右投右打

①1968.3.28②177cm86kg③大田高-東亜大-ビングレ(91)-ネクセンコーチ(14)-SKコーチ(17)-KIAコーチ(24)

キム ミンギ

김민기　金珉基
AT　33歳　2年目

チョ ジュンフェ
조준회　趙俊會
AT　30歳　2年目

ベク スンフン
백승훈　白承勳
● AT　27歳　1年目

70 チン ガプヨン

진갑용　陳甲龍　JIN KAB YONG
ヘッド　50歳　28年目　右投右打

①1974.5.8②182cm90kg③釜山高-OB(강)-サムソン(99)-サムソンコーチ(18)-KIAコーチ(20)⑤ゴ(02,05,06)⑦アジア大会(98)、五輪予選(03)、WBC(06,13)、五輪予選(08)、五輪(08)

85 イ ドンゴル

이동걸　李東杰　LEE DONG KUL
▲ 投手　41歳　18年目　右投右打

①1983.8.12②185cm95kg③徽文高-東国大-サムソン(07)-ハンファ(14)-ハンファコーチ(21)-KIAコーチ(24)

80 イ ヒョンゴン
이현곤　李賢坤　LEE HYUN GON
走塁　44歳　26年目　右投右打

①1980.2.21②183cm83kg③光州一高-延世大-KIA(02)-NC(13)-NCコーチ(15)-KIAコーチ(20)⑤首(07)⑦五輪予選(07)

68 ソン スンラク

손승락　孫勝洛　SON SEUNG LAK
二軍監督　42歳　20年目　右投右打

①1982.3.4②187cm99kg③大邱高-嶺南大-ヒョンデ(05)-ヒーローズ(08)-ロッテ(16)-KIAコーチ(23)⑤セ(13)、救(10,13,14,17)⑦WBC(13)

78 チェ ヒソプ
최희섭　崔熙涉　CHOI HEE SEOP
二軍打撃　45歳　18年目　左投左打

①1979.3.16②192cm123kg③光州一高-高麗大-カブス-マーリンズ-ドジャース-レッドソックス-デビルレイズ・KIA(07)-KIAコーチ(20)⑦WBC(06)

87 イ ヘチャン
이해창　李海昌　LEE HAE CHANG
二軍バッテリー　37歳　15年目　右投右打

①1988.5.11②184cm85kg③京畿高-漢陽大-ネクセン(10)-KT(15)-ハンファ(20)-KIAコーチ(23)

パク チャンミン
박창민　朴昶玟
トレーニング統轄　48歳　11年目

チョン ヨン
정영　鄭鍈
AT　37歳　11年目

チョン サンオク
정상옥　丁湘玉
AT　40歳　8年目

キム ドクシン
김덕신　金德信
● AT

キム ドンフ
김동후　金曈厚
S&C　43歳　3年目

ノ ミンチョル
노민철　盧玟喆
● S&C　38歳　1年目

73 チョン ジェフン

정재훈　鄭載勲　CHUNG JAE HUN
▲ 投手　44歳　22年目　右投右打

①1980.1.1②178cm83kg③徽文高-成均館大-トゥサン(03)-ロッテ(15)-トゥサン(16)-トゥサンコーチ(18)-KIAコーチ(24)⑤救(05)⑦

77 ホン セワン

홍세완　洪世完　HONG SEO OWAN
打撃　46歳　25年目　右投右打

①1978.1.16②183cm85kg③奨忠高-成均館大-ヘテ(00)-KIAコーチ(12)-SKコーチ(20)-KIAコーチ(22)

75 チョ ジェヨン

조재영　曹宰榮　JO JAE YOUNG
作戦　44歳　16年目　右投右打

①1980.3.15②182cm87kg③信一高-LG(99)-ネクセンコーチ(16)-KIAコーチ(22)

97 イ サンファ

이상화　李相和　LEE SANG HWA
二軍投手　44歳　21年目　右投右打

①1980.9.15②181cm98kg③慶州高-慶星大-KIA(04)-KIAコーチ(21)

81 ユン ヘジン
윤해진　尹該賑　YOON HAE JIN
二軍守備　35歳　13年目　右投右打

①1989.2.25②178cm84kg③開成高-慶星大-KIA(12)-KIAコーチ(20)

93 ソ ドクウォン
서덕원　徐德源　SEO DUK WON
● 残留軍投手　31歳　9年目　右投右打

①1993.7.12②183cm89kg③奨忠高-建国大-KIA(16)-KIAコーチ(24)

チョ ヒヨン

조희영　曺喜榮
AT　30歳　5年目

パク チュンソ
박준서　朴準緒
AT　25歳　3年目

ファン ジョンヒョン
황종현　黄鍾顯
AT　25歳　3年目

パク チョンウク
박정욱　朴政煜
● S&C　27歳　1年目

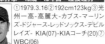

※2021年から監督、コーチの年俸は非公表となりました。

13 ユン ヨンチョル [ユニョンチョル]

윤영철　尹映喆
YOON YOUNG CHEOL

投手 20歳 2年目　左投左打

①2004.4.20②187cm87kg③沖岩高-KIA(23)④3,000万W→9,000万W⑥高卒1年目の昨季、4月から年間通して先発を務めたサウスポー。直球の最速は130キロ台後半、120キロ台のスライダー、チェンジアップをコーナーいっぱい、低めに集めて凡打を誘った。左腕王国の中で今季も先発ローテーションの一角を担う。

年度	チーム	防御率	試合	勝利	敗戦	セーブ	投球回	安打	四球	三振
2017		-	-	-	-	-	-	-	-	-
2018		-	-	-	-	-	-	-	-	-
2019		-	-	-	-	-	-	-	-	-
2020		-	-	-	-	-	-	-	-	-
2021		-	-	-	-	-	-	-	-	-
2022		-	-	-	-	-	-	-	-	-
2023	KIA	4.04	25	8	7	0	122 2/3	124	48	74
通算		4.04	25	8	7	0	122 2/3	124	48	74

48 イ ウィリ

이의리　李義理
LEE EUI LEE

投手 22歳 4年目　左投左打

①2002.6.16②185cm90kg③光州一高-KIA(21)④1億5,000万W→1億7,000万W⑤新(21)⑥21年のドラは先発から2年連続2ケタ勝利をマーク。アジア大会での金メダル獲得による兵役免除が期待されたが、大会直前に代表選考から漏れた。APBCでは日本戦に先発6回2失点。150キロに迫る直球とスライダーがハマると三振の山を築く左腕だ。⑦五輪(21),WBC(23),APBC(23)

年度	チーム	防御率	試合	勝利	敗戦	セーブ	投球回	安打	四球	三振
2017		-	-	-	-	-	-	-	-	-
2018		-	-	-	-	-	-	-	-	-
2019		-	-	-	-	-	-	-	-	-
2020		-	-	-	-	-	-	-	-	-
2021	KIA	3.61	19	4	5	0	94 2/3	69	56	93
2022	KIA	3.86	29	10	5	0	154	128	74	161
2023	KIA	3.96	28	11	7	0	131 2/3	100	**93**	156
通算		3.83	76	25	22	0	380 1/3	300	223	410

54 ヤン ヒョンジョン

양현종　梁玹種
YANG HYEON JONG

投手 36歳 18年目　左投左打

①1988.3.1②183cm91kg③光州東成高-KIA(07)-レンジャーズ-KIA(22)④5億W→5億W⑤M(17),防(15,19),勝(17),ゴ(17)⑥渡米期間を除く連続シーズン2ケタ勝利は8で止まるも、チームで唯一規定投球回数に到達し役割を果たした。通算勝利数は歴代2位、現役1位。チェンジアップ、スライダーを持ち球に粘り強い投球を見せる。上位進出にエースの活躍は不可欠だ。⑦アジア大会(10,14,18),WBC(17,23),プレミア12(19)

年度	チーム	防御率	試合	勝利	敗戦	セーブ	投球回	安打	四球	三振
2017	KIA	3.44	31	**20**	6	0	193 1/3	209	45	158
2018	KIA	4.15	29	13	11	0	184 1/3	199	63	152
2019	KIA	**2.29**	29	16	8	0	184 2/3	165	33	163
2020	KIA	4.70	31	11	10	0	172 1/3	180	64	149
2021		-	-	-	-	-	-	-	-	-
2022	KIA	3.85	30	13	7	0	175 1/3	170	51	141
2023	KIA	3.58	29	9	11	0	163 1/3	168	41	155
通算		3.81	484	168	113	0	2332 1/3	2291	893	1947

1 パク チャンホ [パクチャノ]

박찬호　朴燦澔
PARK CHAN HO

内野手 29歳 11年目　右投右打

①1995.6.5②178cm72kg③奨忠高-KIA(14)④2億W→3億W⑤盗(19,22)、守(23)⑥1、2番または9番に座り、自身初の打率3割をマーク。3度目の30盗塁以上を記録し、昨年新設の守備賞を遊撃手部門で獲得した。線が細く見えるが強靭な体を持つ。胸元をはだけさせ体にフィットした着こなしでユニフォームを身に着けている。

年度	チーム	打率	試合	打数	安打	本塁打	打点	盗塁	四球	三振
2017		-	-	-	-	-	-	-	-	-
2018		-	-	-	-	-	-	-	-	-
2019	KIA	.260	133	504	131	2	49	**39**	26	83
2020	KIA	.223	141	480	107	3	36	15	36	87
2021	KIA	.246	131	418	103	1	59	9	54	73
2022	KIA	.272	130	493	134	4	45	**42**	57	67
2023	KIA	.301	130	452	136	5	52	30	64	65
通算		.253	820	2548	645	13	250	140	226	422

3 キム ソンビン

김선빈　金善彬
KIM SUN BIN

内野手 35歳 17年目　右投右打

①1989.12.18②165cm77kg③和順高-KIA(08)④4億5,000万W→6億W⑤首(17)、ゴ(17)⑥昨季は3、5、6番に座り、リーグ6位の高打率をマークした二塁手。小柄な体格から足を大きく体の正面に上げてタイミングを取る独特のフォームを見せる。逆方向への打球も多く、チャンスでも結果を残してきた。今季もチームをけん引する。

年度	チーム	打率	試合	打数	安打	本塁打	打点	盗塁	四球	三振
2017	KIA	**.370**	137	476	176	5	64	4	39	40
2018	KIA	.295	124	424	125	1	58	4	42	42
2019	KIA	.292	121	394	115	3	40	5	23	26
2020	KIA	.330	85	303	100	1	37	1	40	43
2021	KIA	.307	130	501	154	5	67	0	56	39
2022	KIA	.287	140	505	145	3	61	0	63	30
2023	KIA	.320	119	419	134	5	34	3	38	26
通算		.303	1509	4968	1506	32	564	104	554	489

30 ソクラテス・ブリト [ソクラテス・ブリト]

소크라테스·브리토　ドミニカ共和国
SOCRATES BRITO

外野手 32歳 3年目　左投左打

①1992.9.6②188cm93kg③ダイヤモンドバックス-ブルージェイズ-KIA(22)④$50万→$50万⑥年間通して中軸に座り、チームトップの安打、得点、本塁打、打点をマーク。確実性の高い打撃、長打力、守備と走塁でもチームに大きく貢献している。打席に入ると中毒性のある応援歌とともに大きな盛り上がりを見せる人気プレーヤーだ。

年度	チーム	打率	試合	打数	安打	本塁打	打点	盗塁	四球	三振
2017		-	-	-	-	-	-	-	-	-
2018		-	-	-	-	-	-	-	-	-
2019		-	-	-	-	-	-	-	-	-
2020		-	-	-	-	-	-	-	-	-
2021		-	-	-	-	-	-	-	-	-
2022	KIA	.311	127	514	160	17	78	12	32	80
2023	KIA	.317	142	547	156	20	96	15	54	81
通算		.298	269	1061	316	37	173	27	86	161

FANの　耳に残る応援歌といえばこの人！（わ）

34 チェ ヒョンウ
최형우 / 崔炯宇 / CHOI HYOUNG WOO

外野手 41歳 23年目 右投左打

①1983.12.16②180cm106kg③全州高-サムソン(02)-KIA(17)⑤7億W→10億W⑤新(08),首(16,20),本(11),点(11,16),ゴ(11,13,14,16,17,20)⑥昨季、通算打点がイ・スンヨプ(現トゥサン監督)を抜き歴代1位になった。戦力外、軍入隊、再入団(当時サムソン)を経て08年にレギュラーに定着以来、活躍を続けている稀な存在だ。40代になっても4番打者としてチームを引っ張る。⑦WBC(17)

年度	チーム	打率	試合	打数	安打	本塁打	打点	盗塁	四球	三振
2017	KIA	.342	142	514	176	26	120	0	**96**	82
2018	KIA	.339	143	528	179	25	103	3	66	87
2019	KIA	.300	136	456	137	17	86	0	**85**	77
2020	KIA	**.354**	140	522	185	28	115	0	72	101
2021	KIA	.233	104	373	87	12	55	0	67	67
2022	KIA	.264	132	454	120	14	71	1	73	92
2023	KIA	.302	121	431	130	17	81	0	65	83
通算		.312	2065	7452	2323	373	1542	28	1078	1318

47 ナ ソンボム
나성범 / 羅星範 / NA SUNG BUM

外野手 35歳 13年目 左投左打

①1989.10.3②183cm100kg③眞興高-延世大-NC(12)-KIA(22)⑤8億W→8億W⑤ゴ(14,15,22)⑥昨季はふくらはぎ、腰、太ももなどの故障でわずかの出場数となった。今季は右太ももも痛で出遅れる見通しだ。早いカウントから仕掛ける勝負強い打撃が魅力。3番打者として圧倒的な存在感を見せる「ナ・スター」の活躍がチームの順位を大きく左右する。⑦アジア大会(14)、プレミア12(15)、WBC(23)

年度	チーム	打率	試合	打数	安打	本塁打	打点	盗塁	四球	三振
2017	NC	.347	125	483	173	24	99	17	48	116
2018	NC	.318	**144**	556	177	23	91	15	44	131
2019	NC	.323	23	93	34	4	14	2	12	26
2020	NC	.324	130	525	170	34	112	3	49	148
2021	NC	.281	**144**	570	160	33	101	1	38	155
2022	NC	.320	**144**	**563**	180	21	97	6	64	**137**
2023	KIA	.365	58	167	61	8	57	0	26	36
通算		.315	1283	5044	1591	251	984	100	455	1235

0 クァク トギュ
곽도규 / 郭道圭 / KWAK DO GYU

投手 20歳 2年目 左投左打

①2004.4.12②185cm90kg③公州高-KIA(23)④3,000万W→3,300万W⑥スリークォーターから球速以上に早く感じるツーシームを主体に投げる左腕。ファームで6勝5セーブを記録。秋には豪州リーグで経験を積んだ。

年度	防御率	試合	勝利	敗戦	セーブ	投球回	三振
2023	8.49	14	0	0	1	11 2/3	14
通算	8.49	14	0	0	1	11 2/3	14

4 ユ ジソン
유지성 / 劉志成 / YOU JI SUNG

投手 24歳 5年目 左投左打

①2000.11.15②189cm94kg③北一高-KIA(20)④3,000万W→3,100万W⑥昨季は先発、中継ぎとして43試合に登板。チームトップタイの7勝を挙げた。左腕のライバルとの競争に勝って初の一軍を目指す。

年度	防御率	試合	勝利	敗戦	セーブ	投球回	三振
2023							
通算							

10 ユ スンチョル
유승철 / 柳承澈 / YOO SEUNG CHEOL

投手 26歳 8年目 右投両打

①1998.3.2②184cm87kg③嘆泉高-KIA(17)④3,800万W→3,600万W⑥昨季の一軍登板は4月の1試合のみ。140キロ台後半の直球が魅力の17年のドラ1に。オフに豪州リーグに参加した。今季は制球力アップを目指す。

年度	防御率	試合	勝利	敗戦	セーブ	投球回	三振
2023	0.00	1	0	0	0		
通算	5.55	64	4	0	1	71 1/3	63

12 ウィル・クロウ
크로우 / アメリカ合衆国 / WILLIAM CROWE

● 投手 30歳 1年目 右投右打

①1994.9.9②185cm108kg③サウスカロライナ大-ナショナルズ-パイレーツ-KIA(24)④＜契＞$20万＜年＞$60万⑥150キロに迫るツーシームを中心に多彩な球種を小さく動かして抑えていく右腕。高い安定感を誇り、先発として期待されている。

年度	防御率	試合	勝利	敗戦	セーブ	投球回	三振
23MLB	4.66	5	0	1	0	9 2/3	9
MLB通算	5.30	94	11	21	5	210 2/3	196

名鑑の見方 [NPB選手経験者は名前が白ヌキ]

背番号 氏名(現地読みに近い表記には[発音]、外国人選手のカタカナ読みには[カタカナ]を併記) ハングル 漢字または国籍 アルファベット

●…新入団 ▲…移籍 ■…復帰

守備位置 年齢 年数 投打

①生年月日②身長体重③経歴( )内は入団年④年俸は2023年→2024年(1ウォン=約0.11円)と一部の新外国人選手には契約金も記載⑤主な獲得タイトル…M=最優秀選手 新=新人王 首=首位打者 本=本塁打 点=打点王 盗=盗塁王 防=最優秀防御率 最=最多勝利 救=最優秀救援 ゴ=ゴールデングラブ賞、守=守備賞(2023年限り)⑥寸評(現地取材)⑦代表選手選出歴
※成績の太字はリーグトップ

FAN このマークがある選手には読者からのコメントを掲載。

代表選手選出歴に記載の大会

1998 バンコクアジア大会(金メダル)	2015 プレミア12(優勝)
2000 シドニー五輪(銅メダル)	2017 WBC(1次ラウンド敗退)
2002 プサンアジア大会(金メダル)	2017 APBC(準優勝)
2003 アテネ五輪予選(敗退)	2018 ジャカルタアジア大会(金メダル)
2006 WBC(ベスト4)	2019 プレミア12(準優勝)
2006 ドーハアジア大会(銅メダル)	2021 東京五輪(4位)
2007 北京五輪予選(アジア予選.敗退)	2023 WBC(1次ラウンド敗退)
2008 北京五輪予選(世界最終予選.2位)	2023 杭州アジア大会(金メダル)
2008 北京五輪(金メダル)	2023 APBC(準優勝)
2009 WBC(準優勝)	
2010 広州アジア大会(金メダル)	五輪 ▶ オリンピック
2013 WBC(1次ラウンド敗退)	WBC ▶ ワールド・ベースボール・クラシック
2014 インチョンアジア大会(金メダル)	APBC ▶ アジアプロ野球チャンピオンシップ

17 イム ギョン

임기영	林起映
IM GI YEONG	

投手　31歳　13年目　右投右打

①1993.4.16②184cm86kg③慶北高-ハンファ(12)-KIA(17)④1億5,000万W→2億5,000万W⑥先発の横手投げがリリーフに転向。チームトップタイの登板数、チーム1位の16ホールドをマークした。得意のチェンジアップで打者を抑える。⑦APBC(17), アジア大会(18)

年度	防御率	試合	勝利	敗戦	セーブ	投球回	三振
2023	2.96	64	4			82	57
通算	4.71	248	45	57	4	821 1/3	599

19 ユン ジュンヒョン

윤중현	尹重鉉
YOON JOONG HYUN	

投手　29歳　7年目　右投右打

①1995.4.25②180cm84kg③光州一高-成均館大-KIA(18)④7,900万W→6,500万W⑥中継ぎを務める横手投げは緩急を生かした投球が特徴。低めへの安定したコントロールで内野ゴロを打たせている。首脳陣の信頼は厚い。

年度	防御率	試合	勝利	敗戦	セーブ	投球回	三振
2023	3.86	31	2	1	0	28	8
通算	4.27	108	10	8	0	164 1/3	68

20 イ ジュンヨン

이준영	李焌寧
LEE JUN YOUNG	

投手　32歳　10年目　左投左打

①1992.8.10②177cm85kg③群山商高-中央大-KIA(15)④1億4,000万W→1億4,000万W⑥3年連続50試合以上となるチームトップタイの64試合に登板。10ホールドを記録した。前傾気味のフォームからのスライダーは投球の7割以上を占める。

年度	防御率	試合	勝利	敗戦	セーブ	投球回	三振
2023	3.21	64	1	0		33 2/3	30
通算	5.02	287	6	7	2	208	170

21 キム サユン

김사윤	金仕潤
KIM SA YUN	

投手　30歳　12年目　左投右打

①1994.6.8②182cm90kg③和順高-SK(13)-KIA(22)④3,600万W→3,400万W⑥改名して心機一転臨んだ昨季だったが、6月に左ひじ手術を受けて一軍登板はなかった。20年には57試合登板10ホールドを記録した。

年度	防御率	試合	勝利	敗戦	セーブ	投球回	三振
2023	-	-	-	-	-	-	-
通算	6.65	96	4	2	1	94 2/3	89

24 キム スンヒョン

김승현	金昇賢
KIM SEUNG HYEON	

投手　32歳　9年目　右投右打

①1992.7.9②180cm105kg③江陵高-建国大-サムソン(16)-KIA(23)④4,500万W→4,100万W⑥昨季はファームで9ホールド、トップタイの46試合に登板した。巨漢のリーリフ右腕は140キロ台後半の直球とスライダーのツーピッチで勝負する。

年度	防御率	試合	勝利	敗戦	セーブ	投球回	三振
2023	4.26	10	0			12 2/3	7
通算	5.37	101	2	8	0	107 1/3	83

31 パク チュンピョ

박준표	朴竣杓
PARK JUN PYO	

投手　32歳　12年目　右投右打

①1992.6.26②181cm93kg③中央高-東岡大-KIA(13)④1億500万W→8,000万W⑤5年連続30試合以上登板の横手投げ投手。球速の7割以上を占める動きの大きいツーシームを武器に、今年もブルペン陣の中心的役割を担う。

年度	防御率	試合	勝利	敗戦	セーブ	投球回	三振
2023	4.50	33	1	0		28	13
通算	4.54	306	23	11	6	323	196

32 キム ヒョンス [キミョンス]

김현수	金賢洙
KIM HYEON SU	

投手　24歳　6年目　右投右打

①2000.7.10②185cm90kg③奨忠高-ロッテ(19)-KIA(20)④4,000万W→4,500万W⑥入隊中の昨季はサンムでプレー。先発として15試合に登板し、リーグトップタイの9勝を挙げた。落差のあるカーブを効果的に使って抑える。

年度	防御率	試合	勝利	敗戦	セーブ	投球回	三振
2023	-	-	-	-	-	-	-
通算	7.09	39	2	7		86 1/3	51

33 イ ヒョンボム

이형범	李炯範
LEE HYEONG BEOM	

▲　投手　30歳　13年目　右投右打

①1994.2.27②181cm80kg③和順高-NC(12)-トゥサン(19)-KIA(24)④7,000万W→7,000万W⑥19年にヤンウィジのFA人的補償でNCからトゥサンへ。今季は2次ドラフトでKIA入りした。躍動感あるフォームからのツーシームで凡打を誘う。

年度	防御率	試合	勝利	敗戦	セーブ	投球回	三振
2023	6.51	31	1	0	0	27 2/3	13
通算	4.58	191	10	9	20	276	114

36 カン イジュン

강이준	姜而俊
KANG YI JUN	

投手　26歳　8年目　右投右打

①1998.4.7②190cm86kg③仁倉高-KIA(17)④3,000万W→3,000万W⑥長身右腕の昨季はファームで2度の先発を含む28試合に登板。シーズン後半に安定感を見せ始めた。5年ぶりの一軍登板なるか。

年度	防御率	試合	勝利	敗戦	セーブ	投球回	三振
2023	-	-	-	-	-	-	-
通算	11.00	3	0	2	0	9	3

38 キム チャンミン

김찬민	金燦民
KIM CHAN MIN	

投手　21歳　3年目　右投右打

①2003.9.13②184cm85kg③全州高-KIA(22)④3,000万W→3,000万W⑥昨季ファームで37試合に登板。4月には3度先発登板した。期待の横投げ右腕はプロ3年目の今季、初の一軍登板を目指す。

年度	防御率	試合	勝利	敗戦	セーブ	投球回	三振
2023	-	-	-	-	-	-	-
通算	-	-	-	-	-	-	-

39 チェ ジミン
最지민 | 崔智旻
CHOI JI MIN

| | 投手 21歳 3年目 左投左打 |

①2003.9.10②185cm100kg③江陵高-KIA(22)④3,000万W⑥スリークォーターから150キロに迫る直球とスライダーを武器に12ホールドを記録。アジア大会、APBCにも出場した巨漢左腕だ。⑦アジア大会(23)、APBC(23)

年度	防御率	試合	勝利	敗戦	セーブ	投球回	三振
2023	2.12	58	6	3	3	59 1/3	44
通算	3.17	64	6	3	3	65 1/3	51

40 ジェイムス・ネイル [ジェームズ・ネイル]
네일 | アメリカ合衆国
JAMES NAILE

| ● | 投手 31歳 1年目 右投右打 |

①1993.2.8②193cm83kg③アラバマ大学バーミンガム校-カージナルス-KIA(24)④〈契〉$20万〈年〉$35万⑤150キロを超える速球とスイーパーを武器に高い奪三振能力を見せる右腕。MLBでの勝ち星はないが、先発投手として評価が高い。

年度	防御率	試合	勝利	敗戦	セーブ	投球回	三振
23MLB	8.80	10	0	0	0	15 1/3	7
MLB通算	7.40	17	0	0	0	24 1/3	12

41 ファン ドンハ
황동하 | 黃銅夏
HWANG DONG HA

| | 投手 22歳 3年目 右投右打 |

①2002.7.30②183cm96kg③仁祥高-KIA(22)④3,000万W→3,500万W⑥ファームで先発経験を重ね、一軍でも昨季終盤はスターターを任された。早いテンポでブレーキのきいた変化球を投げ込み打者を抑える。

年度	防御率	試合	勝利	敗戦	セーブ	投球回	三振
2023	6.61	13	0	3	0	31 1/3	19
通算	6.61	13	0	3	0	31 1/3	19

43 キム ゴングク
김건국 | 金建局
KIM KEON KUK

| | 投手 36歳 19年目 右投右打 |

①1988.2.2②183cm86kg③德壽情報高-トゥサン(06)-KT(14)-ロッテ(17)-KIA(23)④3,000万W→4,000万W⑥昨季6月に育成から昇格。一軍6試合のうち5度先発登板した。打たせて取る投球で一軍定着を目指す36歳だ。

年度	防御率	試合	勝利	敗戦	セーブ	投球回	三振
2023	6.75	6	0	0	0	16	9
通算	4.80	94	6	8	0	148	109

45 キム ミンジュ
김민주 | 金旼柱
KIM MIN JU

| ● | 投手 22歳 1年目 右投右打 |

①2002.9.8②182cm85kg③培明高-江陵嶺東大-KIA(24)④〈契〉>5,000万W〈年〉3,000万W⑥横手にスリークォーターから躍動感のあるフォームで投げ込む右腕。リリーフとして一軍定着を目指す大卒新人だ。

ROOKIE

46 チャン ミンギ
장민기 | 張珉綺
JANG MIN GI

| | 投手 23歳 4年目 左投左打 |

①2001.12.30②182cm88kg③龍馬高-KIA(21)④3,500万W→3,500万W⑥軍入隊中の昨季はサンムでプレー。オフには韓国代表としてBFAアジア選手権に出場した。スライダーとフォークを持ち味にする左腕だ。

年度	防御率	試合	勝利	敗戦	セーブ	投球回	三振
2023	-	-	-	-	-	-	-
通算	3.47	21	2	1	0	23 1/3	22

49 キム ユシン [キミュシン]
김유신 | 金有臣
KIM YU SIN

| | 投手 25歳 7年目 左投左打 |

①1999.6.14②187cm100kg③世光高-KIA(18)④3,900万W→4,200万W⑥昨季の登板数は自己最多。体格は大柄だが130キロ台中盤の直球と変化球で緩急を生かした投球を見せる。今季も凡打を誘って抑える。

年度	防御率	試合	勝利	敗戦	セーブ	投球回	三振
2023	5.64	27	0	1	0	30 1/3	12
通算	7.13	52	3	7	0	112 1/3	56

50 チャン ヒョンシク
장현식 | 張現植
JANG HYUN SIK

| | 投手 29歳 12年目 右投右打 |

①1995.2.24②181cm91kg③ソウル高-NC(13)-KIA(20)④1億9,000万W→1億6,000万W⑥3年連続50試合以上に登板。150キロに迫る直球とスライダー、球速のあるフォークを見せる。21年のホールド王はフル回転なるか。⑦APBC(17)

年度	防御率	試合	勝利	敗戦	セーブ	投球回	三振
2023	4.06	56	2	2	3	51	44
通算	5.05	362	27	32	7	516 2/3	445

51 チョン サンヒョン
전상현 | 全相炫
JEON SANG HYUN

| | 投手 28歳 9年目 右投右打 |

①1996.4.18②182cm84kg③大邱商苑高-KIA(16)④1億3,500万W→1億7,000万W⑥チームトップタイの登板数で13ホールドを記録。安定した活躍を見せた。股関節を柔軟に使ったフォームから力強いボールを投げ込む。

年度	防御率	試合	勝利	敗戦	セーブ	投球回	三振
2023	2.15	64	8	3	1	58 2/3	50
通算	3.20	246	17	16	18	250	255

53 キム ギフン
김기훈 | 金技訓
KIM KI HOON

| | 投手 24歳 6年目 左投左打 |

①2000.1.3②184cm93kg③光州東成高-KIA(19)④5,000万W→4,000万W⑥インステップ気味の踏み出しから、力感あふれるフォームで投げ込む左腕。ファームでは先発、一軍ではリリーフを務めた。

年度	防御率	試合	勝利	敗戦	セーブ	投球回	三振
2023	4.60	29	2	0	0	31 1/3	26
通算	5.10	75	5	10	0	171 1/3	123

日程
L
G
K
T
SSG
N
C
トゥサン
KIA
ロッテ
サムソン
ハンファ
キウム
記録

62 チョン ヘヨン

	鄭海英
정해영	JUNG HAI YOUNG

投手 23歳 5年目 右投右打

①2001.8.23②189cm98kg③光州一高-KIA(20)④2億3,000万W→2億W⑥3年連続20セーブ以上の抑え投手は、140キロ台後半の直球とフォークボール、スライダーが持ち球で、昨年10月は8試合連続無失点、6セーブを挙げた。⑦APBC(23)

年度	防御率	試合	勝利	敗戦	セーブ	投球回	三振
2023	2.92	52	3	4	23	49 1/3	30
通算	2.89	218	16	19	90	209	154

67 チョ デヒョン

	趙大鉉
조대현	CHO DAE HYUN

● 投手 19歳 1年目 右投右打

①2005.2.19②192cm85kg③江陵高-KIA(24)④＜契＞2億5,000万W＜年＞3,000万W⑥24年ドラフト1R(全体順位6番目)。長身右腕は高3の時にU18代表としてW杯に出場。チームでは打者として4番に座り高い評価を受けた。

ROOKIE

69 キム デユ

	金大洧
김대유	KIM DAE YU

投手 33歳 15年目 左投右打

①1991.5.8②187cm92kg③釜山高-ネクセン(10)-SK(14)-KT(17)-LG(20)-KIA(23)④1億6,000万W→1億1,000万W⑥FA人的補償で移籍入団の昨季は徐々に信頼を得ていった。横手に近いスリークォーターの左腕は、左打者にとって肩口から球がくる怖さがある。

年度	防御率	試合	勝利	敗戦	セーブ	投球回	三振
2023	5.11	41	0	2	0	24 2/3	20
通算	3.70	203	6	5	0	160 2/3	153

22 チュ ヒョサン

	朱曉祥
주효상	JOO HYO SANG

捕手 27歳 9年目 右投左打

①1997.11.11②182cm85kg③ソウル高-ネクセン(16)-KIA(23)④4,800万W→4,400万W⑥開幕直後はスタメン起用が続くも、5月中旬以後はファームでの日々が続いた。今季は2番手捕手の座をシーズン通して死守したい。

年度	打率	試合	安打	本塁打	打点	盗塁	三振
2023	.063	19	2	0	1	0	10
通算	.192	256	75	2	37	1	139

26 ハン スンテク

	韓承澤
한승택	HAN SEUNG TAEK

捕手 30歳 12年目 右投右打

①1994.6.21②174cm83kg③徳壽高-ハンファ(13)-KIA(16)④8,000万W→6,500万W⑥レギュラー捕手としてスタートした昨季だったが、キム・テグンの加入もあって出場機会が激減した。限られた出番で安定感を見せたい。⑦APBC(17)

年度	打率	試合	安打	本塁打	打点	盗塁	三振
2023	.129	49	11	0	3	0	32
通算	.206	593	227	19	116	1	332

42 キム テグン

	金泰君
김태군	KIM TAE GUN

捕手 35歳 17年目 右投右打

①1989.12.30②182cm92kg③釜山高-LG(08)-NC(13)-サムソン(22)-KIA(23)④2億W→7億W⑥昨年7月にサムソンから電撃移籍。パクドンウォンの穴をすぐに埋めて正捕手の座についた。笑顔いっぱいの攻守でチームを引っ張る。⑦WBC(17)

年度	打率	試合	安打	本塁打	打点	盗塁	三振
2023	.257	114	80	1	42	2	30
通算	.248	1295	729	25	303	3	440

44 イ サンジュン

	李尚俊
이상준	LEE SANG JUN

● 捕手 19歳 1年目 右投右打

①2005.12.13②182cm105kg③京畿高-KIA(24)④＜契＞1億W＜年＞3,000万W⑥24年ドラフト3R(全体順位26番目)。豪快な打撃と捕手としての能力に高い評価を受ける。U18代表としてW杯日本戦でDHで出場して2安打した。

ROOKIE

55 ハン ジュンス

	韓俊洙
한준수	HAN JUN SU

捕手 25歳 7年目 右投左打

①1999.2.13②184cm95kg③光州東成高-KIA(18)④3,100万W→5,000万W⑥18年のドラは軍服務と育成登録を経て昨年6月に昇格。4年ぶりの一軍でシーズン終盤はスタメン出場を重ねた。長打力が魅力の左バッターだ。

年度	打率	試合	安打	本塁打	打点	盗塁	三振
2023	.256	44	22	2	12	0	26
通算	.264	55	28	2	14	0	28

2 コ ミョンソン

	高明星
고명성	GO MYOUNG SUNG

▲ 内野手 25歳 7年目 右投右打

①1999.4.16②178cm68kg③群山商高高-KT(18)-KIA(24)④3,100万W→3,100万W⑥2次ドラフト6順位で移籍の細身の内野手。昨季ファームで71試合に出場した。代走、守備固めでの一軍昇格を狙う。

年度	打率	試合	安打	本塁打	打点	盗塁	三振
2023							
通算	.105	43	2	0	0	0	7

5 キム ドヨン

	金倒永
김도영	KIM DO YEONG

内野手 21歳 3年目 右投右打

①2003.10.2②183cm85kg③光州東成高-KIA(22)④5,000万W→1億W⑥期待のスター候補生。昨季は三塁手として上位打線に定着し、結果を残した。APBC決勝日本戦ではヘッドスライディングにより左手を負傷した。⑦APBC(23)

年度	打率	試合	安打	本塁打	打点	盗塁	三振
2023	.303	84	113	7	47	25	62
通算	.277	187	156	10	66	38	124

FANの声 走攻守一流の3年目内野手！ (僕ちゃん(^.^))

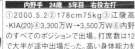

6 ホン ジョンピョ

홍종표 洪宗杓
HONG JONG PYO

内野手 24歳 5年目 右投左打

①2000.5.2②178cm75kg③江陵高-KIA(20)④3,300万W→3,500万W⑥内野のすべてのポジションで出場。打席数は12で大半が途中出場だった。高い身体能力を武器に勝利に貢献する働きを見せたい。

年度	打率	試合	安打	本塁打	打点	盗塁	三振
2023	.000	40	0	0	0	0	1
通算	.230	80	21	0	7	0	14

11 ユン ドヒョン

윤도현 尹道鉉
YOON DO HYUN

内野手 21歳 3年目 右投右打

①2003.5.7②181cm84kg③光州一高-KIA(22)④3,000万W→3,000万W⑥ファームで5月の9安打のうち3本がホームラン。一軍昇格するも1試合出場後、右太もも裏痛で抹消となりリハビリの日々となった。今季飛躍なるか。

年度	打率	試合	安打	本塁打	打点	盗塁	三振
2023	.000	1	0	0	0	0	1
通算	.000	1	0	0	0	0	1

14 キム ギュソン

김규성 金奎成
KIM KYU SUNG

内野手 27歳 8年目 右投左打

①1997.3.8②183cm73kg③善隣インターネット高-KIA(16)④4,500万W→5,500万W⑥セカンド、ショートをはじめ、内野の全ポジションで出場。4月には三塁走者としてホームスチールを成功させる。果敢なプレーでチャンスをつかむ。

年度	打率	試合	安打	本塁打	打点	盗塁	三振
2023	.234	99	37	2	11	6	43
通算	.197	326	79	6	28	8	112

23 チェ ジョンヨン

최정용 崔廷龍
CHOI JEONG YONG

内野手 28歳 10年目 右投左打

①1996.10.24②178cm75kg③世光高-サムソン(15)-SK(16)-KIA(18)④4,000万W→4,300万W⑥昨季の先発出場は7試合。内野全ポジションの控え、代走として役割を果たした。盗塁は失敗ゼロで4つを記録した。

年度	打率	試合	安打	本塁打	打点	盗塁	三振
2023	.167	56	6	0	1	4	9
通算	.215	238	53	1	11	6	72

29 ピョン ウヒョク [ピョヌヒョク]

변우혁 邊玗赫
BYEON WOO HYEOK

内野手 24歳 6年目 右投右打

①2000.3.18②185cm95kg③北一高-ハンファ(19)-KIA(23)④3,500万W→6,000万W⑥期待の長距離砲は移籍1年目の昨季、自己最多の出場数と本塁打を記録した。ファーストのポジションをファン・デインらと争う。

年度	打率	試合	安打	本塁打	打点	盗塁	三振
2023	.225	83	45	7	24	0	74
通算	.232	133	73	11	34	0	112

37 パク ミン

박민 朴愍
PARK MIN

内野手 23歳 5年目 右投右打

①2001.6.5②184cm84kg③野塔高-KIA(20)④3,500万W→3,500万W⑥軍服務中の昨季はサンムでプレーし打力を発揮した。オフには豪州リーグに派遣。高校時代はU18W杯日本戦で西純矢からヒットを放った遊撃手だ。

年度	打率	試合	安打	本塁打	打点	盗塁	三振
2023	-	-	-	-	-	-	-
通算	.158	30	6	0	3	0	11

52 ファン デイン

황대인 黃大仁
HWANG DAE IN

内野手 28歳 10年目 右投右打

①1996.2.10②178cm100kg③京畿高-KIA(15)④1億3,000万W→8,000万W⑥主砲として期待された昨季だったが二軍落ちを繰り返し、右ひじ痛もあって不満の残る年となった。復活目指す巨漢ヒッターだ。

年度	打率	試合	安打	本塁打	打点	盗塁	三振
2023	.213	60	37	5	26	0	51
通算	.247	376	278	39	188	0	262

56 オ ソンウ [オソヌ]

오선우 吳善右
OH SUN WOO

内野手 28歳 6年目 右投左打

①1996.12.13②186cm95kg③培明高-仁荷大-KIA(19)③3,000万W→3,300万W⑥昨季2年ぶりに一軍昇格。5安打のうち2本がホームランいずれも逆方向への当たりだった。打撃センスと長打力を武器に一塁手争いに参戦した。

年度	打率	試合	安打	本塁打	打点	盗塁	三振
2023	.179	33	5	2	5	0	15
通算	.184	128	30	7	23	0	74

58 ソ ゴンチャン

서건창 徐建昌
SEO GEON CHANG

▲ 内野手 35歳 17年目 右投左打

①1989.8.22②176cm84kg③光州一高-LG(08)-ネクセン(12)-LG(21)-KIA(22)④2億W→5,000万W⑤M(14)、新(12)、首(14)、ゴ(12,14,16)⑥14年に年間200安打を記録した打者がLGから移籍。これまでの二塁手ではなく一塁手としも出場、持ち前の打撃を発揮する機会をつかむ。⑦WBC(17)

年度	打率	試合	安打	本塁打	打点	盗塁	三振
2023	.200	44	22	0	12	3	14
通算	.297	1256	1365	38	491	229	533

59 チョン ヘウォン

정해원 鄭諧圓
JUNG HAE WON

内野手 20歳 2年目 右投右打

①2004.5.21②185cm87kg③徽文高-KIA(23)④3,000万W→3,100万W⑥高卒1年目の昨季はファームで93試合に出場。内、外野をこなし、本塁打4、41打点をマークした。昇格チャンスをつかんで長打力を発揮したい。

年度	打率	試合	安打	本塁打	打点	盗塁	三振
2023	-	-	-	-	-	-	-
通算	-	-	-	-	-	-	-

FANの笑顔とバッティングはギャップの塊チョン・ヘウォン!!（なちゃ）

8 イ チャンジン

	이창진　李昶鎭
	LEE CHANG JIN

外野手　33歳　11年目　右投右打

①1991.3.4②173cm85kg③仁川高-建国大-ロッテ(14)-KT(15)-KIA(18)④1億4,000万W→1億2,000万W⑥スタメン出場は多くなかったが、途中出場で存在感を発揮。代打での打率は.464だった。つま先でタイミングをとるトータップで左右に打ち分ける。

年度	打率	試合	安打	本塁打	打点	盗塁	三振
2023	.270	104	66	4	29	9	44
通算	.267	512	368	20	165	25	280

15 パク チョンウ

	박정우　朴晶宇
	PARK JUNG WOO

外野手　26歳　8年目　左投左打

①1998.2.1②175cm68kg③徳壽高-KIA(17)④3,600万W→3,800万W⑥ファームで92試合に出場。32盗塁でタイトルを獲得した。短く持ったバットでの確実性の高い打撃、対応力の高さを発揮すると一軍が近づくだろう。

年度	打率	試合	安打	本塁打	打点	盗塁	三振
2023	.333	21	3	0	0	1	
通算	.217	69	13	0	6	0	10

16 チェ ウォンジュン

	최원준　崔元準
	CHOI WON JUN

外野手　27歳　9年目　右投左打

①1997.3.23②178cm85kg③ソウル高-KIA(16)④2億2,000万W→2億2,000万W⑥走攻守で高い能力を誇る外野手が6月に軍から復帰。アジア大会では代表入りした。昨季は1番打者としてファーストも務めた。⑦APBC(17)、アジア大会(23)

年度	打率	試合	安打	本塁打	打点	盗塁	三振
2023	.255	67	61	1	23	13	39
通算	.284	610	539	16	183	89	274

25 イ ウソン

	이우성　李遇成
	LEE WOO SUNG

外野手　30歳　12年目　右投右打

①1994.7.17②182cm95kg③大田高-トゥサン(13)-NC(18)-KIA(19)④5,500万W→1億3,000万W⑥6,7番、レフトまたはライトとして自己最高の成績を残した昨季。どんな状況でもムラのないプレーヤーは、今季一塁争いへ参戦も予想される。

年度	打率	試合	安打	本塁打	打点	盗塁	三振
2023	.301	126	107	8	58	8	81
通算	.257	454	245	19	123	13	229

27 キム ホリョン [キモリョン]

	김호령　金虎伶
	KIM HO RYUNG

外野手　32歳　10年目　右投右打

①1992.4.30②178cm85kg③群山商高-東国大-KIA(15)④7,000万W→9,000万W⑥球界屈指の広い守備範囲、守備力を誇る中堅手。ソクラテスの存在がありスタメン出場は限られるがチームに欠かせない存在。

年度	打率	試合	安打	本塁打	打点	盗塁	三振
2023	.179	76	17	0	6	4	38
通算	.240	606	298	18	118	43	369

35 キム ソクファン [キムソックァン]

	김석환　金夕煥
	KIM SEOK HWAN

外野手　25歳　8年目　左投左打

①1999.2.28②187cm97kg③光州東成高-KIA(17)④3,500万W→4,000万W⑥ファームで18本塁打、73打点を記録し二冠王に。打率も.307を残した。類まれな長打力を今季は一軍でも発揮したい。

年度	打率	試合	安打	本塁打	打点	盗塁	三振
2023	.130	12	3	0	3	0	9
通算	.159	69	22	4	13	0	49

57 コ ジョンウク

	고종욱　高宗郁
	KO JONG WOOK

外野手　35歳　14年目　右投左打

①1989.1.11②184cm83kg③京畿高-漢陽大-ネクセン(11)-SK(19)-KIA(22)④7,000万W→1億5,000万W⑥昨季は2番指名打者または代打としてチャンスに強い打撃を発揮。オフにはFA権を行使し残留。2年契約を結んだ。

年度	打率	試合	安打	本塁打	打点	盗塁	三振
2023	.296	114	80	3	39	2	58
通算	.303	1032	947	36	393	128	655

育成選手

2014年までの名称は「申告選手」。選手登録されていない選手で、5月1日以降に正式登録が可能になる。
正式登録されると一軍の試合に出場できる。現在の登録選手が育成選手扱いになることもある。

015 イ ドヒョン
| 이도현 | 李導炫 |

投手　右投右打
2005.1.7
188cm90kg

021 ホン ウォンビン
| 홍원빈 | 洪源彬 |

投手　右投右打
2000.10.16
195cm101kg

022 オ ギュソク
| 오규석 | 呉圭錫 |

投手　右投右打
2001.12.4
187cm97kg

03 パク コンウ
| 박건우 | 朴健友 |

投手　右投右打
1998.6.3
193cm97kg

033 キム テユン
| 김태윤 | 金泰潤 |

● 投手　右投右打
2004.10.7
180cm94kg

034 カン ドンフン
| 강동훈 | 姜東勲 |

● 投手　右投右打
2000.11.23
185cm98kg

035 チェ ジウン
| 최지웅 | 崔智雄 |

● 投手　右投右打
2004.5.14
184cm96kg

037 キム ミンジェ
| 김민재 | 金珉滋 |

● 投手　右投右打
2003.7.8
188cm85kg

039 ソン ヨンタク
| 성영탁 | 成泳卓 |

● 投手　右投右打
2004.7.28
180cm89kg

63 イ ソンチャン
| 이송찬 | 李枩賛 |

投手　右投右打
2004.8.8
187cm85kg

020 クォン ヒョクキョン
| 권혁경 | 權爀卿 |

捕手　右投右打
2002.1.23
187cm94kg

06 イ ソンジュ
| 이성주 | 李性周 |

捕手　右投右打
2003.3.28
183cm98kg

01 チャン シヒョン
| 장시현 | 張視現 |

内野手　右投右打
2001.12.21
178cm75kg

010 キム ジェヒョン
| 김재현 | 金宰玄 |

内野手　右投左打
2000.12.2
176cm81kg

013 チェ スビン
| 최수빈 | 崔秀彬 |

内野手　右投左打
1997.4.8
176cm80kg

02 キム ドウォル
| 김도월 | 金濤刖 |

内野手　右投右打
2004.4.3
188cm80kg

28 イム ソクチン
| 임석진 | 林錫進 |

内野手　右投右打
1997.10.10
180cm98kg

038 カン ミンジェ
| 강민제 | 康珉齊 |

● 内野手　右投右打
2005.2.10
181cm82kg

040 キム ドゥヒョン
| 김두현 | 金杜炫 |

● 内野手　右投右打
2003.4.25
177cm76kg

07 キム ウォンギョン
| 김원경 | 金園暻 |

内野手　右投右打
2001.5.1
182cm83kg

9 オ ジョンファン
| 오정환 | 呉晟煥 |

内野手　右投右打
1999.3.27
185cm75kg

04 キム ミンス
| 김민수 | 金旻秀 |

外野手　右投左打
2000.4.5
186cm87kg

| 背番号 | 名前 | |
| PHOTO | ハングル | 漢字 |

記号　位置　投打
生年月日
身長体重

兵役、公益勤務期間中、またはサンム（尚武/国軍体育部隊）に所属する選手。
サンムは二軍リーグに参加している。

位置	名前	ハングル	漢字	投打	生年月日	身長体重	所属チーム
投手	キム ドヒョン	김도현	金道炫	右投右打	2000.9.15	183cm87kg	
投手	イ スンジェ	이승재	李承宰	右投右打	2000.10.4	182cm82kg	
投手	チャン ジェヒョク	장재혁	張宰赫	右投右打	2001.8.2	180cm86kg	
投手	キム セイル	김세일	金㐀日	左投左打	2003.3.2	188cm91kg	
投手	カン ビョンウ	강병우	姜炳宇	左投左打	2003.12.12	182cm88kg	
捕手	キム ソンウ	김선우	金仙佑	右投右打	2001.1.18	178cm80kg	サンム

				育成・軍保留選手			
位置	名前	ハングル	漢字	投打	生年月日	身長体重	所属チーム
投手	キム ヤンス	김양수	金陽洙	右投右打	2001.1.23	184cm80kg	
捕手	シン ミョンスン	신명승	申明昇	右投右打	2002.11.2	183cm94kg	
内野手	イ ジュンボム	이준범	李峻汎	右投右打	2002.7.16	184cm85kg	
外野手	イ ヨンジェ	이영재	李寧宰	右投右打	2002.1.11	184cm96kg	
外野手	パク サンジュン	박상준	朴相俊	左投左打	2001.8.21	178cm104kg	
外野手	ハン スンヨン	한승연	韓勝然	右投右打	2003.6.9	183cm90kg	サンム

イ・ボムホが春季キャンプ中に監督に就任
前監督は収賄疑惑で急遽解任

KIAは旧正月連休が明けた2月13日、イ・ボムホ打撃コーチの新監督就任を発表した。春季キャンプ期間中の監督決定という異例の事態だ。

KIAはキャンプイン直前の1月29日、キム・ジョングク前監督を解任。キム前監督に球団とスポンサー契約を結ぶ企業から金品を受け取った背任収賄の疑いが持たれ、ソウル中央地検から逮捕状が請求されたことにより決定した。翌30日ソウル中央地裁はキム前監督が証拠隠滅、逃亡のおそれがないとして逮捕状請求を棄却している。

KIAは2月1日から始まったオーストラリア・キャンベラでのキャンプのさなか、新監督の人選に着手。複数名の面談などを経て、打撃コーチを務めるイ・ボムホの内部昇格を決めた。

1981年生まれのイ・ボムホは、現役時代に勝負強い打撃が特長の三塁手として活躍。KBOリーグ19年間で通算329本塁打(歴代9位)を記録し、満塁ホームラン17本は歴代トップを誇る。

2009年の第2回WBCでは田中将大(東北楽天)からセンターバックスクリーンにホームラン。また日本との決勝戦では日本が1点リードの9回裏2死一、二塁で、日本の3番手・ダルビッシュ有(当時カブス)から三遊間を破る同点タイムリーを放ち、土壇場で延長戦へと持ち込んだ。

もしイ・ボムホが凡退していたら、その時点で日本の優勝が決定。延長10回表のイチロー(当時マリナーズ)の劇的な決勝打はなかった。

WBCでの活躍を引っ下げて2010年に在籍したソフトバンクでは松田宣浩、ホセ・オーティズとのポジション争いもあり48試合、打率2割2分6厘、4本塁打、8打点という成績で翌2011年に韓国球界に復帰した。

KBOリーグでは古巣のハンファではなくFAでKIA入りし、2019年に現役を引退。引退後もKIAで指導者生活を送ってきた。

KIAはイ・ボムホ新監督について「過去にフューチャーズ(二軍)監督を経験し、現在一軍打撃コーチを務めていることでチーム全体への理解度が高く、チームを一つにできるリーダーシップと卓越したコミュニケーション能力がある。今のチーム状態をいち早く整えられる最適任者として判断した」としている。

またイ・ボムホ新監督は「チームが厳しい状況で突然監督を任されることになって心配もあるが、重責を担ってしっかりとチームを切り盛りしていきたい。選手と分け隔てなく意思疎通を図り、グラウンドで思いっきり自分たちの野球をできる舞台を作れる指導者になります。球団とファンの期待するところはわかっています。『新人監督』ではなく『KIAタイガースの監督』として任期内に必ず上位争いをします」と球団を通してコメントした。

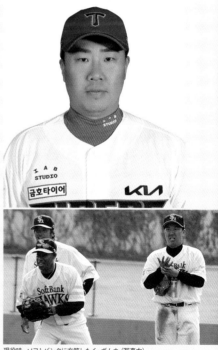

現役時、ソフトバンクに在籍したイ・ボムホ(写真右)

ロッテ ジャイアンツ
롯데 자이언츠
LOTTE GIANTS
https://www.giantsclub.com/

本拠地（日本における保護地域）	プサン広域市
2023年成績	68勝76敗0分.472
順位	7位
チーム打率	.265（5位）
チーム防御率	4.15（6位）

ユニフォーム

◀ **Home**

Visitor ▶

ヌリ
누리

球団情報

■球団事務所
　47874 釜山広域市東萊区社稷路45
　総合運動場内　TEL／051-590-9000
■本拠地球場／プサン サジク球場
■準本拠地／ウルサン(蔚山)ムンス(文殊)野球場
　収容人員　12,000人
　中堅122m 両翼101m　外野フェンス2.4m 人工芝
　🚃韓国鉄道公社ウルサン駅からタクシーで約30分
■二軍球場／サンドン(上東)野球場
　慶尚南道金海市上東面長尺路678
　🚃プサンキメ軽電鉄 カヤデ(加耶大)駅からタクシーで20分
■2024年春季キャンプ地
　1次 米国グアム　2次 沖縄県糸満市 西崎球場
　3次 沖縄県うるま市 具志川野球場
■オーナー／シン ドンビン　신동빈
　球団社長／イ ガンフン　이강훈
　球団団長（日本におけるGM）／
　パク チュンヒョク　박준혁

■**球団小史**｜韓国では製菓以外にも流通、建設など幅広く手がける財閥・ロッテが親会社。野球熱が高いプサンを本拠地とし、プロ野球発足時から球団名と本拠地を変えていない。2000年代前半は4年連続最下位になるなど成績不振で人気に陰りを見せたが、2008～12年は5年連続ポストシーズンに進出。球界の盛り上がりを牽引した。優勝は1992年が最後で、80年代に誕生した球団の中で最も優勝から遠ざかっている。

年度別成績

年	順位	球団名	試合	勝	敗	分	勝率
1982	5	ロッテ ジャイアンツ	80	31	49	0	.388
1983	6	ロッテ ジャイアンツ	100	43	56	1	.434
1984	★ 1	ロッテ ジャイアンツ	100	50	48	2	.510
1985	2	ロッテ ジャイアンツ	110	59	51	0	.536
1986	5	ロッテ ジャイアンツ	108	50	52	6	.490
1987	3	ロッテ ジャイアンツ	108	54	49	5	.523
1988	3	ロッテ ジャイアンツ	108	57	49	2	.537
1989	7	ロッテ ジャイアンツ	120	48	67	5	.421
1990	7	ロッテ ジャイアンツ	120	44	71	5	.388
1991	4	ロッテ ジャイアンツ	126	61	62	3	.496
1992	★ 1	ロッテ ジャイアンツ	126	71	55	0	.563
1993	6	ロッテ ジャイアンツ	126	62	63	1	.496
1994	5	ロッテ ジャイアンツ	126	56	67	3	.456
1995	2	ロッテ ジャイアンツ	126	68	53	5	.560
1996	5	ロッテ ジャイアンツ	126	58	67	1	.476
1997	8	ロッテ ジャイアンツ	126	48	77	1	.385
1998	8	ロッテ ジャイアンツ	126	50	72	4	.410
1999 ドリーム	2	ロッテ ジャイアンツ	132	75	52	5	.591
2000 マジック	5	ロッテ ジャイアンツ	133	65	64	4	.504
2001	8	ロッテ ジャイアンツ	133	59	70	4	.457
2002	8	ロッテ ジャイアンツ	133	35	97	1	.265
2003	8	ロッテ ジャイアンツ	133	39	91	3	.300
2004	8	ロッテ ジャイアンツ	133	50	72	11	.410
2005	5	ロッテ ジャイアンツ	126	58	67	1	.463
2006	7	ロッテ ジャイアンツ	126	50	73	3	.407
2007	7	ロッテ ジャイアンツ	126	55	68	3	.447
2008	3	ロッテ ジャイアンツ	126	69	57	0	.548
2009	4	ロッテ ジャイアンツ	133	66	67	0	.496
2010	4	ロッテ ジャイアンツ	133	69	61	3	.519
2011	3	ロッテ ジャイアンツ	133	72	56	5	.563
2012	3	ロッテ ジャイアンツ	133	65	62	6	.512
2013	5	ロッテ ジャイアンツ	128	66	58	4	.532
2014	7	ロッテ ジャイアンツ	128	58	69	1	.457
2015	8	ロッテ ジャイアンツ	144	66	77	1	.462
2016	8	ロッテ ジャイアンツ	144	66	78	0	.458
2017	3	ロッテ ジャイアンツ	144	80	62	2	.563
2018	7	ロッテ ジャイアンツ	144	68	74	2	.479
2019	10	ロッテ ジャイアンツ	144	48	93	3	.340
2020	7	ロッテ ジャイアンツ	144	71	72	1	.497
2021	8	ロッテ ジャイアンツ	144	65	71	8	.478
2022	8	ロッテ ジャイアンツ	144	64	76	4	.457
2023	7	ロッテ ジャイアンツ	144	68	76	0	.472
		通算	5347	2456	2767	124	.470

※★は優勝年　※99、00年はドリーム、マジックの2リーグ制
・勝率計算…・82～86年：勝÷（勝＋敗）
・'87～97年：{勝＋(引分×0.5)}÷試合数　・'98～08年：勝÷（勝＋敗）
・'09～10年：勝÷試合数　・'11年～：勝÷（勝＋敗）

選手として在籍した主なNPB経験者

・**徳山文宗**／クラウン－西武－ロッテオリオンズ－ロッテ
（84～88）－テビョンヤン
・**金井正幸**／中日－ロッテオリオンズ－ロッテ（85～88）
・**金沢信彦**／近鉄－ロッテ（90～91）
・**光山英和**／近鉄－中日－巨人－千葉ロッテ－横浜－ロッテ（03）
・**ユウゴー(天野勇剛)**／千葉ロッテ－ロッテ（06）
・**イ デホ(李大浩)**／ロッテ（01～11）－オリックス－ソフトバンク－ロッテ（17～22）

プサンサジク野球場
부산사직야구장

熱き球都の
大球場

プサンっ子の地元チームへの愛情がほとばしるスタジアム。大都市プサンの大球場だ。チーム状態が上向けば球場全体を包み、2万人を超えるロッテファンがホームチームを大声援で後押しする。

アクセス	快適さ	熱狂度
85	**75**	**90**

◇47874 釜山広域市 東莱区 社稷路45
　TEL/ 051-590-9000
◇座席数 22,990席
◇天然芝
◇中堅 120.5m　両翼 95.8m　フェンスの高さ 6m

ロッテ主催試合チケット

ロッテは一塁側ベンチを使用

席種	月～木	金,土,日,休日
G-ラウンド席	120,000	150,000
中央テーブル席	40,000	55,000
内野テーブル席	25,000	35,000
応援テーブル席	30,000	45,000
ワイドテーブル席	30,000	45,000
三塁団体席	25,000	30,000
ロケットバッテリーゾーン	30,000	40,000
内野フィールド席	15,000	20,000
内野上段席	13,000	17,000
中央上段席	10,000	12,000
外野自由席	8,000	10,000

上記の他、こども価格あり　単位はウォン　1ウォン＝約0.11円

日程
L G
K T
S S G
N C
トゥサン
K I A
ロッテ
サムソン
ハンファ
キウム
記録

117

❶風格のある球場正面❷横に長い応援ステージから盛り上げる❸場内には売店とコンビニが❹外野からの眺め❺場外にはレジェンド投手チェ・ドンウォンの銅像

プサンサジク野球場

港町でファンと熱狂!

ソウルに次ぐ韓国第2の都市・プサン。約330万人が暮らすこの街は、「釜山港へ帰れ」という歌でも知られる韓国最大の港町だ。高速船で福岡・博多港からわずか3時間と近く、毎年10月にはプサン国際映画祭が行われるなど、日本人にとって親しみ深い土地でもある。港町である一方、住宅の多くは山の斜面に立ち並び、野球場からも山の稜線を見ることができる。サジク球場は1985年秋に完成。横浜スタジアムを模したと言われるすり鉢状のスタンドが特徴だ。2023年にホームベースの位置を2.884m後ろに下げてグラウンドを拡張。中堅が118mから120.5mに、両翼が95mから95.8mに伸びた。また外野フェンスも4.8mから6mと高くなっている。

雑多さが魅力

球場前広場は見どころ豊富。グッズショップがあり、オーセンティックとレプリカでお店が分かれている。シーズン中は月曜日以外営業している(※営業時間は球団HPを確認)。また背番号11が永久欠番になっているチェ・ドンウォン元投手(2011年逝去)の銅像も。そしてレフトスタンド場外にはイ・デホの場外ホームラン着弾プレートが埋め込まれている。キャッチボールコーナーは正面入り口の左側だ。場内の一塁側通路には野球体験コーナーも設置。球場の作りは古いが探検気分で場内をあちこち歩くと楽しいだろう。フード類は球場内だけではなく近隣のお店が充実しているので困ることはない。韓国の雑多さを強く感じられる球場だ。

応援しよう! 応援の中心は内野フィールド席(一塁側) 「ロッテ」と叫べば心は一つ! **選手別応援歌**

本拠地ご当地ソング/♪釜山港へ帰れ
♪プサンカルメギ
お決まりの掛け声/♪ロッテロッテロッテローッテ〜
原曲:リパブリック讃歌

選手別応援歌
2 김민석（キムミンソク）
♪롯데의 김민석 롯데의 승리를 위해 롯데의
（ロッテ キムミンソク ロッテ スンニルル ウィヘ ロッテの）
김민석 오오오오오（キムミンソク）
☆くりかえし
8 전준우（チョンジュヌ）
♪안타 안타 쌔리라 쌔리라 롯데 전준우
（アンタ アンタ セリラ セリラ ロッテ チョンジュヌ）
☆くりかえし
原曲:ハッピー・トゥゲザー 歌:タートルズ
9 정훈（チョンフン）
♪오 정훈 자이언츠 정훈 오 오오 오오 오오오오오
（オ チョンフン ジャイオンチュ チョンフン）
☆くりかえし
原曲:オー・キャロル 歌:ニール・セダカ

25 한동희（ハンドンヒ）
♪롯데 한동희 오오 롯데 한동희 오오
（ロッテ ハンドンヒ ロッテ ハンドンヒ）
롯데 한동희 안타 롯데 한동희 안타 오오오오
（ロッテ ハンドンヒ アンタ ロッテ ハンドンヒ アンタ）
原曲:나 같은건 없는건가요 歌:추가열
27 유강남（ユガンナム）
♪롯데의 유강남 오오오 롯데의 유강남 오ー오오오
（ロッテの ユガンナム ロッテの ユガンナム）
52 노진혁（ノジニョク）
♪「롯데 노진혁 롯데 노진혁 오오오
（ロッテ ノジニョク ロッテ ノジニョク）
안타 홈런 오오오 오오오오 안타 홈런 오오오 오오오오」
（アンタ ホムロン アンタ ホムロン）
×2 롯데 노진혁
原曲:ザ・フューチャー 曲:ビーワン
91 윤동희（ユンドンヒ）
♪롯데의 윤동희 쌔리라 안타 쌔리라
（ロッテの ユンドンヒ セリラ アンタ セリラ）
최강 롯데 자이언츠 윤동희
（チェガン ロッテ ジャイオンチュ ユンドンヒ）
☆くりかえし

球場へのアクセス

社稷駅
❶

飲食店街
マクドナルド

釜山社稷球場

セゲロ病院
テニス場

プール
体育館

昌新小学校
総合運動場駅
❾

ホームプラス

釜山アジアード
メイン競技場

補助競技場

地下鉄3号線・サジク(社稷)駅下車、1番出口から徒歩7分。またはチョンハプ ウンドンジャン(総合運動場)駅下車、9番出口から徒歩10分。

サジク駅は正面入口、チョンハプ ウンドンジャン駅は外野寄りに立地している。

主要な場所からの移動方法

プサンキメ(金海)空港から
鉄道▶プサンキメ軽電鉄に乗りテジョ(大渚)駅でプサン地下鉄3号線に乗り換え、テジョ駅から球場最寄り駅のサジク駅まで約45分。
ソウルから
鉄道▶ソウル駅からKTXでプサン駅まで約2時間半。クポ駅(KTX旧ルート停車駅)まで約2時間45分。
バス▶高速バスでプサン総合バスターミナルまで約4時間半。
飛行機▶キムポ空港からキメ空港まで約1時間。

プサン主要エリアからの移動方法

プサン駅、ナムポドン(南浦洞)方面から地下鉄1号線に乗りソミョン(西面)駅を経由し、ヨンサン(蓮山)駅で3号線に乗り換え。サジク駅まで約35分。ソミョン駅からは約20分。
ヘウンデ(海雲台)駅から
地下鉄2号線に乗りスヨン(水営)駅で3号線に乗り換え。サジク駅まで約35分。

● 新加入　▲ 移籍　■ 復帰（選手）
赤字はNPB選手経験者

位置	背番号	記号	氏名	ハングル	漢字・国籍	投打
監督・コーチ						
監督	88	●	キム テヨン	김태형	金泰亨	右右
ヘッド	76	▲	キム ミンジェ	김민재	金敏宰	右右
ベンチ	77	●	キム グァンス	김광수	金光洙	右右
投手	81	●	チュ ヒョングァン	주형광	朱炯光	左左
ブルペン	79		クォン オウォン	권오원	權五元	右右
打撃	85	▲	キム ジュチャン	김주찬	金周璨	右右
打撃補佐	84	▲	イム フン	임훈	林勲	左左
内野守備	72	▲	キム ミンホ	김민호	金敏浩	右右
一塁ベース外野守備			ユ ジェシン	유지신	柳在信	右右
三塁ベース作戦走塁	90	▲	コ ヨンミン	고영민	高永民	右右
バッテリー	73	▲	チョン サンホ	정상호	鄭相昊	右右
二軍監督			イ スンヒ	이숭희	李承熙	右右
二軍投手	75		イム ギョンワン	임경완	林炅玩	右右
二軍ブルペン	74		イ ジェユル	이재율	李宰聿	右右
二軍打撃	83	▲	イ ジョンギュ	이성규	李成圭	右右
二軍打撃補佐	94	●	イ ソンゴン	이성곤	李城坤	右右
二軍内野守備	89		ムン ギュヒョン	문규현	文奎現	右右
二軍三塁ベース守備	71		イ ビョンホ	김평호	金平鎬	右両
二軍バッテリー	80		ペク ヨンファン	백용환	白勇煥	右右
残留軍投手	92		キム ヒョンウク	김현욱	金炫旭	右右
残留軍投手	82		ナ ギョンミン	나경민	羅敬珉	右右
残留軍守備	97	●	パク チョンヒョ	박정현	朴正鉉	右右
残留軍	87	●	チョ ムグン	조무근	趙茂根	右右
投手/戦力分析	86		チョ セボム	조세범	曺世凡	右右
打撃/戦力分析	93	●	ペク オジン	백어진	白御鎮	右右
トレーニング	78	▲	イ ビョングク	이병국	李丙國	
トレーニング			キム テヒョン	김태현	金兌鉉	
トレーニング			イ デスン	이대승	李大勝	
トレーニング			イム ジェホ	임재호	林載昊	
トレーニング			オム ジョンヨン	엄정용	厳正容	
トレーニング			ホン スンヒョン	홍승현	洪丞現	
トレーニング			キム ドンヒョク	김동혁	金東赫	
トレーニング			ユ スンフン	유승훈	劉承勲	
トレーニング			チョ ドングァン	조동관	趙東官	
トレーニング			キム ドンヒョク	김용혁	金龍赫	
トレーニング			ユ ジンヒョク	유진혁	劉晉赫	
選手						
投手	1		ハン ヒョンヒ	한현희	韓賢熙	右右
投手	15		キム ジヌク	김진욱	金眞旭	左左
投手	18		チェ ジュンヨン	최준용	崔俊鎔	右右
投手	19		キム ビョンヒョン	김병현	金炳賢	右右
投手	21		パク セウン	박세웅	朴世雄	右右
投手	22		ク スンミン	구승민	具昇旻	右右
投手	23		キム デギュ	김도규	金相奎	右右
投手	24		キム サンス	김상수	金相洙	右右
投手	26		チン スンヒョン	진승현	陳承賢	右右
投手	31	▲	チャルリ・バンジュ	반즈	アメリカ合衆国	右右
投手	34	▲	キム ウォンジュン	김원중	金元中	右右
投手	35		イ インボク	이인복	李仁馥	右右
投手	36		シン ジョンラク	신정락	申政洛	右右
投手	37	●	チョン ヒョンス	정현수	鄭現守	左左
投手	38		ホン ミンギ	홍민기	洪敏基	左左
投手	39		シム ジェミン	심재민	沈載敏	左左
投手	40		パク チンヒョン	박진형	朴晉亨	右右
投手	41		ナ ギュンアン	나균안	羅鈞雁	右右
投手	44		パク チン	박진	朴辰	右右
投手	45		チェ ソルウ	최설우	崔卨瑀	右右
投手	46		アーロン・ウィルカーソン	윌커슨	アメリカ合衆国	右右
投手	49		イ ジュン	이정준	崔利傳	右右
投手	54		イ テヨン	이태연	李太淵	左左

位置	背番号	記号	氏名	ハングル	漢字・国籍	投打
投手	12		チョン ウジュン	정우준	鄭偶寓	右右
投手	56		チョン ソンジョン	정성종	鄭聖鍾	右右
投手	57	▲	イム ジュンソプ	임준섭	林峻燮	左左
投手	59		ソン ジェヨン	송재영	宋才永	左右
投手	61	●	チョン ミル	전미르	全ミル	右右
投手	62		イ ジンハ	이진하	李鎭河	右右
投手	64		ウ ガンフン※	우강훈	禹康訓	右右
捕手	00		ソン ソンビン	손성빈	孫晟賓	右右
捕手	27		ユ ガンナム	유강남	劉江南	右右
捕手	32		カン テユル	강태율	姜颱律	右右
捕手	42		チョン ボグン	정보근	丁保瑾	右右
捕手	66		チ シワン	지시완	池是抏	右右
捕手	69		ソ ドンウ	서동우	徐東郁	右右
内野手	3		シン ユンフ	신유후	申侑后	右右
内野手	6	▲	オ ソンジン	오선진	吳先鎭	右右
内野手	7		イ ハクチュ	이학주	李學周	右右
内野手	9		チョン フン	정훈	鄭勲	右右
内野手	14	▲	チェ ハン	최항	崔恒	右右
内野手	16	▲	キム ミンソン	김민성	金玟成	右右
内野手	25		ハン ドンヒ	한동희	韓東熙	右右
内野手	51		ナ スンヨプ	나승엽	羅承燁	左右
内野手	52		ノ ジンヒョク	노진혁	盧珍赫	右右
内野手	53		パク スンウク	박승욱	朴昇昱	右右
内野手	63		イ ジュチャン	이주찬	李主讚	右右
内野手	65		コ スンミン	고승민	高承慜	左右
内野手	67	●	カン ソンウ	강성우	康聲柱	右右
内野手	68	●	チョン デソン	정대선	鄭大善	右右
内野手	98	●	イ ホジュン	이호준	李昊濬	右右
外野手	0		ファン ソンビン	황성빈	黄晟彬	左左
外野手	2		キム ミンソク	김민석	金玟錫	左左
外野手	8		チョン ジュンウ	전준우	田竣羽	右右
外野手	13		チャン ドゥソン	장두성	張斗盛	右右
外野手	29		ビクト・レイイェス	레이예스	ベネズエラ	右両
外野手	48		イ ジョンフン	이정훈	李政勳	右右
外野手	50		キム ドンヒョク	김동혁	金東奕	右右
外野手	91		ユン ドンヒ	윤동희	尹權熙	右右
外野手	95	●	イ ソヌ	이선우	李宣雨	右右
育成選手						
投手	17		ヒョン ドフン	현도훈	玄到勳	右右
投手	30		イ ミンソク	이민석	李玟錫	右右
投手	47		イ スンホン	이승헌	李承憲	右右
投手	100	●	チョン ハウォン	전하원	全元石	右右
投手	103		ユン ジョンウン	윤성민	尹聖彬	右右
投手	105	●	パク チュヌ	박준우	朴埈佑	右右
投手	107	●	パク ソンジュン	박성준	朴省峻	右右
投手	108	●	ペ セジョン	배세종	裵世鍾	右右
投手	115		パク ヨンワン	박영완	朴映完	左左
投手	116		パク チェミン	박재민	朴材珉	右右
投手	117		パク ミョンヒョン	박명현	朴明賢	右右
投手	118		イ ビョンジュン	이병준	李秉峻	右右
投手	119		チェ ウイン	최우인	崔又仁	右右
捕手	102		ペク トゥサン	백두산	白頭山	右右
捕手	113		カン スング	강승구	姜承求	右右
捕手	120		チョン ジェファン	정재환	鄭在奐	右右
内野手	101		コ ギョンピョ	고경표	高京杓	右右
内野手	106		チェ ジョンウン	최종은	崔鍾恩	右右
内野手	109		アン ウジン	안우진	安祐辰	右右
内野手	104		キム ドンギュ	김동규	金童奎	右右
内野手	104		ユ ジヒョン	유제모	柳帝牟	右右
外野手	110		キム デヒョン	김대현	金大賢	右右
外野手	111	●	キム ミンソン	기민성	倚珉成	右右
外野手	112	●	ソ ハンビン	소한빈	蘇翰頻	右右

※LG ソン ホヨン内野手とトレード（3/30）

日程
LG
KT
SSG
NC
トゥサン
KIA
ロッテ
サムソン
ハンファ
キウム
配録

88 キム テヒョン | 김태형 金泰亨 KIM TAE HYOUNG
● 監督 57歳 35年目 右投右打

①1967.9.12②175cm82kg③トゥサンコーチ(02)-SKコーチ(12)-トゥサン監督(15)-ロッテ監督(24)

打率	試合	安打	本塁打	打点	盗塁	三振
通算	235	827	432	9	157	12	164

現役当時のポジション：捕手

トゥサンを7年続けて韓国シリーズに導いた名将が、各方面からのラブコールに応えてロッテの指揮官に。30年ぶりに、優勝の味に飢えた熱いファンの期待を背負う。変革を起こせるか。

85 キム ジュチャン | 김주찬 金周璨 KIM JOO CHAN
▲ 打撃 43歳 25年目 右投右打

①1981.3.25②183cm95kg③沖岩高-サムソン(00)-ロッテ(01)-KIA(13)-トゥサンコーチ(21)-ロッテコーチ④⑤ゴ(16)⑦五輪予選(08)

70 ユ ジェシン | 유재신 柳在信 YOO JAE SIN
▲ 一塁ベース/外野守備 37歳 19年目 右投右打

①1987.11.21②179cm78kg③天安北一高-ヒョンデ(06)-ヒーローズ(08)-KIA(17)-トゥサンコーチ(21)-ロッテコーチ(24)

99 キム ヨンヒ | 김용희 金用熙 KIM YONG HEE
● 二軍監督 69歳 43年目 右投右打

①1955.10.4②190cm96kg③慶南高-高麗大(82)-ロッテ(82)-ロッテコーチ(94)-サムソンコーチ(99)-サムソン監督(00)-ロッテコーチ-ロッテコーチ(04)-SKコーチ(11)-SK監督(15)-ロッテコーチ④⑤ゴ(82,83,85)

83 イ ビョンギュ | 이병규 李柄圭 LEE BYUNG KYU
二軍打撃 41歳 19年目 右投右打

①1983.10.9②178cm98kg③慶北高-漢陽大-LG(06)-ロッテ(18)-ロッテコーチ(22)

92 キム ヒョンウク | 김현욱 金玄旭
残留među投手 54歳 32年目 右投右打

82 ナ ギョンミン | 나경민 羅炅珉
残留野手 33歳 9年目 左投左打

97 パク チョンヒョン | 박정현 朴正鉉
● 残留守備 28歳 10年目 右投右打

● イム ジェホ | 임재호 林載昊
トレーニング 31歳 4年目

● オム ジョンヨン | 엄정용 嚴正容
トレーニング 36歳 3年目

● ホン スンヒョン | 홍승현 洪승현
トレーニング 29歳 5年目

76 キム ミンジェ | 김민재 金敏宰 KIM MIN JAE
▲ ヘッド 51歳 34年目 右投右打

①1973.1.3②181cm84kg③釜山工高-ロッテ(91)-SK(02)-ハンファ(06)-ハンファコーチ(10)-トゥサンコーチ(13)-KTコーチ(14)-ロッテコーチ(17)-トゥサンコーチ(19)-SSGコーチ(21)-ロッテコーチ(24)⑦アジア大会(02),五輪予選(06),WBC(06)

81 チュ ヒョングァン | 주형광 朱炯光 JOO HYUNG KWANG
▲ 投手 48歳 31年目 左投左打

①1976.3.1②185cm92kg③釜山高-ロッテ(94)-ロッテコーチ(10)-ロッテコーチ(24)⑤勝(96)

84 イム フン | 임훈 林勳 LIM HOON
打撃補佐 39歳 21年目 左投左打

①1985.7.17②186cm86kg③信一高-SK(04)-ロッテ(12)-SK(12)-LG(15)-LG(19)-ロッテコーチ(24)

90 コ ヨンミン | 고영민 高永民 KO YOUNG MIN
▲ 三塁ベース/作戦走塁 40歳 23年目 右投右打

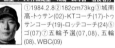

①1984.2.8②182cm73kg③城南高-トゥサン(02)-KTコーチ(17)-トゥサンコーチ(19)-ロッテコーチ(24)⑤ゴ(07)⑦五輪予選(07,08),五輪(08)、WBC(09)

75 イム ギョンワン | 임경완 林炅玩 LIM GYOUNG WAN
二軍投手 49歳 27年目 右投右打

①1975.12.28②186cm104kg③慶南高-仁荷大-ロッテ(98)-SK(12)-ハンファ(15)-ロッテコーチ(18)

94 イ ソンゴン | 이성곤 李城坤 LEE SUNG KON
● 二軍打撃補佐 32歳 11年目 左投右打

①1992.3.25②186cm104kg③京畿高-延世大-トゥサン(14)-サムソン(18)-ハンファ(21)-ロッテコーチ(24)

87 チョ ムグン | 조무근 趙茂根
● 残留投手 33歳 10年目 右投右打

86 チョ セボム | 조세범 曺世凡
投手/戦力分析 38歳 3年目 右投右打

93 ペク オジン | 백어진 白御鎮
投手/戦力分析 34歳 6年目 右投右打

● キム ドンヒョク | 김동혁 金東赫
トレーニング 27歳 9年目

● ユ スンフン | 유승훈 劉承勲
トレーニング 26歳 3年目

● チョ ドングァン | 조동관 趙東官
トレーニング 26歳 4年目

77 キム グァンス | 김광수 金光洙 KIM KWANG SOO
● ベンチ 65歳 43年目 右投右打

①1959.1.3②165cm80kg③善隣商高-建国大-OB(82)-OBコーチ(93)-トゥサンコーチ(00)-ワンダーズコーチ-ハンファコーチ(15)-ロッテコーチ(24)

79 クォン オウォン | 권오원 權五元 KWON OH WON
ブルペン 45歳 23年目 右投右打

①1979.8.16②185cm85kg③釜山商高-東亜大-サムソン(02)-サムソンコーチ(12)-ロッテコーチ(23)

72 キム ミンホ | 김민호 金敏浩 KIM MIN HO
▲ 内野守備 55歳 32年目 右投右打

①1969.3.19②181cm81kg③慶州高-啓明大-OB(93)-トゥサンコーチ(04)-LGコーチ(13)-KIAコーチ(15)-LGコーチ(21)-ロッテコーチ(24)⑤ゴ(95)

73 チョン サンホ | 정상호 鄭相昊 CHUNG SANG HO
バッテリー 42歳 24年目 右投右打

①1982.12.24②187cm100kg③東山高-SK(01)-LG(16)-トゥサン(20)-SSG(21)-SSGコーチ(22)-ロッテコーチ(24)

74 イ ジェユル | 이재율 李宰聿 LEE JAE YUL
二軍ブルペン 39歳 20年目 右投右打

①1986.5.28②179cm82kg③プサン高-ロッテ(05)-ロッテコーチ(22)

89 ムン ギュヒョン | 문규현 文奎現
二軍内野守備 41歳 23年目 右投右打

71 キム ビョンホ | 김평호 金平鎬
二軍三塁ベース/作戦 61歳 39年目 右投右打

80 ペク ヨンファン | 백용환 白勇煥
二軍バッテリー 35歳 17年目 右投右打

78 イ ビョングク | 이병국 李丙國
▲ トレーニング 44歳 15年目

● キム テヒョン | 김태현 金兌鉉
トレーニング 37歳 12年目

● イ デスン | 이대승 李大勝
トレーニング 33歳 5年目

● キム ドンファン | 김동환 金東煥
トレーニング 24歳 3年目

● ユ ジンヒョク | 유진혁 劉晋赫
● トレーニング 23歳 1年目

※2021年から監督、コーチの年俸は非公表となりました。

21 パク セウン

	박세웅	朴世雄
	PARK SE WOONG	

投手 29歳 11年目 右投右打

①1995.11.30②182cm85kg③慶北高-KT(14)-ロッテ(15)④15億W→13億5,000万W⑤兵役免除を手にした。スライダー、フォーク、カーブを操りゲームを作っていく。チームの過去2度の優勝時のエースがめがねをかけた右腕投手だったことから、「めがねのエース」としてその系譜を継いでいく。⑦APBC(17)、五輪(21)、WBC(23)、アジア大会(23)

年度	チーム	防御率	試合	勝利	敗戦	セーブ	投球回	安打	四球	三振
2017	ロッテ	3.68	28	12	6	0	171 1/3	170	56	117
2018	ロッテ	9.92	28	1	6	0	49	83	29	41
2019	ロッテ	4.20	12	3	6	0	60	66	23	44
2020	ロッテ	4.70	28	8	10	0	147 1/3	177	47	108
2021	ロッテ	3.98	28	10	9	0	163	141	53	125
2022	ロッテ	3.89	28	10	11	0	157 1/3	179	32	146
2023	ロッテ	3.45	27	9	7	0	154	145	59	139
通算		4.60	223	62	77	0	1155	1250	415	924

22 ク スンミン

	구승민	具昇旻
	KOO SEUNG MIN	

投手 34歳 12年目 右投右打

①1990.6.12②182cm86kg③青園高-弘益大-ロッテ(13)④2億4,860万W→4億5,000万W⑤4年連続20ホールド以上を記録し、通算100ホールドを達成したリリーフ右腕。投球の半数近くをフォークボールが占める。今季も勝ちゲームの終盤にマウンドに上がり、リードを守ったまま抑えたキム・ウォンジュンにバトンを渡したい。

年度	チーム	防御率	試合	勝利	敗戦	セーブ	投球回	安打	四球	三振
2017										
2018	ロッテ	3.67	64	7	4	0	73 2/3	62	31	75
2019	ロッテ	6.25	41	1	2	6	36	45	21	43
2020	ロッテ	3.58	57	5	2	0	60 1/3	40	26	58
2021	ロッテ	4.33	68	6	5	0	59 1/3	57	31	65
2022	ロッテ	2.90	73	2	4	0	62	48	31	65
2023	ロッテ	3.96	67	2	6	3	63 2/3	65	35	66
通算		4.41	382	23	23	9	387 2/3	351	182	405

28 チャルリ・バンジュ [チャーリー・バーンズ]

	반즈	アメリカ合衆国
	CHARLIE BARNES	

投手 29歳 3年目 左投右打

①1995.10.1②189cm91kg③クレムソン大-ツインズ-ロッテ(22)④$85万→$85万⑤2年続けて最も多くのイニングを投げ、勝ち頭となった。高めの直球を見せ球に左打者へスライダー、右打者にはチェンジアップで空振り、凡打を誘って抑えていく。長身のスリークォーター左腕の活躍がチームの順位を左右する。

年度	チーム	防御率	試合	勝利	敗戦	セーブ	投球回	安打	四球	三振
2017		-	-	-	-	-	-	-	-	-
2018		-	-	-	-	-	-	-	-	-
2019		-	-	-	-	-	-	-	-	-
2020		-	-	-	-	-	-	-	-	-
2021		-	-	-	-	-	-	-	-	-
2022	ロッテ	3.62	31	12	12	0	186 1/3	176	47	160
2023	ロッテ	3.28	30	11	10	0	170 1/3	171	56	147
通算		3.46	61	23	22	0	356 2/3	347	103	307

34 キム ウォンジュン [キムウォンジュン]

	김원중	金元中
	KIM WON JUNG	

投手 31歳 13年目 右投左打

①1993.6.14②192cm96kg③光州東成高-ロッテ(12)④2億6,200万W→5億W⑤昨季、自身2度目の30セーブを記録した長身のクローザー。直球とフォークを中心に三振を奪いにいく。昨季はピンチを招いた場面で不安な面もあったが、回の頭からの起用で結果を残していきたい。長い後ろ髪がトレードマークの人気者だ。⑦WBC(23)

年度	チーム	防御率	試合	勝利	敗戦	セーブ	投球回	安打	四球	三振
2017	ロッテ	5.70	24	7	8	0	107 1/3	130	56	87
2018	ロッテ	6.94	30	8	7	0	145 1/3	173	70	137
2019	ロッテ	5.63	28	5	10	0	102 1/3	127	47	93
2020	ロッテ	3.94	58	5	4	25	59 1/3	52	23	57
2021	ロッテ	3.59	61	4	4	35	62 2/3	49	40	64
2022	ロッテ	3.98	43	2	3	17	43	40	16	60
2023	ロッテ	2.97	63	5	6	30	63 2/3	51	25	82
通算		5.24	325	36	43	107	611 2/3	651	295	605

27 ユ ガンナム

	유강남	劉江南
	YOO KANG NAM	

捕手 32歳 14年目 右投右打

①1992.7.15②182cm88kg③ソウル高-LG(11)-ロッテ(23)④6億W→10億W⑥FA移籍1年目の昨季は98試合で先発マスクをかぶり、正捕手として役割を果たした。打者としてはシーズン終盤に高打率をマーク。自身6度目の2ケタ本塁打を記録した。下位打線に座ってチームをポストシーズンに導く活躍を見せたい。

年度	チーム	打率	試合	打数	安打	本塁打	打点	盗塁	四球	三振
2017	LG	.278	118	324	90	17	66	2	14	72
2018	LG	.296	132	425	126	19	66	0	28	80
2019	LG	.270	132	418	113	16	49	0	30	82
2020	LG	.261	137	429	112	16	57	2	32	84
2021	LG	.252	130	397	100	11	60	2	25	75
2022	LG	.255	139	416	106	7	47	0	34	98
2023	ロッテ	.261	121	332	87	11	51	2	37	64
通算		.267	1151	3330	888	113	502	8	236	663

2 キム ミンソク

	김민석	金珉錫
	KIM MIN SUK	

外野手 20歳 2年目 右投左打

①2004.5.9②185cm83kg③徽文高-ロッテ(23)④3,000万W→8,500万W⑥高卒1年目の昨季、1番または9番センターでレギュラーの座をつかみ、高卒新人8人目のシーズン100安打を達成した。オープンスタンスで構え、ミートポイントにスムーズにバットを出してヒットを重ねている。高校の先輩、イ・ジョンフのような飛躍が期待される。

年度	チーム	打率	試合	打数	安打	本塁打	打点	盗塁	四球	三振
2017		-	-	-	-	-	-	-	-	-
2018		-	-	-	-	-	-	-	-	-
2019		-	-	-	-	-	-	-	-	-
2020		-	-	-	-	-	-	-	-	-
2021		-	-	-	-	-	-	-	-	-
2022		-	-	-	-	-	-	-	-	-
2023	ロッテ	.255	129	400	102	3	39	16	31	112
通算		.255	129	400	102	3	39	16	31	112

FAN の一言 期待の2年目！覚醒信じてます！（もんどら）

8 チョン ジュンウ [チョンジュヌ]

전준우　田峻羽　JEON JUN WOO

外野手　38歳　17年目　右投右打

①1986.2.25②184cm98kg③慶州高-建国大-ロッテ(08)④5億W→13億W⑤ゴ(18)⑥ロッテ一筋のチームの4番は昨オフ2度目のFA権行使で宣言残留。4年契約を結んだ。3年連続打率3割の確実性の高い打撃と、鋭い打球で外野手の間を抜く長打力。チャンスに強い打撃でチームに貢献したい。頼れるチームの主将だ。⑦WBC(13)

年度	チーム	打率	試合	打数	安打	本塁打	打点	盗塁	四球	三振
2017	ロッテ	.321	110	455	146	18	69	2	30	70
2018	ロッテ	.342	**144**	556	**190**	33	99	7	48	82
2019	ロッテ	.301	145	564	164	22	83	8	46	71
2020	ロッテ	.279	143	562	157	26	96	5	52	79
2021	ロッテ	.348	144	552	**192**	7	92	6	53	71
2022	ロッテ	.304	120	470	143	11	68	6	35	73
2023	ロッテ	.312	138	493	154	17	77	4	50	92
通算		.300	1616	6039	1812	196	888	133	553	1002

91 ユン ドンヒ

윤동희　尹橦熙　YOON DONG HEE

外野手　21歳　3年目　右投右打

①2003.9.18②187cm85kg③野塔高-ロッテ(22)④3,300万W→9,000万W⑥5月に出場機会を得ると確実性の高い打撃を発揮。アジア大会直前に代表招集され、金メダルに貢献したシンデレラボーイだ。長いリーチを生かした長けたバットコントロール、前足重心のフォームから強い打球を生み出している。女性ファンも多い「美白王子」だ。⑦アジア大会(23)、APBC(23)

年度	チーム	打率	試合	打数	安打	本塁打	打点	盗塁	四球	三振
2017	-	-	-	-	-	-	-	-	-	-
2018	-	-	-	-	-	-	-	-	-	-
2019	-	-	-	-	-	-	-	-	-	-
2020	-	-	-	-	-	-	-	-	-	-
2021	-	-	-	-	-	-	-	-	-	-
2022	ロッテ	.154	4	13	2	0	1	0	1	5
2023	ロッテ	.287	107	387	111	2	41	3	28	69
通算		.283	111	400	113	2	42	3	29	74

1 ハン ヒョンヒ [ハンヒョニ、ハニョニ]

한현희　韓賢熙　HAN HYUN HEE

投手　31歳　13年目　右投右打

①1993.6.25②182cm98kg③慶南高-ネクセン(12)-ロッテ(23)④2億W→3億W⑤FA移籍1年目の昨季は一時リリーフを務め、再び先発に戻った。横手からの直球でフライを打たせて抑えていく。右打者外角へのスライダーを振らせて抑えていく。⑦アジア大会(14)

年度	防御率	試合	勝利	敗戦	セーブ	投球回	三振
2022	5.45	38	6	**12**	0	104	74
通算	4.38	454	71	58	7	1075 1/3	851

15 キム ジンウク [キムジヌク]

김진욱　金晉旭　KIM JIN UK

投手　22歳　4年目　左投左打

①2002.7.5②185cm90kg③江陵高-ロッテ(21)④5,600万W→6,000万W⑥リリーフとして自己最多の登板数、21年と並ぶ8ホールドを記録した。直球との球速差が大きい落差のあるカーブで空振りを誘いにいく。⑦五輪(21)

年度	防御率	試合	勝利	敗戦	セーブ	投球回	三振
2022	6.44	50	2	1	0	36 1/3	35
通算	6.37	103	8	2	0	128 2/3	132

18 チェ ジュンヨン [チェジュニョン]

최준용　崔俊鏞　CHOI JUN YONG

投手　23歳　5年目　右投右打

①2001.10.10②185cm83kg③慶南高-ロッテ(20)④1億5,800万W→1億6,300万W⑥昨季は勝ちパターンのリリーフとして14ホールドを記録。チェンジアップを持ち球にAPBCでも好投を見せた。オフには歌番組出演で話題となった。⑦APBC(23)

年度	防御率	試合	勝利	敗戦	セーブ	投球回	三振
2022	2.45	47	2	4	0	47 2/3	40
通算	3.50	190	9	11	15	195 2/3	191

19 キム ガンヒョン

김강현　金岡炫　KIM GANG HYUN

投手　29歳　10年目　右投右打

①1995.2.27②177cm84kg③青園高-ロッテ(15)④3,000万W→3,200万W⑥捕手から投手に転向して2年目の昨季、初めて一軍登板を経験。ファームでは6月以降11試合に先発し3勝を挙げた。変化球を低めに集めて打たせて取る。

年度	防御率	試合	勝利	敗戦	セーブ	投球回	三振
2022	3.00	2	0	0	0	3	0
通算	3.00	2	0	0	0	3	0

名鑑の見方［NPB選手経験者は名前が白ヌキ］

背番号　氏名（現地読みに近い表記には［発音］、外国人選手のカタカナ読みには［カタカナ］を併記）　ハングル　漢字または国籍　アルファベット
●…新入団　■…移籍　▶…復帰
守備位置　年齢　年数　投打
①生年月日②身長体重③経歴（ ）内は入団年④年俸 2023年→2024年（1ウォン:約0.11円）新人と一部の新外国人選手には契約金も記載⑤主な獲得タイトル　M=最優秀選手 新=新人王 首=首位打者 本=本塁打 点=打点王 盗=盗塁王 勝=最多勝利 救=最優秀救援 ゴ=ゴールデングラブ賞 守=守備賞（2023年新設）⑥経歴、寸評⑦代表選手出場歴 ※成績の太字はリーグトップ

> **FAN** このマークがある選手には読者からのコメントも掲載。

代表選手出場歴に記載の大会

1998	バンコクアジア大会(金メダル)
2000	シドニー五輪(銅メダル)
2002	釜山アジア大会(金メダル)
2003	アテネ五輪予選(敗退)
2006	WBC(ベスト4)
2006	ドーハアジア大会(銅メダル)
2007	北京五輪予選(アジア予選. 敗退)
2008	北京五輪予選(世界最終予選. 2位)
2008	北京五輪(金メダル)
2009	WBC(準優勝)
2010	広州アジア大会(金メダル)
2013	WBC(1次ラウンド敗退)
2014	インチョンアジア大会(金メダル)
2015	プレミア12(優勝)
2017	WBC(1次ラウンド敗退)
2017	APBC(準優勝)
2018	ジャカルタアジア大会(金メダル)
2019	プレミア12(準優勝)
2021	東京五輪(4位)
2023	WBC(1次ラウンド敗退)
2023	杭州アジア大会(金メダル)
2023	APBC(準優勝)

五輪▶オリンピック
WBC▶ワールド・ベースボール・クラシック
APBC▶アジアプロ野球チャンピオンシップ

23 キム ドギュ

김도규	金到奎
KIM DO GYU	

投手 26歳 7年目 右投右打

①1998.7.11②192cm118kg③安山工高-ロッテ(18)④9,500万W→8,000万W⑥長身から縦の変化球を繰り出す右腕は、ショートリリーフとして役割を果たした。ファームでの抜群の安定感を一軍でも見せたい。

年度	防御率	試合	勝利	敗戦	セーブ	投球回	三振
2023	4.55	36	0	3	1	29 2/3	26
通算	4.62	134	6	8	4	122 2/3	110

24 キム サンス

김상수	金相洙
KIM SANG SU	

投手 36歳 19年目 右投右打

①1988.1.2②180cm88kg③信一高-サムソン(06)-ネクセン(10)-SSG(21)-ロッテ(23)④1億1,000万W→1億6,000万W⑥移籍1年目の昨季は自己最多タイ、チームトップタイの登板数。制球力と縦の変化球を持ち味に、今季もベンチの起用に応えたい。

年度	防御率	試合	勝利	敗戦	セーブ	投球回	三振
2023	3.12	67	4	1	1	52	36
通算	4.98	581	29	41	46	674 2/3	620

26 チン スンヒョン

진승현	陳承賢
JIN SEUNG HYUN	

投手 21歳 3年目 右投右打

①2003.9.5②184cm108kg③慶北高-ロッテ(22)④3,200万W→4,300万W⑥昨季リリーフを務めた巨漢の右腕。今季は体を絞って先発ローテ入りを目指す。縦のスライダーを決め球に生かしたい。父はKIAのチン・ガブヨンコーチ。

年度	防御率	試合	勝利	敗戦	セーブ	投球回	三振
2023	5.86	24	2	2	0	27 2/3	25
通算	6.63	34	2	2	0	36 2/3	36

31 チン ヘス [チネス]

진해수	陳該受
JIN HAE SOO	

▲ 投手 38歳 19年目 左投左打

①1986.6.26②187cm85kg③釜星高-KIA(06)-SK(13)-LG(15)-ロッテ(24)④2億5,000万W→1億5,000万W⑥シーズン70試合以上経験した左腕がLGから移籍。昨季の一軍登板はチーム事情で6月が最後だった。新天地で再びフル稼働目指す。

年度	防御率	試合	勝利	敗戦	セーブ	投球回	三振
2023	3.68	19	0	0	0	14 2/3	12
通算	4.96	788	23	30	2	573 1/3	469

35 イ インボク

이인복	李仁馥
LEE IN BOK	

投手 33歳 11年目 右投右打

①1991.6.18②187cm97kg③ソウル高-延世大-ロッテ(14)④1億4,500万W→1億W⑥22年に主に先発として9勝を挙げた右腕は、右ひじ術後のリハビリを経て昨季途中に復帰した。ツーシーム、フォークを主な球種として打たせて取る。

年度	防御率	試合	勝利	敗戦	セーブ	投球回	三振
2023	6.48	10	1	4	0	33 1/3	15
通算	5.27	131	14	17	0	304	170

36 シン ジョンラク

신정락	申政洛
SHIN JUNG RAK	

投手 37歳 15年目 右投右打

①1987.5.13②178cm78kg③天安北一高-高麗大-LG(10)-ハンファ(19)-ロッテ(23)④7,000万W→8,000万W⑥横手からの不規則な動きの直球と、右打者の内から外に逃げるカーブが特徴の右腕。ピンチで打者を封じて役割を果たしたい。

年度	防御率	試合	勝利	敗戦	セーブ	投球回	三振
2023	4.66	34	4	0	0	29	28
通算	5.25	347	21	31	14	480 1/3	392

37 チョン ヒョンス

정현수	鄭現守
JEONG HYEON SU	

● 投手 23歳 1年目 左投左打

①2001.5.10②180cm84kg③釜山高-松源大-ロッテ(24)④<契>1億5,000万W<年>3,000万W⑥24年ドラフト2R（全体順位13番目）。大学在学中、テレビ番組「最強野球団」の一員としてプレー。落差のあるカーブが注目された。

ROOKIE

年度	防御率	試合	勝利	敗戦	セーブ	投球回	三振
2023							
通算							

38 ホン ミンギ

홍민기	洪敏基
HONG MIN KI	

投手 23歳 5年目 左投右打

①2001.7.20②185cm85kg③大田高-ロッテ(20)④3,100万W→3,100万W⑥昨季5月に軍から復帰。ファームでは9月に4試合登板した。速球派として期待される左腕は故障なくシーズンを迎え、3年ぶりの一軍マウンドを目指す。

年度	防御率	試合	勝利	敗戦	セーブ	投球回	三振
2023							
通算	27.00	1	0	0	0	1/3	0

39 シム ジェミン

심재민	沈載敏
SHIM JAE MIN	

投手 30歳 11年目 左投右打

①1994.2.18②182cm92kg③開成高-KT(14)-ロッテ(23)④8,300万W→9,400万W⑥巨漢左腕は昨季5月にKTから移籍。シーズン終盤に先発を務め、9月のKIA戦では5回降雨コールドで「完投勝利」を手にした。落差あるカーブが特長。⑦APBC(17)

年度	防御率	試合	勝利	敗戦	セーブ	投球回	三振
2023	3.78	33	1	3	0	47 2/3	29
通算	4.77	322	16	21	2	364	249

40 パク チンヒョン [パクチニョン]

박진형	朴晋亨
PARK JIN HYUNG	

投手 30歳 12年目 右投右打

①1994.6.10②181cm77kg③江陵高-ロッテ(13)④8,600万W→8,600万W⑥昨オフに軍服務を終了した右腕。召集前はリリーフを務め、20年には17ホールドを記録。直球との球速差が大きいフォークが投球の半数近くを占めた。⑦APBC(17)

年度	防御率	試合	勝利	敗戦	セーブ	投球回	三振
2023							
通算	5.44	215	18	14	7	294 1/3	298

43 ナ ギュンアン [ナギュンアン]

나균안　羅畇雁
NA GYUN AN

投手 26歳 8年目 右投右打

①1998.3.16②186cm109kg③馬山龍馬高-ロッテ(17)④1億900万W→1億7,000万W⑥捕手から投手に転向し3シーズン目の昨季は4月に4勝。チームの同月首位に貢献した。フォークをカウント球、決め球に使う巨漢右腕だ。⑦アジア大会(23)

年度	防御率	試合	勝利	敗戦	セーブ	投球回	三振
2023	3.80	23	6	8	0	130 1/3	114
通算	4.28	85	10	18	1	264 1/3	264

44 パク チン

박진　朴辰
PARK JIN

投手 25歳 6年目 右投右打

①1999.4.2②182cm106kg③釜山高-ロッテ(19)④3,200万W→3,300万W⑥ファームでは先発、中継ぎを務め、6月に育成から昇格。同月に一軍マウンドに上がった。縦のスライダーの精度を上げて、首脳陣の信頼を得たい。

年度	防御率	試合	勝利	敗戦	セーブ	投球回	三振
2023	9.00	4	0	0	0	5	2
通算	9.00	4	0	0	0	6	3

45 チェ ソルウ [チェソル]

최설우　崔卨堣
CHOI SEOL WOO

投手 32歳 11年目 右投右打

①1992.2.20②179cm93kg③開成高-東亜大-ハンファ(14)-ロッテ(16)④4,000万W→4,000万W⑥高いリリースポイントから落差のあるカーブを見せる右腕が背水の陣で迎える今季。チェ・ヨンファンから改名し心機一転挑む。

年度	防御率	試合	勝利	敗戦	セーブ	投球回	三振
2023	9.90	8	0	1	0	10	7
通算	7.07	101	3	7	0	149	106

46 アーロン・ウィルカーソン

윌커슨　アメリカ合衆国
AARON WILKERSON

投手 35歳 2年目 右投右打

①1989.5.24②188cm104kg③カンバーランド大-ブルワーズ-阪神-ロッテ(23)④\$25万→\$60万⑥昨季7月にロッテ入りすると先発として活躍。8月のSSG戦では7回まで1四球無失点に抑え、2,3番手も無安打投球で3投手でのノーノーを達成した。

年度	防御率	試合	勝利	敗戦	セーブ	投球回	三振
2023	2.26	13	7	2	0	79 2/3	81
通算	2.26	13	7	2	0	79 2/3	81

49 チェ イジュン

최이준　崔利儁
CHOI E JUN

投手 25歳 7年目 右投右打

①1999.4.10②182cm90kg③奬弘高-KT(18)-ロッテ(22)④3,000万W→3,800万W⑥改名1年目の昨季は自己最多の登板数、プロ初勝利と初ホールドを記録した。体に無理のないバランスの良いフォームから高低をうまく使って抑えていきたい。

年度	防御率	試合	勝利	敗戦	セーブ	投球回	三振
2023	6.83	28	1	0	0	29	20
通算	8.13	36	1	0	0	34 1/3	25

54 イ テヨン

이태연　李太淵
LEE TAE YOUN

投手 20歳 2年目 左投左打

①2004.2.21②180cm80kg③沖岩高-ロッテ(23)④3,000万W→3,100万W⑥1年目の昨季は開幕から一軍入りを果たした。緩急を生かした投球を見せるメガネの左腕投手だ。今季中のサンム入りを希望している。

年度	防御率	試合	勝利	敗戦	セーブ	投球回	三振
2023	15.88	15	0	1	0	5 2/3	4
通算	15.88	15	0	1	0	5 2/3	4

12 チョン ウジュン

정우준　鄭愓寯
JEONG WOO JUN

投手 24歳 4年目 右投右打

①2000.3.17②180cm82kg③ソウル高-江陵嶺東大-ロッテ(21)④3,100万W→3,100万W⑥軍服務中の昨季はリリーフとしてファームで35試合に登板。2セーブ、7ホールドを記録したスリークォーター右腕だ。

年度	防御率	試合	勝利	敗戦	セーブ	投球回	三振
2023	-	-	-	-	-	-	-
通算	9.53	6	0	0	0	5 2/3	4

56 チョン ソンジョン

정성종　鄭聖鍾
JUNG SUNG JONG

投手 29歳 7年目 右投右打

①1995.11.16②181cm93kg③光州一高-仁荷大-ロッテ(18)④3,500万W→3,900万W⑥ファームでは先発としてチームで最も多い投球回を投げて5勝を挙げた。バランスの良いフォームから140キロ台の直球を投げる右腕だ。

年度	防御率	試合	勝利	敗戦	セーブ	投球回	三振
2023	5.32	12	1	0	0	22	10
通算	5.80	71	1	3	0	107	55

57 イム ジュンソプ

임준섭　林準燮
IM JUN SEOB

▲ 投手 35歳 13年目 左投左打

①1989.7.16②181cm88kg③開成高-慶星大-KIA(12)-ハンファ(15)-SSG(23)-ロッテ(24)④4,000万W→4,000万W⑥昨季、リリーフとして自己最多の登板数となるなどオドに戦力外に。地元球団での再出発となった。緩急を生かした投球で活路を見いだす。

年度	防御率	試合	勝利	敗戦	セーブ	投球回	三振
2023	5.79	41	0	2	0	32 2/3	26
通算	5.67	200	12	26	0	368 1/3	202

59 ソン ジェヨン

송재영　宋才永
SONG JAE YOUNG

投手 22歳 4年目 右投右打

①2002.6.20②181cm84kg③ラオン高-ロッテ(21)④3,100万W→3,100万W⑥軍服務中の昨季はサンムでプレー。ファームでリリーフとして15試合に登板した。高いリリースポイントから緩急を生かした投球を見せる。

年度	防御率	試合	勝利	敗戦	セーブ	投球回	三振
2023	-	-	-	-	-	-	-
通算	13.50	19	0	2	0	14 2/3	13

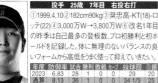

日程
L
G
K
T
S
S
G
N
C
トゥサン
KIA
ロッテ
サムソン
ハンファ
キウム
記録

61 チョン ミル

전미르	全ミル
	JEON MIR

● 投手 19歳 1年目 右投右打

①2005.8.15②187cm100kg③慶北高-ロッテ(24)④＜契＞3億W＜年＞3,000万W⑥24年ドラフト1R（全体順位3番目）。投打で高い評価を受ける。投手としては150キロに迫る直球とナックルカーブが持ち味だ。

ROOKIE

---

62 イ ジンハ [イジナ]

이진하	李鎭河
	LEE JIN HA

投手 20歳 2年目 右投右打

①2004.6.2②191cm96kg③奬忠高-ロッテ(23)④3,000万W→3,200万W⑥1年目の昨季は開幕時にシーズン終盤に一軍に昇格。長身から投げ下ろすスライダーで打者を処理した。6月のサンム入りが予定されている。

年度	防御率	試合	勝利	敗戦	セーブ	投球回	三振
2023	3.38	9	0	0	0	8	2
通算	3.38	9	0	0	0	8	2

---

64 ウ ガンフン

우강훈	禹康訓
	WOO KANG HOON

投手 22歳 4年目 右投右打

①2002.10.3②183cm88kg③野塔高-ロッテ(21)④3,000万W→3,100万W⑥軍服務を終えた後、昨季10月に育成から昇格。横手から140キロ後半の直球を見せ、一軍で先発登板も経験した。期待の右腕だ。

LG #61

年度	防御率	試合	勝利	敗戦	セーブ	投球回	三振
2023	6.00	3	0	0	0	6	5
通算	6.00	3	0	0	0	6	5

※LG ソン ホヨン内野手とトレード（3/30）

---

00 ソン ソンビン

손성빈	孫晟賓
	SON SEOUNG BIN

捕手 22歳 4年目 右投右打

①2002.1.14②186cm92kg③長安高-ロッテ(21)④3,100万W→5,000万W⑥21年のドラ1捕手は6月に軍に復帰。自慢のレーザー送球で10度の盗塁企図で7度阻止した。APBCでも好リードし、飛躍が期待できる。⑦APBC(23)

年度	打率	試合	安打	本打	打点	盗塁	三振
2023	.263	45	20	1	15	0	10
通算	.274	56	24	1	15	0	16

---

32 カン テユル

강태율	姜颱律
	KANG TAE YUL

捕手 28歳 10年目 右投右打

①1996.11.1②179cm91kg③釜慶高-ロッテ(15)④3,900万W→3,600万W⑥15年のドラ1捕手は昨季ファームで60試合に出場。しかし一軍昇格はなかった。捕手出身の新監督にアピールしてライバルとの差を埋めたい。

年度	打率	試合	安打	本打	打点	盗塁	三振
2023	-	-	-	-	-	-	-
通算	.141	55	10	3	10	0	21

---

42 チョン ボグン

정보근	丁保瑾
	JEONG BO KEUN

捕手 25歳 7年目 右投右打

①1999.8.31②175cm94kg③慶南高-ロッテ(18)④5,900万W→7,500万W⑥ユ・ガンナムの加入で出番は半減するも、8月には4割を超える打率を残すなど活躍を見せた。今年はスタンドを大いに盛り上げたい。

年度	打率	試合	安打	本打	打点	盗塁	三振
2023	.333	55	27	1	13	1	13
通算	.203	261	94	2	34	2	112

---

66 チ シワン

지시완	池是抏
	JI SI WAN

捕手 30歳 11年目 右投右打

①1994.4.10②181cm105kg③清州高-ハンファ(14)-ロッテ(20)④7,600万W→5,800万W⑥チームの捕手の層が厚くなり、昨季はわずかな試合数にとどまった。369を記録した一軍での打力を見せ、限られたチャンスをつかんで一軍に定着したい。

年度	打率	試合	安打	本打	打点	盗塁	三振
2023	.125	6	1	0	0	0	5
通算	.244	324	166	19	85	1	199

---

69 ソ ドンウク

서동욱	徐東旭
	SEO DONG UK

捕手 24歳 2年目 右投右打

①2000.3.24②175cm88kg③順天曉泉BC-弘益大-ロッテ(23)④3,000万W→3,300万W⑥1年目の昨季は5月に育成から昇格。捕手では1試合、右翼手で4試合先発出場し、ファームではチーム1の9本塁打、52打点を記録。バットでアピールした。

年度	打率	試合	安打	本打	打点	盗塁	三振
2023	.118	13	2	0	0	0	5
通算	.118	13	2	0	0	0	5

---

3 シン ユンフ [シニュヌ]

신윤후	申阮后
	SHIN YOON HOO

内野手 28歳 6年目 右投右打

①1996.1.5②177cm77kg③馬山高-東義大-ロッテ(19)④5,300万W→5,200万W⑥ファームでは規定打席不足もチームトップの75安打で打率.369を記録した。セーフティーバントなどの小技を生かして出場機会をつかみたい。

年度	打率	試合	安打	本打	打点	盗塁	三振
2023	.040	28	1	0	1	1	8
通算	.222	170	53	4	18	8	47

---

6 オ ソンジン

오선진	吳先鎭
	OH SUN JIN

▲ 内野手 35歳 17年目 右投右打

①1989.7.7②178cm80kg③城南高-ハンファ(08)-サムソン(21)-ハンファ(23)-ロッテ(24)④1億W→1億W⑥サムソンからFAで昨季ハンファに復帰し、2次ドラフトでロッテ入り。右打者のユーティリティー内野手として存在感を発揮した。

年度	打率	試合	安打	本打	打点	盗塁	三振
2023	.230	90	38	0	14	2	34
通算	.241	1109	629	18	229	49	509

7 イ ハクチュ
이학주 | 李學周
LEE HAK JU

内野手 34歳 6年目 右投左打

①1990.11.4②187cm87kg③沖岩高-米3A-四国IL徳島-サムソン(19)-ロッテ(22)④7,200万W→9,200万W⑥昨季は本職のショートとともにサードでも起用され、いずれも途中出場が大半だった。近い世代のライバルとの差は持ち前の爆発力でつけたい。

年度	打率	試合	安打	本塁打	打点	盗塁	三振
2023	.209	104	23	3	13	4	31
通算	.231	443	251	21	112	29	293

9 チョン フン
정훈 | 鄭勳
JUNG HOON

内野手 37歳 19年目 右投右打

①1987.7.18②180cm85kg③馬山龍馬高-ヒョンデ(06)-ロッテ(10)④3億W→3億W⑥球界でも最も泥臭い主力選手の昨季は、左わき腹負傷などで離脱期間があった。今季は上位争いを続けて一塁手として存在感を発揮したい。

年度	打率	試合	安打	本塁打	打点	盗塁	三振
2023	.279	80	56	6	31	2	39
通算	.275	1290	1027	69	474	75	798

14 チェ ハン
최항 | 崔恒
CHOI HANG

▲ 内野手 30歳 13年目 右投左打

①1994.1.3②183cm88kg③裕信高-SK(12)-ロッテ(24)④3,100万W→3,100万W⑥2次ドラフト3RでSSGから移籍。ショート以外の内野を守るスーパーサブは新天地でチャンスを狙う。兄はSSGの主砲チェジョン。

年度	打率	試合	安打	本塁打	打点	盗塁	三振
2023	.286	21	8	1	6	0	12
通算	.273	304	192	11	94	6	172

16 キム ミンソン
김민성 | 金玟成
KIM MIN SUNG

▲ 内野手 36歳 18年目 右投右打

①1988.12.17②181cm94kg③徳壽情報高-ロッテ(07)-ネクセン(10)-LG(19)-ロッテ(24)④1億8,000万W→2億W⑤LGでFA移籍複数年契約を結んだ後に移籍。昨季は内野全ポジションで故障者の穴を埋める活躍を見せた。15シーズンぶりの古巣復帰となる。⑦アジア大会(14)

年度	打率	試合	安打	本塁打	打点	盗塁	三振
2023	.249	112	68	4	33	2	58
通算	.269	1696	1406	131	725	52	1015

25 ハン ドンヒ
한동희 | 韓東熙
HAN DONG HUI

内野手 25歳 7年目 右投右打

①1999.6.1②182cm108kg③慶南高-ロッテ(18)④1億9,260万W→1億6,200万W⑥引退したイ・デホの後継者として迎えた昨季は、開幕から結果の出ない厳しい年となった。サムソン入りを志願し決定の場合、6月に入隊する。

年度	打率	試合	安打	本塁打	打点	盗塁	三振
2023	.223	108	71	5	32	1	58
通算	.262	647	539	59	267	2	429

51 ナ スンヨプ
나승엽 | 羅承燁
NA SEUNG YEUP

内野手 22歳 4年目 右投左打

①2002.2.15②190cm82kg③徳壽高-ロッテ(21)④4,000万W→4,000万W⑥昨季はサムでプレーしリーグトップの70四球、57打点(3位)を記録した。高校時代はメジャー行きも視野に入れていたスター候補生だ。⑦APBC(23)

年度	打率	試合	安打	本塁打	打点	盗塁	三振
2023							
通算	.204	60	23	2	10	1	33

52 ノ ジンヒョク [ノジニョク]
노진혁 | 盧珍赫
NO JIN HYUK

内野手 35歳 13年目 右投右打

①1989.7.15②184cm80kg③光州東成高-成均館大-NC(12)-ロッテ(23)④5億W→6億W⑥FA移籍1年目の昨季、長打力を誇る遊撃手は左わき腹痛などあり期待通りの活躍とはならなかった。今年は実力発揮だ。

年度	打率	試合	安打	本塁打	打点	盗塁	三振
2023	.257	113	86	4	51	3	84
通算	.265	914	701	75	382	15	659

53 パク スンウク
박승욱 | 朴承昱
PARK SEUNG WOOK

内野手 32歳 13年目 右投右打

①1992.12.4②184cm83kg③大邱商苑高-SK(12)-KT(19)-ロッテ(22)④7,000万W→1億3,500万W⑥昨季はプロ12年目で自己最多の出場数、セカンドをはじめ内野全ポジションを守った。初の2ケタ盗塁も記録し、走攻守でチームに貢献した。

年度	打率	試合	安打	本塁打	打点	盗塁	三振
2023	.286	123	83	0	30	15	87
通算	.251	605	292	11	105	40	355

63 イ ジュチャン
이주찬 | 李主讚
LEE JU CHAN

内野手 26歳 4年目 右投右打

①1998.9.21②181cm86kg③慶南高-東義大-ロッテ(21)④3,000万W→3,100万W⑥昨季6月に軍服務から復帰。ファームでは9月に8試合全安打を放つなど高打率を残した3年ぶりの一軍を目指す。弟はキウムのイ・ジュヒョン。

年度	打率	試合	安打	本塁打	打点	盗塁	三振
2023	-	-	-	-	-	-	-
通算	.000	4	0	0	0	0	5

65 コ スンミン
고승민 | 高承敃
GO SEUNG MIN

内野手 24歳 6年目 右投左打

①2000.8.11②189cm92kg③北一高-ロッテ(19)④7,300万W→8,000万W⑥昨季はファーストまたはライトを守り、あらゆる打順で出場。下手投げ投手を得意にしている。今季は持ち前の鋭いスイングで結果を残したい。

年度	打率	試合	安打	本塁打	打点	盗塁	三振
2023	.224	94	57	2	24	8	64
通算	.266	216	152	7	60	9	127

67 カン ソンウ

강성우　康聲祐
KANG SEONG WOO

● 内野手 19歳 1年目 右投右打

①2005.4.12②182cm77kg③清州高-ロッテ(24)④＜契＞7,000万W＜年＞3,000万W⑥24年ドラフト5R(全体順位43番目)。守備力と走力に高い評価を受ける選手。ファームで実戦経験を積んで一軍昇格を目指す。

ROOKIE

68 チョン デソン

정대선　鄭大善
JEONG DAE SUN

● 内野手 20歳 2年目 右投右打

①2004.11.16②185cm85kg③世光高-ロッテ(23)④3,000万W→3,200万W⑥1年目の昨季は6月に育成から昇格。ファームではチームで最も多く打席に立ち、3割に迫る打率を残した。9月に一軍でも活躍を見せた細身の巧打者だ。

年度	打率	試合	安打	本塁打	打点	盗塁	三振
2023	.150	19	6	0	6	0	8
通算	.150	19	6	0	6	0	8

98 イ ホジュン

이호준　李昊俊
LEE HO JUN

● 内野手 20歳 1年目 右投左打

①2004.3.20②172cm72kg③大邱商苑高-ロッテ(24)④＜契＞1億W＜年＞3,000万W⑥24年ドラフト3R(全体順位23番目)。堅実なショートの守備が特長。地元の先輩遊撃手、キム・サンス(KT)から指導を受けたことがある。

ROOKIE

0 ファン ソンビン

황성빈　黄晟彬
HWANG SEONG BIN

● 外野手 27歳 5年目 右投左打

①1997.12.19②172cm76kg③蘇來高-慶南大-ロッテ(20)④7,200万W→7,600万W⑥小柄な体で逆方向への打球を放ち、出塁を狙う俊足の外野手。昨季は開幕直後好調だったが、負傷離脱となった。年間通してのポジション獲りなるか。

年度	打率	試合	安打	本塁打	打点	盗塁	三振
2023	.212	74	36	0	8	9	27
通算	.265	176	130	1	24	19	82

13 チャン ドゥソン

장두성　張斗盛
JANG DU SEONG

● 外野手 25歳 7年目 右投左打

①1999.9.16②176cm75kg③東山高-ロッテ(18)④3,800万W→4,000万W⑥昨季はファームでリーグ2位の30盗塁を記録。一軍ではセンターを主とした控えとして起用された。俊足を生かした全力プレーでアピールだ。

年度	打率	試合	安打	本塁打	打点	盗塁	三振
2023	.154	25	2	0	1	2	3
通算	.194	121	14	0	5	10	26

29 ビクト・レイエス [ビクター・レイエス]

레이예스　ベネズエラ
VICTOR REYES

● 外野手 30歳 1年目 右投両打

①1994.10.5②196cm87kg③フェリペ・ゲバラ高-タイガース-ロッテ(24)④＜契＞$10万＜年＞$60万⑥豊富なメジャー経験を持ち、昨季は3Aで20本塁打83打点を残した実績がある。狭めのスタンスから簡潔にバットを出して振り抜いていく。

年度	打率	試合	安打	本塁打	打点	盗塁	三振
23MLB	-	-	-	-	-	-	-
MLB通算	.264	394	321	16	107	33	287

48 イ ジョンフン

이정훈　李政勲
LEE JEONG HUN

● 外野手 30歳 8年目 右投左打

①1994.12.7②185cm90kg③徽文高-慶熙大-KIA(17)-ロッテ(23)④4,000万W→6,000万W⑥移籍1年目の昨季は7月の一軍初打席でホームラン。捕手登録だったが打力を買われて一塁手、左翼手、指名打者で出場した。

年度	打率	試合	安打	本塁打	打点	盗塁	三振
2023	.296	59	45	1	17	1	28
通算	.262	120	81	3	34	1	68

50 キム ドンヒョク

김동혁　金東奕
KIM DONG HYEOK

● 外野手 24歳 3年目 右投左打

①2000.9.15②177cm73kg③済物浦高-江陵嶺東大-ロッテ(22)④3,000万W→3,100万W⑥昨季は9月に育成から昇格。外野各ポジションの守備固めと代走で起用された。俊足と高いミート力をアピールして一軍に定着したい。

年度	打率	試合	安打	本塁打	打点	盗塁	三振
2023	.000	15	0	0	0	1	3
通算	.000	15	0	0	0	1	3

95 イ ソンウ [イソヌ]

이선우　李宣雨
LEE SUN WOO

● 外野手 19歳 1年目 右投右打

①2005.2.22②180cm74kg③德寿高-ロッテ(24)④＜契＞5,000万W＜年＞3,000万W⑥24年ドラフト7R(全体順位63番目)。高校時代リーグ戦で盗塁王を獲得したことがある。俊足の外野手。代走要員で一軍昇格を目指す。

ROOKIE

育成選手

2014年までの名称は「申告選手」。選手登録されていない選手で、5月1日以降に正式登録が可能になる。正式登録されると一軍の試合に出場できる。現在の登録選手が育成選手扱いになることもある。

 **⑰ヒョン ドフン**

현도훈	玄到勲

投手 右投左打
1993.1.13
188cm95kg

 ㉚イ ミンソク

이민석	李旼錫

投手 右投右打
2003.12.10
189cm95kg

 ㊻イ スンホン

이승헌	李承憲

投手 右投右打
1998.12.19
196cm97kg

 **⑩チョン ハウォン**

전하원	全賀元

● 投手 右投右打
2005.10.30
184cm86kg

 ⑩ユン ソンビン

윤성빈	尹聖彬

投手 右投右打
1999.2.26
197cm90kg

 ⑩パク チュンウ

박준우	朴埈佑

● 投手 右投右打
2005.5.27
190cm94kg

 **⑩パク ソンジュン**

박성준	朴省峻

● 投手 左投左打
2005.11.28
180cm81kg

 ⑩ペ セジョン

배세종	裵世鍾

● 投手 右投右打
2001.12.1
190cm108kg

 ⑪パク ヨンワン

박영완	朴映完

投手 右投右打
2000.7.22
183cm85kg

 **⑯パク チェミン**

박재민	朴材珉

投手 左投右打
2001.8.27
186cm88kg

 ⑰パク ミョンヒョン

박명현	朴明賢

投手 右投右打
2001.6.16
185cm80kg

 ⑱イ ビョンジュン

이병준	李秉峻

投手 右投右打
2002.5.28
185cm95kg

 **⑲チェ ウイン**

최우인	崔又仁

投手 右投右打
2002.8.9
191cm95kg

 **⑩ペク トゥサン**

백두산	白頭山

● 捕手 右投右打
2001.5.20
180cm83kg

 ⑬カン スング

강승구	姜承求

● 捕手 右投右打
2003.10.19
180cm83kg

 **⑳チョン ジェファン**

정재환	鄭在奐

捕手 右投右打
2004.4.14
185cm94kg

 **⑩コ ギョンピョ**

고경표	高京杓

● 内野手 右投右打
2001.7.20
183cm88kg

 ⑩チェ ジョンウン

최종은	碓鍾恩

内野手 右投右打
1998.10.12
178cm82kg

 **⑩アン ウジン**

안우진	安祐辰

● 内野手 右投右打
2005.7.22
181cm83kg

 **⑭キム ドンギュ**

김동규	金童奎

内野手 右投右打
1999.4.8
185cm85kg

 ⑩ユ ジェモ

유제모	柳帝牟

● 外野手 右投左打
2003.2.26
178cm78kg

 **⑩キム デヒョン**

김대현	金大賢

● 外野手 右投右打
2003.11.15
176cm84kg

 ⑪キ ミンソン

기민성	倚珉成

● 外野手 右投右打
2001.9.14
185cm07kg

 **⑫ソ ハンビン**

소한빈	蘇翰頻

● 外野手 右投右打
2005.8.23
179cm91kg

 **背番号　名前**

PHOTO	ハングル	漢字

記号　位置　投打
生年月日
身長体重

兵役、公益勤務期間中、またはサンム(尚武/国軍体育部隊)に所属する選手。
サンムは二軍リーグに参加している。

位置	名前	ハングル	漢字	投打	生年月日	身長体重	所属チーム
投手	キム チャンフン	김창훈	金昌勲	右投右打	2001.11.9	185cm98kg	
投手	ソク サンホ	석상호	石相昊	右投右打	2000.4.14	182cm102kg	
投手	チャン セジン	장세진	張世珍	左投左打	2004.12.30	179cm80kg	
投手	チョ ギョンミン	조경민	曺炅慜	右投右打	2004.9.17	179cm78kg	
内野手	キム セミン	김세민	金世珉	右投右打	2003.6.14	183cm78kg	
内野手	ハン テヤン	한태양	韓太揚	右投右打	2003.9.15	181cm76kg	サンム
外野手	ユン スニョン	윤수녕	允秀寧	右投左打	2000.3.1	173cm73kg	
外野手	チョ セジン	조세진	趙世鎭	右投右打	2003.11.21	181cm86kg	サンム
外野手	チュ ジェヒョン	추재현	秋材賢	左投左打	1999.2.22	178cm85kg	サンム

位置	名前	ハングル	漢字	投打	生年月日	身長体重	所属チーム
投手	キム ギジュン	김기준	金氣俊	右投右打	2004.4.16	188cm90kg	
投手	ハ ヘソン	하혜성	河慧性	右投右打	2003.6.9	191cm85kg	
捕手	ミン ソンウ	민성우	閔晟宇	右投右打	1999.3.10	174cm82kg	
捕手	オム ジョンユン	엄장윤	嚴壯阭	右投右打	2003.10.7	179cm78kg	
内野手	キム ソジン	김서진	金曙辰	右投右打	2004.2.5	175cm80kg	
内野手	ペ インヒョク	배인혁	裵仁赫	右投左打	2004.1.29	170cm70kg	
外野手	パク コン	박건	朴建	右投右打	2002.4.25	185cm90kg	

韓国の捕手コーチ10人中3人が「星野竜育ち」
世界初導入の「ロボット審判」に備える

今季のKBOリーグは10チーム中、3チームで一軍バッテリーコーチを日本人が務める。いずれも1990年代終盤に中日ドラゴンズに在籍した「星野竜育ち」だ。6年ぶりにKIAに復帰の中村武志（57）は、「中日の後輩たちとたまたま一緒というのもいいよね」と笑う。

鈴木郁洋（49）はKTの二軍でコーチを3シーズン務め、今季からSSGの一軍バッテリーコーチになった。鈴木のプロ入り当時、中日の正捕手は中村だった。「（中村）武志さんはいろいろなことを教えてくれた仲のいい先輩でした」（鈴木）。

鈴木は中日がセ・リーグを制した99年を振り返った。

「武志さんは足の指を骨折していました。星野（仙一）監督に『武志は1週間で治させるから、その間はお前が頑張れ』と言われました。でもその頃、僕も鎖骨を骨折していたんですよね。それを隠していたのを思い出します」

中村、鈴木がプレーする姿をコーチとして見ていたのが、29歳で指導者になった芹澤裕二（56）だ。芹澤は10年にKBO入り。4球団目となる斗山ベアーズでバッテリーコーチを務めている。

鈴木は先輩たちについて「ベンチ同士でお互いにしかわからない視線を送ったりするのではないですか？」と異国のグラウンドでの再会を楽しみにしている。

今年のKBOリーグは大きな変化がいくつかある。その一つが「自動投球判定システム（ABS）」、いわゆる「ロボット審判」の導入だ。投球のトラッキングデータ（追跡情報）が打者ごとに設定されたストライクゾーンを通過したか否かで、ストライク、ボールの判定が下される。判定の伝達は機器から球審が装着したイヤホンにビープ音で届く。球審はそれを聞いてコールする仕組みだ。

KBOリーグでは20年8月から二軍でABSの試験運用を開始。今季、MLBよりも先にABSを導入することから事実上、トップリーグで世界初のロボット審判採用となる。ファームのコーチとしてロボット審判を経験済みの芹澤は「以前は1試合で10球くらい "えーっ" という判定や、コールが遅れたこともありましたがその点は修正されたと聞いています」と話す。

またロボット審判初体験となる中村は「バッターの身長によってストライクゾーンが変わるという説明は受けましたが、かがんで構えるバッターにとってはストライクゾーンが広くなるという誤差も生まれると思うので、一番困るのはバッターではないですか」と話した。

各コーチともロボット審判について「実際にやってみないとわからない」と答えた。もし中村、芹澤、鈴木の師である星野元監督が存命なら、ロボット審判についてどう思っただろうか。

「『そりゃ野球じゃねぇ。審判は人がやるものだから感情が入っていい。プロ野球はそれをなくしちゃダメだ』って言うんじゃないですかね」（芹澤）

オープン戦から本格導入されたロボット審判は、大きなトラブルなく開幕を迎えている。

6年ぶりにKIA復帰の中村武志コーチ

サムソン ライオンズ
삼성 라이온즈

SAMSUNG LIONS
https://www.samsunglions.com/

縁故地(日本における保護地域)	テグ広域市
2023年成績	61勝82敗1分.427
順位	8位
チーム打率	.263 （6位）
チーム防御率	4.60 （10位）

ユニフォーム

◀ **Home**

Visitor ▶

ブレオ
블레오

球団情報

■球団事務所
　42250 大邱広域市壽城区野球伝説路1 大邱サムソン
　ライオンズパーク内　TEL／053-780-3300
■本拠地球場／テグサムソンライオンズパーク
■準本拠地／ポハン(浦項)野球場
　収容人員 12,000人
　中堅122m 両翼99m 外野フェンス2.5m 人工芝
　🚍ポハン高速バスターミナルからタクシーで15分。
　市外バスターミナルからタクシーで5分。
■二軍球場／キョンサン(慶山)ボールパーク
　慶尚北道慶山市珍良邑一熟路640
　🚍テグ地下鉄1号線アンシム(安心)駅からタクシー
　で20分。テグカントリークラブ隣
■2024年春季キャンプ地
　沖縄県国頭郡恩納村 ONNA赤間ボール・パーク
■オーナー兼球団社長／ユ ジョングン　유정근
　球団団長(日本におけるGM)／
　イ ジョンヨル　이종열

年度別成績

年	順位	球団名	試合	勝	敗	分	勝率
1982	2	サムソン ライオンズ	80	54	26	0	.675
1983	2	サムソン ライオンズ	100	46	50	4	.479
1984	2	サムソン ライオンズ	100	55	45	0	.550
1985	★ 1	サムソン ライオンズ	110	77	32	1	.706
1986	2	サムソン ライオンズ	108	70	37	1	.654
1987	4	サムソン ライオンズ	108	64	44	0	.593
1988	4	サムソン ライオンズ	108	56	50	2	.528
1989	4	サムソン ライオンズ	120	57	58	5	.496
1990	2	サムソン ライオンズ	120	66	52	2	.558
1991	3	サムソン ライオンズ	126	65	55	1	.560
1992	4	サムソン ライオンズ	126	67	57	2	.540
1993	2	サムソン ライオンズ	126	73	48	5	.599
1994	5	サムソン ライオンズ	126	60	64	2	.484
1995	5	サムソン ライオンズ	126	60	60	6	.500
1996	6	サムソン ライオンズ	126	54	67	5	.447
1997	2	サムソン ライオンズ	126	66	53	7	.552
1998	4	サムソン ライオンズ	126	66	58	2	.532
1999マジック	4	サムソン ライオンズ	132	73	57	2	.562
2000ドリーム	2	サムソン ライオンズ	133	69	59	5	.539
2001	2	サムソン ライオンズ	133	81	52	0	.609
2002	★ 2	サムソン ライオンズ	133	82	47	4	.636
2003	4	サムソン ライオンズ	133	76	53	4	.589
2004	2	サムソン ライオンズ	133	73	52	8	.584
2005	★ 1	サムソン ライオンズ	126	74	48	4	.606
2006	★ 1	サムソン ライオンズ	126	73	50	3	.593
2007	4	サムソン ライオンズ	126	62	60	4	.508
2008	4	サムソン ライオンズ	126	65	61	0	.516
2009	5	サムソン ライオンズ	133	64	69	0	.481
2010	2	サムソン ライオンズ	133	79	52	2	.594
2011	★ 1	サムソン ライオンズ	133	79	50	4	.612
2012	★ 1	サムソン ライオンズ	133	80	51	2	.611
2013	★ 1	サムソン ライオンズ	128	75	51	2	.595
2014	★ 1	サムソン ライオンズ	128	78	47	3	.624
2015	2	サムソン ライオンズ	144	88	56	0	.611
2016	9	サムソン ライオンズ	144	65	78	1	.455
2017	9	サムソン ライオンズ	144	55	84	5	.396
2018	6	サムソン ライオンズ	144	68	72	4	.486
2019	8	サムソン ライオンズ	144	60	83	1	.420
2020	8	サムソン ライオンズ	144	64	75	5	.460
2021	3	サムソン ライオンズ	144	76	59	9	.563
2022	7	サムソン ライオンズ	144	76	72	2	.465
2023	8	サムソン ライオンズ	144	61	82	1	.427
通算			5347	2847	2380	120	.545

※★は優勝年　※'99、00年はドリーム、マジックの2リーグ制
※勝率計算…・'82〜'86年：勝÷(勝+敗)
※'87〜'97年：(勝+(引分×0.5))÷試合数　※'98〜'08年：勝÷(勝+敗)
※'09〜'10年：勝÷試合数　※'11年〜：勝÷(勝+敗)

球団小史

■日本でも「サムスン」として有名な電子部門を中心とする財閥・サムスンが母体。球界発足以来、球団名、縁故地(保護地域)が変わっていないが、2016年からグループ内の広告代理店「第一企画」の傘下にある。2011年から球界初の4年連続公式戦1位と韓国シリーズ4連覇を達成。2016年には新球場に本拠地を移転した。これまで最下位の経験がなく、長らく常勝チームとして君臨。しかし2016年以降は2021年の3位を除き、Bクラスに低迷している。

選手として在籍した主なNPB経験者

・新浦壽夫／巨人-サムソン(84〜86)-大洋-ダイエー-ヤクルト
・イ スンヨプ(李承燁)／サムソン(95〜03)-千葉ロッテ-巨人-オリックス-サムソン(12〜17)
・イム チャンヨン(林昌勇)／ヘテ-サムソン(99〜07)-ヤクルト-カブス-サムソン(14〜15)-KIA
・門倉 健／中日-近鉄-横浜-巨人-SK-サムソン(11)-サムソンコーチ
・オ スンファン(呉昇桓)／サムソン(05〜13)-阪神-カージナルス-ブルージェイズ-ロッキーズ-サムソン(19〜)
・デービッド・ブキャナン／ヤクルト-サムソン(20〜23)
・ホセ・ピレラ／広島-サムソン(21〜23)

テグ サムソンライオンズパーク
대구삼성라이온즈파크

八角形の
ニューフェース

常勝時代を築いたサムソンの本拠地にふさわしい大規模で最新鋭のスタジアムが2016年に誕生。八角形の外形、左右非対称の外野席、ブルーに統一されたスタンドが特徴だ。歴史あるチームはこの地で新たな1ページを開きたい。

アクセス	快適さ	熱狂度
90	**90**	**85**

◇42250 大邱広域市 壽城区 野球伝説路 1
　TEL/053-780-3300
◇収容人員　24,000人
◇天然芝
◇中堅　122.5m　両翼 99.5m　フェンスの高さ 3.2m

サムソン主催試合チケット

サムソンは三塁側ベンチを使用

席種	種別	月〜木	金,土,日,休日
VIP席	おとな	40,000	50,000
中央テーブル席	おとな	35,000	45,000
一塁 テーブル席	おとな	30,000	40,000
三塁 テーブル席	おとな	30,000	40,000
一塁 エキサイティング席	おとな	20,000	25,000
三塁 エキサイティング席	おとな	20,000	25,000
ブルーゾーン	おとな	13,000	15,000
一塁 内野指定席	おとな	8,000	10,000
三塁 内野指定席	おとな	11,000	13,000
SKY指定席	おとな	8,000	10,000
	こども/中高生/障がい者	5,000	7,000
外野指定席	おとな	8,000	10,000
	こども/中高生/障がい者	5,000	7,000
ビジター応援席	おとな	13,000	15,000
芝生席	おとな	8,000	10,000
外野テーブル席 (4人)	おとな	15,000	18,000
車いす席		5,000	7,000

上記以外の座席区分もあり　単位はウォン　1ウォン＝約0.11円

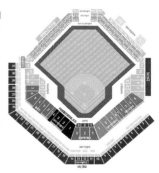

日程
LG
KT
SSG
NC
トゥサン
KIA
ロッテ
サムソン
ハンファ
キウム
記録

❶ライト後方にはイ・スンヨプ（現トゥサン監督）の壁画❷右中間には砂場がある❸場内あちこちにフォトコーナー❹内野席から声援を送る❺場外は夜にライトアップされる

テグサムソンライオンズパーク

「ラパーク」と呼ばれて愛される

ソウルの南東約240km、プサンの北西約90kmに位置するテグは人口約240万人。韓国第4の都市だ。この地を本拠地にするサムソンは、球団創設以来小規模で老朽化が進むテグ市民球場を使用していたが、2016年から新たに完成したテグサムソンライオンズパーク（通称：ラパーク）が念願の新居となった。

この球場は外形が八角形なのが特徴で、内部は左右で構造が異なる非対称の作りになっている。また外野のフィールドは両翼、センター間が一直線で右中間、左中間の膨らみがない。そのためグラウンド全体が狭く感じられる。以前の球場は収容人員が10,000人だったが、この球場は24,000人収容可能。名門チームの本拠地にふさわしいものとなった。

爽やかな快適スタジアム

チームのシンボルカラーのブルーに統一された場内は爽やかな印象。通路が広くゆったりとしている。ライト側の高台には横幅が広い芝生席、ライトスタンドのスコアボードの下には砂場もある。レフトスタンドの一段高くなった部分にはデッキチェアを備えるなど、様々な席種が用意されている。

センターと両翼間に膨らみがない分、外野からホームまでがとても近くに感じられる。また内野のエキサイティング席は極端に張り出しているため、野手とほぼ同じ角度からホームを見ることができる（防球ネットの配置あり）。フード類はコンコースにブースが点在し、三塁側スタンド下にはおしゃれな装飾のミニフードコートがある。

応援しよう！　応援の中心は内野指定席（三塁側）　クセの強い応援歌に必ずハマる　**選手別応援歌**

お決まりの掛け声／**最強サムソン**（チェガンサムソン）！〈最強サムソン！〉

選手別応援歌

5 구자욱（クジャウク）
♪**최강삼성 구자욱 치고달려 구자욱**（チェガンサムソン クジャウク チゴタルリョ クジャウク）
　시원하게 한방 날려버려 구자욱（シウォナゲ ハンバン ナリョボリョ クジャウク）

7 이재현（イジェヒョン）
♪**삼성의 이재현 베베 베베베베 안타 베베**（サムソンエ イジェヒョン ベベ ベベベベベ アンタ ベベ）
　삼성의 이재현 베베 베베베베 홈런 베베（サムソンエ イジェヒョン ベベ ベベベベベ ホムロン ベベ）

　☆くりかえし

16 류지혁（リュジヒョク）
♪**삼성 류지혁 류지혁 우오오오 날려버려 우오오오**（サムソン リュジヒョク リュジヒョク ウォオオオ ナルリョボリョ ウォオオオ）
　시원하고 화끈하게 류지혁! 류지혁（シウォナゴ ファックナゲ リュジヒョク リュジヒョク）
　삼성 류지혁 최강 삼성 승리를 위해 류지혁!（サムソン リュジヒョク チェガン サムソン スンニルル ウィヘ リュジヒョク）

　☆くりかえし

24 맥키넌（メキノン）
♪**라이온즈 맥키넌 안타 맥키넌 홈런 오오오오**（ライオンジュ メキノン アンタ メキノン ホムロン オオオオ）

　☆くりかえし

39 김성윤（キムソンユン）
♪**더 멀리 더 빨리 치고 달려라**（ト モルリ ト パルリ チゴ タルリョラ）
　최강 삼성 김성윤 우오오오오（チェガン サムソン キムソンユン ウォオオオオ）×2
　최강 삼성 김성윤 넌 할 수 있어!（チェガン サムソン キムソンユン ノン ハル ス イッソ）

41 김현준（キムヒョンジュン）
♪**김현준 우오오오오**（キムヒョンジュン ウォオオオオ）×3
　김현준 우오오 안타날려줘（キムヒョンジュン ウォオオ アンタナルリョジョ）　☆くりかえし

44 오재일（オジェイル）
♪**오재일 삼성의 오재일**（オジェイル サムソンエ オジェイル）×2
　삼성의 오재일 안타 오오오 오재일 홈런 삼성의（サムソンエ オジェイル アンタ オオオ オジェイル ホムロン サムソンエ）
　오재일 파이팅 오오오 오재일（オジェイル ファイティン オオオ オジェイル）

47 강민호（カンミンホ）
♪**강! 민 호! 민호 민호 삼성 강민호 우오오오오 강민호**（カン ミン ホ ミノ ミノ サムソン カンミノ オオオオオ カンミノ）
　바라 빠빠빠빠 빠빠빠빠빠빠 강민호!（パラ パンパンパンパン パンパンパンパンパン カンミノ）（×4）

58 김지찬（キムジチャン）
♪**삼성의 김지찬 안타를 날려라**（サムソンエ キムジチャン アンタルル ナルリョラ）
　삼성의 김지찬 찬찬찬 김지찬（サムソンエ キムジチャン チャンチャンチャン キムジチャン）　☆くりかえし

テグ地下鉄2号線テゴンウォン（大公園）駅
下車、4番または5番出口正面。
トンテグ駅から
バス▶路線バス937、909、399番でテゴンウォ
ン駅下車。約30分。

地下鉄▶地下鉄1号線に乗りパンウォルダン
（半月堂）駅で2号線に乗り換え、デコンウ
ォン駅へ。約45分。
テグ空港から
タクシー▶約20分

主要な場所からの移動方法

インチョン空港から
バス▶空港バス乗り場から高速バスでトン
テグ（東大邱）ターミナルまで約4時間。
鉄道▶空港鉄道を利用しソウル駅へ（約
1時間）。ソウル駅からKTX（高速鉄道）で
トンテグ駅へ。
プサンから
プサン駅からKTXまたはSRTでトンテグ駅ま
で約40分。
クァンジュから
高速バスでトンテグバスターミナルまで約
3時間半。

ソウル中心部からの移動方法

鉄道▶KTXでソウル駅からトンテグ駅まで
約1時間50分。
ITXセマウル号、ムグンファ号でソウル駅か
らテグ駅まで約3時間半～4時間。
バス▶高速バスでソウル高速バスターミ
ナルからトンテグバスターミナルまで約3
時間40分。

サムソン ライオンズ

● 新加入　▲ 移籍　■ 復帰（選手）
赤字はNPB選手経験者

監督・コーチ

位置	背番号	記号	氏名	ハングル	漢字・国籍	投打
監督	70		パク チンマン	박진만	朴鎭萬	右右
ヘッド	99		イ ビョンギュ	이병규	李炳圭	右右
投手	79	●	チョン ミンテ	정민태	鄭珉台	右右
ブルペン	94		クォン オジュン	권오준	權五俊	右右
打撃	85	▲	イ ジンヨン	이진영	李晉暎	左左
打撃	77		ペ ヨンソプ	배영섭	裵榮燮	右右
守備	75		ソン ジュイン	손주인	孫周認	右右
走塁/外野守備	90		パク チャンド	박찬도	朴燦都	右右
作戦			カン ミョング	강명구	姜明求	右右
バッテリー	89		イ ジョンシク	이정식	李正植	右右
二軍監督	73		チョン デヒョン	정대현	鄭大炫	右右
二軍投手			カン ヨンシク	강영식	姜英植	左左
二軍投手	87		パク ヒス	박희수	朴熙洙	左左
二軍打撃	78		カン ボンギュ	강봉규	康奉珪	右右
二軍守備/走塁	92		チョン ビョンゴン	정병곤	鄭炳坤	右右
二軍戦略/外野守備	71		チョ ドンチャン	조동찬	趙東贊	右右
育成軍投手	91		田畑 一也	다바타	日本	右右
育成軍打撃	76		立花 義家	다치바나	日本	右右
二軍バッテリー			チェ ビョンヨン	채상병	蔡尚秉	右右
育成軍守備	82		キム ジョンヒョク	김정혁	金正奕	右右
育成軍走塁/外野守備	74		パク ハンイ	박한이	朴漢伊	左左
リハビリ	88		チョン ヒョンウク	정현욱	鄭現旭	右右
コンディショニング総括	00	●	チョン ヨンチャン	정연창	鄭然昌	右右
コンディショニング	83		ユン ソクフン	윤석훈	尹錫勳	右右
コンディショニング	80		ファン スンヒョン	황승현	黃承賢	右右
コンディショニング	95		パク スンジュ	박승주	朴承柱	右右
二軍コンディショニング	09	●	ヨム サンチョル	염상철	廉尚澈	右右
コンディショニング			ユン スンチョル	윤성철	尹成哲	右右
二軍ストレングス	96	●	ホ ジュンファン	허준환	許準煥	右右
育成軍コンディショニング	81		クォン オギョン	권오경	權五慶	右右
育成軍コンディショニング	86		ハン フイイル	한흥일	韓興一	右右
リハビリコンディショニング	08	●	キム ヨンヘ	김용해	金龍海	右右
リハビリコンディショニング	72		内藤 重人	나이토	日本	右右

選手

位置	背番号	記号	氏名	ハングル	漢字・国籍	投打
投手	1		イ ジェイク	이재익	李在翼	左左
投手	4	●	ユク ソンヨプ	육선엽	陸善曄	左左
投手	11		ホン ジョンウ	홍정우	洪廷玗	右右
投手	15		イ サンミン	이상민	李相玟	左左
投手	17		キム デウ	김대우	金大祐	右右
投手	18		ウォン テイン	원태인	元兌仁	右右
投手	19	▲	ヤン ヒョン	양현	梁賢	左左
投手	20		イ スンヒョン	이승현	李承玹	左左
投手	21		オ スンファン	오승환	吳昇桓	右右
投手	26		チャン ピルチュン	장필준	長必峻	右右
投手	27		キム テフン	김태훈	金兌勳	右右
投手	29		ソ ヒョンウォン	서현원	徐見源	右右
投手	34		ペク チョンヒョン	백정현	白正鉉	左左
投手	35		イ スンミン	이승민	李昇玟	左左
投手	37		チェ ハヌル	최하늘	崔ハヌル	右右
投手	40		チェ ジグァン	최지광	崔池光	右右
投手	43	●	デニ・レイエス	데니스레예스	デニ・レイエス	右右
投手	45	▲	イム チャンミン	임창민	林昶晤	右右
投手	46		ホン ムウォン	홍무원	洪茂源	右右
投手	48		キム シヒョン	김시현	金施炫	右右
投手	49		パク クォンフ	박권후	朴卷侯	右右
投手	51		チェ チュンヨン	최충연	崔忠然	右右
投手	52	●	コノ・シボルドゥ	코너	アメリカ	右右
投手	54	▲	チェ ソンフン	최성훈	崔成勳	左左
投手	55		イ ホソン	이호성	李浩成	右右

位置	背番号	記号	氏名	ハングル	漢字・国籍	投打
投手	56		チェ チェフン	최채흥	崔採興	左左
投手	57		イ スンヒョン	이승현	李昇炫	左左
投手	61		ファン ドンジェ	황동재	黃動在	右右
投手	62	▲	キム ジェユン	김재윤	金載潤	右右
投手	65		ホン ウォンピョ	홍원표	洪元杓	右右
投手	66	●	パク チュンヨン	박준용	朴晙溶	右右
投手	67	●	チョン ミンソン	정민성	鄭珉成	右右
捕手	2		キム ジェソン	김재성	金宰成	右右
捕手	12		キム ミンソン	김민수	金珉秀	右右
捕手	23		イ ビョンホン	이병헌	李丙憲	左左
捕手	42		キム ドファン	김도환	金都奐	右右
捕手	47		カン ミンホ	강민호	姜珉鎬	右右
内野手	0		キム ドンジン	김동진	金東珍	左右
内野手	6		カン ハンウル	강한울	姜ハンウル	左右
内野手	7		イ ジェヒョン	이재현	李在現	右右
内野手	9		コン ミンギュ	공민규	孔旻奎	右右
内野手	14		アン ジュヒョン	안주형	安株亨	右右
内野手	16		リュ ジヒョク	류지혁	柳志赫	右右
内野手	24		デビッド・マキノン	맥키넌	アメリカ	右右
内野手	30		キム ヨンソン	김영웅	金榮熊	左左
内野手	34	▲	チョン ビョンウ	전병우	全炳祐	右右
内野手	44		オ ジェイル	오재일	吳在一	左左
内野手	58		キム ジチャン	김지찬	金智讚	右左
内野手	60	●	キム ホジン	김호진	金湖鎭	右右
外野手	5		ク ジャウク	구자욱	具滋昱	左左
外野手	8		キム ジェヒョク	김재혁	金材奕	右右
外野手	13		イ ソンギュ	이성규	李聖圭	右右
外野手	25		キム テフン	김태훈	金太勳	右右
外野手	31		ユン ジョンビン	윤정빈	尹禎彬	左左
外野手	32		キム ホンゴン	김헌곤	金軒坤	右右
外野手	38		キム ドンヨプ	김동엽	金東燁	左左
外野手	39		キム ソンユン	김성윤	金盛閏	右右
外野手	41		キム ヒョンジュン	김현준	金賢晙	右左
外野手	50		リュ スンミン	류승민	柳承旼	左左

育成選手

位置	背番号	記号	氏名	ハングル	漢字・国籍	投打
投手	100	▲	イ ミンホ	이민호	李珉鎬	右右
投手	102		ユ ビョンソン	유병선	柳炳先	右右
投手	108		ホン スンウォン	홍승원	洪昇洹	右右
投手	109		パク シウォン	박시원	朴施源	右右
投手	110	●	シン ギョンミン	신경민	申京珉	左左
投手	113		キム テウ	김태우	金太羽	右右
投手	115		ハン ヨンウク	한연욱	韓然旭	右右
投手	117		チャン ジェヒョク	장재혁	張在爀	右右
投手	120	●	キム デホ	김대호	金大湖	右右
投手	122	●	キム ソンギョン	김성경	金成炅	右右
投手	123	●	キム ドンヒョン	김동현	金東賢	右右
捕手	101		キム セミン	김세민	金世珉	右右
捕手	111		パク チウ	박진우	朴眞佑	左右
捕手	112		チョン ジンス	정진수	鄭眞壽	右右
捕手	124	●	キム ジェヒョン	김재형	金哉亨	右右
内野手	103		オ ヒョンソク	오현석	吳賢錫	右右
内野手	105		ヤン ウヒョン	양우현	梁宇賢	右右
内野手	107		イ チャンヨン	이창용	李昌庸	右右
内野手			ヤン ドヒョン	양도근	梁棹根	右右
内野手	116		パク チャンミン	박장민	朴藏珉	左左
内野手	118	●	イ ヒョンジュン	이현준	李弦峻	右右
内野手	119	●	イ ジェイク	이재호	李在虎	右右
内野手	121		キム ミンホ	김민호	金珉虎	右右
外野手	104		チュ ハンウル	주한울	朱ハンウル	右右

70 パク チンマン
朴鎭萬　PARK JIN MAN
| 監督 | 48歳 | 29年目 | 右投右打 |

①1976.11.30②178cm82kg③仁川高-ヒョンデ(96)-サムソン(05)-SK(11)-SKコーチ(16)-サムソンコーチ(17)-サムソン監督

通算	打率	試合	安打	本塁打	打点	盗塁	三振
	.261	1993	1574	153	781	94	1003

現役当時のポジション：遊撃手
選手時代は韓国代表のショートとして活躍した名選手。かつて黄金時代を築いた頃とは異なり、戦力的に厳しいチームの舵をどう取るか。若手のレベルの底上げを目指して挑む。

77 ペ ヨンソプ
裵榮燮　BAE YOUNG SEOP
| 打撃 | 38歳 | 16年目 | 右投右打 |

①1986.6.27②178cm78kg③裕信高-東国大-サムソン(09)-SK(19)-サムソンコーチ(23)

97 カン ミョング
姜明求　KANG MYUNG GU
| 作戦 | 44歳 | 22年目 | 右投右打 |

①1980.10.25②181cm70kg③眞興高-耽羅大-サムソン(03)-サムソンコーチ(18)

84 カン ヨンシク
姜永植　KANG YOUNG SIK
| ▲ 二軍投手 | 43歳 | 25年目 | 左投左打 |

①1981.6.17②189cm99kg③大邱高-ヘテ(00)-サムソン(01)-ロッテ(07)-ロッテコーチ(19)-サムソンコーチ(24)

92 チョン ビョンゴン
鄭炳坤　JUNG BYOUNG GON
| 二軍守備/走塁 | 36歳 | 14年目 | 右投右打 |

①1988.3.23②173cm78kg③慶北高-檀国大-LG(11)-サムソン(13)-トゥサン(19)-トゥサンコーチ(21)-サムソンコーチ(23)

76 立花 義家
たちばな　日本　TACHIBANA YOSHIIE
| 育成軍打撃 | 65歳 | 2年目 | 右投右打 |

①1958.10.27②180cm93kg③柳川高-クラウン-西武-阪神-台湾球団-ダイエーコーチ-オリックスコーチ-西武コーチ-ソフトバンクコーチ-千葉ロッテコーチ-ソフトバンクコーチ-楽天コーチ-サムソンコーチ(23)

80 ファン スンヒョン
황승현　黄承賢
| コンディショニング | 33歳 | 9年目 | 右投右打 |

95 パク スンジュ
박승주　朴承柱
| コンディショニング | 29歳 | 3年目 | 右投右打 |

09 ヨム サンチョル
염상철　廉尚澈
| ● コンディショニング | 27歳 | 1年目 | 右投右打 |

99 イ ビョンギュ
이병규　李炳圭　LEE BYUNG KYU
| ヘッド | 50歳 | 28年目 | 左投左打 |

①1974.10.25②185cm85kg③奨忠高-檀国大-LG(97)-中日-LG(10)-LGコーチ(18)-サムソンコーチ(23)⑤新(97),首(05,13),ゴ(97,99,00,01,04,05,13)⑦アジア大会(06),WBC(06),五輪予選(07)

94 クォン オジュン
권오준　權五俊　KWON OH JOON
| ブルペン | 44歳 | 26年目 | 右投右打 |

①1980.3.9②182cm80kg③善隣情報高-サムソン(99)-サムソンコーチ(22)

75 ソン ジュイン
손주인　孫周忍　SON JOO IN
| 守備 | 41歳 | 23年目 | 右投右打 |

①1983.12.1②179cm82kg③眞興高-サムソン(02)-LG(13)-サムソン(18)-サムソンコーチ(22)

89 イ ジョンシク
이정식　李正植　LEE JUNG SIK
| バッテリー | 43歳 | 21年目 | 右投右打 |

①1981.11.2②182cm93kg③奨忠高-慶星大-サムソン(04)-サムソンコーチ(17)

87 パク ヒス
박희수　朴熙洙　PARK HEE SOO
| 二軍投手 | 41歳 | 19年目 | 左投左打 |

①1983.7.13②184cm88kg③大田高-東国大-SK(06)-サムソンコーチ(23)⑦WBC(13,17)

71 チョ ドンチャン
조동찬　趙東贊　CHO DONG CHAN
| 二軍作戦/外野守備 | 41歳 | 23年目 | 右投右打 |

①1983.7.27②180cm80kg③公州高-サムソン(02)-サムソンコーチ(19)⑦アジア大会(06,10)

98 チェ サンビョン
채상병　蔡尚秉
| 二軍バッテリー | 45歳 | 23年目 | 右投右打 |

82 キム ジョンヒョク
김정혁　金正奕
| 育成軍守備 | 39歳 | 14年目 | 右投右打 |

74 パク ハニ
박한이　朴漢伊
| 育成軍走塁/外野守備 | 45歳 | 24年目 | 左投右打 |

93 ユン ソンチョル
윤성철　尹成哲
| 育成軍コンディショニング | 51歳 | 26年目 | |

96 ホ ジュンファン
허준환　許峻煥
| ● 二軍ストレングス | 39歳 | 1年目 | |

81 クォン オギョン
권오경　權五慶
| 育成軍コンディショニング | 50歳 | 24年目 | |

79 チョン ミンテ
정민태　鄭珉泰　CHUNG MIN TAE
| ● 投手 | 54歳 | 33年目 | 右投右打 |

①1970.3.1②183cm90kg③東山高-漢陽大-テジョンヤン(92)-ヒョンデ(96)-巨人コーチ(03)-KIA(08)-ヒーローズコーチ(09)-ロッテコーチ(13)-ハンファコーチ(15)-サムソンコーチ(24)⑤勝(99)⑦五輪(00),五輪予選(07)

85 イ ジンヨン
이진영　李晋暎　LEE JIN YOUNG
| ▲ 打撃 | 44歳 | 26年目 | 右投右打 |

①1980.6.15②185cm90kg③群山商高-サンバンウル(99)-SK(00)-LG(09)-KT(16)-SKコーチ(20)-サムソンコーチ(24)⑦五輪予選(03),WBC(06,09,13),アジア大会(06),五輪予選(08),五輪(08)

90 パク チャンド
박찬도　朴燦都　PARK CHAN DO
| 走塁/外野守備 | 35歳 | 13年目 | 右投右打 |

①1989.2.22②185cm75kg③安山工高-中央大-サムソン(12)-サムソンコーチ(23)

73 チョン デヒョン
정대현　鄭大炫　CHONG TAE HYON
| 二軍監督 | 46歳 | 24年目 | 右投右打 |

①1978.11.10②184cm106kg③群山商高-慶熙大-SK(01)-ロッテ(12)-サムソンコーチ(24)⑦五輪(00),WBC(06,09,13),五輪予選(07,08),五輪(08),アジア大会(10),プレミア12(15)

78 カン ボンギュ
강봉규　康奉珪　KANG BONG KYU
| 二軍打撃 | 46歳 | 25年目 | 右投右打 |

①1978.1.12②183cm88kg③慶南高-高麗大-トゥサン(00)-サムソン(06)-サムソンコーチ(17)⑦アジア大会(98)

91 田畑 一也
たばた　日本　TABATA KAZUYA
| 育成軍投手 | 55歳 | 2年目 | 右投右打 |

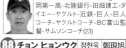

①1969.2.27②178cm82kg③高岡第一高-北陸銀行-田畑建工-ダイエー-ヤクルト-近鉄-巨人-巨人コーチ-ヤクルトコーチ-BC富山監督-サムソンコーチ(23)

88 チョン ヒョンウク
정현욱　鄭鉉旭
| リハビリ | 46歳 | 29年目 | 右投右打 |

00 チョン ヨンチャン
정연창　鄭然昌
| ● コンディショニング統括 | 42歳 | 13年目 | 右投右打 |

83 ユン ソクフン
윤석훈　尹錫勲
| コンディショニング | 38歳 | 19年目 | 右投右打 |

86 ハン フンイル
한흥일　韓興一
| 育成軍コンディショニング | 37歳 | 11年目 | 右投右打 |

08 キム ヨンヘ
김용해　金龍海
| リハビリコンディショニング | 33歳 | 1年目 | 右投右打 |

72 内藤 重人
ないとう　日本
| リハビリコンディショニング | 59歳 | 2年目 | 右投右打 |

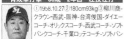

※2021年から監督、コーチの年俸は非公表となりました。

日程　L　G　K　T　S　S　G　N　C　トゥサン　K　I　A　ロッテ　サムソン　ハンファ　キウム　記録

18 ウォン テイン | 원태인 元兌仁 | WON TAE IN

投手 24歳 6年目 右投右打

①2000.4.6②183cm92kg③慶北高-サムソン(19)④3億5,000万W→4億3,000万W⑤昨年は年間通して先発ローテーションを守るだけではなく、WBC、アジア大会、APBC出場と忙しい1年を過ごした。チェンジアップが得意球の右腕は、登板がない時にはベンチでナインを鼓舞した。「メジャーよりも日本」と将来的なNPB進出を公言している。⑦五輪(21)、WBC(23)、アジア大会(23)、APBC(23)

年度	チーム	防御率	試合	勝利	敗戦	セーブ	投球回	安打	四球	三振
2017		-	-	-	-	-	-	-	-	-
2018		-	-	-	-	-	-	-	-	-
2019	サムソン	4.82	26	4	8	0	112	119	39	68
2020	サムソン	4.89	27	6	10	0	140	162	56	78
2021	サムソン	3.06	26	14	7	0	158 2/3	147	51	129
2022	サムソン	3.92	27	10	8	0	165 1/3	175	38	130
2023	サムソン	3.24	26	7	7	0	150	154	34	102
	通算	3.92	132	41	40	0	726	760	218	507

21 オ スンファン | 오승환 吳昇桓 | OH SEUNG HWAN

投手 42歳 20年目 右投右打

①1982.7.15②178cm93kg③京畿-檀国大-サムソン(05)-阪神-カージナルス-ブルージェイズ-ロッキーズ-サムソン(19)④14億W→4億W⑤新(05)、救(06,07,08,11,12,21)⑥通算400セーブ、日米韓では500セーブを超えるレジェンドクローザー。40代では昨季5月には調整のためプロ初先発も行った。以前のような直球とスライダーだけではなくフォーク、カーブも交えた投球を見せている。⑦WBC(06,09,13,17)、アジア大会(06)、五輪(08,21)

年度	チーム	防御率	試合	勝利	敗戦	セーブ	投球回	安打	四球	三振
2017		-	-	-	-	-	-	-	-	-
2018		-	-	-	-	-	-	-	-	-
2019		-	-	-	-	-	-	-	-	-
2020	サムソン	2.64	45	3	2	18	47 2/3	44	15	39
2021	サムソン	2.03	64	0	2	**44**	62	56	16	51
2022	サムソン	3.32	57	6	2	31	57	59	13	51
2023	サムソン	3.45	58	4	3	30	62 2/3	57	15	44
	通算	2.06	668	41	24	**400**	739 2/3	514	179	816

47 カン ミンホ | 강민호 姜珉鎬 | KANG MIN HO

捕手 39歳 21年目 右投右打

①1985.8.18②185cm100kg③浦項製鉄工高-ロッテ(04)-サムソン(18)④6億W→4億W⑤ゴ(08,11,12,13,17,21)⑥歴代最多出場数に迫る打てる捕手は、昨季は4季に座り14年連続2ケタ本塁打を記録した。圧倒的な存在感を誇るが、20年のプロ生活で韓国シリーズ出場の機会を得られていない。今季は活躍がチームの浮上につながるか。⑦アジア大会(06,10,14)、五輪(08,21)、WBC(09,13)、プレミア12(15)

年度	チーム	打率	試合	打数	本塁打	打点	盗塁	四球	三振
2017	ロッテ	.285	130	456	130	22	68	0	41	104
2018	サムソン	.269	128	427	115	22	71	0	29	96
2019	サムソン	.234	112	346	81	13	45	0	33	54
2020	サムソン	.287	119	355	102	19	61	0	31	54
2021	サムソン	.291	123	406	118	18	67	0	45	96
2022	サムソン	.258	123	396	102	13	66	0	41	58
2023	サムソン	.269	123	461	124	16	77	6	49	65
	通算	.276	2233	7217	1989	319	1165	29	768	1477

7 イ ジェヒョン | 이재현 李在玹 | LEE JAE HYEON

内野手 21歳 3年目 右投右打

①2003.2.4②180cm82kg③ソウル高-サムソン(22)④6,000万W→1億4,000万W⑥高卒2年目の昨季はレギュラー遊撃手の座を完全につかんだ。ゆったりとした構えからバットのヘッドを生かしたスイングで長打力も発揮。チームの新しい顔となっている。昨年10月に左肩の手術を行い、今季は術後のリハビリを経ての復帰となる。

年度	チーム	打率	試合	打数	本塁打	打点	盗塁	四球	三振
2017		-	-	-	-	-	-	-	-	-
2018		-	-	-	-	-	-	-	-	-
2019		-	-	-	-	-	-	-	-	-
2020		-	-	-	-	-	-	-	-	-
2021		-	-	-	-	-	-	-	-	-
2022	サムソン	.235	75	230	54	3	22	1	5	44
2023	サムソン	.249	143	458	114	12	60	3	54	133
	通算	.244	218	688	168	15	82	4	59	177

16 リュ ジヒョク | 류지혁 柳志赫 | RYU JI HUYK

内野手 30歳 13年目 右投左打

①1994.1.13②181cm75kg③沖岩高-トゥサン(12)-KIA(20)-サムソン(23)④1億5,500万W→2億W⑥サードを中心に内野の各ポジションが可能で、足が速くその打順でもハマる選手が昨年7月にKIAから移籍。自身2度目の規定打席到達を果たした。トゥサン在籍時はレギュラー陣の層が厚く出番が限られたが、移籍によって主力の座をつかんでいる。⑦APBC(17)

年度	チーム	打率	試合	打数	本塁打	打点	盗塁	四球	三振
2017	トゥサン	.259	125	297	77	3	26	7	21	55
2018	トゥサン	.268	124	291	78	1	29	7	29	43
2019	トゥサン	.250	118	276	69	0	34	18	24	46
2020	KIA	.381	25	42	16	1	5	1	2	6
2021	KIA	.278	92	273	76	2	34	6	24	53
2022	KIA	.274	127	405	111	2	48	8	56	83
2023	サムソン	.308	142	516	158	4	45	26	46	73
	通算	.270	853	2100	568	14	230	70	229	377

5 ク ジャウク | 구자욱 具滋昱 | KOO JA WOOK

外野手 31歳 13年目 右投右打

①1993.2.12②189cm75kg③大邱高-サムソン(12)④20億W→20億W⑤新(15)、ゴ(21,23)⑥昨季は主に3番に座り、リーグ2位の打率をマーク。得点圏打率3割9分5厘はトップだった。今季はポジションをライトからレフトに移し、これまで以上に打撃に比重を置く。爽やかさで人気を集めるスター選手は30代になって男の色気が漂ってきた。⑦APBC(17)

年度	チーム	打率	試合	打数	本塁打	打点	盗塁	四球	三振
2017	サムソン	.310	**144**	564	175	21	107	10	63	**138**
2018	サムソン	.333	126	478	159	20	84	13	55	95
2019	サムソン	.267	122	475	127	15	75	10	51	91
2020	サムソン	.307	118	446	137	15	81	10	51	91
2021	サムソン	.306	139	543	166	22	89	10	79	89
2022	サムソン	.293	99	409	120	5	37	9	27	84
2023	サムソン	.336	119	453	152	11	71	8	68	90
	通算	.315	1081	4206	1326	134	671	127	423	837

39 キム ソンユン
김성윤　金盛閏　KIM SEONG YOON

外野手　25歳　8年目　左投左打

①1999.2.2②163cm62kg③浦項製鉄高-サムソン(17)④4,300万W→1億W⑥昨季は7月以降の活躍が評価され、アジア大会にイ・ジョンフに代わって追加招集。金メダル獲得に貢献した。チームでは2番に定着し高打率をマーク。足と守備でも結果を残した。リーグで最も小柄な選手は静かに自分の役割を果たしていく。⑦アジア大会(23)、APBC(23)

年度	チーム	打率	試合	打数	安打	本塁打	打点	盗塁	四球	三振
2017	サムソン	.083	22	12	1	1	2	0	2	7
2018	サムソン	.000	1	2	0	0	0	0	0	1
2019	-	-	-	-	-	-	-	-	-	-
2020	サムソン	.286	9	7	2	0	0	0	1	1
2021	サムソン	.167	30	18	3	0	2	0	0	5
2022	サムソン	.190	48	42	8	1	2	10	5	10
2023	サムソン	.314	101	245	77	2	28	20	14	35
通算		.279	211	326	91	4	34	30	22	59

FANの 俊足強肩の中堅手、動きはまるで忍者！（さらな）

41 キム ヒョンジュン [キミョンジュン]
김현준　金賢畯　KIM HYEON JOON

外野手　22歳　4年目　左投左打

①2002.10.11②178cm78kg③開成高-サムソン(21)④8,000万W→1億4,000万W⑥昨季も上位打線に座り、中堅手として役割を果たした。広角に打ち分け、守りでは広い守備範囲を見せている。同世代の仲良し3人組(イ・ジェヒョン、キム・ジチャン)は、紐で束ねられたイシモチの干物(クルビ)の姿に例えられ「クルビズ」と呼ばれている。

年度	チーム	打率	試合	打数	安打	本塁打	打点	盗塁	四球	三振
2017	-	-	-	-	-	-	-	-	-	-
2018	-	-	-	-	-	-	-	-	-	-
2019	-	-	-	-	-	-	-	-	-	-
2020	-	-	-	-	-	-	-	-	-	-
2021	サムソン	.250	13	4	1	0	0	0	2	4
2022	サムソン	.275	118	363	100	0	22	6	45	80
2023	サムソン	.275	109	433	119	3	46	5	30	84
通算		.275	240	800	220	3	68	11	75	164

FANの 謙虚で礼儀正しく、外見も内面もイケメン！（さらな）

1 イ ジェイク
이재익　李在翼　LEE JAE IK

投手　30歳　12年目　左投左打

①1994.3.18②180cm76kg③裕信高-サムソン(13)⑤5,700万W→8,200万W⑥昨季は自己最多の51試合に登板。11ホールドを記録した。投球の7割を占めるツーシームと決め球のスライダーで投球を組み立てる。

年度	防御率	試合	勝利	敗戦	セーブ	投球回	三振
2023	3.95	51	1	3	0	41	36
通算	5.82	108	6	5	0	85	53

4 ユク ソンヨプ [ユクソンヨプ]
육선엽　陸墡曄　YOOK SUN YEOP

● 投手　19歳　1年目　右投右打

①2005.7.13②190cm90kg③奨忠高-サムソン(24)④<契>2億5,000万W<年>3,000万W⑤24年ドラフト1R(全体順位4番目)。最速150キロ超えの速球を誇る長身右腕。U18W杯では豪州戦、オランダ戦で好投した。

ROOKIE

11 ホン ジョンウ
홍정우　洪廷玗　HONG JOUNG WOO

投手　28歳　10年目　右投右打

①1996.3.16②182cm85kg③沖岩高-サムソン(15)④6,300万W→6,000万W⑥昨季は自己最多の登板数を記録。5月とシーズン終盤は安定感ある投球を見せた。独特の小さなテイクバックから縦の変化球を武器に抑える。

年度	防御率	試合	勝利	敗戦	セーブ	投球回	三振
2023	7.50	36	2	3	0	36	22
通算	5.78	114	9	5	0	113 2/3	85

15 イ サンミン
이상민　李相旼　LEE SANG MIN

投手　34歳　12年目　左投左打

①1990.11.4②180cm85kg③慶北高-東義大-NC(13)-ネクセン(14)-サムソン(20)④7,500万W→6,500万W⑥直球の平均速度は137キロ。スローカーブとスライダー、チェンジアップを丁寧に投げ込んで抑えていく12年目のリリーフ左腕だ。

年度	防御率	試合	勝利	敗戦	セーブ	投球回	三振
2023	8.50	23	2	1	0	18	17
通算	6.24	157	3	4	0	115 1/3	90

名鑑の見方［NPB選手経験者は名前が白ヌキ］

背番号 氏名（現地読みに近い表記には[発音]、外国人選手のカタカナは[カタカナ]を併記） ハングル 漢字または国籍 アルファベット
●=新入団 ▲=移籍 ■=復帰
守備位置 年齢 年数 投打
①生年月日②身長体重③経歴（ ）内は入団年④年俸 2023年→2024年(1ウォン=約0.11円) 新人と一部の新外国人選手には契約金も記載⑤主な獲得タイトル…M=最優秀選手 新=新人王 首=首位打者 本=本塁打王 点=打点王 盗=盗塁王 防=最優秀防御率 勝=最多勝利 救=最優秀救援 ゴ=ゴールデングラブ賞、守=守備賞(2023年創設)⑥経歴、寸評⑦代表選手出場
※成績の太字はリーグ項

FANの このマークがある選手には読者からのコメントも掲載。

代表選手出席に記載の大会

1998	バンコクアジア大会(金メダル)	2015	プレミア12(優勝)
2000	シドニー五輪(銅メダル)	2017	WBC(1次ラウンド敗退)
2002	プサンアジア大会(金メダル)	2017	APBC(準優勝)
2003	アテネ五輪予選(敗退)	2018	ジャカルタアジア大会(金メダル)
2006	WBC(ベスト4)	2019	プレミア12(準優勝)
2006	ドーハアジア大会(銅メダル)	2021	東京五輪(4位)
2007	北京五輪予選(アジア予選.敗退)	2023	WBC(1次ラウンド敗退)
2008	北京五輪予選(世界最終予選.2位)	2023	杭州アジア大会(金メダル)
2008	北京五輪(金メダル)	2023	APBC(準優勝)
2009	WBC(準優勝)		
2010	広州アジア大会(金メダル)		
2013	WBC(1次ラウンド敗退)	五輪▶オリンピック	
2014	インチョンアジア大会(金メダル)	WBC▶ワールド・ベースボール・クラシック	
		APBC▶アジアプロ野球チャンピオンシップ	

17 キム デウ
김대우　金大祐
KIM DAE WOO

投手　36歳　14年目　右投右打

①1988.11.21②183cm85kg③ソウル高-弘益大-ネクセン(11)-サムソン(16)④7,000万W→1億W⑥リリーフを中心に5度先発をした下手投げ右腕。FA宣言残留し2年契約を結んだ。低めのツーシームでゴロを誘い、高めの直球を振らせて抑えていく。

年度	防御率	試合	勝利	敗戦	セーブ	投球回	三振
2023	4.50	44	0	2	0	64	49
通算	5.75	352	27	26	2	580 2/3	395

19 ヤン ヒョン
양현　梁賢
YANG HYUN

▲ 投手　32歳　14年目　右投右打

①1992.8.23②189cm104kg③大田高-トゥサン(11)-ネクセン(16)-サムソン(24)④8,500万W→9,000万W⑥2次ドラフトでキウムから獲得した横手投げリリーフ右腕。新天地でも120キロ台のツーシーム、110キロ台のカーブで打たせて取る。

年度	防御率	試合	勝利	敗戦	セーブ	投球回	三振
2023	5.05	54	0	5	0	57	16
通算	4.06	260	14	14	4	290 1/3	139

20 イ スンヒョン
이승현　李承玹
LEE SEUNG HYUN

投手　33歳　15年目　右投右打

①1991.11.20②181cm92kg③和順高-LG(10)-サムソン(17)④1億2,000万W→1億7,000万W⑥昨季は3年ぶりに60試合に登板。チームトップの14ホールドを記録した。巨漢からスピンのきいた直球を高めに投げ込み、スイングを誘っている。

年度	防御率	試合	勝利	敗戦	セーブ	投球回	三振
2023	3.60	60	4	4	0	60	62
通算	4.59	336	16	12	0	323 1/3	260

26 チャン ピルチュン
장필준　長必峻
JANG PILL JOON

投手　36歳　10年目　右投右打

①1988.4.8②190cm90kg③北一高-米マイナー-サムソン(15)④8,000万W→7,000万W⑥速球派のリリーフ投手は沖縄でスタート。しかし再びリリーフに戻った。緩急を生かしながら高めの直球で空振りを誘っていきたい。⑦APBC(17)、アジア大会(18)

年度	防御率	試合	勝利	敗戦	セーブ	投球回	三振
2023	7.91	17	1	1	0	19 1/3	11
通算	5.18	344	17	29	42	399 1/3	348

FANの｜数少ない三星一筋ぴるちゅん復活に期待！ (TAE)

27 キム テフン
김태훈　金兌勲
KIM TAE HOON

投手　32歳　13年目　右投右打

①1992.3.2②187cm101kg③釜慶高-ネクセン(12)-サムソン(23)④1億8,000万W→1億7,000万W⑥昨季4月にキウムから移籍。チームトップの登板数、チーム3位タイのホールドを記録した。ツーシームとフォーク＆凡打を誘ってピンチを切り抜ける。

年度	防御率	試合	勝利	敗戦	セーブ	投球回	三振
2023	7.28	63	5	7	3	55 2/3	36
通算	4.96	326	31	17	25	408 2/3	286

28 ソ ヒョンウォン
[ソ ヒョヌォン]　서현원　徐見源
SEO HYUN WON

投手　20歳　2年目　右投右打

①2004.2.28②187cm78kg③世光高-サムソン(23)④3,000万W→3,000万W⑥プロ1年目の昨季は体づくりに重点を置き、ファームでの登板は9月の1試合のみだった。未来の先発投手として大きく育てる。

年度	防御率	試合	勝利	敗戦	セーブ	投球回	三振
2023	-	-	-	-	-	-	-
通算	-	-	-	-	-	-	-

29 ペク チョンヒョン
백정현　白正鉉
BAEK JUNG HYUN

投手　37歳　18年目　左投左打

①1987.7.13②184cm80kg③大邱商苑高-サムソン(07)④億W→4億W⑥昨年4月のキウム戦で8回1死まで完全投球。2年ぶりの2ケタ勝利に期待高まるも左ひじ痛で8月末に離脱となった。ローテ定着が必須の18年目左腕だ。

年度	防御率	試合	勝利	敗戦	セーブ	投球回	三振
2023	3.67	18	7	5	0	100 2/3	61
通算	4.50	407	61	57	2	1059 2/3	806

FANの｜今年もちょんひょんスマイル観に行くよ～ (TAE)

35 イ スンミン
이승민　李承珉
LEE SEUNG MIN

投手　24歳　5年目　左投左打

①2000.8.26②174cm79kg③大邱高-サムソン(20)④4,100万W→4,100万W⑥昨季はサンムに所属。ファームで主に先発を務め、リーグトップの9勝を挙げた。緩急を生かした投球を見せる小柄な左腕だ。

年度	防御率	試合	勝利	敗戦	セーブ	投球回	三振
2023	-	-	-	-	-	-	-
通算	7.35	20	2	7	0	67 1/3	40

37 チェ ハヌル
최하늘　崔ハヌル
CHOI HA NEUL

投手　25歳　7年目　右投右打

①1999.3.26②190cm99kg③京畿高-ロッテ(18)-サムソン(22)④3,600万W→4,100万W⑥昨季ファームではリーグトップの防御率2.45。6勝を挙げた。横手からの120キロ台のチェンジアップを得意球に一軍定着を目指す。

年度	防御率	試合	勝利	敗戦	セーブ	投球回	三振
2023	19.89	3	0	2	0	6 1/3	4
通算	9.21	19	1	6	0	42	22

40 チェ ジグァン
최지광　崔池光
CHOI JI GUANG

投手　26歳　8年目　右投右打

①1998.3.13②173cm85kg③釜山高-サムソン(17)④1億4,000万W→1億4,000万W⑥昨年6月に軍から復帰。リリーフとして動きの大きいスライダーと落差のあるカーブがハマると好投をした。19,21年には60試合以上登板の経験あり。

年度	防御率	試合	勝利	敗戦	セーブ	投球回	三振
2023	5.19	12	2	0	0	11 1/3	8
通算	5.11	213	13	14	2	214 2/3	202

43 デニ・レイエス [デニー・レイエス]

레예스	도미니카공화국
	DENYI REYES

● 投手 28歳 1年目 右投右打

①1996.11.2②198cm113kg③メリダアルタグラシアバエス高-オリオールズ-メッツ-サムソン(24)④＜契＞$10万＜年＞$50万⑥直球と球速差のあるスライダーとツーシームを中心に投球を組み立てる長身右腕。先発投手としてチームの浮上に貢献したい。

年度	防御率	試合	勝利	敗戦	セーブ	投球回	三振
23MLB	7.78	9	0	2	0	19 2/3	17
MLB通算	6.26	12	0	2	0	27 1/3	20

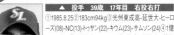

45 イム チャンミン

임창민	林昶警
	LIM CHANG MIN

▲ 投手 39歳 17年目 右投右打

①1985.8.25②183cm94kg③光州東成高-延世大-ヒーローズ(08)-NC(13)-トゥサン(22)-キウム(23)-サムソン(24)④1億W→2億W⑥昨季キウムで26セーブを挙げた右腕がFA移籍。2年契約を結んだ。フォークとスライダーを持ち球に他のベテラン陣と勝利のリレーを目指す。⑦プレミア12(15)、WBC(17)

年度	防御率	試合	勝利	敗戦	セーブ	投球回	三振
2023	2.51	51	2	2	26	46 2/3	40
通算	3.73	487	27	29	122	497	496

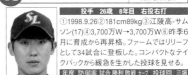

FANの声 昇昶桓投手とのWストッパーは心強いです！(takaichi_69)

46 ホン ムウォン

홍무원	洪茂源
	HONG MOO WON

投手 22歳 4年目 右投右打

①2002.1.11②188cm92kg③京畿高-サムソン(21)④3,200万W→3,500万W⑥昨季はファームで17試合(先発9試合)に登板。一軍登板はなかった。オフには球速アッププログラムに参加。一軍行きへのきっかけとなるか。

年度	防御率	試合	勝利	敗戦	セーブ	投球回	三振
2023	－	－	－	－	－	－	－
通算	－	－	－	－	－	－	－

48 キム シヒョン

김시현	金施炫
	KIM SI HYUN

投手 26歳 8年目 右投右打

①1998.9.26②181cm89kg③江陵高-サムソン(17)④3,700万W→3,700万W⑥昨季6月に育成から再昇格。ファームでは1軍登板として34試合に登板した。コンパクトなテイクバックから緩急を生かした投球を見せる。

年度	防御率	試合	勝利	敗戦	セーブ	投球回	三振
2023	12.00	2	0	0	0	3	3
通算	7.29	37	0	1	0	45 2/3	33

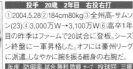

49 パク クォンフ [パッククォヌ]

박권후	朴卷俣
	PARK KWON HOO

投手 20歳 2年目 右投右打

①2004.5.28②184cm80kg③全州高-サムソン(23)④3,000万W→3,100万W⑥高卒1年目の昨季はファームで20試合に登板。シーズン終盤に一軍昇格した。オフには豪州リーグに派遣しなやかに腕を振る細身の右腕だ。

年度	防御率	試合	勝利	敗戦	セーブ	投球回	三振
2023	3.38	4	0	0	0	2 2/3	0
通算	3.38	4	0	0	0	2 2/3	0

51 チェ チュンヨン

최충연	崔忠然
	CHOI CHUNG YEON

投手 27歳 9年目 右投右打

①1997.3.5②190cm85kg③慶北高-サムソン(16)④5,500万W→4,700万W⑥昨春のキャンプで自身に1000球の投げ込みを科し、挑んだ昨季だったが5月に体調を崩し離脱となった。18年に70試合登板した経験を発揮したい。⑦アジア大会(18)

年度	防御率	試合	勝利	敗戦	セーブ	投球回	三振
2023	4.82	12	0	0	0	9 1/3	8
通算	5.90	194	5	19	9	261	259

52 コノ・シボルドゥ [コナー・シーボルト]

코너	아메리카합중국
	CONNOR SEABOLD

投手 28歳 1年目 右投右打

①1996.1.24②188cm95kg③カリフォルニア州立大-レッドソックス-ロッキーズ-サムソン(24)④＜契＞$10万＜年＞$80万⑥重心の移動を丁寧に確認しながら、コンパクトな腕の振りで動きのあるボールを投げる右腕。先発として活躍が期待されている。

年度	防御率	試合	勝利	敗戦	セーブ	投球回	三振
23MLB	7.52	27	1	7	0	87 1/3	67
MLB通算	8.12	33	1	11	0	108 2/3	86

53 キム ソジュン

김서준	金栖雋
	KIM SEO JUN

投手 21歳 3年目 右投右打

①2003.9.1②183cm78kg③京畿航空高-サムソン(22)④3,300万W→3,400万W⑥2年目の昨季は8月に一軍に昇格。10月に初先発するも1回5四球5失点だった。動きのある直球とフェニックスリーグで磨いた変化球を生かしたい。

年度	防御率	試合	勝利	敗戦	セーブ	投球回	三振
2023	7.04	5	0	1	0	7 2/3	2
通算	7.84	11	0	1	0	10 1/3	4

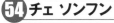

54 チェ ソンフン

최성훈	崔成勲
	CHOI SUNG HOON

▲ 投手 35歳 13年目 左投左打

①1989.10.11②178cm75kg③京畿高-慶熙大-LG(12)-サムソン(24)④1億3,000万W→1億W⑥22年まで3年連続45試合以上に登板したリリーフ左腕が2次FAでサムソン入り。ワンポイント起用で再び役割を果たしたい。

年度	防御率	試合	勝利	敗戦	セーブ	投球回	三振
2023	15.00	5	0	1	0	3	2
通算	3.97	269	8	7	0	247	144

55 イ ホソン

이호성	李浩成
	LEE HO SUNG

投手 20歳 2年目 右投右打

①2004.8.14②184cm87kg③仁川高-サムソン(23)④3,000万W→3,200万W⑥昨年のドラ1は開幕戦でリリーフ登板。10月には2度先発し勝利を挙げた。落ち着いたマウンドさばきと安定感のある投球でローテ定着を。

年度	防御率	試合	勝利	敗戦	セーブ	投球回	三振
2023	2.65	5	1	0	0	17	11
通算	2.65	5	1	0	0	17	11

FANの声 ク ジャウク → 主将！大邱に優勝トロフィー持ってこよう！(TAE)

56 チェ チェフン

최채흥 / 崔採興 / CHOI CHAE HEUNG

投手　29歳　7年目　左投右打

①1995.1.22②186cm97kg③④大邱商苑高-漢陽大-サムソン(18)⑤1億5,000万W→1億5,000万W⑥昨年6月に除隊し先発ローテーション入りするも、9月にようやく初白星を手にした。緩急を生かして打たせて取るフライボール投手だ。

年度	防御率	試合	勝利	敗戦	セーブ	投球回	三振
2023	6.68	15	1	7	0	63 1/3	33
通算	4.52	103	27	29	0	466 1/3	352

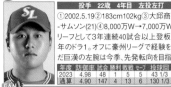

57 イ スンヒョン

이승현 / 李昇玹 / LEE SEUNG HYUN

投手　22歳　4年目　左投左打

①2002.5.19②183cm102kg③④大邱商苑高-サムソン(21)⑤8,000万W→7,000万W⑥リリーフとして3年連続40試合以上登板の21年のドラ1。オフに豪州リーグで経験を積んだ巨漢の左腕は今季、先発転向を目指す。

年度	防御率	試合	勝利	敗戦	セーブ	投球回	三振
2023	4.98	48	1	5	0	43 1/3	37
通算	4.90	147	4	13	6	130 1/3	140

---

61 ファン ドンジェ

황동재 / 黄動在 / HWANG DONG JAE

投手　23歳　5年目　右投右打

①2001.11.3②191cm97kg③慶北高-サムソン(20)④4,100万W→4,100万W⑥昨季の登板はいずれも先発起用。期待を背負うも結果を残すには至らなかった。持ち球のフォークを生かしたい、20年のドラ1長身右腕だ。

年度	防御率	試合	勝利	敗戦	セーブ	投球回	三振
2023	7.11	7	0	5	0	31 2/3	27
通算	7.70	24	1	8	0	99 1/3	83

62 キム ジェユン

김재윤 / 金載潤 / KIM JAE YOON

▲ 投手　34歳　10年目　右投右打

①1990.9.16②185cm91kg③徽文高-米マイナー-KT(15)-サムソン(24)③3億6,000万W→4億W⑥3年連続30セーブ以上を記録し現役復帰の通算169セーブを記録するクローザーがFA移籍。動きのある直球とスライダーで新守護神役を担う。

年度	防御率	試合	勝利	敗戦	セーブ	投球回	三振
2023	2.60	59	5	5	32	65 2/3	60
通算	3.58	481	44	33	169	504 2/3	542

---

65 ホン ウォンピョ

홍원표 / 洪元杓 / HONG WON PYO

投手　23歳　5年目　右投右打

①2001.3.27②183cm86kg③富川高-サムソン(20)④3,100万W→3,300万W⑥昨年8月に実戦へ復帰。球速は出ないが上背のある大きいフォームからボールを動かしていくタイプの右腕。リリーフとして一軍定着を目指す。

年度	防御率	試合	勝利	敗戦	セーブ	投球回	三振
2023	2.45	3	0	0	0	3 2/3	1
通算	1.93	4	0	0	0	4 2/3	1

66 パク チュンヨン

박준용 [パクチュニョン] / 朴峻湧 / PARK JUN YONG

● 投手　21歳　1年目　右投右打

①2003.12.19②184cm92kg③慶北高-壽城大-サムソン(24)④＜契＞1億5,000万W＜年＞3,000万W⑥24年ドラフト2R(全体順位14番目)。大学球界でトップクラスとの評価を受ける。大学野球部は創部5年目の新設チーム。

ROOKIE

---

67 チョン ミンソン

정민성 / 鄭珉成 / JEONG MIN SEONG

● 投手　19歳　1年目　右投右打

①2005.5.9②184cm98kg③群山象一高-サムソン(24)④＜契＞8,000万W＜年＞3,000万W⑥24年ドラフト4R(全体順位34番目)。低い重心から投げ込む右腕。「最強!野球団」ではプロOBから10個の三振を奪った。

ROOKIE

2 キム ジェソン

김재성 / 金宰成 / KIM JAE SEONG

捕手　28歳　10年目　右投右打

①1996.10.30②185cm85kg③德壽高-LG(15)-サムソン(22)④7,500万W→7,000万W⑥昨季は6月に一軍昇格し18試合で先発マスクをかぶった。カン・ミンホに次ぐ2番手捕手の座を奪われることなく守っていきたい。

年度	打率	試合	安打	本塁打	打点	盗塁	三振
2023	.192	57	19	1	7	0	31
通算	.247	190	83	5	37	1	88

---

12 キム ミンス

김민수 / 金珉秀 / KIM MIN SU

捕手　33歳　11年目　右投右打

①1991.3.2②177cm80kg③大邱商苑高-嶺南大-ハンファ(14)-サムソン(15)⑤5,200万W→4,600万W⑥昨季の一軍出場は4月の2試合のみ。ファームでは31試合に出場したトレード移籍後の2番手捕手争いに加わることはできるか。

年度	打率	試合	安打	本塁打	打点	盗塁	三振
2023	.000	2	0	0	0	0	1
通算	.196	151	47	3	24	0	67

23 イ ビョンホン

이병헌 / 李丙憲 / LEE BYUNG HEON

捕手　25歳　6年目　右投右打

①1999.10.26②180cm87kg③済物浦高-サムソン(19)④3,400万W→4,000万W⑥昨秋、宮崎でフェニックスリーグ、オフに豪州リーグに参加。二軍での合力を知るパク・チンマン監督の信頼を得て、一軍定着を目指す。

年度	打率	試合	安打	本塁打	打点	盗塁	三振
2023	.143	23	4	0	2	0	11
通算	.219	26	7	0	3	0	12

42 キム ドファン

김도환	金都奐

KIM DO HWAN

捕手 24歳 6年目 右投右打

①2000.4.14②178cm90kg③信一高-サムソン(19)④5,000万W→5,000万W⑥昨年6月に軍から復帰。9月に出場を重ね、3試合で先発マスクをかぶった。高卒1年目から61試合に出場するなど期待されている。

年度	打率	試合	安打	本打	打点	盗塁	三振
2023	.143	9	1	0	0	0	0
通算	.192	129	35	2	17	0	72

0 キム ジェサン

김재상	金栽湘

KIM JAE SANG

内野手 20歳 2年目 右投右打

①2004.7.26②180cm81kg③京畿商高-サムソン(23)④3,000万W→3,200万W⑥1年目の昨季はセカンドとサードで出場。10月にはプロ初アーチを放った。父はシドニー五輪レスリング、グレコローマン58キロ級の銀メダリストだ。

年度	打率	試合	安打	本打	打点	盗塁	三振
2023	.150	17	3	1	2	0	4
通算	.150	17	3	1	2	0	4

3 キム ドンジン

김동진	金東珍

KIM DONG JIN

内野手 28歳 4年目 右投右打

①1996.12.18②184cm84kg③雪嶽高-サムソン(21)④3,300万W→4,500万W⑥バットを寝かせて構えるフォームから鋭いスイングを見せ、昨季は前半戦に高打率をマーク。内野の複数ポジションをこなして役割を果たした。

年度	打率	試合	安打	本打	打点	盗塁	三振
2023	.262	44	32	0	8	3	26
通算	.262	49	33	0	8	3	28

6 カン ハンウル [カンハヌル]

강한울	姜ハンウル

KANG HAN WOOL

内野手 33歳 11年目 右投左打

①1991.9.12②181cm66kg③安山工高-圓光大-KIA(14)-サムソン(17)④1億5,000万W→1億W⑥オフにFA権を行使し残留した内野のユーティリティープレーヤー。監督の寵愛を受け「パクチンマンの男」という代名詞を散見する。

年度	打率	試合	安打	本打	打点	盗塁	三振
2023	.217	72	46	0	11	5	54
通算	.268	829	574	2	158	43	416

9 コン ミンギュ

공민규	孔旻奎

KONG MIN GYU

内野手 25歳 7年目 右投右打

①1999.9.27②183cm85kg③仁川高-サムソン(18)④4,000万W→4,100万W⑥ファームで高打率を残し一軍昇格するも結果は出ず、再び昇格を繰り返した。誰もが認めるパワーと打撃センスを今季は発揮できるか。

年度	打率	試合	安打	本打	打点	盗塁	三振
2023	.194	22	6	0	3	0	10
通算	.214	65	22	6	13	0	41

14 アン ジュヒョン

안주형	安株亨

AN JU HYEONG

内野手 31歳 9年目 右投左打

①1993.8.14②176cm68kg③釜慶高-嶺南大-サムソン(16)④3,800万W→5,200万W⑥昨季はキム・ジチャンの離脱時に機会を得て、自己最多の出場となった。左右に打ち分ける打撃と安定感のある守備で一軍に定着したい。

年度	打率	試合	安打	本打	打点	盗塁	三振
2023	.241	53	19	1	0	0	20
通算	.231	97	27	1	5	1	30

24 デビッド・マキノン

맥키넌	アメリカ合衆国

DAVID MACKINNON

● 内野手 30歳 1年目 右投右打

①1994.12.15②188cm101kg③ハートフォード大-エンゼルス-アスレチックス-西武-サムソン(24)④<契>$10万<年>$90万⑥長打力がありファーストとサードが可能。4番打者として期待されている。昨季は西武でプレー。「日韓のライオンズ」に在籍する初の選手となった。

年度	打率	試合	安打	本打	打点	盗塁	三振
23NPB	.259	127	120	15	50	1	91
NPB通算	.259	127	120	15	50	1	91

FANの声 韓国でも「ヤキニクパワー」を発揮して大活躍を（おびはじ）

30 キム ヨンウン [キミョンウン]

김영웅	金榮熊

KIM YOUNG WOONG

内野手 21歳 3年目 右投左打

①2003.8.24②183cm81kg③勿禁高-サムソン(22)④3,200万W→3,800万W⑥細身の左バッターは高いトップの位置から鋭く振り抜いて長打を放つ。昨季は内野の複数ポジションをこなして出場機会を増やした。

年度	打率	試合	安打	本打	打点	盗塁	三振
2023	.187	55	17	2	12	1	28
通算	.179	68	19	2	13	1	35

34 チョン ビョンウ

전병우	全炳祐

JEON BYEONG WOO

▲ 内野手 32歳 10年目 右投右打

①1992.10.24②182cm93kg③開成高-東亜大-ロッテ(15)-キウム(20)-サムソン(24)④8,000万W→6,000万W⑥大舞台で結果を残してきた右打者が2次ドラフトでキウムから移籍。20年から3シーズン連続115試合以上出場していたが、昨季は腰痛でH番が限られた。

年度	打率	試合	安打	本打	打点	盗塁	三振
2023	.145	44	18	0	8	0	28
通算	.214	446	203	22	119	13	325

44 オ ジェイル

오재일	呉在一

OH JAE IL

内野手 38歳 20年目 右投左打

①1986.10.29②187cm95kg③野塔高-ヒョンデ(05)-ヒーローズ(09)-トゥサン(12)-サムソン(21)④5億W→5億W⑥昨季は左太もも裏痛もあり、過去の実績とは程遠い成績だった。今年契約の最終年、マキノンとのポジション争いが相乗効果を期待したい。⑦五輪(21)

年度	打率	試合	安打	本打	打点	盗塁	三振
2023	.203	106	64	11	54	1	110
通算	.275	1386	1157	204	828	14	1044

58 キム ジチャン

		김지찬	金智讚
		KIM JI CHAN	

内野手　23歳　5年目　右投左打

①2001.3.8②163cm64kg③ラオン高-サムソン(20)④1億6,000万W→1億6,000万W⑥小柄な二塁手では広角に打ち分ける結果を残し、昨季アジア大会で代表入り。金メダル獲得で兵役免除を得た。今季はセンターでの起用も予定される。⑦アジア大会(23)

年度	打率	試合	安打	本塁打	打点	盗塁	三振
2023	.292	99	85	1	18	13	36
通算	.271	467	326	3	82	87	175

FANの声　機敏でタフな切り込み隊長！（さらね）

8 キム ジェヒョク

		김재혁	金材奕
		KIM JAE HYUK	

外野手　25歳　3年目　右投右打

①1999.12.26②182cm85kg③済州高-東亜大-サムソン(22)④3,000万W→3,000万W⑥軍服務中の昨季はサンムでプレー。俊足と長打力が特長の右の外野手は代走、守備固めで出場機会をつかんでいきたい。

年度	打率	試合	安打	本塁打	打点	盗塁	三振
2023	-	-	-	-	-	-	-
通算	.242	15	8	0	3	4	9

25 キム テフン

		김태훈	金太勳
		KIM TAE HOON	

外野手　28歳　10年目　右投右打

①1996.3.31②177cm78kg③裕信高-KT(15)-サムソン(23)④4,300万W→4,100万W⑥昨季、キム・サンスの人的補償としてKTから移籍。開幕を一軍で迎えるも右足首を痛めて離脱となった。鋭いスイングでポジション争いにアピールしたい。

年度	打率	試合	安打	本塁打	打点	盗塁	三振
2023	.095	11	2	0	1	0	9
通算	.189	86	31	2	9	1	47

32 キム ホンゴン [キモンゴン]

		김헌곤	金軒坤
		KIM HUN GON	

外野手　36歳　14年目　右投右打

①1988.11.9②174cm81kg③済州観光産業高-嶺南大-サムソン(11)④1億2,000万W→6,000万W⑥かつてチームの主将も務めた生え抜き外野手は、昨季腰の故障でわずかな出場数にとどまった。再びチームを引っ張る役割を担うか。

年度	打率	試合	安打	本塁打	打点	盗塁	三振
2023	.000	6	0	0	0	0	1
通算	.268	783	600	36	268	60	287

50 リュ スンミン

		류승민	柳承旼
		RYU SEUNG MIN	

外野手　20歳　2年目　左投右打

①2004.10.11②185cm90kg③光州一高-サムソン(23)④3,000万W→3,500万W⑥高卒1年目の昨季は6月に育成から昇格。一軍起用され下位打線で逆方向に強い打球を繰り返し放った。激しいポジション争いに参戦だ。

年度	打率	試合	安打	本塁打	打点	盗塁	三振
2023	.212	24	11	0	5	0	19
通算	.212	24	11	0	5	0	19

60 キム ホジン [キモジン]

		김호진	金湖鎭
		KIM HO JIN	

● 内野手　19歳　1年目　右投右打

①2005.7.16②183cm84kg③眞興高-サムソン(24)④＜契＞6,000万W＜年＞3,000万W⑥24年ドラフト6R（全体順位54番目）。強肩を誇り、高校時代は投手と遊撃手で活躍。打力と足の速さでも高い評価を受ける。

ROOKIE

13 イ ソンギュ

		이성규	李聖圭
		LEE SUNG GYU	

外野手　31歳　9年目　右投右打

①1993.8.3②178cm82kg③光州東成高-仁荷大-サムソン(16)④4,500万W→6,000万W⑥昨季は自身初の100試合以上出場。外野3ポジションと一塁手として役割を果たした。チャンスに強い右打者は貴重な存在だ。

年度	打率	試合	安打	本塁打	打点	盗塁	三振
2023	.207	109	30	1	18	4	42
通算	.188	257	85	13	56	8	142

31 ユン ジョンビン

		윤정빈	尹禎彬
		YOON JEONG BIN	

外野手　25歳　7年目　右投右打

①1999.6.24②182cm93kg③富川高-サムソン(18)④3,200万W→3,700万W⑥めがねをかけた期待の長距離打者は6年目の昨季、代打でプロ初アーチを放った。一発不足のチームに新大砲の出現なるか。

年度	打率	試合	安打	本塁打	打点	盗塁	三振
2023	.147	28	5	1	3	1	12
通算	.114	41	5	1	3	1	17

38 キム ドンヨプ

		김동엽	金東燁
		KIM DONG YUB	

外野手　34歳　9年目　右投右打

①1990.7.24②186cm101kg③北一高-米マイナー-SK(16)-サムソン(19)④9,000万W→8,000万W⑥20本塁打以上を過去3度記録した長距離砲は、このシーズン一軍定着できずにいる。左キラーとして出番を重ねて復調へのきっかけをつかむか。

年度	打率	試合	安打	本塁打	打点	盗塁	三振
2023	.255	69	42	5	18	1	29
通算	.269	649	541	92	314	24	430

育成選手

2014年までの名称は「申告選手」。選手登録されていない選手で、5月1日以降に正式登録が可能になる。
正式登録されると一軍の試合に出場できる。現在の登録選手が育成選手扱いになることもある。

⑩ イ ミンホ

이민호	李珉鎬

▲ 投手 右投右打
1993.8.11
185cm90kg

⑩ ユ ビョンソン

유병선	柳炳先

● 投手 右投右打
2005.9.12
181cm84kg

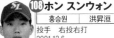

⑩ ホン スンウォン

홍승원	洪昇洹

投手 右投右打
2001.12.6
185cm93kg

⑩ パク シウォン

박시원	朴施愿

投手 右投右打
2004.3.16
187cm96kg

⑩ シン ギョンミン

신경민	申京珉

● 投手 右投右打
2005.9.15
186cm103kg

⑪ キム テウ

김태우	金太羽

投手 右投右打
1999.9.15
193cm92kg

⑪ ハン ヨンウク

한연욱	韓然旭

投手 右投右打
2001.2.11
188cm84kg

⑪ チャン ジェヒョク

장재혁	張在爀

投手 右投右打
2002.8.16
177cm79kg

⑫ キム デホ

김대호	金大湖

● 投手 右投右打
2001.10.15
185cm100kg

⑫ キム ソンギョン

김성경	金成炅

● 投手 右投右打
1999.10.1
181cm84kg

⑫ キム ドンヒョン

김동현	金東現

● 投手 右投右打
2001.5.25
186cm95kg

⑩ キム セミン

김세민	金世珉

捕手 右投右打
2002.3.24
180cm94kg

⑪ パク チンウ

박진우	朴眞佑

捕手 右投右打
2003.10.14
176cm87kg

⑪ チョン ジンス

정진수	鄭眞壽

捕手 右投左打
1997.9.25
177cm93kg

⑫ キム ジェヒョン

김재형	金哉亨

● 捕手 右投右打
2005.11.22
186cm102kg

⑩ オ ヒョンソク

오현석	吳賢錫

内野手 右投右打
2001.3.5
183cm99kg

⑩ ヤン ウヒョン

양우현	梁宇賢

内野手 右投左打
2000.4.13
175cm82kg

⑩ イ チャンヨン

이창용	李昌庸

内野手 右投右打
1999.6.3
184cm89kg

⑪ ヤン ドグン

양도근	梁棹筋

● 内野手 右投右打
2003.2.6
173cm72kg

⑪ パク チャンミン

박장민	朴藏珉

内野手 右投右打
2003.9.2
179cm80kg

⑪ イ ヒョンジュン

이현준	李弦峻

● 内野手 右投右打
2001.4.20
182cm80kg

⑪ イ ジェホ

이재호	李在鎬

● 内野手 右投右打
2001.5.20
180cm02kg

⑫ キム ミンホ

김민호	金民虎

内野手 右投右打
2003.12.28
185cm93kg

⑩ チュ ハンウル

주한울	朱ハンウル

外野手 右投右打
2002.6.8
183cm83kg

背番号 名前		
PHOTO	ハングル	漢字
	記号 位置 投打	
	生年月日	
	身長体重	

兵役、公益勤務期間中、またはサンム（尚武/国軍体育部隊）に所属する選手。
サンムは二軍リーグに参加している。

位置	名前	ハングル	漢字	投打	生年月日	身長体重	所属チーム
投手	キム シオン	김시온	金시온	左投左打	2003.10.30	189cm89kg	
投手	キム ユンス	김윤수	金潤洙	右投右打	1999.12.8	183cm94kg	サンム
投手	パク チュヒョク	박주혁	朴柱赫	右投右打	2001.5.18	182cm82kg	サンム
投手	シン ユンホ	신윤호	辛潤昊	右投右打	2004.9.8	183cm85kg	
投手	シン ジョンファン	신정환	申鄭奐	右投右打	2003.4.28	188cm83kg	
投手	ヤン チャンソプ	양창섭	梁彰涉	右投右打	1999.9.22	182cm85kg	
投手	イ ジェヒ	이재희	李在喜	右投左打	2001.10.11	187cm88kg	サンム
投手	ホ ユンドン	허윤동	許倫棟	左投右打	2001.6.19	181cm90kg	サンム
捕手	チャ ドンヨン	차동영	車東領	右投右打	2002.11.1	181cm82kg	
内野手	イ ヘスン	이해승	李海昇	右投右打	2000.8.1	180cm86kg	サンム
内野手	チョ ミンソン	조민성	趙敏晟	右投右打	2003.10.22	181cm88kg	サンム
外野手	カン ジュンソ	강준서	姜俊瑞	右投右打	2000.10.13	183cm85kg	
外野手	キム サンミン	김상민	金相旻	右投左打	2003.12.6	183cm83kg	
外野手	パク スンギュ	박승규	朴承奎	右投右打	2000.9.2	178cm78kg	サンム

オ・スンファンが韓国、日本、メジャーの
3リーグ通算500セーブ達成　KBO通算は400セーブ

サムソンのクローザー、オ・スンファンが昨年6月6日のNC戦（テグ）で8セーブ目を挙げ、KBO通算セーブ数が378に。2014、15年に在籍した阪神（NPB）での80セーブ、MLB4シーズンでの42セーブを合わせて、日米韓通算500セーブとなった。

オ・スンファンは2005年に檀国大からサムソン入り。1年目の途中から抑えを任され、「石直球」と呼ばれたストレートとスライダーでゲームを締めていった。韓国を代表する守護神としてリーグのセーブ記録を塗り替え、日本、メジャーでも活躍を見せた。

しかし40代となって、以前のような球速は出ない中で痛打されるケースも増えていった。昨季は4月20日に中継ぎに配置転換に。5月3日には調整のため、日米韓980試合目の登板で初の先発マウンドに上がった。

記録達成後、オ・スンファンは「これで終わりではないので特別な感情はあまりわかない

が、今シーズンは家族や周りの人たちが大変な思いをしたので感謝したい。セーブは一人で達成できるものではないので、チームメイトのおかげだ」と話した。

また日本のファンに向けて、「沖縄キャンプで今でも覚えていてくれて、たくさん応援してもらっていると感じた。ありがたい。『韓国にこんな選手がいるんだ』とこれからも伝えられ続ければと思うし、日本のファンの応援が『これからもいい姿を見せ続けたい』という力になっている」と語った。

オ・スンファンは10月14日のホーム最終戦でシーズン30セーブ目を挙げ、KBOリーグ史上初の通算400セーブに到達。日米韓通算522セーブで2023年シーズンを終えた。

NPBの歴代最多セーブは岩瀬仁紀（元中日）の407、日米韓でプレーした選手では高津臣吾（現ヤクルト監督）が台湾（CPBL）を合わせて347セーブを記録している。

ハンファ イーグルス
한화 이글스

HANWHA EAGLES
https://www.hanwhaeagles.co.kr/

縁故地 （日本における保護地域）	テジョン広域市
2023年成績	58勝80敗6分.420
順位	9位
チーム打率	.241（10位）
チーム防御率	4.38（8位）

ユニフォーム

◄Home

Visitor►

위니

球団情報

■球団事務所
　35021 大田広域市中区대鍾路373
　ハンファ生命イーグルスパーク内　TEL／042-630-8200
■本拠地球場／ハンファ生命イーグルスパーク
■準本拠地　チョンジュ(清州)総合競技場
　収容人員　10,500人
　中堅115m 両翼100m 外野フェンス5.8m 天然芝
　🚌チョンジュ高速バスターミナルよりタクシーで5分
■二軍球場／ソサン(瑞山)野球場
　忠清南道瑞山市聖淵面聖淵3路240-72
　🚌ソサン公用バスターミナルからタクシーで20分
■2024年春季キャンプ地
　1次 豪州ビクトリア州メルボルン
　2次 沖縄県島尻郡八重瀬町 東風平運動公園野球場
■オーナー／キム スンヨン　김승연
　球団社長／パク チャンヒョク　박찬혁
　球団団長（日本におけるGM）／ソン ヒョク　손혁

■球団小史■石油化学や流通産業を手がける財閥・ハンファの球団。1986年に球界に新規参入した当時の名称は乳製品企業・ピングレだった。優勝回数は1回だが多くの名選手を輩出。チャン・ジョンフン(#35)、ソン・ジンウ(#21)、チョン・ミンチョル(#23)、キム・テギュン(#52)の背番号が永久欠番となっている。また2012年オフ、ポスティングにより大型契約でメジャー入りしたリュ・ヒョンジンが今季チームに復帰。大きな話題となっている。

年度別成績

年	順位	+	球団名	試合	勝	敗	分	勝率
1986	7		ピングレイーグルス	108	31	76	1	.290
1987	6		ピングレイーグルス	108	47	57	4	.454
1988	2		ピングレイーグルス	108	62	45	1	.579
1989	2		ピングレイーグルス	120	71	46	3	.604
1990	4		ピングレイーグルス	120	68	50	2	.575
1991	2		ピングレイーグルス	126	69	48	9	.591
1992	2		ピングレイーグルス	126	81	43	2	.651
1993	5		ピングレイーグルス	126	61	61	4	.500
1994	5		ハンファ イーグルス	126	65	59	2	.524
1995	6		ハンファ イーグルス	126	55	71	0	.437
1996	5		ハンファ イーグルス	126	70	55	1	.560
1997	7		ハンファ イーグルス	126	51	73	2	.413
1998	7		ハンファ イーグルス	126	55	66	5	.455
1999	1	マジック★	ハンファ イーグルス	132	72	58	2	.554
2000	7	マジック	ハンファ イーグルス	133	50	78	5	.391
2001	4		ハンファ イーグルス	133	61	68	4	.473
2002	7		ハンファ イーグルス	133	59	69	5	.461
2003	5		ハンファ イーグルス	133	63	65	5	.492
2004	7		ハンファ イーグルス	133	53	74	6	.417
2005	4		ハンファ イーグルス	126	64	61	1	.512
2006	2		ハンファ イーグルス	126	67	57	2	.540
2007	3		ハンファ イーグルス	126	67	57	2	.540
2008	5		ハンファ イーグルス	126	64	62	0	.508
2009	8		ハンファ イーグルス	133	46	84	3	.346
2010	8		ハンファ イーグルス	133	49	82	2	.368
2011	7		ハンファ イーグルス	133	59	72	2	.450
2012	8		ハンファ イーグルス	133	53	77	3	.408
2013	9		ハンファ イーグルス	128	42	85	1	.331
2014	9		ハンファ イーグルス	128	49	77	2	.389
2015	6		ハンファ イーグルス	144	68	76	0	.472
2016	7		ハンファ イーグルス	144	64	73	3	.468
2017	8		ハンファ イーグルス	144	61	81	2	.430
2018	3		ハンファ イーグルス	144	77	67	0	.535
2019	9		ハンファ イーグルス	144	58	86	0	.403
2020	10		ハンファ イーグルス	144	46	95	3	.326
2021	10		ハンファ イーグルス	144	49	83	12	.371
2022	10		ハンファ イーグルス	144	46	96	2	.324
2023	9		ハンファ イーグルス	144	58	80	6	.420
	通算			4957	2236	2616	105	.461

※★は優勝年　※99、00年はドリーム、マジックの2リーグ制
※勝率計算…・'82〜86年:勝÷(勝+敗)
・'87〜97年:｛勝+(引分×0.5)｝÷試合数　・'98〜08年:勝÷(勝+敗)
・'09〜10年:勝÷試合数　・'11年〜:勝÷(勝+敗)

選手として在籍した主なNPB経験者

- **吉村元富**／南海–ピングレ(86〜91)–OB
- **チョン ミンチョル(鄭珉哲)**／ピングレ(92〜93)–ハンファ(94〜99)–巨人-ハンファ(02〜09)–ハンファコーチ(10〜14)
- **ク デソン(具臺晟)**／ピングレ(93)–ハンファ(94〜00)–オリックス–ハンファ(06〜10)
- **キム テギュン(金泰均)**／ハンファ(01〜09)–千葉ロッテ–ハンファ(12〜20)
- **チョ ソンミン(趙珉成)**／巨人–ハンファ(05〜07)–トゥサンコーチ
- **パク チャンホ(朴賛浩)**／オリックス–ハンファ(12)
- **ウィリン・ロサリオ**／ハンファ(16〜17)–阪神

ハンファ生命イーグルスパーク
한화생명이글스파크

山あいの鮮やかな
コントラスト

ソウルからKTXで約1時間の地方都市・テジョン。山すそにあるイーグルスパークは鮮やかな色彩を放つ。観客席の増設工事やグラウンドの拡張など改修を続け、進化している。

アクセス	快適さ	熱狂度
75	**75**	**85**

◇35021 大田広域市 中区 대鍾路373
　TEL/042-630-8200
◇収容人員 13,000人
◇2013年から天然芝
◇中堅 122m　両翼 100m　フェンスの高さ 4.5m

ハンファ主催試合チケット
ハンファは一塁側ベンチを使用

席種	月〜木	金,土,日,休日
内野指定席（1F）	9,000 or 11,500	15,500 or 18,000
内野指定席（2F）	9,000 or 11,500	13,500 or 15,500
外野指定席	7,500 or 9,500	11,500 or 13,000
内野応援団席	10,500 or 14,000	10,000 or 20,500
キャッチャー後方席	36,000 or 47,500	58,500 or 67,000
キャッチャー後方席TVゾーン	40,000 or 52,500	64,000 or 73,000
ブルペン指定席	9,500 or 12,500	16,500 or 19,000
ダッグアウト指定席	9,500 or 12,500	16,500 or 19,000
中央家族席（5人席）	20,000 or 26,500（1人）	32,500 or 37,000（1人）
エキサイティングカップル（2人席）	16,000 or 21,000（1人）	24,000 or 27,500（1人）
内野カップル席（2人）	20,000 or 26,500（1人）	32,500 or 37,000（1人）
VIPカップル席（2人）	40,000 or 52,500（1人）	64,000 or 73,000（1人）
中央テーブル席	22,500 or 29,500	35,500 or 40,500
中央テーブルA	26,500 or 34,500	37,500 or 43,000
内野テーブル席	20,000 or 26,500	32,500 or 37,000
内野下段テーブル席	12,000 or 15,500	20,000 or 22,500
外野カップル席	8,000 or 10,000	12,000 or 13,500
外野芝生席（4人）	10,500 or 14,000（1人）	18,000 or 20,500（1人）
外野ラウンジ席（2人）	16,000 or 21,000（1人）	27,500 or 31,000（1人）
エキサイティングゾーン	16,000 or 21,000	27,500 or 31,000

対戦カードなどにより価格が変動。上記の他、団体席、こども価格あり
単位はウォン　1ウォン=約0.11円

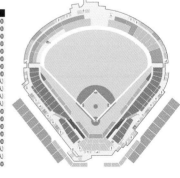

❶ギュッと詰まったコンパクトなスタンド❷横長のステージに立つ、チアリーダーに熱視線❸外野にはグループ向けのゆったりシート❹グラウンドを遠く感じない2階席❺場外の広場は三塁側後方

ハンファ生命イーグルスパーク

リフォームを重ねた小球場

韓国のほぼ中央に位置するテジョン広域市は人口約140万人の韓国第4の都市だ。ソウルの南に位置し、ヨンナム（嶺南）地方、ホナム地方に向かう分岐点になっている。かつては大きい田んぼを意味する「ハンバッ」と呼ばれ、野球場を含む敷地一帯は「ハンバッ総合運動場」という。テジョンは山に囲まれた盆地で、テジョン球場からもポムン（宝文）山の斜面を拝むことができる。

1965年に完成したこの球場は近年3段階に分けて工事を実施。2階席の増築、外野の拡張、天然芝の敷設などを行い、魅力ある野球場へと変化した。2015年から野球場の名称には球団のグループ会社名が配されている。

来年新球場に移転。今年ラストイヤー

他球場同様にテーブル席を増やし、外野に芝生席を設けるなど特徴ある座席が多い。両チームのブルペンがレフトスタンド下にあるのが特徴で、ブルペンが間近に見られる「ブルペン指定席」という座席区分もある。

売店はグラウンドが見渡せるコンコース沿いにあるが観客が多い時にはかなり混雑するのが難点だ。同様にトイレも混み合うことも覚悟した方が良いだろう。ビジター側のグッズ販売はない。

現在、25年3月のオープンを目指して新球場の建設工事が行われている。場所は現球場の隣、運動場の跡地。テジョン市の事業で建設費の一部をハンファが負担する。2万席規模の天然芝球場だ。

 応援しよう！ **応援の中心は内野応援団席（一塁側）** 8回の攻撃時は手を後ろに組んで荒々しく！ **選手別応援歌**

お決まりの掛け声／最強 한화！<最強ハンファ！>（チェガン ハンファ）

選手別応援歌

3 안치홍（アンチホン）
♪ 한화 안치홍 한화 안치홍 우워（ハナ アンチホン ハナ アンチホン ウォ）
승리를 위하여 우워오오오 ☆くりかえし（スンリルル ウィハヨ ウォオオオ）

原曲：My Girl／歌：アイルランド

8 노시환（ノシファン）
♪ 노시환 상적으로 날려줘요 노시환 상적으로 날려줘요（ノシファン サンチョグロ ナルリョジョヨ ノシファン サンチョグロ ナルリョジョヨ）
이글스 노시환 상적으로 날려줘요 노시환 ☆くりかえし（イーグルス ノシファン サンチョグロ ナルリョジョヨ ノシファン）
헤이 헤이 ☆くりかえし（ヘイ ヘイ）
날려줘요 노시환（ナルリョジョヨ ノシファン）

13 최재훈（チェジェフン）
♪ 케세라세라 이글스의 승리 위해 우워오（ケセラセラ イーグルスエ スンニ ウィヘ ウォオ）
안타 날려줘요 한방 날려줘요 이글스의 최재훈（アンタ ナルリョジョヨ ハンパン ナルリョジョヨ イーグルスエ チェジェフン）
안타 날려라 날려라 날려라 날려라 최재훈（アンタ ナルリョラ ナルリョラ ナルリョラ ナルリョラ チェジェフン）

原曲：ケセラセラ／歌：朴一松

22 채은성（チェウンソン）
♪ 최강 한화 채은성 우워오오（チェガン ハンファ チェウンソン ウォオオ）
최강 한화 채은성 우워오오（チェガン ハンファ チェウンソン ウォオオ）
저 하늘로 날아올라 빛이 되리라 우워 한화 채은성（チョ ハヌルロ ナラオルラ ピチ トリラ ウォ ハナ チェウンソン）
☆くりかえし

原曲：Devilman／歌：トランスフィクション

37 김인환（キミファン）
♪ 우워 최강 한화 김인환 우워 승릴위해 외처라 김인환（ウォオ チェガン ハナ キミファン ウォー スンニルウィヘ ウェチョラ キミファン）
우워 최강 한화 김인환 우워 우워어어 외처라 김인환（ウォオ チェガン ハナ キミファン ウォオ ウォオオオ ウェチョラ キミファン）

原曲：B Rossette（ドラマ「白い巨塔」サウンドトラック）

43 정은원（チョンウォン）
♪ 오오오 날아올라 한화 정은원 승리위해 외처보자 정은원 안타（オオオ ナラオルラ ハナ チョンウォン スンニウィヘ ウェチョボジャ チョンウォン アンタ）
오오오 날아올라 한화 정은원 승리위해 외처보자 정은원 안타（オオオ ナラオルラ ハナ チョンウォン スンニウィヘ ウェチョボジャ チョンウォン アンタ）

64 문현빈（ムニョンビン）
♪ 한화 문현빈 우워오오 한화 문현빈 우워오오오（ハナ ムニョンビン ウォオオ ハナ ムニョンビン ウォオオオ）
최강 한화의 승리를 위해 우워오오 오오오오（チェガン ハナエ スンニルル ウィヘ ウォオオ オオオオ）

原曲：사랑을 주세요／歌：タイフーン

韓国鉄道公社テジョン（大田）駅から

タクシー▶約15分。**バス**▶約20分。急行バス2番でハンバッ チョンハプ ウンドンジャン（総合運動場）下車。または802番バスでハンファ生命イーグルスパーク下車、徒歩2分。現地慣れしていない人はタクシーがお勧め。テジョン駅ロータリーからのタクシーは道路の都合上、一旦北へ進むため、若干遠回

りとなる。

地下鉄チュンアンノ（中央路）駅から
徒歩18分（約1.2km）

韓国鉄道公社ソテジョン（西大田）駅（クァンジュ方面のKTX発着駅）から

タクシー▶約15分。**バス**▶約20分。513番バスでチョンハプ ウンドンジャン下車

主要な場所からの移動方法

インチョン空港から

バス▶空港バス乗り場から高速バスでテジョン複合ターミナルまで約3時間。

鉄道▶空港鉄道を利用しソウル駅へ（約1時間）。ソウル駅からKTX（高速鉄道）でテジョン駅へ。

テグ、プサンからKTXまたはSRTで

トンテグ（東大邱）駅から約50分。プサン駅から約1時間30分。

クァンジュからKTXで

クァンジュ駅からソテジョン駅まで約2時間。

ソウル中心部からの移動方法

鉄道▶KTXでソウル駅からテジョン駅まで約1時間。

ITXセマウル号、ムグンファ号でソウル駅からテジョン駅まで約1時間50分〜2時間。

バス▶高速バスでソウル高速バスターミナルからテジョン複合ターミナルまで約2時間。

日程
L G
K T
S S G
N C
トゥサン
K I A
ロッテ
サムソン
ハンファ
キウム
記録

ハンファ イーグルス

● 新加入　▲ 移籍　■ 復帰（選手）
赤字はNPB選手経験者

位置	背番号	記号	氏名	ハングル	漢字・国籍	投打
監督・コーチ						
監督	92		チェ ウォンホ	최원호	崔元豪	右右
ヘッド	74	▲	チョン ギョンベ	정경배	鄭慶培	右右
ブルペン	72		ユン ギュジン	윤규진	尹奎眞	右右
打撃	88		チョン ヒョンソク	정현석	鄭鉉錫	右右
打撃	78		キム ナムヒョン	김남형	金南亨	右右
守備	83	▲	キム ウソク	김우석	金佑錫	右右
作戦/走塁	82	▲	キム ジェゴル	김재걸	金在杰	右右
外野守備+一塁ベース	77	▲	パク チェサン	박재상	朴載相	右右
バッテリー	90		キム ジョンミン	김정민	金正敏	右右
二軍監督	71		イ デジン	이대진	李大振	右右
二軍投手	75		パク チョンジン	박정진	朴正眞	左左
二軍ブルペン	79		マ イルヨン	마일영	馬一英	左左
二軍打撃	39		カン ドンウ	강동우	姜東佑	右右
二軍守備	86		チェ ユンソク	최윤석	崔允碩	右右
二軍作戦/走塁	87		チュ スンウ	추승우	秋承祐	右右
二軍外野守備+一塁ベース	80		コ ドンジン	고동진	高東鎭	右右
二軍バッテリー	73		イ ヒグン	이희근	李熙權	右右
残留軍統轄	81		キム ソンガプ	김성갑	金性甲	右右
選手兼残留軍投手	57		チョン ウラム	정우람	鄭雨濫	左左
残留軍打撃	91		イ サンフン	이상훈	李相勳	右右
残留軍バッテリー	85		チョン ボムモ	정범모	鄭範模	右右
ヘッドトレーニング	84		イ ジブン	이지풍	李志豊	
トレーニング			キム ヒョンウク	김형욱	金炯旭	
トレーニング			キム ヨンギュ	김연규	金淵奎	
トレーニング			チェ ウソン	최우성	崔宇成	
二軍トレーニング			キム ソジュン	김소증	金素申	
リハビリトレーニング			キム ジェミン	김재민	金宰珉	
選手						
投手	1		ムン ドンジュ	문동주	文棟柱	右右
投手	5		ユン デギョン	윤대경	尹臺卿	右右
投手	11		ナム ジミン	남지민	南知珉	右右
投手	15	▲	キム ギジュン	김기중	金麒中	左左
投手	18	▲	イ サンギュ	이상규	李相圭	右右
投手	19		イ チュンホ	이충호	李充浩	右右
投手	20		ペルリクス・ペニャ	페냐	(ドミニカ共和国)	右右
投手	26		ハン スンヒョク	한승혁	韓丞赫	右右
投手	27		イ ミヌ	이민우	李民友	右右
投手	28		チャン シファン	장시환	張施院	右右
投手	29	●	チョン ジュンソ	정우진	鄭佑鎭	右右
投手	31		チョン イファン	정이황	鄭伊煌	右左
投手	34		リカルド・サンチェス	산체스	(ベネズエラ)	左左
投手	38		チャン ミンジェ	장민재	張珉宰	右右
投手	39	▲	ペ ミンソ	배민서	裵玫瑞	右右
投手	40		チャン ジス	장지수	張志秀	右右
投手	46		イ テヤン	이태양	李泰亮	右右
投手	47		キム ボムス	김범수	金範洙	右左
投手	53		キム ミヌ	김민우	金民宇	右右
投手	54		キム ソヒョン	김서현	金瑞鉉	右右
投手	55		カン ジェミン	강재민	姜在珉	右右
投手	56		チョン ウラム	정우람	鄭雨濫	左左
投手	58		パク サンウォン	박상원	朴相垣	右右
投手	59		ハン スンジュ	한승주	韓昇宙	右右
投手	62		キム ギュヨン	김규연	金奎涎	右右
投手	66		チュ ヒョンサン	주현상	朱炫相	右右
投手	68	●	チョ ドンウク	조동욱	趙東昱	左左
投手	97		ソン ジフン	성지훈	成祉勳	右右
投手	99	■	リュ ヒョンジン	류현진	柳賢振	左右
捕手	10		ホ グァンフェ	허관회	許寬會	右右

位置	背番号	記号	氏名	ハングル	漢字・国籍	投打
捕手	12		イ ジェヨン	이재용	李在鎔	右右
捕手	13		チェ ジェフン	최재훈	崔在勲	右右
捕手	32	▲	イ ジェウォン	이재원	李宰元	右右
捕手	42		パク サンオン	박상언	朴相彦	右右
捕手	96		チャン ギュヒョン	장규빈	張圭賓	右右
内野手	3	▲	アン チホン	안치홍	安致弘	右右
内野手	7		イ ドゥユン	이도윤	李度潤	右右
内野手	8		ノ シファン	노시환	盧施煥	右右
内野手	16		ハ ジュソク	하주석	河周錫	右左
内野手	25		キム テヨン	김태연	金泰延	右右
内野手	37		キム インファン	김인환	金仁煥	左左
内野手	43		チョン ウンウォン	정은원	鄭恩源	右左
内野手	48		チョ ハンミン	조한민	趙漢珉	右右
内野手	49		イ ミンジュン	이민준	李旻俊	右右
内野手	56		キム ゴン	김건	金楗	右右
内野手	64		ムン ヒョンビン	문현빈	文賢彬	右左
内野手	94	●	チョン アンソク	정안석	鄭安奭	右右
内野手	95	●	ファン ヨンムク	황영묵	黃永默	右右
外野手	9	▲	キム ガンミン	김강민	金杠珉	右右
外野手	14		イ ミョンギ	이명기	李明起	右右
外野手	17		クォン グァンミン	권광민	權光旻	左左
外野手	22		チェ ウンソン	채은성	蔡恩成	右右
外野手	24		イム ジョンチャン	임종찬	林宗燦	右右
外野手	30		ヨナダン・ペラジャ	페라자	(ベネズエラ)	右両
外野手	33		ユ ロギョル	유로결	劉撈潔	右右
外野手	41		チェ インホ	최인호	崔寅豪	右右
外野手	45		イ ジンヨン	이진영	李振榮	右右
外野手	50		イ ウォンソク	이원석	李元碩	右右
外野手	51		チャン ジンヒョク	장진혁	張眞爀	左左
外野手	65		イ サンヒョク	이상혁	李相赫	右右
育成選手						
投手	04	●	キム スンイル	김승일	金昇一	右右
投手	4		イ スングァン	이승관	李承官	右右
投手	05	●	キム ドビン	김도빈	金度儐	右右
投手	38		キム ジョンス	김종수	金鍾守	右右
投手	61		ペ ドンヒョン	배동현	裵東玄	右右
投手	63		パク ソンウン	박성웅	朴柱洪	右右
投手	69		オ セフン	오세훈	吳世勳	右右
投手	93		キム ボムジュン	김범준	金範俊	右右
投手	101		ムン スンジン	문승진	文勝泰	右右
投手	104		ヤン ギョンモ	양경모	梁烱瑞	右右
投手	105		ソン ソンフン	송성훈	宋性勳	右右
投手	107	●	イ ギチャン	이기찬	李基昌	右右
投手	110	●	ウォン ジョンヒョク	원종혁	元鍾爀	右右
投手	112	●	スン ジファン	승지환	承志桓	右右
捕手	01	●	ソ ジョンフン	서정훈	徐廷勲	右右
捕手	44		アン ジン	안진	安鎭	右右
捕手	62		キム ヒョウ	김현우	金炫佑	右右
内野手	109	●	イ スンヒョン	이승현	李承浩	右右
内野手	2		キム ギミン	김기민	金紀珉	右右
内野手	6		ハン ギョンビン	한경빈	韓敬彬	右右
内野手	98		イ ソンウォン	이성원	李晟源	右右
内野手	02	●	クォン ドンウク	권동욱	權桐煜	右右
内野手	03	●	キム ソンドン	김선동	金善瞳	右右
内野手	06	●	キム ジュンソク	김준석	金俊錫	右右
内野手	108	●	チェ ジュンソ	최준석	崔埈棲	右右
外野手	111	●	クォン ヒョン	권현	權晛	右右
外野手	114		シン ウジェ	신우재	辛玗財	右右

92 チェ ウォンホ
최원호 崔元豪 CHOI WON HO
監督 51歳 29年目 右投右打

	防御率	試合	勝利	敗戦	セーブ	投球回	三振
通算	4.64	309	67	73	3	1201 1/3	694

現役当時のポジション:投手

二軍監督を務めていた昨年5月、スペロ監督に代わって一軍の指揮官に。20年にも当時の一軍監督の代行を務めたことがある。今季は戦力補強が進み期待される。理論派で知られる。

78 キム ナムヒョン
김남형 金南亨 KIM NAM HYUNG
打撃 36歳 18年目 右投右打

①1988.5.8②177cm75kg③仁川高-ヒョンデ(07)-ヒーローズ(08)-ハンファコーチ(18)

77 パク チェサン
박재상 朴哉相 PARK JAE SANG
▲ 外野守備/一塁ベース 42歳 24年目 左投右打

①1982.7.20②173cm85kg③ソウル高-SK(01)-SKコーチ(18)-キウムコーチ(22)-ハンファコーチ(24)

75 パク チョンジン
박정진 朴正眞 PARK JUNG JIN
二軍投手 48歳 26年目 左投左打

①1976.5.27②183cm88kg③世光高-延世大-ハンファ(99)-ハンファコーチ(20)

86 チェ ユンソク
최윤석 崔允碩 CHOI YOUNSUK
二軍守備 37歳 15年目 右投右打

①1987.3.28②173cm75kg③城南高-弘益大-SK(10)-ハンファコーチ(22)

73 イ ヒグン
이희근 李熙樺 I FE HEEKEUN
二軍バッテリー 39歳 17年目 右投右打

①1985.6.7②179cm83kg③中央高-成均館大-ハンファ(08)-KT(16)-ハンファコーチ(17)

91 イ サンフン
이상훈 李相勲
残留軍打撃 37歳 15年目 右投右打

85 チョン ボムモ
정범모 鄭範模
残留軍バッテリー 37歳 19年目 右投右打

84 イ ジブン
이지풍 李志豊
ヘッドトレーニング 46歳 15年目

74 チョン ギョンベ
정경배 鄭慶培 CHUNG KYOUNG BAE
▲ ヘッド 50歳 29年目 右投右打

①1974.2.20②176cm84kg③仁川高-弘益大-サムソン(96)-SK(02)-SKコーチ(10)-トゥサンコーチ(19)-ハンファコーチ(20)-SSGコーチ(22)-ハンファコーチ(24)

76 ユン ギュジン
윤규진 尹奎眞 YUN KYUJIN
ブルペン 40歳 22年目 右投右打

①1984.7.28②187cm91kg③大田高-ハンファ(03)-ハンファコーチ(22)

83 キム ウソク
김우석 金佑碩 KIM WOO SEOK
▲ 守備 49歳 23年目 右投右打

①1975.9.2②181cm79kg③仁川高-弘益大-LG(02)-サムソン(08)-LGコーチ(14)-トゥサンコーチ(23)-ハンファコーチ(24)

90 キム ジョンミン
김정민 金正敏 KIM JUNG MIN
バッテリー 54歳 32年目 右投右打

①1970.3.15②184cm83kg③天安北一高-嶺南大-LG(93)-LGコーチ(11)-ハンファコーチ(23)

79 マ イルヨン
마일영 馬一英 MA ILYOUNG
二軍ブルペン 43歳 25年目 左投左打

①1981.5.28②177cm95kg③大田高-ヒョンデ(00)-ヒーローズ(08)-ハンファ(10)-ハンファコーチ(16)

87 チュ スンウ
추승우 秋承佑 CHOO SEUNG WOO
二軍作戦/走塁 45歳 23年目 右投右打

①1979.9.24②187cm74kg③清州機工高-成均館大-LG(02)-ハンファ(08)-ハンファコーチ(18)

81 キム ソンガプ
김성갑 金性甲 KIM SUNG GAP
残留軍統轄 62歳 40年目 右投右打

①1962.5.3②168cm66kg③大邱商高-建国大-サムソン(85)-ビングレ(86)-テピョンヤン(91)-ヒョンデコーチ(00)-ヒーローズコーチ(08)-SKコーチ(12)-ハンファコーチ(23)

キム ヒョンウク
김형욱 金炯旭
トレーニング 41歳 8年目

キム ヨンギュ
김연규 金淵奎
トレーニング 35歳 5年目

チェ ウソン
최우성 崔宇成
トレーニング 31歳 6年目

72 パク スンミン
박승민 朴承珉 PARK SEUNG MIN
投手 47歳 25年目 右投右打

①1977.3.18②186cm90kg③ソウル高-慶熙大-ヒョンデ(98)-ヒーローズ(08)-KIA(12)-ネク센コーチ(14)-KTコーチ(19)-ハンファコーチ(23)

88 チョン ヒョンソク
정현석 鄭鉉錫 JUNG HYUN SUK
打撃 40歳 17年目 右投右打

①1984.3.1②182cm93kg③大田高-慶熙大-ハンファ(08)-サムソン(14)-ハンファ(15)-ハンファコーチ(18)

82 キム ジェゴル
김재걸 金在杰 KIM JAE GUL
▲ 作戦/走塁 52歳 30年目 右投右打

①1972.9.7②177cm70kg③徳壽商高-檀国大-サムソン(95)-サムソンコーチ(10)-LGコーチ(19)-サムソンコーチ(21)-ハンファコーチ(24)⑦WBC(06)

71 イ デジン
이대진 李大振 LEE DAEJIN
二軍監督 50歳 32年目 右投右打

①1974.6.9②180cm83kg③真興高-ヘテ(93)-LG(11)-ハンファコーチ(13)-KIAコーチ(14)-SSGコーチ(21)-ハンファコーチ(23)⑤ゴ(97)

70 カン ドンウ
강동우 姜東佑 KANG DONG WOO
二軍打撃 50歳 27年目 右投右打

①1974.4.20②177cm78kg③慶北高-檀国大-サムソン(98)-トゥサン(06)-KIA(08)-ハンファ(09)-トゥサンコーチ(14)-ハンファコーチ(18)

80 コ ドンジン
고동진 高東鎭 KO DONG JIN
二軍外野守備/一塁ベース 44歳 21年目 左投左打

①1980.4.1②183cm85kg③大田高-成均館大-ハンファ(04)-ハンファコーチ(17)

57 チョン ウラム
정우람 鄭ウラム JUNG WOO RAM
選手兼残留軍投手 39歳 21年目 左投左打

①1985.6.1②181cm83kg③慶南商高-SK(04)-ハンファ(16)⑤救(18)⑦プレミア12(15)、アジア大会(18)

キム ソジュン
김소중 金素中
二軍トレーニング 37歳 5年目

キム ジェミン
김재민 金宰珉
リハビリトレーニング 36歳 8年目

※2021年から監督、コーチの年俸は非公表となりました。

153

① ムン ドンジュ / 文棟柱 / MOON DONG JU

■ 投手 21歳 3年目 右投左打

①2003.12.23②188cm97kg③眞興高-ハンファ(22)④3,300万W→1億W⑤新(23)⑥昨季4月に球速160キロを記録。2年目の新人王を獲得。アジア大会決勝・台湾戦に先発6回無失点で金メダル獲得に貢献。兵役免除を得た。APBCでは豪州戦に先発。平均球速151キロ、変化球はカーブを得意球にする球界を代表する若きエースだ。⑦アジア大会(23)、APBC(23)

年度	チーム	防御率	試合	勝利	敗戦	セーブ	投球回	安打	四球	三振
2017										
2018										
2019										
2020										
2021										
2022	ハンファ	5.65	13	1	3	0	28 2/3	28	14	36
2023	ハンファ	3.72	23	8	8	0	118 2/3	113	42	95
通算		4.09	36	9	11	0	147 1/3	141	56	131

FANの 力強い160キロのピッチングがまた観たい！（ふみにゃん）

⑳ ペルリクス・ペニャ [フェリックス・ペーニャ] / FELIX PENA

ペニャ / ドミニカ共和国

■ 投手 34歳 3年目 右投右打

①1990.1.25②188cm99kg③カブス-エンゼルス-ハンファ(22)④55万$→65万$⑥韓国2年目の昨季は先発でチーム唯一の2ケタ勝利。大きなテイクバックから打者の手元に来そうで来ないチェンジアップと、安定した制球力で結果を残した。打線の援護が期待できる今季はさらに勝ち星を稼いで、チームのAクラス入りに貢献したい。

年度	チーム	防御率	試合	勝利	敗戦	セーブ	投球回	安打	四球	三振
2017										
2018										
2019										
2020										
2021										
2022	ハンファ	3.72	13	5	4	0	67 2/3	63	30	72
2023	ハンファ	3.60	32	11	11	0	177 1/3	149	59	147
通算		3.64	45	16	15	0	245	212	89	219

99 リュ ヒョンジン / 柳賢振 / RYU HYUN JIN

柳現杜 / 柳賢振

■ 投手 37歳 19年目 左投右打

①1987.3.25②190cm113kg③東山高-ハンファ(06)-ドジャース-ブルージェイズ-ハンファ(24)④25億W⑤M(06)、新(06)、防(06,10)、勝(06)、ゴ(06,10)⑥高卒1年目に大活躍し、リーグを代表するエースが13年にKBO選手から初めてMLBに直行した左腕が、12年ぶりに古巣に帰ってきた。契約期間は8年。メジャー11年での通算78勝を引っ下げての復帰にファンは大いに沸いている。⑦アジア大会(06,10)、五輪予選(07,08)、五輪(08)、WBC(09)

年度	チーム	防御率	試合	勝利	敗戦	セーブ	投球回	安打	四球	三振
2017		-	-	-	-	-	-	-	-	-
2018		-	-	-	-	-	-	-	-	-
2019		-	-	-	-	-	-	-	-	-
2020		-	-	-	-	-	-	-	-	-
2021		-	-	-	-	-	-	-	-	-
2022		-	-	-	-	-	-	-	-	-
2023		-	-	-	-	-	-	-	-	-
通算		2.80	190	98	52	1	1269	1081	383	1238

FANの ソン・ジヌさんの年長看板記録目指せ！（髙谷直明）

③ アン チホン / 安致弘 / AN CHI HONG

安致弘 / 安致弘

■ 内野手 34歳 16年目 右投右打

①1990.7.2②178cm97kg③ソウル高-KIA(09)-ロッテ(20)-ハンファ(24)④5億W→5億W⑤ゴ(11,17,18)⑥打力のある二塁手がFA権を行使してロッテから移籍。2年プラスオプション2年の契約を結んだ。新天地ではファーストを守る予定。守備での負担を減らして持ち前の長打力とチャンスに強い打撃を発揮したい。チームの上位進出への救世主となるか。⑦アジア大会(18)

年度	チーム	打率	試合	打数	安打	本塁打	打点	盗塁	四球	三振
2017	KIA	.316	132	487	154	21	93	7	43	70
2018	KIA	.342	130	494	169	23	118	5	30	71
2019	KIA	.315	136	362	114	5	49	4	40	60
2020	ロッテ	.286	124	412	118	8	54	4	35	47
2021	ロッテ	.306	119	421	129	10	82	3	52	54
2022	ロッテ	.284	132	493	140	14	58	1	51	52
2023	ロッテ	.292	121	425	124	8	63	3	49	81
通算		.297	1620	5677	1687	140	843	133	552	849

FANの 新天地でキャリアハイの活躍に期待！（北海道のKBOファン）

⑧ ノ シファン / 盧施煥 / ROH SI HWAN

노시환 / 盧施煥

■ 内野手 24歳 6年目 右投右打

①2000.12.3②185cm105kg③慶南高-ハンファ(19)④1億3,100万W→3億5,000万W⑤本(23)、点(23)、ゴ(23)⑥本塁打と打点のタイトルを得た若き4番打者。本職は三塁手だがアジア大会、APBCではファーストを務め、APBC決勝日本戦では2安打2打点の活躍を見せた。ヒッティングポイントを前に置き、持ち前のバランスの良さで好結果を残している。⑦アジア大会(23)、APBC(23)

年度	チーム	打率	試合	打数	安打	本塁打	打点	盗塁	四球	三振
2017										
2018										
2019	ハンファ	.186	91	177	33	1	13	2	11	72
2020	ハンファ	.220	106	346	76	12	43	0	33	116
2021	ハンファ	.271	107	380	103	18	84	5	73	107
2022	ハンファ	.281	115	434	122	6	59	6	48	95
2023	ハンファ	.298	131	516	154	31	101	2	74	118
通算		.263	550	1851	487	68	300	15	239	508

FANの APBC豪州戦のサヨナラ打に痺れました！（明）

43 チョン ウンウォン [チョンウヌォン] / 鄭恩源 / JUNG EUN WON

정은원 / 鄭恩源

■ 内野手 24歳 7年目 右投左打

①2000.1.17②177cm84kg③仁川高-ハンファ(18)④2億1,800万W→1億7,800万W⑤ゴ(21)⑥昨季は主に1、2番に座った二塁手。高めのグリップの位置から低めのボールにバットを鋭く出して結果を残す左打者だ。打席当たりの投球数は毎年チームトップクラス。相手投手に多くの球数を投げさせている。今季は上位にはもちろん下位打線に座っても出塁を重ねたい。

年度	チーム	打率	試合	打数	安打	本塁打	打点	盗塁	四球	三振
2017										
2018	ハンファ	.249	98	201	50	4	20	5	22	50
2019	ハンファ	.262	142	564	148	8	57	14	48	103
2020	ハンファ	.248	79	254	63	3	29	1	41	41
2021	ハンファ	.283	139	495	140	6	39	16	63	109
2022	ハンファ	.274	140	508	139	8	49	10	85	109
2023	ハンファ	.222	122	388	86	2	30	6	24	67
通算		.260	720	2410	626	31	224	55	283	479

64 ムン ヒョンビン [ムニョンビン]

文賢彬　MOON HYUN BIN

内野手　20歳　2年目　右投左打

①2004.4.20②174cm82kg③北一高-ハンファ(23)④3,000万W→8,000万W⑥昨季は高卒新人１人目のシーズン100安打。球団初記録となった。主に１番打者としてセンターとセカンドを務め、APBCにも追加招集して参加した。小柄な体格から巧みなバットコントロールで広角に打ち分ける左打者は、今季も全力疾走でレギュラーを死守だ。⑦APBC(23)

年度	チーム	打率	試合	打数	安打	本塁打	打点	盗塁	四球	三振
2017	-	-	-	-	-	-	-	-	-	-
2018	-	-	-	-	-	-	-	-	-	-
2019	-	-	-	-	-	-	-	-	-	-
2020	-	-	-	-	-	-	-	-	-	-
2021	-	-	-	-	-	-	-	-	-	-
2022	-	-	-	-	-	-	-	-	-	-
2023	ハンファ	.266	137	428	114	4	49	5	33	84
通算		.266	137	428	114	4	49	5	33	84

今年は脚の速さと打撃に期待です　(石成明子)

22 チェ ウンソン

蔡恩成　CHAE EUN SEONG

外野手　34歳　16年目　右投右打

①1990.2.6②186cm92kg③曉泉高-LG(09)-ハンファ(23)④18億W→10億W⑥FA移籍１年目の昨季は主に４番として４年連続の80打点超え、５年ぶりの20本塁打以上を記録した。今季はノ・シファンに４番を任せ、その前後で役割を果たす。左中間に大きな打球を運ぶ丸めがねが似合うスラッガーが、チームを上位に導いていく。

年度	チーム	打率	試合	打数	安打	本塁打	打点	盗塁	四球	三振
2017	LG	.267	114	333	89	2	35	5	17	66
2018	LG	.331	139	529	175	25	119	3	35	97
2019	LG	.315	128	470	148	12	72	2	24	67
2020	LG	.293	109	416	122	15	88	0	32	69
2021	LG	.276	110	387	107	16	82	4	38	63
2022	LG	.296	126	467	138	12	83	6	27	88
2023	ハンファ	.263	137	521	137	23	84	0	52	102
通算		.293	1143	3858	1129	119	679	35	291	719

5 ユン デギョン

尹豪卿　YUN DAE KYUNG

投手　30歳　12年目　右投右打

①1994.4.9②179cm81kg③仁川高-サムソン(13)-BC新潟-ハンファ(19)④9,000万W→1億1,000万W⑥昨季は年間通してリリーフ登板し、安定感のある投球を見せた。得意のチェンジアップを高低自在に使って抑えていく。プロ入り時は野手だった。

年度	防御率	試合	勝利	敗戦	セーブ	投球回	三振
2023	2.45	47	5	1	0	47 2/3	28
通算	4.26	170	16	15	0	251 2/3	175

11 ナム ジミン

南知珉　NAM JI MIN

投手　23歳　5年目　右投右打

①2001.2.12②181cm100kg③釜山情報高-ハンファ(20)④4,300万W→4,000万W⑥球速以上に速さを感じるスピンのある速球で、先発と中継ぎ両面で起用された昨季。変化球の精度を高めて先発ローテに定着だ。

年度	防御率	試合	勝利	敗戦	セーブ	投球回	三振
2023	6.45	16	1	7	0	37 2/3	23
通算	6.45	41	3	19	0	134	67

15 キム ギジュン

金騎中　KIM KI JUNG

投手　22歳　4年目　左投左打

①2002.11.16②186cm96kg③裕信高-ハンファ(21)④3,600万W→4,400万W⑥堂々としたマウンドさばきで、左右も高低も上手に投げ分ける大型左腕。昨季終盤は先発起用に応えた。今季はローテーション入りを果たすか。

年度	防御率	試合	勝利	敗戦	セーブ	投球回	三振
2023	4.63	37	1	3	0	56 1/3	46
通算	4.80	57	4	3	0	122	90

18 イ サンギュ

▲　李相圭　LEE SANG KYU

投手　28歳　10年目　右投右打

①1996.10.20②185cm77kg③青團高-LG(15)-ハンファ(24)④3,600万W→4,400万W⑥2次ドラフトでLGから移籍。昨季は5月に育成から昇格した。ファームでは22試合連続無失点。ツーシームを軸に安定感を見せた。

年度	防御率	試合	勝利	敗戦	セーブ	投球回	三振
2023	2.35	8	0	0	0	7 2/3	6
通算	6.20	44	2	3	4	45	28

名鑑の見方 [NPB選手経験者は名前が白ヌキ]

背番号 氏名（現地読みに近い表記には[発音]、外国人選手のカタカナ読みには[カタカナ]を併記）　ハングル 漢字または国籍 アルファベット
●…新入団　▲…移籍　■…復帰
守備位置　年齢　年数　投打
①生年月日②身長体重③経歴（ ）内は入団年④年俸 2023年→2024年（1ウォン=約0.11円）新人と一部の新外国人選手には契約金も記載⑤主な獲得タイトル…M=最優秀選手 新=新人王 首=首位打者 本=本塁打王 点=打点王 盗=盗塁王 防=最優秀防御率 勝=最多勝利 救=最優秀救援 ゴ=ゴールデングラブ賞、守=守備賞（2023年始出）⑥経歴、寸評⑦代表選手出場
※成績の太字はリーグトップ

FANの　このマークがある選手には読者からのコメントも掲載。

代表選手出場に記載の大会

1998 バンコクアジア大会（メダル）	2015 プレミア12（優勝）
2000 シドニー五輪（銅メダル）	2017 WBC（1次ラウンド敗退）
2002 プサンアジア大会（金メダル）	2017 APBC（準優勝）
2003 アテネ五輪予選（敗退）	2018 ジャカルタアジア大会（金メダル）
2006 WBC（ベスト4）	2019 プレミア12（準優勝）
2006 ドーハアジア大会（銅メダル）	2021 東京五輪（4位）
2007 北京五輪予選（アジア予選、敗退）	2023 WBC（1次ラウンド敗退）
2008 北京五輪予選（世界最終予選、2位）	2023 杭州アジア大会（金メダル）
2008 北京五輪（金メダル）	2023 APBC（準優勝）
2009 WBC（準優勝）	
2010 広州アジア大会（金メダル）	五輪 → オリンピック
2013 WBC（1次ラウンド敗退）	WBC → ワールド・ベースボール・クラシック
2014 インチョンアジア大会（金メダル）	APBC → アジアプロ野球チャンピオンシップ

19 イ チュンホ

	이충호	李充浩
	LEE CHUNG HO	

投手 30歳 12年目 左投右打

①1994.9.20②182cm82kg③沖岩高-ハンファ(13)④3,200万W→3,400万W⑥主にワンポイント起用だった長い脚が目を引く左腕投手。ツーシームとスライダーで投球を組み立てていく。今季は開幕から一軍登録なるか。

年度	防御率	試合	勝利	敗戦	セーブ	投球回	三振
2023	9.35	11	0	0	0	8 2/3	7
通算	10.71	55	3	1	0	42	30

26 ハン スンヒョク

	한승혁	韓丞赫
	HAN SEUNG HYUK	

投手 31歳 14年目 右投右打

①1993.1.3②185cm100kg③徳壽高-KIA(11)-ハンファ(23)④6,200万W→4,900万W⑥移籍1年目の昨季はシーズン中盤から先発で起用された。持ち前の速球に加えてレパートリー豊富な変化球で打者のタイミングを外していく。

年度	防御率	試合	勝利	敗戦	セーブ	投球回	三振
2023	6.44	21	0	3	0	36 1/3	28
通算	5.89	249	18	27	2	447 2/3	385

27 イ ミンウ [イミヌ]

	이민우	李民友
	LEE MIN WOO	

投手 31歳 8年目 右投右打

①1993.2.9②185cm104kg③曉泉高-慶星大-KIA(15)-ハンファ(22)④5,100万W→5,600万W⑥昨季は9月に一軍に昇格し、中継ぎとして役割を果たした。カットボールの切れが冴えると好投を見せる、15年のKIAドラ1右腕だ。

年度	防御率	試合	勝利	敗戦	セーブ	投球回	三振
2023	2.63	17	2	1	0	13 2/3	11
通算	6.41	146	15	28	1	333	222

28 チャン シファン

	장시환	張施暁
	JANG SI HWAN	

投手 37歳 18年目 右投右打

①1987.11.1②184cm97kg③天安北一高-ヒョンデ(07)-ヒーローズ(08)-KT(15)-ロッテ(17)-ハンファ(20)②億8,000万W→2億W④先発も救援もこなした歴代記録となる19連敗から脱出。140キロ台後半の直球と落差の大きいカーブを持ち味に様々な起用に応えた。⑦WBC(17)

年度	防御率	試合	勝利	敗戦	セーブ	投球回	三振
2023	3.38	39	2	1	0	34 2/3	24
通算	5.31	386	27	72	34	753 2/3	667

29 ファン ジュンソ

	황준서	黃晙舒
	HWANG JUN SEO	

● **投手 19歳 1年目 左投左打**

①2005.8.22②185cm78kg③奨忠高-ハンファ(24)④＜契＞3億5,000万W＜年＞3,000万W⑤24年ドラフト1R（全体順位1番目）。高いリリースポイントからの直球とフォークに評価が高い、注目の左腕投手だ。

年度	防御率	試合	勝利	敗戦	セーブ	投球回	三振
2023	-	-	-	-	-	-	-
通算	-	-	-	-	-	-	-

ROOKIE

31 チョン イファン

	정이황	鄭伊媓
	JUNG YI HWANG	

投手 24歳 6年目 右投右打

①2000.3.7②190cm89kg③釜山高-ハンファ(19)④3,000万W→3,000万W⑥長身から投げ下ろす右腕は育成選手だった昨季、ファームで7回を無安打無失点に抑える好投を見せた。初の一軍マウンドを目指す。

年度	防御率	試合	勝利	敗戦	セーブ	投球回	三振
2023	-	-	-	-	-	-	-
通算	-	-	-	-	-	-	-

34 リカルド・サンチェス

	산체스	ベネズエラ
	RICARDO SANCHEZ	

投手 27歳 2年目 左投右打

①1997.4.11②178cm99kg③フェルナンド・ラミレス高-カージナルス-ハンファ(23)④$40万→$50万⑥昨季5月に途中入団。先発として多彩な球種で経験を生かした投球を見せた。2年目の今季は昨季5、6月に見せたような安定感を期待されている。

年度	防御率	試合	勝利	敗戦	セーブ	投球回	三振
2023	3.79	24	7	8	0	126	99
通算	3.79	24	7	8	0	126	99

36 チャン ミンジェ

	장민재	張珉宰
	JANG MIN JE	

投手 34歳 16年目 右投右打

①1990.3.19②184cm106kg③光州一高-ハンファ(09)④1億1,500万W→1億5,000万W⑥生え抜きの先発右腕は、昨季シーズン終盤にリリーフに転向した。投球の約4割を占めるフォークボールと投球術で打ち取っていく。

年度	防御率	試合	勝利	敗戦	セーブ	投球回	三振
2023	4.83	25	3	8	0	69	61
通算	5.19	287	34	53	0	751 1/3	507

39 ペ ミンソ

	배민서	裵玟曙
	BAE MIN SEO	

▲ **投手 25歳 6年目 右投右打**

①1999.11.18②184cm90kg③大邱商高-NC(19)-ハンファ(24)④5,100万W→5,100万W⑥2次ドラフトでNCから移籍。昨季は6月に古巣から復帰した。スリークォーターからの動きのあるボールを特長にファームで好投したリリーフ投手だ。

年度	防御率	試合	勝利	敗戦	セーブ	投球回	三振
2023	6.75	6	0	0	0	6 2/3	4
通算	5.68	55	1	0	0	63 1/3	71

40 チャン ジス

	장지수	張志秀
	JANG JI SU	

投手 24歳 6年目 右投右打

①2000.5.25②179cm80kg③城南高-KIA(19)-ハンファ(23)④3,200万W→3,200万W⑥22年に続き、昨季も一軍登板は1試合のみ。ファームではチームトップの35試合に登板した。緩急を生かした投球で凡打を誘っていきたい。

年度	防御率	試合	勝利	敗戦	セーブ	投球回	三振
2023	18.00	1	0	0	0	2	0
通算	5.97	24	0	0	0	34 2/3	12

郵便はがき

63円切手を
お貼りください

101-0051

東京都千代田区神田神保町2-23　北井ビル２階
論創社
韓国プロ野球観戦ガイド&選手名鑑 行

2024

ふりがな

お名前

年齢　　歳

男・女

ご住所　〒

電話番号

E-mail

ご職業

□学生　　　□会社員　　　□自営業　　　□公務員　　　□アルバイト
□主婦　　　□無職　　　□その他（　　　　　　　　　　　　　）

韓国プロ野球観戦ガイド&選手名鑑2024

読者アンケート・プレゼント応募はがき

▶ **本書のご購入は何度目ですか?**　□初めて

□2004年版を購入 □2005年版を購入 □2006年版を購入 □2007年版を購入 □2008年版を購入
□2009年版を購入 □2010年版を購入 □2011年版を購入 □2012年版を購入 □2013年版を購入
□2014年版を購入 □2015年版を購入 □2016年版を購入 □2017年版を購入 □2018年版を購入
□2019年版を購入 □2020年版を購入 □2021年版を購入 □2022年版を購入 □2023年版を購入

▶ **韓国でプロ野球を観たことがありますか?**

□ある(　　　　　　回位)　　□ない

▶ **最も面白かった項目とその理由を教えてください。**

項目:

理由:

▶ **本書をどちらでお知りになりましたか?**

□新聞(紙名:　　　　　　　　　　　) □雑誌(誌名:　　　　　　　　　　)
□ホームページ(サイト名:　　　　　　　　) □知人・友人から
□書店にて　□野球場(球場名:　　　　　　　) □その他(　　　　　　　　)

▶ **どちらで購入されましたか?**

□書店(書店名:　　　　　　　　　　　　　　　　　　市・区・町・村)
□野球場(球場名:　　　　　　　　　　　　　　　　　　　　　　)
□その他(　　　　　　　　　　　　　　　　　　　　　　　　)

▶ **好きなチームと好きな選手がいれば教えてください(国・リーグ問わず)**

チーム名:　　　　　　　　　　　選 手 名:

▶ **室井昌也がオーサーを務める「Yahoo!ニュース」の記事はご存知ですか?**

□よく読んでいる　□たまに読んでいる　□読んだことがない

P.183の読者プレゼントご希望の方は、希望の商品番号をご記入ください

商品番号:　　　　　　　　　理由:

▶ **本書への要望、韓国プロ野球についてなどご意見をご自由にお寄せください**

※お客様の住所・氏名などの個人情報は、プレゼントをお届けするために、論創社で使用させて
いただきます。その他の目的では使用いたしません。

46 イ テヤン

이태양 李太陽
LEE TAE YANG

投手 34歳 15年目 右投左打

①1990.7.3②192cm97kg③暁泉高-ハンファ(10)-SK(20)-ハンファ(23)④6億6,000万W→5億W⑥昨季はシーズン前半リリーフを務め、夏場以降は先発を担った。持ち前の安定感と決め球のフォークボールでチームを勝利に導きたい。⑦アジア大会(14)

年度	防御率	試合	勝利	敗戦	セーブ	投球回	三振
2023	3.23	50	3	3	0	100 1/3	72
通算	4.90	398	38	52	1	905	614

47 キム ボムス

김범수 金範洙
KIM BEOM SU

投手 29歳 10年目 左投左打

①1995.10.3②181cm92kg③北一高-ハンファ(15)④1億4,100万W→1億9,300万W⑥2年続けて75試合以上に登板。チームトップの18ホールドを挙げた。140キロ台後半の直球とスライダーを左打者の外角にきっちり投げ込む左腕だ。

年度	防御率	試合	勝利	敗戦	セーブ	投球回	三振
2023	4.19	76	5	5	1	62 1/3	53
通算	5.48	369	25	46	3	456 2/3	405

53 キム ミンウ [キムミヌ]

김민우 金民宇
KIM MIN WOO

投手 29歳 10年目 右投右打

①1995.7.25②186cm123kg③馬山龍馬高-ハンファ(15)④2億2,800万W→1億6,700万W⑥21年に14勝を挙げた巨漢の先発右腕は、昨季6月に右肘痛で離脱した。オフには10キロ減量し球速アップを実感。今季はローテを守りたい。⑦五輪(21)

年度	防御率	試合	勝利	敗戦	セーブ	投球回	三振
2023	6.97	12	1	6	0	51 2/3	43
通算	5.30	180	34	59	0	757	602

54 キム ソヒョン

김서현 金瑞鉉
KIM SEO HYEON

投手 20歳 2年目 右投右打

①2004.5.31②188cm86kg③ソウル高-ハンファ(23)④3,000万W→3,300万W⑥スリークォーターから160キロに迫る速球を投げ込む、めがねの長身右腕。スイーパー、カーブを持ち球に成長が期待される2年目だ。

年度	防御率	試合	勝利	敗戦	セーブ	投球回	三振
2023	7.25	20	0	0	1	22 1/3	26
通算	7.25	20	0	0	1	22 1/3	26

FANの 将来は日本でプレイしたいと熱く語るホープ(大塚健太)

55 カン ジェミン

강재민 姜才珉
KANG JAE MIN

投手 27歳 5年目 右投右打

①1997.4.3②180cm89kg③馬山龍馬高-檀国大-ハンファ(20)④1億5,000万W→1億4,500万W⑥昨季12ホールドを挙げた右腕は右ひじのトミー・ジョン手術を受け、後に軍入隊が予定されている。再び横手からのスライダーで打者を翻弄したい。

年度	防御率	試合	勝利	敗戦	セーブ	投球回	三振
2023	6.44	43	1	3	0	43 1/3	42
通算	3.65	208	8	14	13	207	193

※軍保留選手に (3/4)

57 チョン ウラム

정우람 鄭ウラム
JUNG WOO RAM

投手 39歳 21年目 左投左打

①1985.6.1②181cm83kg③慶南商高-SK(04)-ハンファ(16)④5億W→1億W⑤救(18)⑥昨季、リーグ史上初の通算1000試合登板を達成。チェンジアップが得意球の左腕は、今季選手兼コーチで21年目のシーズンを迎える。⑦プレミア12(15)、アジア大会(18)

年度	防御率	試合	勝利	敗戦	セーブ	投球回	三振
2023	5.36	42	1	0	0	40 1/3	30
通算	3.18	1004	64	47	197	977 1/3	937

FANの 勝負の年！セーブ王目指して頑張れ！(もんどら)

58 パク サンウォン

박상원 朴相垣
PARK SANG WON

投手 30歳 8年目 右投右打

①1994.9.9②187cm98kg③徽文高-延世大-ハンファ(17)④1億3,300万W→1億9,500万W⑥150キロに迫る速球とフォークボールを武器に昨季はクローザーを務めた。今季はさらに球速アップを目指し、声を上げながらの気迫の投球で抑える。

年度	防御率	試合	勝利	敗戦	セーブ	投球回	三振
2023	3.65	55	5	3	16	61 2/3	57
通算	5.32	279	11	9	17	272 1/3	239

59 ハン スンジュ

한승주 韓昇宙
HAN SEUNG JU

投手 23歳 5年目 右投右打

①2001.3.17②184cm83kg③釜山高-ハンファ(20)④3,100万W→4,500万W⑥昨季は自己最多の登板数。中継ぎを中心に先発マウンドに6度上がった。スイーパーをはじめ豊富な球種を投げ分ける右腕投手だ。

年度	防御率	試合	勝利	敗戦	セーブ	投球回	三振
2023	3.95	47	1	4	0	70 2/3	55
通算	4.60	55	1	4	0	88	69

60 キム ギュヨン

김규연 金奎演
KIM KYU YEON

投手 22歳 4年目 右投右打

①2002.8.23②183cm91kg③公州高-ハンファ(21)④3,100万W→4,100万W⑥140キロ台後半の速球とフォークボールを、安定したコントロールで投げるスリークォーター右腕。高い奪三振能力を勝ちパターンで生かしたい。

年度	防御率	試合	勝利	敗戦	セーブ	投球回	三振
2023	2.75	23	0	1	1	19 2/3	20
通算	3.78	35	0	1	1	31	31

66 チュ ヒョンサン

주현상 朱炫相
KANG JAE MIN

投手 32歳 10年目 右投右打

①1992.8.10②177cm92kg③清州高-東亜大-ハンファ(15)④5,800万W→1億1,000万W⑥投手転向3年目の昨季は球速が増し、縦スラの精度も高まって12ホールドを記録した活躍を見せた。今季はさらに勝利に貢献したい。

年度	防御率	試合	勝利	敗戦	セーブ	投球回	三振
2023	1.96	55	2	2	0	59 2/3	45
通算	4.08	147	4	5	1	165 1/3	111

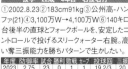

FANの 1 ムン ドンジュ → 進化が止まらない大器！無邪気な笑顔も素敵 (ナカビピン)

68 チョ ドンウク

조동욱　曺東昱
CHO DONG UK

● 投手　20歳　1年目　左投右打

①2004.11.2②190cm82kg③光徳高-ハンファ(24)④＜契＞1億5,000万W＜年＞3,000万W⑥24年ドラフト2R（全体順位11番目）で。長身の速球派左腕。小1の時にアメリカに留学していた関係で、同期よりも1歳年上だ。

ROOKIE

97 ソン ジフン

성지훈　成沚訓
SUNG JI HUN

投手　24歳　2年目　左投左打

①2000.1.29②181cm68kg③光州一高-東亜大-ハンファ(23)④3,000万W→3,000万W⑥育成選手だった昨季はファームで18試合に登板。先発とリリーフを務め、高い安定感を見せた。高いリリースポイントから投げ下ろす長身左腕だ。

年度	防御率	試合	勝利	敗戦	セーブ	投球回	三振
2023	-	-	-	-	-	-	-
通算	-	-	-	-	-	-	-

10 ホ グァンフェ [ホグァネ]

허관회　許官會
HEO GWAN HOE

捕手　25歳　6年目　右投右打

①1999.2.12②176cm93kg③京畿高-ハンファ(19)④3,300万W→3,300万W⑥昨季の一軍出場はすべて途中出場。ファームでは45試合に出場した。後輩捕手が除隊する7月より前に存在をアピールしたい。

年度	打率	試合	安打	本塁打	打点	盗塁	三振
2023	.000	10	0	0	0	0	2
通算	.189	54	18	0	3	1	32

12 イ ジェヨン

이재용　李財鏞
LEE JAE YONG

捕手　25歳　8年目　右投右打

①1999.2.28②182cm86kg③培材高-NC(17)-ハンファ(23)④3,100万W→3,100万W⑥移籍1年目の昨季終盤に一軍昇格。ファームでは28試合に出場した。今季はシーズンの早い時期に昇格のチャンスを得られるか。

年度	打率	試合	安打	本塁打	打点	盗塁	三振
2023	.500	2	1	0	0	0	1
通算	.286	10	2	1	2	0	3

13 チェ ジェフン

최재훈　崔在勳
CHOI JAE HOON

捕手　35歳　17年目　右投右打

①1989.8.27②178cm94kg③徳壽高-トゥサン(08)-ハンファ(17)④8億W→6億W⑥2017年のハンファ移籍以来、正捕手の座を守り続けてきた。若手投手陣が揃い始めたチームで35歳のベテランがしっかりとリードする。

年度	打率	試合	安打	本塁打	打点	盗塁	三振
2023	.248	125	81	1	33	1	48
通算	.258	1119	710	25	254	16	462

32 イ ジェウォン

이재원　李宰元
LEE JAE WON

▲ 捕手　36歳　19年目　右投右打

①1988.2.24②185cm98kg③仁川高-SK(06)-ハンファ(24)④1億W→5,000万W⑥長打力を誇ったSSGの正捕手が戦力外となってハンファ入り。近年低下した打力と送球能力が新天地で生き返るか。⑦アジア大会(14,18)

年度	打率	試合	安打	本塁打	打点	盗塁	三振
2023	.091	27	4	0	2	0	8
通算	.278	1426	1087	108	612	12	623

42 パク サンオン

박상언　朴相彦
PARK SANG UN

捕手　27歳　9年目　右投右打

①1997.3.3②185cm90kg③裕信高-ハンファ(16)④3,600万W→4,200万W⑥昨季は自己最多の出場数。38試合で先発マスクをかぶった。今季はイ・ジェウォンの加入はあるが若さと送球の正確さで出番を維持したい。

年度	打率	試合	安打	本塁打	打点	盗塁	三振
2023	.200	86	29	1	13	1	38
通算	.210	186	69	5	32	1	84

FANの　魅力の長打力。レギュラーの日も近いぞ！（中村一徳）

96 チャン ギュヒョン

장규현　張圭賢
CHANG KYU HYUN

捕手　22歳　4年目　右投右打

①2002.6.28②183cm96kg③仁川高-ハンファ(21)④3,000万W→3,200万W⑥軍服務中の昨季はサンムでプレー。出場機会は少なかったが1試合で高打率を残した。打力に評価が高い左打ちの捕手だ。

年度	打率	試合	安打	本塁打	打点	盗塁	三振
2023	-	-	-	-	-	-	-
通算	.250	7	3	0	1	0	4

7 イ ドユン

이도윤　李度潤
LEE DO YUN

内野手　28歳　10年目　右投左打

①1996.10.7②175cm79kg③北一高-ハンファ(15)④3,400万W→7,500万W⑥自己最多の出場数を記録。主に9番ショートとして存在感を示した。俊足と高い守備力を武器に今季もポジションをキープしたい。

年度	打率	試合	安打	本塁打	打点	盗塁	三振
2023	.252	106	78	1	13	11	55
通算	.220	258	112	2	24	15	109

16 ハ ジュソク

하주석　河周錫
HA JU SUK

内野手　30歳　13年目　右投左打

①1994.2.25②185cm92kg③信一高-ハンファ(12)④1億W→7,000万W⑥昨季途中に飲酒運転による70試合出場停止処分が解けて復帰するも、本調子とはならなかった。2ケタ本塁打20盗塁を記録した遊撃手は復活なるか。⑦APBC(17)

年度	打率	試合	安打	本塁打	打点	盗塁	三振
2023	.114	25	4	0	2	0	10
通算	.264	811	727	48	328	80	727

25 キム テヨン
김태연 ｜ 金泰延
KIM TAE YEAN

内野手 27歳 9年目 右投右打
①1997.6.10②178cm96kg③野球高-ハンファ(16)④6,000万W→7,800万W⑥オープンスタンスで内角攻を見せるプルヒッター。昨季もショート以外の内野3ポジションとライトを守った。22年のように年間通して出場したい。

年度	打率	試合	安打	本塁打	打点	盗塁	三振
2023	.261	91	64	4	25	5	59
通算	.252	308	221	15	116	13	230

37 キム インファン [キムイヌァン]
김인환 ｜ 金仁煥
KIM IN HWAN

内野手 30歳 9年目 右投右打
①1994.1.28②186cm100kg③和順高-成均館大-ハンファ(16)④6,400万W→6,900万W⑥チームの次世代主砲として迎えた昨季だったが、2年連続の活躍とはならなかった。右投手と高めの失投は逃さない打撃で勝利に貢献した。

年度	打率	試合	安打	本塁打	打点	盗塁	三振
2023	.225	112	73	7	42	1	91
通算	.241	247	186	23	98	3	213

48 チョ ハンミン
조한민 ｜ 趙漢珉
JO HAN MIN

内野手 24歳 6年目 右投右打
①2000.10.20②182cm77kg③大田高-ハンファ(19)④3,820万W→3,800万W⑥昨季6月に軍服務を終えて復帰。21年には6月だけで4本塁打を記録する活躍を見せた。持ち前の長打力を再び発揮したい。

年度	打率	試合	安打	本塁打	打点	盗塁	三振
2023	—	—	—	—	—	—	—
通算	.203	77	36	5	20	3	79

49 イ ミンジュン
이민준 ｜ 李旻俊
LEE MIN JUN

内野手 20歳 2年目 右投右打
①2004.2.2②185cm74kg③奨忠高-ハンファ(23)④3,000万W→3,100万W⑥細身の遊撃手は高卒1年目の昨季、ファームで43試合に出場。12月にはBFAアジア選手権に出場し国際試合も経験した。

年度	打率	試合	安打	本塁打	打点	盗塁	三振
2023	.000	4	0	0	0	0	0
通算	.000	4	0	0	0	0	0

56 キム ゴン
김건 ｜ 金楗
KIM GEON

内野手 24歳 6年目 右投右打
①2000.2.23②183cm79kg③慶南高-ハンファ(19)④3,100万W→3,200万W⑥昨季5月に育成から昇格。ショートを除く内野3ポジションを守った。ファームでは規定打席不足も打率3割、チーム2位の41打点をマークした。

年度	打率	試合	安打	本塁打	打点	盗塁	三振
2023	.167	7	2	0	0	0	8
通算	.172	16	5	0	0	0	13

94 チョン アンソク
정안석 ｜ 鄭安席
JEONG AN SEOK

● 内野手 19歳 1年目 右投左打
①2005.1.26②183cm78kg③徽文高-ハンファ(24)④＜契＞1億W＜年＞3,000万W⑥24年ドラフト3R（全体順位21番目）。レベルの高い二塁手として評価を受ける。U18W杯日本戦では2番打者として出場した。

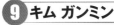

ROOKIE

95 ファン ヨンムク
황영묵 ｜ 黄永默
HWANG YOUNG MOOK

● 内野手 25歳 2年目 右投右打
①1999.10.16②177cm80kg③忠勳高-独立L城南-スコアボン-漣川-ハンファ(24)④＜契＞8,000万W＜年＞3,000万W⑥24年ドラフト4R（全体順位31番目）。大学中退後、軍服務、独立リーグを経てテレビの野球番組を通して注目されるようになった内野手。

ROOKIE

9 キム ガンミン
김강민 ｜ 金杠珉
KIM KANG MIN

▲ 外野手 42歳 24年目 右投右打
①1982.9.13②182cm87kg③慶北高-SK(01)-ハンファ(24)④1億6,000万W→1億1,000万W⑤G(10)⑥SSGの生え抜き外野手が2次ドラフトでハンファ入り。強肩、強打と強打は40代になっても健在。新天地で今年注目のプレーヤーだ。⑦アジア大会(10)

年度	打率	試合	安打	本塁打	打点	盗塁	三振
2023	.226	70	31	2	9	2	38
通算	.274	1919	1470	138	674	209	1114

14 イ ミョンギ
이명기 ｜ 李明起
LEE MYUNG KI

外野手 37歳 19年目 左投左打
①1987.12.26②183cm87kg③仁川高-SK(06)-KIA(17)-NC(19)-ハンファ(23)④5,000万W→5,000万W⑥移籍1年目の昨季は4月に二塁ベースにスライディングした際に、右足首を負傷し離脱となった。今季は高いバットコントロール技術を発揮した。

年度	打率	試合	安打	本塁打	打点	盗塁	三振
2023	.175	14	7	1	2	1	9
通算	.305	1033	1104	28	326	108	553

17 クォン グァンミン
권광민 ｜ 權光旻
KWON KWANG MIN

外野手 27歳 3年目 右投右打
①1997.12.12②189cm102kg③奨忠高-米マイナー-ハンファ(22)④3,100万W→3,300万W⑥高卒後渡米し、マイナーリーグでプレー。昨季は主に途中出場で外野の3ポジションを守った。広角に打ち分ける打撃を発揮したい。

年度	打率	試合	安打	本塁打	打点	盗塁	三振
2023	.151	66	11	2	9	3	24
通算	.188	98	22	2	17	2	54

24 イム ジョンチャン

林宗燦 | 임종찬
LIM JONG CHAN

外野手　23歳　5年目　右投左打

①2001.9.28②184cm85kg③北一高-ハンファ(20)④3,600万W→3,400万W⑥今季軍服務から復帰。オープン戦ではリーグ最多の10安打を記録した。正確な打撃と強肩で外野のレギュラー争いに加わる。

年度	打率	試合	安打	本塁打	打点	盗塁	三振
2023	-	-	-	-	-	-	-
通算	.188	114	55	4	26	0	110

30 ヨナダン・ペラジャ

페라자 | ベネズエラ
ヨナダン・ペルラサ
YONATHAN PERLAZA

● 外野手　26歳　1年目　右投両打

①1998.11.10②175cm88kg③サンシドロ-ラブラドール高-米3A-ハンファ(24)④＜契＞$20万＜年＞$60万⑥メジャー経験はないが昨季、3Aで23本塁打を記録。簡潔な鋭いスイングで長打力を見せる2番打者として期待されている。

年度	打率	試合	安打	本塁打	打点	盗塁	三振
23AAA	.284	121	131	23	85	13	119
AAA通算	.284	121	131	23	85	13	119

33 ユ ロギョル

劉撈潔 | 유로결
YOO RO GYEOL

外野手　24歳　6年目　右投右打

①2000.5.30②186cm83kg③光州一高-ハンファ(19)④3,300万W→3,300万W⑥昨季、ファームで高打率と6本塁打を記録。一軍では外野3ポジションでスタメン出場した。今季は一軍でもバットでアピールして出番を増やしたい。

年度	打率	試合	安打	本塁打	打点	盗塁	三振
2023	.146	27	7	1	5	1	10
通算	.149	159	45	2	20	6	93

41 チェ インホ [チェイノ]

崔寅豪 | 최인호
CHOI IN HO

外野手　24歳　5年目　右投左打

①2000.1.30②178cm82kg③浦項製鉄高-ハンファ(20)④3,800万W→4,800万W⑥昨季6月に軍から復帰。ブレのないスイングから高いミート力を発揮し、シーズン終盤上位打線に定着した。新しい安打製造機となるか。

年度	打率	試合	安打	本塁打	打点	盗塁	三振
2023	.298	41	39	2	11	1	22
通算	.246	137	97	6	42	3	99

45 イ ジンヨン [イジニョン]

李振榮 | 이진영
LEE JIN YOUNG

外野手　27歳　9年目　右投左打

①1997.7.21②183cm89kg③善隣インターネット高-KIA(16)-ハンファ(22)④3,900万W→7,000万W⑥昨季はレギュラーに定着し、自己最多の出場数。初の2ケタアーチを記録する活躍を見せた。今季は後輩たちの激しいレギュラー争いとなる。

年度	打率	試合	安打	本塁打	打点	盗塁	三振
2023	.249	121	89	10	50	5	127
通算	.224	286	154	20	95	10	263

50 イ ウォンソク

李元碩 | 이원석
LEE WON SEOK

外野手　25歳　7年目　右投左打

①1999.3.31②177cm69kg③沖岩高-ハンファ(18)④3,300万W→3,600万W⑥俊足外野手は1、9番センターで出場。チームトップの13盗塁を記録した。出塁率をアップさせてレギュラー獲りをアピールしたい。

年度	打率	試合	安打	本塁打	打点	盗塁	三振
2023	.190	81	22	0	8	13	33
通算	.170	157	46	2	18	19	99

51 チャン ジンヒョク [チャンジニョク]

張眞爀 | 장진혁
JANG JIN HYUK

外野手　31歳　9年目　右投左打

①1993.9.30②184cm90kg③光州一高-檀国大-ハンファ(16)④6,000万W→5,800万W⑥俊足とミート力を備え、期待感を持たせてきた大卒外野手。30代を迎え同ポジションのライバルとの争いに勝ち残りたい。

年度	打率	試合	安打	本塁打	打点	盗塁	三振
2023	.222	68	36	0	12	5	41
通算	.235	291	157	5	56	23	160

65 イ サンヒョク

李相赫 | 이상혁
LEE SANG HYUK

外野手　23歳　3年目　右投右打

①2001.9.14②174cm65kg③長安高-江陵嶺東大-ハンファ(22)④3,000万W→3,100万W⑥昨季10月に育成から昇格。初の一軍出場を果たした。ファームでは39試合に出場。俊足と内外野可能な守備力を生かして出場機会をつかみたい。

年度	打率	試合	安打	本塁打	打点	盗塁	三振
2023	.000	7	0	0	0	1	1
通算	.000	7	0	0	0	1	1

2014年までの名称は「申告選手」。選手登録されていない選手で、5月1日以降に正式登録が可能になる。
正式登録されると一軍の試合に出場できる。現在の登録選手が育成選手扱いになることもある。

04 キム スンイル
김승일　金昇一
投手　右投右打
2001.7.7
183cm85kg

4 イ スングァン
이승관　李承官
投手　右投左打
1999.7.1
182cm92kg

05 キム ドビン
김도빈　金度儐
● 投手　右投右打
2001.1.5
190cm95kg

38 キム ジョンス
김종수　金鍾守
投手　右投右打
1994.6.3
180cm88kg

61 ペ ドンヒョン
배동현　裵東玄
投手　右投右打
1998.3.16
183cm83kg

63 パク ソンウン
박성웅　朴桂洪
投手　左投左打
1999.8.20
178cm109kg

67 オ セフン
오세훈　吳世訓
投手　左投左打
1999.9.28
181cm82kg

69 オ ドンウク
오동욱　吳東昱
投手　右投右打
2001.2.4
185cm80kg

93 キム ボムジュン
김범준　金範俊
投手　右投右打
2000.9.30
175cm79kg

101 ムン スンジン
문승진　文勝秦
投手　右投右打
2002.4.2
185cm91kg

104 ヤン ギョンモ
양경모　梁佃瑁
投手　右投右打
2003.3.24
184cm95kg

105 ソン ソンフン
송성훈　宋性勲
投手　右投右打
2004.6.24
185cm84kg

107 イ ギチャン
이기창　李基昌
● 投手　右投右打
2005.4.21
184cm88kg

110 ウォン ジョンヒョク
원종혁　元鍾赩
● 投手　右投右打
2005.8.27
184cm92kg

112 スン ジファン
승지환　承志桓
投手　右投右打
2005.7.25
187cm89kg

01 ソ ジョンフン
서정훈　徐廷勲
● 投手　右投右打
2001.7.9
184cm91kg

44 アン ジン
안진　安鎭
捕手　右投右打
2002.11.26
183cm90kg

62 キム ヒョンウ
김현우　金炫佑
捕手　右投右打
2000.4.7
176cm89kg

109 イ スンヒョン
이승현　李承泫
● 捕手　右投右打
2005.6.8
180cm92kg

2 キム ミンギ
김민기　金旻技
内野手　右投右打
1999.6.12
175cm80kg

6 ハン ギョンビン
한경빈　韓敬彬
内野手　右投左打
1998.12.11
178cm69kg

98 イ ソンウォン
이성원　李晟源
内野手　右投右打
1999.11.2
185cm115kg

02 クォン ドンウク
권동욱　權桐煜
● 外野手　右投右打
2001.1.8
173cm85kg

03 キム ソンドン
김선동　金善曈
● 外野手　右投右打
2000.10.30
180cm77kg

06 キム ジュンソク
김준석　金俊錫
外野手　右投左打
2001.3.26
177cm86kg

108 チェ ジュンソ
최준서　崔埈惄
● 外野手　右投右打
2000.6.29
182cm77kg

111 クォン ヒョン
권현　權晛
● 外野手　右投右打
2005.2.23
182cm88kg

114 シン ウジェ
신우재　辛珏財
外野手　右投右打
1997.11.16
183cm97kg

背番号	名前	
PHOTO	ハングル	漢字
	記号　位置　投打	
	生年月日	
	身長体重	

兵役、公益勤務期間中、またはサンム（尚武/国軍体育部隊）に所属する選手。
サンムは二軍リーグに参加している。

位置	名前	ハングル	漢字	投打	生年月日	身長体重	所属チーム
投手	チョ ウン	조은	趙恩	右投右打	2001.4.1	186cm80kg	
投手	パク チュンヨン	박준영	朴俊映	右投右打	2003.3.2	190cm103kg	
投手	キム グァンウ	김관우	金寬佑	右投右打	2003.9.7	182cm97kg	
投手	ユン サンフム	윤산흠	尹産欽	右投右打	1999.5.15	178cm74kg	サンム
捕手	ホ インソ	허인서	許引瑞	右投右打	2003.7.11	182cm93kg	サンム
内野手	ソン ホジョン	송호정	宋淏楨	右投左打	2002.3.10	185cm78kg	
内野手	チョン ミンギュ	정민규	鄭珉圭	右投右打	2003.1.10	183cm101kg	サンム
内野手	パク チョンヒョン	박정현	朴正賢	右投右打	2001.7.27	183cm80kg	サンム
外野手	ユ ミン	유민	劉旻	右投右打	2003.1.20	187cm92kg	
外野手	キム ヘチャン	김해찬	金海澯	右投右打	2004.5.25	178cm91kg	

位置	名前	ハングル	漢字	投打	生年月日	身長体重	所属チーム
投手	イ ソンミン	이성민	李性旼	右投右打	2002.9.28	191cm92kg	
投手	ハン ソグ	한서구	韓瑞九	左投左打	2003.12.4	191cm98kg	
投手	キム ギョムジェ	김겸재	金兼滅	右投右打	1998.12.10	187cm88kg	
投手	シン ジフ	신지후	申知厚	右投右打	2001.6.12	198cm112kg	
投手	パク チェギュ	박재규	朴在圭	右投右打	2003.7.3	181cm83kg	
内野手	キム イェジュン	김예준	金睿俊	右投右打	2004.10.28	182cm78kg	
内野手	ノ ソクチン	노석진	魯錫鎭	右投左打	2003.1.31	187cm89kg	
内野手	チェ ウォンジュン	최원준	崔元準	右投右打	2004.5.1	188cm84kg	

イ・ジョンフがポスティングでジャイアンツ入り

昨年12月、ポスティング制度を利用しメジャー移籍を目指したイ・ジョンフ外野手のサンフランシスコ・ジャイアンツ入りが決まった。キウムからのメジャーへのポスティング移籍はカン・ジョンホ、パク・ビョンホ、キム・ハソンに次いで4人目。契約内容は6年1億1,300万ドル（約163億8,500万円）だ。

イ・ジョンフは1998年生まれ。2017年に徽文高からドラフト1次指名でキウムの前身ネクセン入りした。1年目から全144試合に出場し新人王を獲得。その年から22年まで毎シーズン3割2分以上の打率を記録してきた左の巧打者だ。

21年には打率3割6分で首位打者を獲得。翌22年には打率、打点、安打数でトップに立ち、リーグMVPを手にした。通算打率は3割4分で3000打席以上の選手でリーグ歴代1位を誇る。

翌年からのメジャー行きを念頭に置いて臨んだ23年は、かつてのチームの先輩キム・ハソン（パドレス）の助言もあって打撃フォームを調整。メジャー投手の速い球に対応するためスタンスを若干狭くし、トップの位置を少し下げた。

3月に行われたWBCでは日本戦でダルビッシュ有（パドレス）、今永昇太（DeNA、現カブス）から走者を置いた場面でヒットを放つなど結果を残したが、シーズン開幕後は4月末までの打率が2割1分8厘と苦しんだ。

しかし以前のフォームに戻しながら徐々に修正。6月には打率を3割台に乗せるも、7月22日のロッテジャイアンツ戦の守備時に左足首を痛め、戦列を離れた。左足関節前距腓じん帯損傷と診断され同月27日に手術。85試合に出場した時点で事実上23年シーズンを終えた。

イ・ジョンフの父は98年から01年途中まで中日でプレーしたイ・ジョンボム。イ・ジョンフは父の中日1年目の8月に愛知県で生まれた。父ジョンボムはスピード感のあるプレーで人気を集めた野手で、94年にはMVPにも選ばれた韓国球界のスーパースター。親子2代でのMVP獲得

はこの父子がリーグ史上初となる。

KBOを代表する選手として活躍を続けたイ・ジョンフは、韓国代表としてもアジアプロ野球チャンピオンシップ（17）、アジア大会（18）、プレミア12（19）、東京オリンピック（21）、WBC（23）と国際大会でも結果を残してきた。かねてからメジャーでのプレーを希望していたが、「幼い頃は日本でやることが夢でした」と話す。

イ・ジョンフの背番号は新人の時は41だったが、2年目に51番に変えた。51といえばもちろんイチロー。同じ「愛知県出身」の先輩の番号を背負った。父の来日時、当時のスポーツ紙には「韓国のイチロー」の文字が躍ったが、二十余年を経てそのキャッチコピーは息子のものに。そしてイ・ジョンフはそのイチローが活躍を続けたメジャーリーグに進むこととなった。

これまでメジャーリーグでプレーした韓国人選手は26人。ジャイアンツ所属は2017年のファン・ジェギュン（現KT）以来2人目となる。イ・ジョンフと共に今季メジャー進出のコ・ウソク（パドレス、前LG）は、イ・ジョンフの妹と結婚したため2人は義兄弟の関係にある。

キウム ヒーローズ
키움 히어로즈
KIWOOM HEROES
https://heroesbaseball.co.kr/

縁故地 (日本における保護地域)	ソウル特別市
2023年成績	58勝83敗3分.411
順位	10位
チーム打率	.261（7位）
チーム防御率	4.42（9位）

ユニフォーム

◀ Home

Visitor ▶

トクトリ
턱돌이

球団情報

■球団事務所
08223 ソウル特別市九老区京仁路430
コチョクスカイドーム内　TEL／02-3660-1000
■本拠地球場／コチョクスカイドーム
■二軍球場／コヤン（高陽）国家代表 野球訓練場
京畿道高陽市一山西区中央路1601
🚇地下鉄3号線テファ駅4番出口から徒歩15分
■2024年春季キャンプ地
　1次 米国アリゾナ州スコッツデール
　2次 台湾高雄市
■オーナー／パク セヨン　박세영
　球団社長／ウィ ジェミン　위재민
　球団団長（日本におけるGM）／
　コ ヒョンウク　고형욱

年度別成績

年	順位	球団名	試合	勝	敗	分	勝率
2008	7	ウリ ヒーローズ	126	50	76	0	.397
2009	6	ヒーローズ	133	60	72	1	.451
2010	7	ネクセン ヒーローズ	133	52	78	3	.391
2011	8	ネクセン ヒーローズ	133	51	80	2	.389
2012	6	ネクセン ヒーローズ	133	61	69	3	.469
2013	4	ネクセン ヒーローズ	128	72	54	2	.571
2014	2	ネクセン ヒーローズ	128	78	48	2	.619
2015	4	ネクセン ヒーローズ	144	78	65	1	.545
2016	3	ネクセン ヒーローズ	144	77	66	1	.538
2017	7	ネクセン ヒーローズ	144	69	73	2	.486
2018	4	ネクセン ヒーローズ	144	75	69	0	.521
2019	2	キウム ヒーローズ	144	86	57	1	.601
2020	5	キウム ヒーローズ	144	80	63	1	.559
2021	5	キウム ヒーローズ	144	70	67	7	.511
2022	2	キウム ヒーローズ	144	80	62	2	.563
2023	10	キウム ヒーローズ	144	58	83	3	.411
通算			2210	1097	1082	31	.503

※参考資料 ヒョンデ ユニコーンズ年度別成績（2007年消滅）

年	順位	球団名	試合	勝	敗	分	勝率
1982	6	サムミ スーパースターズ	80	15	65	0	.188
1983	3	サムミ スーパースターズ	100	52	47	1	.525
1984	6	サムミ スーパースターズ	100	38	59	3	.392
1985	6	サムミ スーパースターズ・チョンボ ピントス	110	39	70	1	.358
1986	6	チョンボ ピントス	108	32	74	2	.302
1987	7	チョンボ ピントス	108	41	65	2	.389
1988	7	テピョンヤン ドルフィンズ	108	34	73	1	.319
1989	3	テピョンヤン ドルフィンズ	120	62	54	4	.533
1990	5	テピョンヤン ドルフィンズ	120	58	59	3	.496
1991	5	テピョンヤン ドルフィンズ	126	55	69	2	.444
1992	6	テピョンヤン ドルフィンズ	126	56	67	3	.456
1993	8	テピョンヤン ドルフィンズ	126	34	82	10	.310
1994	2	テピョンヤン ドルフィンズ	126	68	55	3	.552
1995	7	テピョンヤン ドルフィンズ	126	48	73	5	.401
1996	2	ヒョンデ ユニコーンズ	126	67	54	5	.552
1997	3	ヒョンデ ユニコーンズ	126	71	54	1	.560
1998	★ 1	ヒョンデ ユニコーンズ	126	81	45	0	.643
1999	ドリーム 5	ヒョンデ ユニコーンズ	132	68	59	5	.535
2000	ドリーム★ 1	ヒョンデ ユニコーンズ	133	91	40	2	.695
2001	3	ヒョンデ ユニコーンズ	133	72	57	4	.558
2002	4	ヒョンデ ユニコーンズ	133	70	58	5	.547
2003	★ 1	ヒョンデ ユニコーンズ	133	80	51	2	.611
2004	★ 1	ヒョンデ ユニコーンズ	133	75	53	5	.586
2005	7	ヒョンデ ユニコーンズ	126	53	70	3	.430
2006	3	ヒョンデ ユニコーンズ	126	70	55	1	.560
2007	6	ヒョンデ ユニコーンズ	126	56	69	1	.448
通算			3137	1466	1594	77	.479

※★は優勝年　　※'99、'00年はドリーム、マジックの2リーグ制
※勝率計算／・'82～'86年：勝÷（勝＋敗）
・'87～'97年：{勝＋（引分×0.5）}÷試合数　・'98～'08年：勝÷（勝＋敗）
・'09～'10年：勝÷試合数　・'11年～：勝÷（勝＋敗）

■球団小史■ヒョンデ球団解体後、2008年に新球団として誕生。親会社所有の球団ではなく、スポンサー企業からの命名料で運営する方式をとっている。しかし初年度のシーズン途中、ウリたばこがメインスポンサーを外れ、その後はヒーローズとして戦った。2010年からはネクセンタイヤが命名権を取得。2019年からネット証券会社の大手・キウム証券と契約を結んだ。現在28年までの契約が締結されている。

選手として在籍した主なNPB経験者

・**ブランドン・ナイト**／ダイエー‐日本ハム‐サムソン‐ネクセン（11～14）‐ネクセンコーチ（16～20）
・**クリフ・ブランボー**／ヒョンデ（03～04）‐オリックス‐ヒョンデ（07）‐ウリヒーローズ（08～09）
・**高津臣吾**／ヤクルト‐ウリヒーローズ（08）
・**キム ビョンヒョン（金炳賢）**／楽天‐ネクセン（12～14途中）‐KIA
・**アンディ・バンヘッケン**／ネクセン（12～15）‐西武‐ネクセン（16途中～17）
・**ジェイク・ブリガム**／楽天‐ネクセン（17～21）

コチョクスカイドーム
고척스카이돔

メジャー開幕戦開催!
大谷もプレーしたドーム

アマチュア専用の屋外球場建設から方針転換し、ドーム化された球場。そのため規模は小さいがこれまで韓国になかった全天候型の野球場が2015年秋に完成した。これまでにWBCなどの国際大会が行われ、また今年3月にはMLB開幕戦が韓国初開催された。

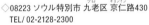

◇08223 ソウル特別市 九老区 京仁路430
　TEL/ 02-2128-2300
◇座席数　16,744席
◇人工芝　内野走路は土
◇中堅 122m 両翼 99m フェンスの高さ 4m
　天井の高さ67.59m

アクセス	快適さ	熱狂度
90	90	80

キウム主催試合チケット
キウムは一塁側ベンチを使用

席種	種別	月〜木	金土日㊗日
ロイヤルダイヤモンドクラブ	おとな	60,000	99,000
1階テーブル席	おとな	55,000	88,000
2階テーブル席	おとな	45,000	72,000
内野カップル席	おとな	33,000	50,000
外野カップル席	おとな	20,000	30,000
ダークバーガンディ席(内野)	おとな	20,000	28,000
バーガンディ席(内野)	おとな	18,000	25,000
3階指定席	おとな	14,000	21,000
4階指定席	おとな	9,000	13,000
車いす席	同伴1人も同額	10,000	15,000
外野指定席	おとな	9,000	13,000

上記の他、こども価格あり　単位はウォン　1ウォン＝約0.11円

❶内野席から選手に声援❷今年3月にはMLB開幕戦を開催❸場内の売店は種類少な目❹外野からの眺め❺クイル駅2番出口を出ると外野側。坂を上って進む

コチョクスカイドーム

韓国でここだけ！

2007年に解体撤去されたアマチュア専用球場・トンデムン（東大門）球場の代替・移転先の一つとしてソウル市が建設を開始。当初は客席の上にのみ屋根が覆う「ハーフドーム型」として計画されたが、2009年のWBCで韓国代表が準優勝したことを受け、完全ドーム化することに方針転換した。

ドーム化については2万人に満たない規模と、交通渋滞が頻繁に起こる立地、また複合施設がないことへの批判が高まり、さらに市民からは長期化する工事への不信感もあったが、着工から6年後の2015年秋にようやくオープン。国内唯一のドーム球場として天候に左右されることなく、公式戦の他、国際大会の開催場所として役割を果たしている。

小規模のドーム球場

座席数が1万人台ということもあり、日本のドーム球場に慣れていると狭い印象を受けるだろう。外野のフィールドには膨らみがなく、両翼のポール際には座席がない。大型ビジョンがライトとレフトの2か所に設置され、ホーム一塁側向けの内容は視線が正面になるレフト側に、ビジター向けのビジョンに表示されるのが特徴だ。

グループ観戦が多い韓国らしく、他球場同様にテーブル席が数多く配置され、バックネット裏にはウッドデッキと革張りシートを採用するなど席種ごとの差別化が図られている。場内のフード類はあまり充実しているとは言えないが、正面広場の向かい側には飲食店が多数並ぶため、調達は可能だ。

応援しよう！ 　応援の中心は内野バーガンディ席　届け声援！ドームの天井まで　**選手別応援歌**

応援バットはピンク色

選手別応援歌

2 이주형 イジュヒョン
♪이주형 ウォオオ 이주형 ウォオオ
チョ ノッピ ナラオルラ ビッチ ドゥェリラ ヒーオロズ イジュヒョン
저 높이 날아올라 빛이 되리라 히어로즈 이주형

☆くりかえし

3 김혜성 キメソン
♪김혜성 히어로즈 김혜성 저 멀리 날려라 ウォオオオ
キメソン ヒオロジュ キメソン チョ モルリ ナルリョラ
김혜성 히어로즈 김혜성 저 하늘 빛나는 혜성처럼
キメソン ヒオロジュ キメソン チョ ハヌル ピンナヌン ヘソンチョロム
「안타 안타 안타 안타 イェー 김혜성」×2
アンタ アンタ アンタ アンタ キメソン

15 이용규 イヨンギュ
♪히어로즈 승리위해 안타 이용규
ヒオロジュ スンニウィヘ アンタ イヨンギュ
히어로즈 승리를 위하여 이용규 ☆くりかえし
ヒオロジュ スンニルル ウィハヨ イヨンギュ

24 송성문 ソンソンムン
♪날려라 키움의 송성문 승리의 문을 열자 ラララ
ナルリョラ キウムエ ソンソンムン スンニエ ムヌル ヨルジャ
날려라 키움의 송성문 승리의 문을 열자 송성문
ナルリョラ キウムエ ソンソンムン スンニエ ムヌル ヨルジャ ソンソンムン

☆くりかえし

27 도슨 ドスン
♪로니 도슨 ウォオオ 로니 도슨 ウォオオ
ロニ ドスン ロニ ドスン
승리의 그 이름 로니 도슨 ウォオオ
スンニエ ク イルム ロニ ドスン

☆くりかえし

33 김휘집 キムフィジブ
♪안타 안타 날려버려 히어로즈 김휘집
アンタ アンタ ナルリョボリョ ヒオロジュ キムフィジブ

☆くりかえし

36 이형종 イヒョンジョン
♪히어로즈 이형종 ウォオオオオオ
ヒオロジュ イヒョンジョン

☆くりかえし

53 최주환 チェジュファン
♪최주환 히어로즈의 최주환 안타 날려버려 ウォオオ
チェジュファン ヒオロジュエ チェジュファン アンタ ナルリョボリョ

原曲：오직 하나뿐인 그대　歌：심신

☆くりかえし

地下鉄1号線クイル（九一）駅下車、2番出口から徒歩3分。1番出口から徒歩10分。

またはケボン（開峰）駅下車、2番出口から徒歩15分。

主要な場所からの移動方法

インチョン空港から
空港鉄道に乗車。ソウル駅で地下鉄1号線に乗り換え、クイル駅下車。約1時間45分。

キムポ空港から
ソヘ（西海）線に乗りソサ（素砂）駅で地下鉄1号線に乗り換えクイル駅へ。約30分。

ソウル駅から
地下鉄1号線でクイル駅へ。約30分。

ソウル中心部からの移動方法

ミョンドン（明洞）駅から
地下鉄4号線に乗りソウル駅で1号線に乗り換え、クイル駅へ。約40分。

チャムシル球場から
地下鉄9号線（急行あり）に乗りノリャンジン駅で地下鉄1号線に乗り換えクイル駅へ。約45分。または地下鉄2号線に乗りシンドリム（新道林）駅で地下鉄1号線に乗り換えクイル駅へ。約1時間。

※地下鉄1号線はクイル駅の前駅（クロ駅）で2方向に分かれるため、クイル駅へはインチョン方向に乗車する。

日程

L G

K T

S S G

N C

トゥサン

K I A

ロッテ

サムソン

ハンファ

キウム

記録

2024 選手名鑑　キウム ヒーローズ

● 新加入　▲ 移籍　■ 復帰（選手）
赤字はNPB選手経験者

監督・コーチ

位置	背番号	記号	氏名	ハングル	漢字・国籍	投打
監督	78		ホン ウォンギ	홍원기	洪源基	右右
ヘッド	72		キム チャンヒョン	김창현	金昌鉉	右右
投手	88		イ スンホ	이승호	李丞鎬	左右
ブルペン	80		マ ジョンギル	마정길	馬正吉	右右
打撃	73		オ ユン	오윤	呉潤	右右
守備	85		クォン ドヨン	권도영	權度榮	右右
作戦走塁	90		パク チョンウム	박정음	朴正音	左左
一塁ベース外野守備	74		ムン チャンジョン	문찬종	文燦宗	右両
バッテリー	89		パク トヒョン	박도현	朴度炫	右右
二軍監督	81		ソル ジョンジン	설종진	薛鍾鎭	右右
二軍投手	83		ノ ビョンオ	노병오	盧炳娛	右右
二軍打撃	82		キム テワン	김태완	金泰完	右右
二軍内野守備	76		チェ ジョングク	채종국	蔡鍾國	右右
二軍作戦走塁	71	●	パク チュンテ	박준태	朴埈太	左左
二軍バッテリー	70		キム ドンウ	김동우	金東佑	右右
リハビリ残留軍投手	86	●	オ ジュウォン	오주원	呉周原	左左
リハビリ残留軍野手	77	●	イ ビョンギュ	이병규	李丙珪	右右

選手

位置	背番号	記号	氏名	ハングル	漢字・国籍	投打
投手	00		パク ユンソン	박윤성	朴狁星	右右
投手	11		チョ サンウ	조상우	曺尚佑	右右
投手	19	●	キム ユンハ	김윤하	金潤何	右右
投手	20		チョ ヨンゴン	조영건	曺永健	右右
投手	21		ムン ソンヒョン	문성현	文聖現	右右
投手	28		キム ジェウン	김재웅	金在雄	左左
投手	30		チュ スンウ	주승우	朱勝優	右右
投手	31	▲	オ ソクチュ	오석주	呉析洲	右右
投手	38		イ ミョンジョン	이명종	李明鍾	右右
投手	39		オ サンウォン	오상원	呉相沅	右右
投手	42		パク スンジュ	박승주	朴乘註	右右
投手	43		キム ドンギュ	김동규	金東奎	右右
投手	46		ウォン ジョンヒョン	원종현	元鍾玄	右右
投手	49		キム ソンギ	김선기	金善起	右右
投手	50		ハ ヨンミン	하영민	河映敏	右右
投手	54	●	エンマヌエル・デ・ヘイスス	헤이수스	ベネズエラ	左左
投手	58		チョン チャンホン	정찬헌	鄭粲憲	右右
投手	60		キム ドンヒョク	김동혁	金東爀	右右
投手	61		チャン ジェヨン	장재영	張栽榮	右右
投手	62	●	チョン ジュンピョ	전준표	全俊杓	右右
投手	63		ソン ヒョンギ	손현기	孫玄基	左左
投手	66		イ ジョンミン	이종민	李鍾敃	右右
投手	67		キム インボム	김인범	金仁凡	右右
投手	68	●	キム ヨンジュ	김연주	金衍柱	右右
投手	75		アリエル・フラド	후라도	パナマ	右右
投手	95		ユン ソクウォン	윤석원	尹惜源	右右
捕手	22		キム ドンホン	김동헌	金東憲	右右
捕手	26		キム シアン	김시앙	金時仰	右右
捕手	32		キム ジェヒョン	김재현	金載顥	右右
捕手	64		パク ソンビン	박성빈	朴聖彬	右右
捕手	96		パク チュンヒョン	박준형	朴俊炯	右右
捕手	97	●	キム ジソン	김지성	金智晟	右右
内野手	0		キム ビョンフィ	김병휘	金丙輝	右右
内野手	1		キム テジン	김태진	金太珍	右右
内野手	3		キム ヘソン	김혜성	金慧成	右右
内野手	5	●	イ ジェサン	이재상	李載象	右右
内野手	6		キム ジュヒョン	김주형	金柱亨	右右
内野手	10		キム ウンビン	김웅빈	金熊斌	右右
内野手	12		キム ゴンヒ	김건희	金乾熙	右右
内野手	13		キム スファン	김수환	金焕煥	右左
内野手	24		ソン ソンムン	송성문	宋成文	右左
内野手	29		イム ジヨル	임지열	林旨烈	右右
内野手	33		キム フィジブ	김휘집	金輝執	右右
内野手	37		シン ジュンウ	신준우	申濬右	右右
内野手	44	●	コ ヨンウ	고영우	高永宇	右右
内野手	53	▲	チェ ジュファン	최주환	崔周煥	右右
内野手	94	●	ソン ジフ	송지후	宋知厚	右右
外野手	2		イ ジュヒョン	이주형	李主形	左左
外野手	14		パク スジョン	박수종	朴洙援	右右
外野手	15		イ ヨンギュ	이용규	李容圭	左左
外野手	23		イ ェジンウォン	예진원	芮眞元	右右
外野手	35		チュ ソンウォン	주성원	朱成元	右右
外野手			ロニ・ドスン	도슨	アメリカ合衆国	右右
外野手	35		イム ビョンウク	임병욱	林秉昱	左左
外野手	36		イ ヒョンジョン	이형종	李炯宗	右左
外野手	48		パク チャンヒョク	박찬혁	朴燦爀	右右
外野手	56		ビョン サングォン	변상권	卞相權	右右

育成選手

位置	背番号	記号	氏名	ハングル	漢字・国籍	投打
投手	01	●	イ ウヒョン	이우현	李玗玹	右右
投手	02	●	キム ジュフン	김주훈	金柱勲	左左
投手	04	●	パク ボムジュン	박범준	朴範峻	右右
投手	05	●	パク スンホ	박승호	朴陞祜	右右
投手	55		ヤン ジュル	양지율	梁志聿	右右
投手	59		ノ ウンヒョン	노운현	盧運鉉	右右
投手	65		キム ドンウク	김동욱	金東昱	右右
投手	91		チュ スンビン	주승빈	朱勝彬	右右
投手	93		キム ジュンヒョン	김준형	金埈亨	右右
投手	99		ユン ジョンヒョン	윤정현	尹正賢	右右
投手	100	▲	チョ ソンフン	조성훈	曺晟熏	右右
捕手	08		シン ヒョス	신효수	申孝秀	右右
捕手	103		ビョン ホンソン	변현석	卞憲聖	右右
捕手	104		アン ギョム	안겸	安謙	右右
内野手	06	●	シム フィユン	심휘윤	沈輝潤	右右
内野手	07		ウォン ソンジュン	원성준	元晟準	右右
内野手	34		イ ミョンギ	이명기	李明起	右右
内野手	92		イ スンウォン	이승원	李昇沅	右右
内野手	98		ソ ユシン	서유신	徐愉迅	右右
内野手	102		イ ホヨル	이호열	李虎烈	右右
外野手	03		パク チェウル	박채울	朴彩鬱	右右
外野手	9		ソン ジェソン	송재선	宋在旋	右右
外野手	101		ウ スンウォン	우승원	禹承元	右右

78 ホン ウォンギ
홍원기	洪源基	HONG WON KI

監督　51歳　29年目　右投右打

①1973.6.5②187cm95kg③公州高-高麗大-ハンファ(96)-トゥサン(99)-ヒョンデ(06)-ヒーローズコーチ(09)-キウム監督(21)

	打率	試合	安打	本塁打	打点	盗塁	三振
通算	.245	1043	566	48	284	11	468

現役当時のポジション：三塁手、一塁手、二塁手、遊撃手
ヘッドコーチを経て21年に監督就任。昨季途中からアン・ウジン、イ・ジョンミョンとチームの投打の柱が離脱し、今季はそれぞれ入隊、メジャー行きで不在だ。新顔を使いながら下位脱出を目指す。

85 クォン ドヨン

권도영	權度榮	KWON DO YOUNG

守備　43歳　22年目　右投右打

①1981.2.11②177cm83kg③大邱商高-高麗大-ヒョンデ(03)-ヒーローズ(08)-キウムコーチ(19)

89 パク トヒョン
박도현	朴度炫	PARK DO HYUN

バッテリー　41歳　23年目　右投右打

①1983.4.12②183cm110kg③慶北高-LG(02)-ネクセン(10)-ネクセンコーチ(16)

82 キム テワン
김태완	金泰完	KIM TAE WAN

二軍打撃　40歳　19年目　右投右打

①1984.1.27②190cm120kg③中央高-成均館大-ハンファ(06)-ネクセン(17)-キウムコーチ(19)

70 キム ドンウ

김동우	金東佑	KIM DONG WOO

二軍バッテリー　44歳　8年目　右投右打

①1980.4.14②176cm85kg③京畿高-ネクセンコーチ(17)

---

72 キム チャンヒョン

김창현	金昌鉉	KIM CHANG HYUN

ヘッド　39歳　5年目　右投右打

①1985.7.1②178cm72kg③大田高-慶熙大-キウムコーチ(20)

80 マ ジョンギル

마정길	馬正吉	MA JUNG KIL

ブルペン　45歳　23年目　右投右打

①1979.3.13②173cm90kg③清州機工高-檀国大-ハンファ(02)-ネクセン(10)-ネクセンコーチ(17)-キウムコーチ(23)

90 パク チョンウム
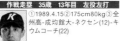
박정음	朴正音	PARK JEONG EUM

作戦走塁　35歳　13年目　左投左打

①1989.4.15②175cm80kg③全州高-成均館大-ネクセン(12)-キウムコーチ(22)

81 ソル ジョンジン
설종진	薛鍾鎭	SEOL JONG JIN

二軍監督　51歳　29年目　右投右打

①1973.6.16②177cm70kg③信一高-中央大-ヒョンデ(96)-キウムコーチ(20)

76 チェ ジョングク
채종국	蔡鍾國	CHAE JONG KOOK

二軍内野守備　49歳　27年目　右投右打

①1975.10.24②181cm85kg③釜山商高-延世大-ヒョンデ(98)-SK(07)-LG(08)-ネクセンコーチ(12)-ハンファコーチ(17)-KTコーチ(21)-キウムコーチ(23)

86 オ ジュウォン
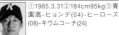
오주원	吳周原	OH JU WON

● リハビリ,残留軍投手　39歳　21年目　左投左打

①1985.3.31②184cm95kg③青園高-ヒョンデ(04)-ヒーローズ(08)-キウムコーチ(24)

---

88 イ スンホ

이승호	李丞鎬	LEE SEUNG HO

投手　48歳　26年目　左投左打

①1976.8.23②189cm91kg③善隣商高-檀国大-LG(99)-SK(09)-SKコーチ(17)-KTコーチ(19)-キウムコーチ(23)

73 オ ユン

오윤	吳潤	OH YOON

打撃　43歳　25年目　右投右打

①1981.9.8②186cm100kg③北一高-ヒョンデ(00)-ヒーローズ(08)-ハンファ(15)-ネクセンコーチ(17)

74 ムン チャンジョン

문찬종	文燦宗	MOON CHAN JONG

一塁ベース/外野守備　33歳　5年目　右投両打

①1991.3.23②182cm82kg③沖岩高-米3A-キウム(20)-キウムコーチ(22)

83 ノ ビョンオ

노병오	盧炳娛	NOH BYUNG OH

二軍投手　41歳　23年目　右投右打

①1983.9.7②180cm103kg③清州機工高-サムソン(02)-ヒョンデ(04)-ネクセン(10)-ネクセンコーチ(19)-ロッテコーチ(20)-キウムコーチ(21)

71 パク チュンテ
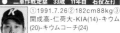
박준태	朴埈太	PARK JUN TAE

二軍作戦走塁　33歳　11年目　左投左打

①1991.7.26②182cm88kg③開成高-仁荷大-KIA(14)-キウム(20)-キウムコーチ(24)

77 イ ビョンギュ

이병규	李丙珪	LEE BYUNG GYU

● リハビリ,残留軍野手　30歳　8年目　右投右打

①1994.10.5②175cm73kg③培材高-松源大-ネクセン(17)-キウムコーチ(24)

※2021年から監督、コーチの年俸は非公表となりました。

75 アリエル・フラド [アリエル・フラード] ARIEL JURADO

후라도 パナマ

投手 28歳 2年目 右投右打

①1996.1.30②187cm109kg③レンジャーズ・メッツ→キウム(23)④$85万→$120万⑥1年目の昨季は先発投手としてチーム唯一の2ケタ勝利。7月以降は負けなしの6勝を記録した。スライダー、チェンジアップでカウントを稼ぎ、高めの速球で振らせるなどして三振を奪う右腕はチームのエースだ。

年度	チーム	防御率	試合	勝利	敗戦	セーブ	投球回	被安打	四球	三振
2017		-	-	-	-	-	-	-	-	-
2018		-	-	-	-	-	-	-	-	-
2019		-	-	-	-	-	-	-	-	-
2020		-	-	-	-	-	-	-	-	-
2021		-	-	-	-	-	-	-	-	-
2022		-	-	-	-	-	-	-	-	-
2023	キウム	2.65	30	11	8	0	183 2/3	164	41	147
通算		2.65	30	11	8	0	183 2/3	164	41	147

---

3 キム ヘソン [キメソン] KIM HYE SEONG

김혜성 金慧成

内野手 25歳 8年目 右投左打

①1999.1.27②179cm80kg③東山高-ネクセン(17)④4億2,000万W→6億5,000万W⑤盗(21)、ゴ(21,22,23)、守(23)⑥3年連続打率3割で昨季はリーグ3位。得点、安打数2位、6年連続20盗塁を記録した二塁手。加えて昨年は3つの国際大会にも出場した。今オフのポスティング制度を利用してのメジャー進出を球団が容認している、チームのスターだ。⑦五輪(21)、WBC(23)、アジア大会(23)、APBC(23)

年度	チーム	打率	試合	打数	安打	本塁打	打点	盗塁	四球	三振
2017	ネクセン	.188	16	16	3	0	2	0	1	6
2018	ネクセン	.270	136	430	116	3	45	31	33	119
2019	キウム	.276	122	348	96	0	32	20	28	65
2020	キウム	.285	142	499	142	7	61	25	46	94
2021	キウム	.304	**144**	559	170	3	66	**46**	65	97
2022	キウム	.318	129	516	164	4	48	34	47	83
2023	キウム	.335	137	556	186	7	57	25	57	77
通算		.300	826	2924	877	26	311	181	278	561

---

17 イ ウォンソク LEE WOM SEOK

이원석 李沅錫

内野手 38歳 20年目 右投右打

①1986.10.21②181cm82kg③光州東成高-ロッテ(05)-トゥサン(09)-サムソン(17)-キウム(23)④2億W→4億W⑥昨季4月にサムソンから移籍。30代後半ながら昨季中に最大3年の複数年契約を結んだ。主力打者として活躍が期待される一方で、打力のある選手が一塁手に集中しポジション争いが激しくなっている。共存共栄でチームに貢献する。

年度	チーム	打率	試合	打数	安打	本塁打	打点	盗塁	四球	三振
2017	サムソン	.265	121	411	109	18	62	2	34	80
2018	サムソン	.301	128	479	144	20	93	2	52	103
2019	サムソン	.246	111	395	97	19	76	2	43	73
2020	サムソン	.268	121	403	108	13	71	0	49	82
2021	サムソン	.231	131	399	92	9	59	1	60	80
2022	サムソン	.267	88	285	76	2	30	1	30	70
2023	サムソン	.303	80	75	2	30	0	34	67	
通算		.262	1775	5383	1409	144	783		532	1033

---

24 ソン ソンムン SONG SUNG MUN

송성문 宋成文

内野手 28歳 10年目 右投左打

①1996.8.29②183cm88kg③漿忠高-ネクセン(15)④1億2,000万W→1億3,000万W⑥昨季はシーズン序盤に右手甲の骨折で離脱も、チームの中心打者として4、5番に座り役割を果たした。本職のサードに加えて、今季はファーストでの出場数が増える見込み。チャンスに強いバッターがチームの最下位脱出のキーマンとなるか。

年度	チーム	打率	試合	打数	安打	本塁打	打点	盗塁	四球	三振
2017	ネクセン	.273	38	77	21	1	8	0	10	16
2018	ネクセン	.313	78	211	66	7	33	1	24	49
2019	キウム	.227	103	308	70	3	34	2	19	53
2020										
2021	キウム	.249	66	145	61	6	33	0	45	42
2022	キウム	.247	126	442	109	8	79	0	65	62
2023	キウム	.263	108	392	103	10	60	2	32	59
通算		.256	538	1782	458	35	262	5	162	266

---

33 キム フィジプ KIM WHEE JIP

김휘집 金揮執

内野手 22歳 4年目 右投右打

①2002.1.1②180cm92kg③信一高-キウム(21)④7,400万W→1億1,000万W⑥昨季はショートからサードで出場し、規定打席に迫る出場機会を得た。APBC日本戦では2点を返す9回裏2死で田口麗斗から代打ソロアーチを放つ活躍を見せた。主力流出が続く中でチームの顔になるチャンスが訪れている。⑦APBC(23)

年度	チーム	打率	試合	打数	安打	本塁打	打点	盗塁	四球	三振
2017		-	-	-	-	-	-	-	-	-
2018		-	-	-	-	-	-	-	-	-
2019		-	-	-	-	-	-	-	-	-
2020		-	-	-	-	-	-	-	-	-
2021	キウム	.129	34	70	9	1	8	1	13	23
2022	キウム	.222	112	333	74	8	36	0	39	115
2023	キウム	.249	110	269	92	8	51	0	48	97
通算		.227	256	772	175	17	95	1	100	235

---

53 チェ ジュファン CHOI JOO HWAN

최주환 崔周煥

▲ 内野手 36歳 19年目 右投左打

①1988.2.28②177cm73kg③光州東成高-トゥサン(06)-SSG(21)-キウム(24)④6億5,000万W→6億5,000万W⑥昨季20本塁打の強打者で2次ドラフトでSSGから移籍。18年には3割20本100打点の実績がある。集中力を高めて鋭い打球を放つスラッガーを4番打者として。チームに足りない長打力を補う存在となるか。⑦五輪(21)

年度	チーム	打率	試合	打数	安打	本塁打	打点	盗塁	四球	三振
2017	トゥサン	.301	129	399	120	7	57	3	59	88
2018	トゥサン	.333	138	519	173	26	108	1	51	89
2019	トゥサン	.277	87	285	79	4	40	2	31	51
2020	トゥサン	.306	140	509	156	16	88	2	47	66
2021	SSG	.256	116	406	104	18	67	2	53	84
2022	SSG	.211	97	298	63	9	41	0	50	63
2023	SSG	.235	134	426	100	20	63	0	48	58
通算		.279	1268	3761	1048	115	594	14	368	599

② イ ジュヒョン

	이주형	李主形
	LEE JU HYOUNG	

外野手 23歳 5年目 右投左打

①2001.4.2②181cm80kg③慶南高-LG(20)-キウム(23)③3,300万W→6,600万W⑥昨季途中、軍服務を終えた後、7月にLGから移籍。中軸打線に座り、負傷離脱のイ・ジョンフの穴を埋める大活躍を見せた。内角球を上手にさばく技術を誇る。今季は開幕からレギュラー中堅手としてチームを引っ張る。

年度	チーム	打率	試合	打数	安打	本塁打	打点	盗塁	四球	三振
2017		-	-	-	-	-	-	-	-	-
2018		-	-	-	-	-	-	-	-	-
2019		-	-	-	-	-	-	-	-	-
2020		-	-	-	-	-	-	-	-	-
2021	LG	.125	14	16	2	0	0	2	1	7
2022		-	-	-	-	-	-	-	-	-
2023	キウム	.326	69	215	70	6	36	3	19	53
	通算	.312	83	231	72	6	36	5	20	60

FANの声 時が来る！チャンスを掴める努力と謙虚な心 (To_star)

⑦ パク ユンソン

	박윤성	朴狁星
	PARK YUN SUNG	

投手 20歳 2年目 右投右打

①2004.2.8②183cm96kg③慶南高-キウム(23)③3,000万W→3,000万W⑥育成から昇格。昨季はファームでも登板はなくプロの体作りに専念した。緩急を生かした投球を実戦で披露した。

年度	防御率	試合	勝利	敗戦	セーブ	投球回	三振
2023	-	-	-	-	-	-	-
通算	-	-	-	-	-	-	-

⑲ キム ユンハ

	김윤하	金潤何
	KIM YUN HA	

● 投手 19歳 1年目 右投右打

①2005.3.7②185cm90kg③奨忠高-キウム(24)④＜契＞2億W＜年＞3,000万W⑥24年ドラフト1R＜契＞全体順位9番目。速球派右腕。元メジャー投手パク・チャンホのいとこの子供(従甥)にあたり注目されている。

ROOKIE

㉗ ロニ・ドスン

	도슨	7メリ力合衆国
	RONNIE DAWSON	

外野手 29歳 2年目 右投左打

①1995.5.19②183cm100kg③オハイオ州立大-アストロズ-レッズ-キウム(23)④$8万→$55万⑤昨季7月にチームに加わると3番から2番に座り高打率をマーク。ホームランは少ないが不利なカウントでも結果を残す高い対応力を見せた。明るく誠実な人柄で人気の助っ人は、シーズン頭からチームに加わった今季、昨季以上の活躍が期待されている。

年度	チーム	打率	試合	打数	安打	本塁打	打点	盗塁	四球	三振
2017		-	-	-	-	-	-	-	-	-
2018		-	-	-	-	-	-	-	-	-
2019		-	-	-	-	-	-	-	-	-
2020		-	-	-	-	-	-	-	-	-
2021		-	-	-	-	-	-	-	-	-
2022		-	-	-	-	-	-	-	-	-
2023	キウム	.336	57	229	77	3	29	18	41	
	通算	.336	57	229	77	3	29	18	41	

⑪ チョ サンウ

	조상우	曹尚佑
	CHO SANG WOO	

投手 30歳 12年目 右投右打

①1994.9.4②186cm97kg③大田高-ネクセン(13)③3億4,000万W→3億4,000万W⑥20年には33セーブを挙げ、代表チーム経験もある右腕が軍から復帰。再び150キロ台の速球でチームの勝利に貢献したい。⑦プレミア12(15,19)、五輪(21)

年度	防御率	試合	勝利	敗戦	セーブ	投球回	三振
通算	3.11	299	33	24	82	379 2/3	394

FANの声 帰って来た救世主！セーブ王と優勝を！ (中村一徳)

⑳ チョ ヨンゴン

	조영건	曹永健
	CHO YOUNG GUN	

投手 25歳 6年目 右投右打

①1999.2.4②180cm85kg③白松高-キウム(19)③3,400万W→4,000万W⑥昨季8月に軍から復帰。バランスのとれた投球フォームから安定した投球を見せて無失点投球を続けた。4年ぶりの一軍定着を目指す。

年度	防御率	試合	勝利	敗戦	セーブ	投球回	三振
2023	0.00	6	0	0	0	7 2/3	7
通算	4.89	28	3	4	0	53 1/3	34

名鑑の見方 [NPD選手経験者は名前が白ヌキ]

背番号 氏名(現地読みに近い表記には[発音]、外国人選手のカタカナ読みには[カタカナ]を併記)　ハングル 漢字または国籍 アルファベット
●…新入団　▲…移籍　■…復帰
守備位置 年齢 年数 投打
①生年月日②身長体重③経歴( )内は入団年④年俸 2023年→2024年(1ウォン=約0.11円)新人と一部の新外国人選手には契約金も記載⑤主な獲得タイトル…M＝最優秀選手 新＝新人王 首＝首位打者 本＝本塁打王 点＝打点王 盗＝盗塁王 防＝最優秀防御率 勝＝最多勝利 救＝最優秀救援 ゴ＝ゴールデングラブ賞、守＝守備賞(2023年新設)⑥経歴、寸評⑦代表選手選出歴
※成績の太字はリーグ首位

FANの声 このマークがある選手には読者からのコメントも掲載。

代表選手選出歴に記載の大会

FANの声 13 キム ヘソン → 走攻守で彗星のようにグランドを駆け回れ！(おびはじ)

21 ムン ソンヒョン

문성현	文聖現
MOON SUNG HYUN	

投手 33歳 15年目 右投右打

①1991.11.9②182cm89kg③沖岩高-ネクセン(10)④7,000万W→7,500万W⑥昨季の登板は1試合を除きすべて1イニング以内。短いイニングで全力投球を見せた。経験豊富な15年目右腕は勝利に貢献した。

年度	防御率	試合	勝利	敗戦	セーブ	投球回	三振
2023	4.45	32	2	1	0	28 1/3	21
通算	4.89	238	24	35	13	568 1/3	430

28 キム ジェウン

김재웅	金在雄
KIM JAE WOONG	

投手 26歳 8年目 左投左打

①1998.10.22②171cm86kg③德壽高-ネクセン(17)④2億2,000万W→1億9,000万W⑥22年の活躍を背に、抑えとして期待された昨季だったがシーズン初めは苦しんだ。力感一杯に投じるチェンジアップで封じていきたい。

年度	防御率	試合	勝利	敗戦	セーブ	投球回	三振
2023	4.22	67	2	3	16	59 2/3	46
通算	3.59	226	6	10	20	235 1/3	200

30 チュ スンウ

주승우	朱勝優
JU SEUNG WOO	

投手 24歳 3年目 右投右打

①2000.1.30②180cm82kg③ソウル高-成均館大-キウム(22)④3,100万W→3,200万W⑥22年の大卒ドラ1右腕はファームで先発経験を重ねた。制球力と縦の変化球の精度を磨いて先発ローテーション入りを目指す。

年度	防御率	試合	勝利	敗戦	セーブ	投球回	三振
2023	9.56	11	0	1	0	16	8
通算	9.78	15	0	1	0	19 1/3	12

31 オ ソクチュ [オソッチュ]

오석주	呉析洲
OH SEOK JOO	

▲ **投手 26歳 8年目 右投右打**

①1998.4.14②180cm74kg③済州高-LG(17)-キウム(24)④3,700万W→4,000万W⑥2次ドラフトでLGから移籍。昨季は6月に育成から昇格した。直球との球速差のあるスライダー、カーブがハマると楽しみな存在となる。

年度	防御率	試合	勝利	敗戦	セーブ	投球回	三振
2023	6.30	9	0	0	0	10	11
通算	5.67	15	0	0	0	27	24

38 イ ミョンジョン

이명종	李明鍾
LEE MYEONG JONG	

投手 22歳 3年目 右投右打

①2002.12.5②180cm84kg③世光高-キウム(22)④4,500万W→6,000万W⑥リリーフとして起用され9月以降に2度先発登板した右腕。走者を置いた場面で期待に応えた。妹はソフトボールの韓国代表選手。

年度	防御率	試合	勝利	敗戦	セーブ	投球回	三振
2023	5.21	45	5	5	0	57	26
通算	5.23	72	6	5	0	84 1/3	46

39 オ サンウォン

오상원	呉相沅
OH SANG WON	

投手 20歳 2年目 右投右打

①2004.7.21②184cm82kg③善隣インターネット高-キウム(23)④3,000万W→3,300万W⑥バランスの良い投球フォームの右腕は昨季8月に初先発。2回途中降板となったが可能性を見せた。変化球の精度を上げて一軍定着を目指す。

年度	防御率	試合	勝利	敗戦	セーブ	投球回	三振
2023	6.60	11	0	0	0	15	7
通算	6.60	11	0	0	0	15	7

42 パク スンジュ

박승주	朴乘駐
PARK SEUNG JOO	

投手 30歳 9年目 右投右打

①1994.2.12②183cm96kg③京畿高-東国大-ネクセン(16)④4,500万W→4,500万W⑥直球とスライダーで投球を組み立てるリリーフ投手。走者を出しながらも粘り強い投球を見せて、8、9月に役割を果たした。

年度	防御率	試合	勝利	敗戦	セーブ	投球回	三振
2023	3.50	18	0	3	0	18	15
通算	5.00	54	1	4	1	54	41

43 キム ドンギュ

김동규	金東奎
KIM DONG KYU	

投手 20歳 2年目 右投右打

①2004.7.9②194cm100kg③城南高-LG(23)-キウム(23)④3,000万W→3,100万W⑥高卒1年目の昨季7月にLGからトレード。8月にLG相手に初先発を果たした。長身からの角度ある直球とフォークでローテ入りを目指す。

年度	防御率	試合	勝利	敗戦	セーブ	投球回	三振
2023	22.85	4	0	1	0	4 1/3	1
通算	22.85	4	0	1	0	4 1/3	1

46 ウォン ジョンヒョン

원종현	元鐘玄
WON JONG HYAN	

投手 37歳 19年目 右投右打

①1987.7.31②182cm88kg③群山商高-LG(06)-NC(12)-キウム(23)④5億W→億W⑥22年まで7年連続50試合以上登板、通算92ホールドのスリークォーター右腕。昨季7月に右ひじ痛で離脱し、今季は術後のリハビリ明けの復帰となる。⑦WBC(17)、プレミア12(19)

年度	防御率	試合	勝利	敗戦	セーブ	投球回	三振
2023	5.79	20	1	1	0	18 2/3	17
通算	4.08	521	28	29	82	518	465

49 キム ソンギ

김선기	金善起
KIM SEON GI	

投手 33歳 7年目 右投右打

①1991.9.1②187cm98kg③世光高-米マイナー-ネクセン(18)④7,300万W→7,000万W⑥外国人投手のようなストライドの右腕は、昨季途中から先発を務めた。スライダー、カーブなどの変化球で打たせて取る投球を見せる。

年度	防御率	試合	勝利	敗戦	セーブ	投球回	三振
2023	5.98	11	3	1	0	43 2/3	29
通算	5.50	117	10	8	2	201 1/3	133

FANの眼 3 キム ヘソン → 走攻守にセンス抜群！目指すはメジャーだ！(ランチパッカー)

50 ハ ヨンミン

	하영민	河映敏
		HA YEONG MIN

● 投手 29歳 11年目 右投右打

①1995.5.7②183cm74kg③眞興高-ネクセン(14)④6,500万W→8,000万W⑥昨季は自己最多、チームで2番目の登板数だった。スライダーを軸に140キロ台後半の直球、緩急を生かした投球を見せる。

年度	防御率	試合	勝利	敗戦	セーブ	投球回	三振
2023	4.64	57	3	1	0	52 1/3	51
通算	5.45	178	15	13	0	279	190

54 エンマヌエル・デ・ヘイスス [エマヌエル・デ・ヘイスス]

	헤이수스	ベネズエラ
		EMMANUEL DE JESUS

● 投手 28歳 1年目 左投左打

①1996.12.10②192cm104kg③マーリンズ-キウム(24)⑤$60万⑥昨季はメジャーで2試合に登板。3Aでは16試合に先発し4勝を挙げた。速球派の先発左腕投手として期待されている。

年度	防御率	試合	勝利	敗戦	セーブ	投球回	三振
2023	11.37	2	0	0	0	6 1/3	5
通算	11.37	2	0	0	0	6 1/3	5

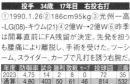

58 チョン チャンホン [チョンチャノン]

	정찬헌	鄭燦憲
		JEONG CHAN HEON

● 投手 34歳 17年目 右投右打

①1990.1.26②186cm95kg③光州一高-LG(08)-キウム(21)④2億W⑥昨季は開幕直前にFA残留が決定。先発を軸にも腰痛により離脱し、手術を受けた。ツーシーム、スライダー、カーブで凡打を誘う右腕だ。

年度	防御率	試合	勝利	敗戦	セーブ	投球回	三振
2023	4.75	14	2	8	0	72	35
通算	4.80	403	50	61	46	814	532

60 キム ドンヒョク

	김동혁	金東爀
		KIM DONG HYEOK

● 投手 23歳 5年目 右投右打

①2001.12.27②184cm84kg③德壽高-キウム(20)④6,500万W→6,000万W⑥リーチの長い横手投げ。今季は先発として期待される。昨冬のBFAアジア選手権ではフィリピンとの3位決定戦に登板し好投した。

年度	防御率	試合	勝利	敗戦	セーブ	投球回	三振
2023	7.32	35	1	7	0	39 1/3	24
通算	5.57	107	3	14	1	156 2/3	78

61 チャン ジェヨン

	장재영	張栽榮
		JANG JAE YOUNG

● 投手 22歳 4年目 右投右打

①2002.5.10②187cm83kg③德壽高-キウム(21)④3,200万W→4,000万W⑥150キロ台の直球を誇る21年のドラ1右腕の昨季は、期待を背に先発起用が続いた。74個の与四死球を減らして飛躍した。

年度	防御率	試合	勝利	敗戦	セーブ	投球回	三振
2023	5.53	23	1	5	0	71 2/3	67
通算	6.45	56	1	6	0	118	100

62 チョン ジュンピョ

	전준표	全俊杓
		JHUN JUN PYO

● 投手 19歳 1年目 右投右打

①2005.5.7②186cm90kg③ソウル高-キウム(24)④<契>2億1,000万W<年>3,000万W⑥24年ドラフト1R(全体順位8番目)。コンパクトな腕の振りから150キロに迫る直球を投げる右腕。戦力ダウンが続くチームでチャンスをつかむ。

ROOKIE

63 ソン ヒョンギ [ゾーンギ]

	손현기	孫玄基
		SON HYEON GI

● 投手 19歳 1年目 左投左打

①2005.10.22②188cm88kg③全州高-キウム(24)④<契>1億2,000万W<年>3,000万W⑥24年ドラフト2R(全体順位19番目)。140キロ台後半の直球と、落差のあるカーブが特長のサウスポー。一軍定着なるか。

ROOKIE

66 イ ジョンミン

	이종민	李鍾旼
		LEE JONG MIN

● 投手 23歳 5年目 左投右打

①2001.6.4②185cm96kg③城南高-キウム(20)④3,100万W→3,200万W⑥左右、高低を上手に投げ分ける左腕は10月に2度先発登板した。ファームで好投を続ける5年目は今季、開幕から一軍定着を目指す。

年度	防御率	試合	勝利	敗戦	セーブ	投球回	三振
2023	7.24	11	0	1	0	13 2/3	10
通算	9.56	13	0	1	0	16	13

67 キム インボム [キミンボム]

	김인범	金仁凡
		KIM IN BEOM

● 投手 24歳 6年目 右投右打

①2000.1.12②187cm91kg③全州高-キウム(19)④3,300万W→3,300万W⑥軍服務中の昨季はサンムでプレー。ファームでリリーフとして30試合に登板した。しなやかな腕の振りから縦の変化球を生かした投球を見せる。

年度	防御率	試合	勝利	敗戦	セーブ	投球回	三振
2023	-	-	-	-	-	-	-
通算	0.00	3	0	0	0	5 1/3	5

68 キム ヨンジュ [キミョンジュ]

	김연주	金衍柱
		KIM YEON JU

● 投手 20歳 1年目 右投右打

①2004.2.27②175cm75kg③世光高-キウム(24)④<契>9,000万W<年>3,000万W⑥24年ドラフト3R(全体順位29番目)。上背はないが球威のある右腕。理想の投手に挙げるコ ウソク(現パドレス)のような速球派を目指す。

ROOKIE

FANの 3 キム ヘソン → 行動で魅せる若きほうき星 夢の舞台へ (To_star)

日程 L G K T S S G N C トゥサン KIA ロッテ サムソン ハンファ キウム 記録

95 ユン ソクウォン [ユンソクウォン]

	윤석원	尹惜源
	YUN SEOK WON	

投手 21歳 3年目 左投左打

①2003.7.4②185cm81kg③釜山高-キウム(22)④3,000万W→4,300万W⑥高卒1年目の昨春は6月に育成から昇格。9月にリリーフで2勝を挙げた。落差のあるカーブを持ち球に緩急を生かした投球を見せる左腕だ。

年度	防御率	試合	勝利	敗戦	セーブ	投球回	三振
2023	4.50	21	2	0	0	24	8
通算	4.50	21	2	0	0	24	8

22 キム ドンホン

	김동헌	金東憲
	KIM DONG HEON	

捕手 20歳 2年目 右投右打

①2004.7.15②182cm91kg③沖岩高-キウム(23)④3,000万W→4,000万W⑥高卒新人ながら48試合で先発マスクをかぶり、アジア大会とAPBCで代表入りを果たした。今季はイジョンが移籍しさらに成長の機会が増えた。⑦アジア大会(23)、APBC(23)

年度	打率	試合	安打	本塁打	打点	盗塁	三振
2023	.242	102	51	2	17	0	55
通算	.242	102	51	2	17	0	55

26 キム シアン

	김시앙	金時仰
	KIM SI ANG	

捕手 23歳 4年目 右投左打

①2001.10.31②177cm79kg③光州東成高-キウム(21)④3,100万W→3,600万W⑥昨季は24試合で先発出場。8月には4試合連続打点などで結果を残した。登場曲に当初『ドラえもんのうた』を使用。名前と歌詞の「アンアンアン」にちなんで。

年度	打率	試合	安打	本塁打	打点	盗塁	三振
2023	.224	33	17	0	7	0	18
通算	.205	46	18	0	7	0	26

32 キム ジェヒョン

	김재현	金載顯
	KIM JAE HYUN	

捕手 31歳 13年目 右投右打

①1993.3.18②178cm90kg③大田高-ネクセン(12)④6,500万W→5,500万W⑥若手選手の台頭で出場機会が大きく減った昨季。堅実なプレーと得意の逆方向の打撃などでアピールして一軍ベンチの座をキープしたい。

年度	打率	試合	安打	本塁打	打点	盗塁	三振
2023	.111	8	1	0	0	0	3
通算	.210	408	118	7	55	0	150

64 パク ソンビン

	박성빈	朴聖彬
	PARK SEONG BHIN	

捕手 20歳 2年目 右投右打

①2004.4.21②177cm94kg③大田高-キウム(23)④3,000万W→3,000万W⑥高卒1年目の昨春は育成選手としてファームで36試合に出場した。正式登録となった今季、初の一軍出場を目指したい。

年度	打率	試合	安打	本塁打	打点	盗塁	三振
2023	-	-	-	-	-	-	-
通算	-	-	-	-	-	-	-

96 パク チュンヒョン [パクチュニョン]

	박준형	朴俊炯
	PARK JUN HYEONG	

捕手 25歳 6年目 右投右打

①1999.3.7②177cm89kg③光州一高-キウム(19)④3,000万W→3,000万W⑥昨年7月の除隊後、育成選手として9試合に出場した。正式登録を迎えた今季。ファームでアピールして一軍行きのきっぷをつかみたい。

年度	打率	試合	安打	本塁打	打点	盗塁	三振
2023	-	-	-	-	-	-	-

97 キム ジソン

	김지성	金智晟
	KIM JI SUNG	

● 捕手 20歳 1年目 右投右打

①2004.5.27②174cm91kg③栗谷高野球団-キウム(24)⑤〈契〉5,000万W〈年〉3,000万W⑥24年ドラフト7R(全体順位69番目)。高校野球部からクラブチームに転換したチームの出身。若手中心の捕手陣の中で存在感を出したい。

ROOKIE

0 キム ビョンフィ

	김병휘	金丙輝
	KIM BYEONG HWI	

内野手 23歳 5年目 右投右打

①2001.2.16②177cm79kg③奨忠高-キウム(20)④3,200万W→3,300万W⑥昨季5月に軍から復帰。9月にSSG戦で適時打を放ち、プロ初打点を記録した。セカンド、ショートの控えとして出場機会を狙う。

年度	打率	試合	安打	本塁打	打点	盗塁	三振
2023	.143	10	3	0	1	0	8
通算	.156	24	5	0	1	0	11

1 キム テジン

	김태진	金太珍
	KIM TAE JIN	

内野手 29歳 11年目 右投左打

①1995.10.7②169cm73kg③信一高-NC(14)-KIA(20)-キウム(22)④1億2,000万W→1億1,000万W⑥小柄な体格でバットを短く持ち、逆方向に鋭い打球を放つプレーヤー。ライバルは多いがサードのポジション定着を目指す。

年度	打率	試合	安打	本塁打	打点	盗塁	三振
2023	.275	74	55	0	16	0	23
通算	.269	478	405	8	144	29	234

5 イ ジェサン

	이재상	李載象
	LEE JAE SANG	

● 内野手 19歳 1年目 右投右打

①2005.4.17②183cm85kg③城南高-キウム(24)⑤〈契〉1億3,000万W〈年〉3,000万W⑥24年ドラフト2R(全体順位16番目)。長打力のある遊撃手として、チームのOBキム・ハソン(パドレス)のような成長が期待されている。

ROOKIE

FANの ②イ ジュヒョン → ポスト イジョンフ！大スターの後継者に！(ヒロト)

⑥ キム ジュヒョン

	김주형	金柱亨
		KIM JU HYUNG

内野手 28歳 6年目 右投右打

①1996.3.5②173cm84kg③慶南高-弘益大-キウム(19)④5,500万W→4,500万W⑥ショートをはじめとした内野の控えとして出場した。打力を向上させて出場機会を増やしたい。弟はSSGの内野手キム・チャンヒョン。

年度	打率	試合	安打	本塁打	打点	盗塁	三振
2023	.147	46	10	0	4	0	27
通算	.188	179	51	2	20	2	81

⑩ キム ウンビン [キムウンビン]

	김웅빈	金熊斌
		KIM WOONG BIN

内野手 28歳 10年目 右投左打

①1996.2.9②182cm97kg③蔚山工高-SK(15)-ネクセン(16)④6,000万W→5,000万W⑥がっりとした下半身を誇り,軸のぶれないスイングを見せる左打者は,昨季わずかな出場数にとどまた。守備で失った信頼を回復して一軍定着だ。

年度	打率	試合	安打	本塁打	打点	盗塁	三振
2023	.188	29	12	0	9	0	20
通算	.249	325	194	19	112	2	234

⑫ キム ゴンヒ [キムゴニ]

	김건희	金乾凞
		KIM GUN HEE

内野手 20歳 2年目 右投右打

①2004.11.7②186cm96kg③原州高-キウム(23)④3,000万W→3,200万W⑥高卒1年目の昨季は投手として7月に3試合、主に一塁手9試合に出場。2安打を記録した。2年目の今季も二刀流の継続なるか。

年度	打率	試合	安打	本塁打	打点	盗塁	三振
2023	.182	9	2	0	0	0	4
通算	.182	9	2	0	0	0	4

⑬ キム スファン

	김수환	金修煥
		KIM SU HWAN

内野手 26歳 7年目 右投右打

①1998.3.20②180cm91kg③済物浦高-ネクセン(18)④4,500万W→4,700万W⑥高い代打成功率を誇る長距離ヒッター。9月に好調な打撃を見せるもひざの故障で離脱となった。ファーストのポジション争いに加われるか。

年度	打率	試合	安打	本塁打	打点	盗塁	三振
2023	.216	50	21	2	15	0	36
通算	.197	129	57	8	36	0	114

㉙ イム ジヨル

	임지열	林祉悦
		IM JI YEOL

内野手 29歳 11年目 右投右打

①1995.8.22②180cm94kg③徳壽高-ネクセン(14)④5,000万W→7,200万W⑥昨季は自己最多の出場数。脇を締め,バットを肩に乗せた構えから振り抜き,勝負強い打撃を見せた。激しい一塁手争いに挑む。

年度	打率	試合	安打	本塁打	打点	盗塁	三振
2023	.259	72	55	5	35	1	64
通算	.253	143	97	6	53	2	124

㊲ シン ジュヌ [シンジュヌ]

	신준우	申濬右
		SIN JUN WOO

内野手 23歳 5年目 右投右打

①2001.6.21②177cm80kg③大邱高-キウム(20)④4,800万W→4,200万W⑥昨季もショート、セカンドの控えとして出場。安定感のある守備力に評価が高い。ファームで向上した打力を一軍でもアピールしたい。

年度	打率	試合	安打	本塁打	打点	盗塁	三振
2023	.111	24	2	0	0	0	9
通算	.146	156	15	0	4	0	45

㊹ コ ヨンウ

	고영우	高永宇
		KO YOUNG WOO

● 内野手 23歳 1年目 右投右打

①2001.6.21②173cm80kg③慶南高-成均館大-キウム(24)④＜契＞7,000万W＜年＞3,000万W⑥24年ドラフト4R(全体順位39番目)。巧打攻守の三塁手で大学3年時にU23代表に選出。テレビ番組「最強!野球団」出演でも話題になった。

ROOKIE

㊾ ソン ジフ

	송지후	宋知厚
		SONG JI HOO

● 内野手 19歳 1年目 右投右打

①2005.1.8②175cm74kg③光州一高-キウム(24)④＜契＞5,000万W＜年＞3,000万W⑥24年ドラフト6R(全体順位59番目)。キャンプで評価を上げた三塁手。来年以降にキム・ヘソンの後釜を狙う一人だ。

ROOKIE

⑭ パク スジョン

	박수종	朴洙綜
		PARK SOO JONG

外野手 25歳 3年目 右投右打

①1999.2.25②178cm82kg③沖岩高-慶星大-キウム(22)④3,000万W→4,000万W⑥大卒後に育成で入団し,昨季7月に正式登録。9月には先発起用されると快打を連発した。レギュラー争いに名乗りを上げる。

年度	打率	試合	安打	本塁打	打点	盗塁	三振
2023	.422	23	19	0	3	0	6
通算	.422	23	19	0	3	0	6

⑮ イ ヨンギュ

	이용규	李容圭
		LEE YONG KYU

外野手 39歳 21年目 右投左打

①1985.8.26②170cm74kg③徳壽情報高-LG(04)-KIA(05)-ハンファ(14)-キウム(21)④3優⑤2盗⑥06,11,12⑤かつて代表選手として活躍を見せた外野手。昨季は右手首痛での離脱もあったが逆方向への打撃でガッツあふれるプレーは健在だ。アジア大会(06,10),五輪予選(08),五輪(08),WBC(09,13,17),プレミア12(15)

年度	打率	試合	安打	本塁打	打点	盗塁	三振
2023	.234	50	23	1	2	1	22
通算	.295	1961	2076	26	558	394	737

FAN の声 11 チョ サンウ → 絞った体で更なる飛躍へ!! (ゆーちゃん)

23 イェ ジンウォン [イェジヌォン]

예진원 | 芮眞元
YE JIN WON

外野手　25歳　7年目　左投左打

①1999.3.16②172cm82kg③慶南高-ネクセン(18)④3,900万W→4,000万W⑥オープンスタンスに構え、すり足でタイミングを取る左打者。唯一のホームランはクエバス(KT)から放った。しぶとい打撃で一軍定着を目指す。

年度	打率	試合	安打	本塁打	打点	盗塁	三振
2023	.235	16	8	1	4	0	9
通算	.170	95	29	2	13	0	41

25 チュ ソンウォン

주성원 | 朱成元
JU SEONG WON

外野手　24歳　6年目　右投右打

①2000.8.30②182cm95kg③開成高-キウム(19)④3,100万W→3,500万W⑥捕手でプロ入りし外野手に転向。昨季5月に育成から昇格した。ファームで見せた長打力を一軍でも披露したい右のスラッガーだ。

年度	打率	試合	安打	本塁打	打点	盗塁	三振
2023	.217	25	15	0	2	0	18
通算	.217	25	15	0	2	0	18

35 イム ビョンウク

임병욱 | 林秉昱

外野手　29歳　11年目　右投左打

①1995.9.30②187cm94kg③徳壽高-ネクセン(14)④5,800万W→7,000万W⑥昨季軍から復帰の5ツールプレーヤーは9月に左太ももを裏痛で離脱。イ・ジョンフが抜けたチームの中で存在感を発揮したい。

年度	打率	試合	安打	本塁打	打点	盗塁	三振
2023	.260	80	54	6	36	4	75
通算	.261	508	356	29	177	54	433

36 イ ヒョンジョン

이형종 | 李炯宗
LEE HYUNG JONG

外野手　35歳　17年目　右投右打

①1989.6.7②183cm87kg③ソウル高-LG(08)-キウム(23)④1億2,000万W→6億8,000万W⑥足を高く上げてタイミングを取り、バットのヘッドを利かせて振り抜くブルヒッター。大砲不足のチームで長打力発揮が期待されている。

年度	打率	試合	安打	本塁打	打点	盗塁	三振
2023	.215	99	68	3	37	0	78
通算	.272	723	612	66	291	28	467

48 パク チャンヒョク

박찬혁 | 朴燦爀
PARK CHAN HYEOK

外野手　21歳　3年目　右投右打

①2003.4.25②181cm87kg③北一高-キウム(22)④4,200万W→4,000万W⑥すり足打法で強い打球を放つブルヒッター。長打力が魅力だ。6月に入隊し、サンムでのプレーが予定されている。

年度	打率	試合	安打	本塁打	打点	盗塁	三振
2023	.201	48	31	1	8	0	41
通算	.206	100	65	7	25	0	108

56 ピョン サングォン

변상권 | 卞相權
BYEON SANG KWON

外野手　27歳　7年目　右投右打

①1997.4.4②180cm80kg③済物浦高-仁川才能大-ネクセン(18)④4,800万W→4,800万W⑥軍入隊中の昨季はサンムでプレー。規定打席不足もファームで高打率を残した。サンムで守備力強化も図り、レギュラー争いに参戦だ。

年度	打率	試合	安打	本塁打	打点	盗塁	三振
2023							
通算	.000	3	0	0	0	0	0

日程
L
G
K
T
SSG
N
C
トゥサン
KIA
ロッテ
サムソン
ハンファ
キウム
記録

育成選手

2014年までの名称は「申告選手」。選手登録されていない選手で、5月1日以降に正式登録が可能になる。
正式登録されると一軍の試合に出場できる。現在の登録選手が育成選手扱いになることもある。

01 イ ウヒョン

이우현	李玗弦

● 投手　右投右打
2005.11.27
183cm80kg

02 キム ジュフン

김주훈	金柱勳

● 投手　左投左打
2003.6.25
180cm80kg

04 パク ポムジュン

박범준	朴範峻

● 投手　右投左打
2004.5.28
183cm75kg

05 パク スンホ

박승호	朴陞祜

● 投手　右投右打
2005.3.24
185cm92kg

55 ヤン ジュル

양지율	梁志聿

投手　右投右打
1998.12.16
185cm103kg

59 ノ ウンヒョン

노은현	盧運鉉

投手　右投右打
2003.6.22
184cm76kg

65 キム ドンウク

김동욱	金東昱

投手　右投右打
1997.5.16
178cm83kg

91 チュ スンビン

주승빈	朱勝彬

投手　左投左打
2004.3.6
181cm84kg

93 キム ジュンヒョン

김준형	金埈亨

投手　右投右打
2002.7.12
182cm91kg

99 ユン ジョンヒョン

윤정현	尹正賢

投手　左投右打
1993.5.17
186cm100kg

100 チョ ソンフン

조성훈	曺晟熏

▲ 投手　右投右打
1999.3.22
188cm85kg

08 シン ヒョス

신효수	申孝秀

捕手　右投右打
2000.12.24
173cm81kg

103 ピョン ホンソン

변헌성	卞憲聖

捕手　右投右打
2004.5.18
181cm94kg

104 アン ギョム

안겸	安謙

捕手　右投右打
2004.6.15
181cm84kg

06 シム フィユン

심휘윤	沈輝潤

● 内野手　右投右打
2005.5.28
183cm84kg

07 ウォン ソンジュン

원성준	元晟準

内野手　右投左打
2000.3.31
181cm80kg

34 イ ミョンギ

이명기	李明起

内野手　右投右打
2000.1.3
186cm105kg

92 イ スンウォン

이승원	李昇沅

内野手　右投右打
2004.7.2
185cm75kg

98 ソ ユシン

서유신	徐愉迅

内野手　右投右打
2000.8.17
176cm76kg

102 イ ホヨル

이호열	李虎烈

内野手　右投右打
2004.11.17
180cm80kg

03 パク チェウル

박채울	朴彩鬱

● 外野手　右投右打
2004.11.20
185cm86kg

9 ソン ジェソン

송재선	宋在旋

外野手　右投右打
2000.6.30
176cm73kg

101 ウ スンウォン

우승원	禹承元

外野手　右投右打
2004.6.8
178cm77kg

背番号 名前

	ハングル	漢字
PHOTO	記号　位置　投打	
	生年月日	
	身長体重	

兵役、公益勤務期間中、またはサンム（尚武/国軍体育部隊）に所属する選手。
サンムは二軍リーグに参加している。

位置	名前	ハングル	漢字	投打	生年月日	身長体重	所属チーム
投手	キム ソンミン	김성민	金聖民	左投右打	1994.4.26	181cm90kg	
投手	キム ソンジン	김성진	金星眞	右投右打	1997.11.14	183cm77kg	
投手	パク チュソン	박주성	朴柱盛	右投右打	2000.11.9	181cm90kg	サンム
投手	ソン ジョンイン	송정인	宋井引	右投右打	2003.5.5	187cm84kg	
投手	アン ウジン	안우진	安右進	右投右打	1999.8.30	192cm90kg	
投手	イ ガンジュン	이강준	李康俊	右投右打	2001.12.14	180cm80kg	サンム
投手	イ スンホ	이승호	李承鎬	左投左打	1999.2.8	187cm95kg	
内野手	イ ジュヒョン	이주형	李柱亨	左投左打	2002.7.5	183cm105kg	サンム
外野手	パク チュホン	박주홍	朴株洪	左投左打	2001.4.16	187cm87kg	

育成・軍保留選手							
位置	名前	ハングル	漢字	投打	生年月日	身長体重	所属チーム
投手	ペク チンス	백진수	白晉守	右投右打	2003.2.15	191cm97kg	
捕手	キム リアン	김리안	金俐矸	右投右打	2003.11.25	183cm87kg	
内野手	ヤン ギョンシク	양경식	梁京植	右投左打	2001.2.3	171cm66kg	

韓国で生まれ育った、NPB在籍経験のある韓国人選手一覧です。
なお、以下の選手はNPB在籍時、外国人選手登録にはなっていません。
白仁天…日本統治下当時の韓国の高校出身のため（京東高校）
金無英、申成鉉…日本の高校、大学に3年以上、在学していたため

入団年	選手名	位置	移籍前所属先	日本所属球団	韓国での成績	日本での成績	現職
1962	白仁天 （ペクインチョン／はくじんてん）	捕手、外野手	農業銀行	東映、太平洋、ロッテ、近鉄	117試合 率.335 23本 91点	1969試合 率.278 209本 776点	引退選手協議会 元会長
1996	宣銅烈 （ソンドンヨル）	投手	ヘテ	中日	367試合 146勝40敗 132S 1.20	162試合 10勝4敗98S 防2.70	18年まで 韓国代表監督
1996	趙成珉 （チョソンミン）	投手	高麗大	巨人	35試合 3勝4敗0S 防5.09	53試合 11勝10敗11S 防2.84	13年1月に急逝
1998	李鍾範 （イジョンボム） （リー・ジョンボム）	内野手、外野手	ヘテ	中日	1706試合 率.297 194本 730点	311試合 率.261 27本 99点	コーチ研修 （レンジャーズ）
1998	李尚勲 （イサンフン） （サムソン・リー）	投手	LG	中日	308試合 71勝40敗98S 防2.56	47試合 7勝5敗3S 防3.30	野球解説者
2000	鄭珉哲 （チョンミンチョル）	投手	ハンファ	巨人	393試合 161勝128敗 10S 防3.51	12試合 1勝3敗0S 防4.70	野球解説者
2001	鄭珉台 （チョンミンテ）	投手	ヒョンデ	巨人	290試合 124勝96敗3S 防3.48	27試合 1勝1敗0S 防6.28	コーチ （サムソン）
2001	具臺晟 （クデソン）	投手	ハンファ	オリックス	569試合 67勝71敗 214S 防2.85	110試合 24勝34敗10S 防3.88	野球解説者
2004	李承燁 （イスンヨプ）	内野手	サムソン	千葉ロッテ、巨人、オリックス	1906試合 率.302 467本 1498点	797試合 率.257 159本 439点	監督 （トゥサン）
2007	李炳圭 （イビョンギュ）	外野手	LG	中日	1741試合 率.311 161本 972点	265試合 率.254 28本 119点	コーチ （サムソン）
2008	林昌勇 （イムチャンヨン）	投手	サムソン	東京ヤクルト	760試合 130勝86敗 258S 防3.45	238試合 11勝13敗128S 防2.09	引退
2009	李惠踐 （イヘチョン）	投手	トゥサン	東京ヤクルト	706試合 56勝48敗7S 防4.42	61試合 2勝2敗1S 防4.12	引退
2009	金無英 （キムムヨン）	投手	四国九州IL・福岡	福岡ソフトバンク、東北楽天	所属経験なし	87試合 2勝2敗0S 防2.85	コーチ （日本経済大）
2009	申成鉉 （シンソンヒョン）	内野手	京都国際高	広島	287試合 率.217 16本 59点	一軍出場なし	スコアラー （トゥサン）
2010	金泰均 （キムテギュン）	内野手	ハンファ	千葉ロッテ	2014試合 率.320 311本 1358点	172試合 率.265 22本 106点	野球解説者
2010	李杋浩 （イボムホ）	内野手	ハンファ	福岡ソフトバンク	2001試合 率.271 329本 1127点	48試合 率.226 4本 8点	監督 （KIA）
2011	朴賛浩 （パクチャンホ）	投手	米・パイレーツ	オリックス	23試合 5勝10敗0S 防5.06	7試合 5勝5敗0S 防4.29	引退
2011	金炳賢 （キムビョンヒョン）	投手	米・ジャイアンツ	東北楽天	78試合 11勝23敗0S 防6.19	一軍出場なし	引退
2012	李大浩 （イデホ）	内野手	ロッテ	オリックス、福岡ソフトバンク	1971試合 率.309 374本 1425点	570試合 率.293 98本 348点	野球解説者
2012	白嗟承 （ペクチャスン）	投手	米・独立リーグ	オリックス、千葉ロッテ	所属経験なし	一軍出場なし	引退
2012	宋相勲 （ソンサンフン）	外野手	信一高	中日	所属経験なし	一軍出場なし	引退
2014	呉昇桓 （オスンファン）	投手	サムソン	阪神	★668試合 41勝24敗 400S 防2.06	127試合 4勝7敗80S 防2.25	現役 （サムソン）
2015	李帶溵 （イテウン）	投手	米・カブス傘下	千葉ロッテ	95試合 7勝8敗 19S 防4.31	40試合 9勝9敗0S 防3.97	21年限りで引退
2016	河載勲 （ハジェフン） （ジェフン）	外野手	四国IL・徳島	東京ヤクルト	★140試合 率.273 13本 48点	17試合 率.225 0本 2点	現役 （SSG）

★印は当該リーグでプレー中

野球観戦で使えるハングル

実際に使いやすいように、極力、短文で記しました。発音する自信がない場合は、指さしで！

タクシーで	野球場へ行ってください	▶	ヤグジャンエ カ ジュセヨ 야구장에 가 주세요.
街で	野球場どこですか？	▶	ヤグジャン オディエヨ 야구장 어디예요?
球場周辺で	きょう、試合ありますか？	▶	オヌル キョンギ イッソヨ 오늘 경기 있어요?
	試合、何時ですか？	▶	キョンギ ミョッシエヨ 경기 몇시예요?
	券売所どこですか？	▶	メッピョ オディエヨ 매표소 어디예요?
	グッズを買いたいです	▶	キニョムプム サゴ シッポヨ 기념품 사고 싶어요.
	内野席（or外野席） どっちですか？	▶	ネヤソク ウェヤソク オヌチョギエヨ 내야석 (외야석) 어느쪽이에요?
券売所で	指定席（or一般席）ください →一般席とは自由席のこと	▶	チジョンソク イルバンソク チュセヨ 지정석 (일반석) 주세요.
場内で	トイレ（or売店）どこですか？	▶	ファジャンシル メジョム オディエヨ 화장실 (매점) 어디예요?
お隣さんに	ここ座っていいですか？	▶	ヨギ アンジャド テェヨ 여기 앉아도 돼요?
	応援教えてください	▶	ウンウォン カルチョ チュセヨ 응원 가르쳐 주세요.
	日本から来ました	▶	イルボネソ ワッソヨ 일본에서 왔어요.
選手に	サインしてください	▶	サイン ヘ チュセヨ 사인 해 주세요.
	写真撮ってもいいですか？	▶	サジン チゴド テェヨ 사진 찍어도 돼요?
	ファンです	▶	ペンニエヨ 팬이에요.
	（雰囲気などが） カッコいいです	▶	モシッソヨ 멋있어요.
この本について説明する	日本の野球ファンのために、韓国野球を紹介した本です。今年が21年目です。	▶	イルボネ ヤグペンドゥルル ウィヘ 일본의 야구 팬들을 위해 ハングクヤグル ソゲハン チェギエヨ 한국야구를 소개한 책이에요. オレ イシビルニョンチェエヨ 올해 21년째예요.

ハングルで野球用語を覚えよう

守備位置

中堅手（チュンギョンス） 중견수
左翼手（チャイクス） 좌익수
右翼手（ウイクス） 우익수
遊撃手（ユギョクス） 유격수
2塁手（イルス） 2루수
3塁手（サムルス） 3루수
投手（トゥス） 투수
1塁手（イルルス） 1루수
捕手（ポス） 포수
指名打者（チョミョンタジャ） 지명타자

日本語	ハングル	備考
■あ		
相手チーム	상대팀（サンデチーム）	
アウト	아웃（アウッ）	
アウトコース	바깥쪽（パッカッチョク）	直外側
安打	안타（アンタ）	
インコース	몸쪽（モムチョク）	直体側
打つ	치다（チダ）	
雨天中止	우천취소（ウチョンチソ）	直雨天取消
（〜回）裏	（〜회）말（〜フェ・マル）	直〜回末
延長戦	연장전（ヨンジャンジョン）	
送りバント	보내기 번트（ボネギ ボント）	
抑え投手	마무리 투수（マムリ トゥス）	直仕上げ投手
押し出し	밀어내기（ミロネギ）	
オーナー	구단주（クダンジュ）	直球団主
オープン戦	시범 경기（シボム ギョンギ）	直示範競技
（〜回）表	（〜회）초（〜フェ・チョ）	直〜回初
オールスター戦	올스타전（オルスタジョン）	
■か		
開幕戦	개막전（ケマクチョン）	
外野	외야（ウェヤ）	
カーブ	커브（コブ）	
空振り	헛스윙（ホッスウィング）	
完投	완투（ワントゥ）	
監督	감독（カムドク）	
完封	완봉（ワンボン）	
犠牲フライ	희생 플라이（フィセン プルライ）	
球場	야구장（ヤグジャン）	直野球場
球審	구심（クシム）	
球団	구단（クダン）	
敬遠四球	고의사구（コウィサグ）	直故意四球
決勝打	결승타（キョルスンタ）	
牽制	견제（キョンジェ）	
公式戦	정규 시즌（チョンギュ シジュン）	直正規シーズン
紅白戦	청백전（チョンベクチョン）	直青白戦
ゴロ	땅볼（タンボル）	直地面球
■さ		
サイクルヒット	사이클링 히트（サイクリング ヒトゥ）	
サヨナラ	끝내기（クンネギ）	

日本語	ハングル	備考
三振	삼진（サムジン）	
残塁	잔루（チャンル）	
四球	볼넷（ボルネッ）	直ボール四つ
死球	몸에 맞는 볼（モメ マンヌン ボル）	直体に当たるボール
自責点	자책점（チャチェクチョム）	
失策	실책（シルチェク）	
失投	실투（シルトゥ）	
首位打者	수위타자（スウィタジャ）	
出塁	출루（チュルル）	
守備	수비（スビ）	
順位	순위（スンウィ）	
勝利	승리（スンニ）	
勝率	승률（スンニュル）	
人工芝	인조잔디（インジョジャンディ）	直人造芝
新人	신인（シニン）	
審判	심판（シムパン）	
先発	선발（ソンバル）	
送球	송구（ソング）	
走者	주자（チュジャ）	
■た		
代走	대주자（テジュジャ）	直代走者
代打	대타（テタ）	
打撃	타격（タギョク）	
打者	타자（タジャ）	
打順	타순（タスン）	
打数	타수（タス）	
打席	타석（タソク）	
打点	타점（タジョム）	
打率	타율（タユル）	
長打	장타（チャンタ）	

日本語	ハングル	備考
通算	통산（トンサン）	
天然芝	천연잔디（チョニョンジャンディ）	
投球	투구（トゥグ）	
盗塁	도루（トル）	
得点	득점（トゥクチョム）	
■な		
ナイトゲーム	야간경기（ヤガンキョンギ）	直夜間競技
内野	내야（ネヤ）	
流し打ち	밀어치기（ミロチギ）	直押し打ち
中継ぎ	중간계투（チュンガンゲトゥ）	直中間継投
ノック	펑고（ポンゴ）	英fungo
■は		
バッテリー	배터리（ベトリ）	
バット	방망이（バンマンイ）	
判定	판정（パンジョン）	
控え	백업（ベゴプ）	英backup
ビジター	원정팀（ウォンジョンティム）	直遠征チーム
ファウルボール	파울볼（パウルボル）	
ファン	팬（ペン）	
フォークボール	포크볼（ポクボル）	
フライ	뜬공（トゥンゴン）	直浮かんだ球
併殺	병살（ピョンサル）	
変化球	변화구（ピョヌァグ）	
防御率	평균자책점（ピョンギュンチャチェクチョム）	直平均自責点
暴投	폭투（ポクトゥ）	
ボーク	보크（ボク）	
ホームラン	홈런（ホムロン）	
■ま		
満塁	만루（マンル）	
■や		
野手	야수（ヤス）	

※野球用語　日本同様に、英語と併用する場合が多いので（「投手」と「ピッチャー」など）、ここでは日本語で「投手」に当たるような、ハングル独特の表現を中心に記載します。

今季から導入の「ロボット審判」、「ベース拡大」、「ピッチクロック」など

KBOリーグでは今季からストライク、ボールの判定を機械が行う。「自動投球判定システム(ABS)」、いわゆる「ロボット審判」を導入している。投球のトラッキングデータ(追跡情報)が打者ごとに設定されたストライクゾーンを通過したか否かで、ストライク、ボールの判定が下される。判定の伝達は機器から球審が装着したイヤホンにビープ音で届く。球審はそれを聞いてコールする仕組みだ。

KBOリーグでは20年8月から二軍でABSの試験運用を開始。今季、MLBよりも先にABSを導入することから事実上、トップリーグで世界初のロボット審判採用となる。

ストライクゾーンの上限は地面から打者の身長の56.35%の高さ、下は地面から身長の27.64%までと明示されている。身長175cmの場合、地面からの高さ98.61cm、下が48.37cm。身長190cmだと上が107.07cm、下52.52cm。その上下の空間がストライクゾーンとなる。判定システムには打者ごとの数値が設定される。

また左右はホームベース上に加えてベースの外側左右2cmまでをストライクゾーンと規定。前後はホームベース上の中間と、ベースの終端から垂直に伸ばしたベース幅の面の2ヶ所をボールが通過した場合、ストライク判定基準となる。捕手が捕球した位置、ミットの動き(フレーミング)は判定に影響しない。

その他にMLBで採用済みのルールも導入される。ベースの大きさの変更だ。一、二、三塁のベースが15インチ(約38.1センチ)から18インチ(約45.72センチ)に大きくなった。これにより一、三塁と本塁の距離が3インチ(約7.62センチ)、二塁と一、三塁が4.5インチ(約11.43センチ)短くなっている。KBOではこの変更により「選手の負傷減少と盗塁増加によって

迫力あるプレーが増えることを期待している」という。

さらに「内野を5人で守る」といった守備シフトも禁止に。MLBで昨季から定められたように、内野手は二塁ベースの両側に2人ずついなければならない。

また「ピッチクロック」を試験運用。試合時間の短縮を目的とした、投球間の時間制限だ。投手はボールを受け取ってから18秒以内、走者がいる時は23秒以内に投げなければならない。また打者は投手の制限時間8秒前までに打撃姿勢を取る必要がある。

今季は制限時間を守らなかった場合の罰則はなく、警告のみ伝えられている。来季から本格導入し、投手の違反時にはボール、打者の場合はストライクが宣告される。

韓国版「現役ドラフト」、2次ドラフトを昨オフ4年ぶりに実施

韓国野球委員会(KBO)は昨年11月22日に「2次ドラフト」を開催した。2次ドラフトはNPBでも昨年初導入された「現役ドラフト」の韓国版。KBOでは2011年から19年まで隔年で実施したが廃止されていた。しかし選手異動の活発化を目的に4年ぶりに2次ドラフトが復活した。

2次ドラフトは各球団が保護選手とした35人以外が対象。前回19年の40人から5人減った。指名順位は23年の最下位(10位)球団からで3ラウンドまで実施。8〜10位の3球団はさらに2人、計5人まで指名できる。また今回新たに「義務登録」という規定が設けられ、1ラウンドで指名された選手は23年シーズンで50日以上、2ラウンドで30日以上1軍登録しなければならない。

今回の2次ドラフトでは親会社の方針で思い切った世代交代を目指すSSGが、実績のあるベテラン選手を保護名簿から外した。その結果、21年にトゥサンからFAでSSG入りした内野手、チェ・ジュファンが10位のキウムに1ラウンドで指名された。

また外野手のキム・ガンミンはハンファに4巡目で指名された。キム・ガンミンは前身のSKから23年間在籍の生え抜き選手。チームの過去5度の優勝すべてに貢献し、SSGでユニフォームを脱ぐものと誰もが思っていた。そんなレジェンドの電撃移籍。4年ぶりの韓国版・現役ドラフトは予想外の大波乱となった。

2024年順位予想(公式戦)
昨年の予想と結果、そして今年の予想です

2023年の順位予想 → 結果(○は的中)
1位:キウム→10位　　2位:NC→4位　　3位:LG→1位
4位:SSG→3位　　5位:トゥサン→○　　6位:KT→2位
7位:サムソン→8位　8位:ロッテ→7位　9位:KIA→6位
10位:ハンファ→9位

2024年の順位予想
1位:NC　2位:KIA　3位:LG　　4位:トゥサン　5位:ハンファ
6位:SSG　7位:KT　8位:キウム　9位:ロッテ　10位:サムソン

読者プレゼント

今回も読者のみなさんにプレゼントをご用意しました。
たくさんのご応募お待ちしております。

① KBOリーグ
2024年公認球　**1名様**

② **1名様**
トゥサンベアーズ
サイン入りユニフォーム
（芹澤裕二コーチ提供）

③ **1名様**
安田権守さん
（元ロッテジャイアンツ）
直筆サイン

4～6のプレゼント商品は
ホームページ上に掲載します。
https://strike-zone.jp/guide2024.html
をご覧ください！

応募方法

本書に挟まれたはがきに、アンケートの回
答とご意見・ご感想、希望プレゼント番号
を記入してお送りください。
締切：2024年7月31日（当日消印有効）
当選者発表：抽選の上、商品の発送をもっ
て発表にかえさせていただきます（個人情
報の取扱については、読者はがきをご覧
ください）。

BACK NUMBER

韓国プロ野球グッズ　ストライク・ゾーン、またはオンライン書店でバックナンバーを販売中！

https://strike-zone.jp/shop.html

球団の変遷

1982年に6球団でスタート。
1986年に7球団、1991年に8球団制になった。現在は10球団。

OB ベアーズ (テジョン)	OB ベアーズ (ソウル・トンデムン) (86~ソウル・チャムシル)		トゥサン ベアーズ (ソウル・チャムシル)
MBC チョンニョン (ソウル・チャムシル)		LG ツインズ (ソウル・チャムシル) ※3	
	ヘテ タイガース (クァンジュ・ムドゥン)	サムソン ライオンズ (テグ) (16~テグ・サムソンライオンズパーク)	KIA タイガース (クァンジュ・ムドゥン) (14~クァンジュ・KIAチャンピオンズフィールド)
※1 サムミ スーパースターズ / チョンポ ピントース (インチョン)		テビョンヤン ドルフィンズ ヒョンデ ユニコーンズ (インチョン) / ヒョンデ ユニコーンズ ※4 (スウォン)	
			ロッテ ジャイアンツ (プサン・クドク) (86~プサン・サジク)
ピングレ イーグルス (テジョン)		ハンファ イーグルス (テジョン)	
	サンバンウル レイダース ※2 (チョンジュ)	キウムヒーローズ (ソウル・コチョクスカイドーム) / SSG ランダース (インチョン・ムナク)

凡例
上段：球団名
下段：本拠地球場

SK ワイバーンズ (インチョン) (02~インチョン・ムナク)
ネクセン ヒーローズ (ソウル・モクドン) (16~ソウル・コチョクスカイドーム)
ウリ ヒーローズ (ソウル・モクドン) ※5
ヒーローズ (ソウル・モクドン) ※6
NC ダイノス (チャンウォン・マサン) (19~チャンウォン・NCパーク) ※7
KTウィズ (スウォン・成均館大) (15~スウォン・KTウィズパーク)

※1 チョンボ ピントースは1985年6月29日から
※2 サンバンウル レイダースは1999年シーズン終了まで
※3 KIA タイガースは2001年8月1日から
※4 ヒョンデ ユニコーンズは2007年シーズン終了まで
※5 ヒーローズは2008年8月26日から
※6 NC ダイノスの誕生初年度は二軍のみ。一軍参入は2013年から
※7 KTウィズの誕生初年度は二軍のみ。一軍参入は2015年から
赤文字は現存する球団名

1982 83 84 85 86 87 88 89 90 91 92 93 94 95 96 97 98 99 00 01 02 03 04 05 06 07 08 09 10 11 12 13 14 15 16 17 18 19 20 21 22 23 24

2024年シーズン実施内容

公式戦試合数	144試合
勝率計算方法	勝利数÷(勝利数＋敗戦数)
延　長　戦	12回まで。時間制限なし、ただし、雨天中止により再編成された月曜日の試合とダブルヘッダーでは延長戦を行わない。
ポストシーズン	公式戦1位チームから5位チームまでが進出可能（延長戦は15回まで）。 ・ワイルドカード決定戦…公式戦4位 対 公式戦5位　2戦2勝制 　なお、4位チームに1勝のアドバンテージあり。引分けは4位チームの勝ちと同等。 ・準プレーオフ…公式戦3位 対 ワイルドカード決定戦 勝者　5戦3勝制 ・プレーオフ…公式戦2位 対 準プレーオフ 勝者　5戦3勝制 ・韓国シリーズ…公式戦1位 対 プレーオフ 勝者　7戦4勝制 　（2020年から第5戦を1位ホームゲームに変更）

規約など

一軍選手登録	28人。出場は26人まで。9月1日以降は33人登録、31人まで出場。
再　登　録	登録抹消から10日経過後可能。
外国人選手	1球団3人まで登録、出場可能。登録枠すべてを投手または野手に使うことはできない。 （例：投手2人＋野手1人、または投手1人＋野手2人は可。投手3人、または野手3人は不可） 外国人選手が負傷治療などにより6週間以上要する場合、当該選手を故障者リスト入りさせ、その間に代替の外国人選手と契約することが可能に。6週間以上経過後にどちらと契約継続または解除するか決めることができる。
その他の制度	FA期間1年短縮…2022年シーズン終了後から、これまでのFA取得条件の「高卒9年、大卒8年」が、「高卒8年、大卒7年」に短縮となった。 サラリーキャップ制…球団あたりの年俸の総額を設定。23年から採用。21年と22年の各球団年俸上位40人（外国人と新人選手を除く）の総額平均の120%に当たる金額が上限となる（25年まで適用）。 アーリードラフト制度…22年の新人ドラフト（23年入団）から、4年生大学に在籍する2、3年生もプロ志望届が申請可能となり、指名対象選手となる。大学野球連盟からの要望を受けての導入となった。

2023年個人打撃成績30傑

順位	選手名	チーム	打率	試合	打席	打数	安打	二塁打	三塁打	本塁打	打点	得点	四球	死球	三振	盗塁	長打率	出塁率	得点圏打率
1	ソン アソプ	NC	.339	140	609	551	187	36	3	5	65	97	50	2	67	14	.443	.393	.339
2	ク ジャウク	サムソン	.336	119	515	453	152	37	1	11	71	65	53	4	81	12	.494	.407	.395
3	キム ヘソン	キウム	.335	137	621	556	186	29	6	7	57	104	57	3	77	25	.446	.396	.314
4	ホン チャンギ	LG	.332	141	643	524	174	35	2	1	65	109	88	22	83	23	.412	.444	.361
5	エレディア	SSG	.323	122	523	473	153	29	4	12	76	76	39	9	75	12	.461	.385	.338
6	キム ソンビン	KIA	.320	119	473	419	134	16	0	0	48	41	38	5	26	3	.358	.381	.333
7	パク コンウ	NC	.319	130	533	458	146	34	2	12	85	70	56	9	71	7	.480	.397	.304
8	パク ミンウ	NC	.316	124	509	452	143	20	2	5	46	76	40	9	57	26	.405	.381	.309
9	オスティン	LG	.313	139	583	520	163	29	4	23	95	87	53	9	75	7	.517	.376	.299
10	チョン ジュンウ	ロッテ	.312	138	559	493	154	21	4	17	77	80	52	7	65	18	.471	.381	.290
11	ヤン ウィジ	トゥサン	.305	127	510	439	134	23	0	17	68	56	56	11	56	8	.474	.396	.315
12	チェ ヒョヌ	KIA	.302	121	508	431	130	27	1	17	81	64	65	8	83	0	.487	.400	.317
13	パク チャンホ	KIA	.301	130	507	452	136	18	4	3	52	73	40	2	59	30	.378	.356	.355
14	ムン ボギョン	LG	.301	131	542	469	141	29	5	10	72	77	58	2	83	9	.448	.377	.281
15	ノ シファン	ハンファ	.298	131	595	514	153	30	1	31	101	85	74	4	118	2	.541	.388	.299
16	チェ ジョン	SSG	.297	128	552	471	140	31	0	29	87	94	59	15	87	7	.548	.388	.264
17	キム ミンヒョク	KT	.297	113	448	397	118	23	3	4	41	68	36	3	48	11	.385	.356	.284
18	ファン ジェギュン	KT	.295	109	457	407	120	26	2	6	49	62	45	1	64	3	.413	.366	.314
19	ムン ソンジュ	LG	.294	136	534	449	132	21	4	2	57	77	67	8	34	24	.372	.392	.297
20	キム ヒョンス	LG	.293	133	556	488	143	22	0	6	88	53	58	1	35	2	.383	.364	.348
21	アン チホン	ロッテ	.292	121	494	425	124	20	1	8	63	57	49	10	53	3	.400	.374	.355
22	カン ミンホ	サムソン	.290	125	495	434	126	19	0	16	77	60	49	6	65	6	.445	.366	.301
23	アルポドゥ	KT	.289	133	547	491	142	31	3	15	70	83	47	6	140	17	.456	.356	.303
24	チャン ソンウ	KT	.288	131	464	410	118	22	0	11	65	37	42	2	70	1	.422	.351	.267
25	チョン スビン	トゥサン	.287	137	583	498	143	14	11	2	33	75	64	7	63	39	.371	.375	.253
26	ピレラ	サムソン	.285	139	605	557	159	28	1	16	80	66	66	4	69	6	.425	.339	.253
27	ソクラテス	KIA	.285	142	608	547	156	31	3	20	96	91	52	1	80	15	.463	.347	.303
28	パク ヘミン	LG	.285	144	558	485	138	14	2	16	59	80	45	3	74	26	.359	.348	.313
29	パク ビョンホ	KT	.283	132	493	431	122	15	0	18	53	46	48	2	114	2	.443	.357	.340
30	マティン	NC	.283	118	503	435	123	20	2	17	90	55	57	1	107	15	.455	.360	.317

※白抜きの数字は各部門の最多、最高

規定打席 446以上

2023年個人投手成績

順位	選手名	チーム	防御率	試合	勝利	敗戦	ホールド	セーブ	投球回	被安打	被本塁打	奪三振	四球	死球	WHIP	暴投	ボーク	失点	自責点
1	ペディ	NC	2.00	30	20	6	0	0	180 1/3	137	9	209	35	4	0.95	5	0	46	40
2	アン ウジン	キウム	2.39	24	9	7	0	0	150 2/3	121	5	164	38	1	1.06	8	0	44	40
3	ブキャナン	サムソン	2.54	30	12	8	0	0	188	174	4	139	43	6	1.15	7	1	71	53
4	フラド	キウム	2.65	30	11	8	0	0	183 2/3	164	7	147	41	9	1.12	5	0	64	54
5	アルカンタラ	トゥサン	2.67	31	13	9	0	0	192	171	16	162	35	5	1.07	3	0	67	57
6	コ ヨンピョ	KT	2.78	28	12	7	0	0	174 2/3	181	7	114	19	9	1.15	6	0	60	54
7	ウォン テイン	サムソン	3.24	26	7	7	0	0	150	157	16	102	34	6	1.27	6	2	61	54
8	バンジュ	ロッテ	3.28	30	11	8	0	0	170 1/3	171	6	147	56	15	1.33	7	0	68	62
9	イム チャンギュ	LG	3.42	30	14	3	0	1	144 2/3	142	10	103	54	5	1.35	1	1	63	55
10	パク セウン	ロッテ	3.45	29	9	8	0	0	154	145	8	129	59	4	1.32	10	0	70	59
11	キム グァンヒョン	SSG	3.53	30	9	8	0	0	168 1/3	163	11	119	70	2	1.36	9	0	77	66
12	ベンジャミン	KT	3.54	29	10	7	0	0	160	149	12	157	45	3	1.21	11	0	79	63
13	ヤン ヒョンジョン	KIA	3.58	29	9	7	0	1	171	143	11	133	48	1	1.34	5	0	78	68
14	ペニャ	ハンファ	3.60	30	11	8	0	0	177 1/3	174	9	167	59	18	1.17	16	4	82	71
15	ケルリ	LG	3.83	28	10	7	0	0	178 2/3	183	10	148	46	9	1.24	6	0	87	76
16	チェ ウォンテ	LG	4.30	26	7	7	0	0	146 2/3	153	13	118	46	3	1.33	6	0	73	70
17	オ ウォンソク	SSG	5.23	28	6	9	0	0	144 2/3	158	16	88	69	9	1.57	11	0	92	84

※白抜きの数字は各部門の最多、最高

規定投球回 144以上

救援投手成績（10セーブ以上）

順位	選手名	チーム名	防御率	試合	勝利	敗戦	セーブ	ホールド	投球回	被安打	被本塁打	奪三振	四球	死球	WHIP	暴投	ボーク	失点	自責点
1	イム チャンミン	キウム	2.51	51	2	2	26	1	46 2/3	51	3	40	17	2	1.46	0	0	16	13
2	ソ ジンヨン	SSG	2.59	69	5	4	42	0	73	63	4	64	49	4	1.53	5	0	22	21
3	キム ジェユン	KT	2.60	59	1	5	32	0	65 2/3	54	4	60	13	1	1.02	3	0	21	19
4	チョン ヘヨン	KIA	2.92	59	4	4	23	1	49 1/3	53	3	30	20	1	1.48	0	0	18	16
5	キム ウォンジュン	ロッテ	2.97	63	4	7	20	0	63 2/3	51	0	63	24	1	1.19	3	0	24	21
6	ホン ゴンヒ	トゥサン	3.06	64	1	2	2	7	61 2/3	65	2	66	24	0	1.48	8	0	28	21
7	オ スンファン	サムソン	3.45	58	4	5	30	2	62	51	9	71	15	2	1.06	4	0	26	25
8	パク サンウォン	ハンファ	3.65	55	3	16	0	14	61 2/3	57	2	57	29	3	1.49	2	0	26	25
9	コ ウソク	LG	3.68	44	3	8	15	0	44	38	2	59	22	4	1.36	5	0	19	18
10	チョン チョルウォン	トゥサン	3.96	66	6	13	11		72 2/3	66	4	68	32	1	1.35	6	1	36	32
11	イ ヨンチャン	NC	4.13	60	4	4	29	0	61	53	5	39	18	3	1.18	4	0	28	28

ゴールデングラブ賞（日本におけるベスト9）

投手	ペディ	NC
捕手	ヤン ウィジ	トゥサン
一塁手	オスティン	LG
二塁手	キム ヘソン	キウム
三塁手	ノ シファン	ハンファ
遊撃手	オ ジファン	LG
	ク ジャウク	サムソン
外野手	パク コンウ	NC
	ホン チャンギ	LG
指名打者	ソン アソプ	NC

KBO守備賞（2023年新設）

投手	ペディ	NC
捕手	ヤン ウィジ	トゥサン
一塁手	パク ビョンホ	KT
二塁手	キム ヘソン	キウム
三塁手	ホ ギョンミン	トゥサン
遊撃手	パク チャンホ	KIA
	オ ジファン	LG
左翼手	エレディア	SSG
中堅手	パク ヘミン	LG
右翼手	ホン チャンギ	LG

フューチャーズリーグ（二軍）成績

首位打者	.364	ホン ソンホ	トゥサン
本塁打王	18	キム ソクファン	KIA
打点王	59	ホン ソンホ	トゥサン
防御率1位	2.45	チェ ハヌル	サムソン
最多勝	9	キム ヒョンス	サンム
	9	イ スンミン	サンム
	9	イ サンヨン	LG

チーム勝敗表

順位	チーム名	試合数	勝利	敗戦	引分	勝率	ゲーム差	LG	KT	SSG	NC	トゥサン	KIA	ロッテ	サムソン	ハンファ	キウム
1	LG ツインズ	144	86	56	2	.606	0	-	10-6-0	4-12-0	6-10-0	11-5-0	9-7-0	10-6-0	10-6-0	9-6-1	11-4-1
2	KT ウィズ	144	79	62	3	.560	6.5	6-10-0	-	10-5-1	10-6-0	10-5-0	6-10-0	13-3-0	8-8-0	9-6-1	7-9-0
3	SSG ランダーズ	144	76	65	3	.539	9.5	4-12-0	5-10-1	-	8-0-0	11-4-1	9-7-0	8-8-0	9-7-0	10-5-1	12-4-0
4	NC ダイノス	144	75	67	2	.528	11	6-10-0	6-10-0	8-0-0	-	8-8-0	9-7-0	9-7-0	8-8-0	9-6-1	11-5-0
5	トゥサン ベアーズ	144	74	68	2	.521	12	5-11-0	5-10-0	4-11-1	8-8-0	-	12-4-0	9-7-0	11-5-0	10-6-0	12-4-0
6	KIA タイガース	144	73	69	2	.514	13	9-7-0	10-6-0	7-9-0	9-6-1	4-12-0	-	8-8-0	11-5-0	8-7-1	7-9-0
7	ロッテ ジャイアンツ	144	68	76	0	.472	19	6-10-0	3-13-0	4-13-0	8-8-0	9-7-0	8-8-0	-	9-7-0	10-6-0	8-8-0
8	サムソン ライオンズ	144	61	82	1	.427	25.5	6-10-0	8-8-0	7-9-0	8-8-0	5-11-0	5-11-0	7-9-0	-	8-8-0	7-8-1
9	ハンファ イーグルス	144	58	80	6	.420	26	6-9-1	6-9-1	5-10-1	6-9-1	6-10-0	7-8-1	6-10-0	8-8-0	-	8-7-1
10	キウム ヒーローズ	144	58	83	3	.411	27.5	4-11-1	9-7-0	4-12-0	5-11-0	4-12-0	9-7-0	8-8-0	7-8-1	7-8-1	-

数値は、勝利-敗戦-引分

チーム打撃成績

チーム名	打率	打数	安打	二塁打	三塁打	本塁打	打点	得点	四球	死球	三振	犠打	犠飛	盗塁
LG ツインズ	.279	4881	1364	227	27	93	714	767	583	73	804	94	55	166
KIA タイガース	.276	4954	1365	224	21	101	673	726	500	46	957	63	44	122
NC ダイノス	.270	4895	1321	223	28	98	642	679	493	100	1005	63	55	111
KT ウィズ	.265	4973	1316	235	14	89	621	672	524	48	1074	57	47	87
ロッテ ジャイアンツ	.265	4871	1289	231	19	60	608	653	522	51	1000	75	57	101
サムソン ライオンズ	.263	4912	1290	208	23	88	603	636	487	62	954	77	43	103
キウム ヒーローズ	.261	5062	1323	223	30	61	576	607	484	74	1096	51	58	54
SSG ランダーズ	.260	4923	1279	229	16	125	611	658	507	78	943	77	45	96
トゥサン ベアーズ	.255	4859	1238	210	32	100	565	620	505	76	975	57	41	133
ハンファ イーグルス	.241	4906	1184	211	12	100	604	604	535	88	1162	59	40	67

チーム投手成績

チーム名	防御率	勝利	敗戦	セーブ	ホールド	勝率	投球回	被安打	被本塁打	奪三振	四球	死球	失点	自責点
LG ツインズ	3.67	86	56	37	92	.606	1293 1/3	1266	74	977	491	76	610	527
NC ダイノス	3.83	75	67	33	88	.528	1281 1/3	1160	99	1090	513	62	617	545
トゥサン ベアーズ	3.92	74	68	41	70	.521	1284 2/3	1245	90	1013	501	82	625	560
KT ウィズ	3.94	79	62	39	61	.560	1287	1326	83	968	413	50	616	564
KIA タイガース	4.13	73	69	33	66	.514	1269	1244	89	980	564	59	650	583
ロッテ ジャイアンツ	4.15	68	76	35	82	.472	1272 1/3	1328	80	1070	532	82	660	586
SSG ランダーズ	4.37	76	65	46	71	.539	1288 1/3	1354	104	974	612	67	698	626
ハンファ イーグルス	4.38	58	80	20	68	.420	1291 2/3	1292	101	1037	518	103	708	628
キウム ヒーローズ	4.42	58	83	33	61	.411	1288 1/3	1340	84	962	532	63	710	632
サムソン ライオンズ	4.60	61	82	38	69	.427	1278 1/3	1414	120	899	464	52	728	654

入場者数

チーム名	主催試合数	動員数	一試合平均	2022年	前年比（%）
LG ツインズ	71	1,202,637	16,939	930,163	29.3
SSG ランダーズ	73	1,068,211	14,633	981,546	8.8
トゥサン ベアーズ	73	969,562	13,282	644,614	50.4
ロッテ ジャイアンツ	73	891,745	12,216	631,656	41.2
サムソン ライオンズ	71	845,775	11,912	674,452	25.4
KIA タイガース	71	717,025	10,099	604,394	18.6
KT ウィズ	73	697,350	9,553	532,268	31.0
キウム ヒーローズ	71	583,629	8,220	349,773	66.9
ハンファ イーグルス	73	566,785	7,764	358,190	58.2
NC ダイノス	71	557,607	7,854	369,018	51.1
	720	8,100,326	11,250	6,076,074	33.3

ポストシーズン勝敗表

	勝利チーム	①	②	③	④	⑤	⑥	⑦	敗戦チーム
ワイルドカード決定戦	NC	○14-9●							トゥサン
準プレーオフ	NC	●4-3○	○7-3●	○7-6●					SSG
プレーオフ	KT	●5-9●	●2-3○	○3-0●	○11-2●	○3-2●			NC
韓国シリーズ	LG	●2-3○	○5-4●	●8-7○	○15-4●	○6-2●			KT

年度	最優秀選手	チーム名	勝利数/打率	防御率/本塁打	年度	新人王	チーム名	勝利数/打率	防御率/本塁打
1982	パク チョルスン(投手)	OB	24	1.84	1982	---	---	---	---
1983	イ マンス(捕手)	サムソン	.357	27	1983	パク チョンフン(外野手)	OB	.312	3
1984	チェ ドンウォン(投手)	ロッテ	27	2.40	1984	ユン ソクファン(投手)	OB	12	2.84
1985	キム ソンハン(内野手)	ヘテ	.333	22	1985	イ スンチョル(内野手)	ヘテ	.304	12
1986	ソンドンヨル(宣銅烈/投手)	ヘテ	24	0.99	1986	キム ゴンウ(投手)	MBC	18	1.81
1987	チャン ヒョジョ(外野手)	サムソン	.387	2	1987	イ ジョンフン(外野手)	ピングレ	.335	4
1988	キム ソンハン(内野手)	ヘテ	.324	30	1988	イ ジョンチョル(投手)	MBC	7	2.74
1989	ソンドンヨル(宣銅烈/投手)	ヘテ	21	1.17	1989	パク チョンヒョン(投手)	テビョンヤン	19	2.15
1990	ソンドンヨル(宣銅烈/投手)	ヘテ	22	1.13	1990	キム ドンス(捕手)	LG	.290	13
1991	チャン ジョンフン(内野手)	ピングレ	.345	35	1991	チョ ギュジェ(投手)	サンバンウル	9	1.64
1992	チャン ジョンフン(内野手)	ピングレ	.299	41	1992	ヨム ジョンソク(投手)	ロッテ	17	2.33
1993	キム ソンレ(内野手)	サムソン	.300	28	1993	ヤン ジュンヒョク(外野手)	サムソン	.341	23
1994	イ ジョンボム(李鍾範/内野手)	ヘテ	.393	19	1994	ユ ジヒョン(内野手)	LG	.305	15
1995	キム サンホ(外野手)	OB	.272	25	1995	イ ドンス(内野手)	サムソン	.288	22
1996	ク デソン(具臺晟/投手)	ハンファ	18	1.88	1996	パク チェホン(外野手)	ヒョンデ	.295	30
1997	イ スンヨプ(李承燁/内野手)	サムソン	.329	32	1997	イ ビョンギュ(李炳圭/外野手)	LG	.305	7
1998	タイロン・ウッズ(内野手)	OB	.305	42	1998	キム スギョン(投手)	ヒョンデ	12	2.76
1999	イ スンヨプ(李承燁/内野手)	サムソン	.323	54	1999	ホン ソンフン(捕手)	トゥサン	.258	16
2000	パク キョンワン(捕手)	ヒョンデ	.282	40	2000	イ スンホ(投手)	SK	10	4.51
2001	イ スンヨプ(李承燁/内野手)	サムソン	.276	39	2001	キム テギュン(金泰均/内野手)	ハンファ	.335	20
2002	イ スンヨプ(李承燁/内野手)	サムソン	.323	47	2002	チョ ヨンジュン(投手)	ヒョンデ	9	1.90
2003	イ スンヨプ(李承燁/内野手)	サムソン	.301	56	2003	イ ドンハク(投手)	ヒョンデ	8	5.35
2004	ペ ヨンス(投手)	サムソン	17	2.61	2004	オ ジェヨン(投手)	ヒョンデ	10	3.99
2005	ソン ミンハン(投手)	ロッテ	18	2.46	2005	オ スンファン(呉昇桓/投手)	サムソン	10	1.18
2006	リュ ヒョンジン(投手)	ハンファ	18	2.23	2006	リュ ヒョンジン(投手)	ハンファ	18	2.23
2007	ダニエル・リオス(投手)	トゥサン	22	2.07	2007	イム テフン(投手)	トゥサン	7	2.40
2008	キム グァンヒョン(投手)	SK	16	2.39	2008	チェ ヒョンウ(外野手)	サムソン	.276	19
2009	キム サンヒョン(内野手)	KIA	.315	36	2009	イ ヨンチャン(投手)	トゥサン	0	4.20
2010	イ デホ(李大浩/内野手)	ロッテ	.364	44	2010	ヤン ウィジ(捕手)	トゥサン	.267	20
2011	ユン ソクミン(投手)	KIA	17	2.45	2011	ペ ヨンソプ(外野手)	サムソン	.294	2
2012	パク ピョンホ(内野手)	ネクセン	.290	31	2012	ソ ゴンチャン(内野手)	ネクセン	.266	1
2013	パク ピョンホ(内野手)	ネクセン	.318	37	2013	イ ジェハク(投手)	NC	10	2.88
2014	ソ ゴンチャン(内野手)	ネクセン	.370	7	2014	パク ミンウ(内野手)	NC	.298	1
2015	エリック・テームズ(内野手)	NC	.381	47	2015	ク ジャウク(内野手)	サムソン	.349	11
2016	ドスティン・ニポトゥ(投手)	トゥサン	22	2.95	2016	シン ジェヨン(投手)	ネクセン	15	3.90
2017	ヤン ヒョンジョン(投手)	KIA	20	3.44	2017	イ ジョンフ(内野手)	ネクセン	.324	2
2018	キム ジェファン(外野手)	トゥサン	.334	44	2018	カン ベクホ(外野手)	KT	.290	29
2019	ジョシィ・リンドブルロム(投手)	トゥサン	20	2.50	2019	チョン ウヨン(投手)	LG	4	3.72
2020	メル・ロハス・ジュニア(外野手)	KT	.349	47	2020	ソ ヒョンジュン(投手)	KT	13	3.86
2021	アリエル・ミランダ(投手)	トゥサン	14	2.33	2021	イ ウィリ(投手)	KIA	4	3.61
2022	イ ジョンフ(外野手)	キウム	.349	23	2022	チョン チョルウォン(投手)	トゥサン	4	3.10
2023	エリク・ペディ(投手)	NC	20	2.00	2023	ムン ドンジュ(投手)	ハンファ	8	3.72

NPB在籍経験のある選手は赤文字表記(漢字名も併記)。外国人選手は日本での登録名で記載

歴代記録　韓国シリーズ勝敗表

年度	韓国シリーズ優勝チーム	①	②	③	④	⑤	⑥	⑦	⑧	⑨	韓国シリーズ敗戦チーム	最優秀選手
1982	OB ベアーズ	△	●	○	○	○	○				サムソン ライオンズ	キム ユドン(外野手)
1983	ヘテ タイガース	○	○	○	△	○	○				MBC チョンニョン	キム ボンヨン(内野手)
1984	ロッテ ジャイアンツ	○	●	○	●	●	○	○			サムソン ライオンズ	ユ ドゥヨル(外野手)
1985	前後期ともサムソン優勝のため、韓国シリーズ未開催											
1986	ヘテ タイガース	○	●	○	○	○					サムソン ライオンズ	キム ジョンス(投手)
1987	ヘテ タイガース	○	○	○	○						サムソン ライオンズ	キム ジュンファン(外野手)
1988	ヘテ タイガース	○	○	○	●	●	○				ビングレ イーグルス	ムン フィス(投手)
1989	ヘテ タイガース	●	○	○	○	○					ビングレ イーグルス	パク チョルウ(内野手)
1990	LG ツインズ	○	○	○	○						サムソン ライオンズ	キム ヨンス(投手)
1991	ヘテ タイガース	○	○	●	○	○					ビングレ イーグルス	チャン チェグン(捕手)
1992	ロッテ ジャイアンツ	○	○	●	○	○					ビングレ イーグルス	パク トンヒ(投手)
1993	ヘテ タイガース	○	●	△	○	○	○	○			サムソン ライオンズ	イ ジョンボム(内野手)
1994	LG ツインズ	○	○	○	○						テピョンヤンドルフィンズ	キム ヨンス(投手)
1995	OB ベアーズ	●	○	○	●	○	○	○			ロッテ ジャイアンツ	キム ミンホ(内野手)
1996	ヘテ タイガース	○	●	○	○	○					ヒョンデ ユニコーンズ	イ ガンチョル(投手)
1997	ヘテ タイガース	○	○	●	○	○					LG ツインズ	イ ジョンボム(内野手)
1998	ヒョンデ ユニコーンズ	○	○	●	●	○	○				LG ツインズ	チョン ミンテ(投手)
1999	ハンファ イーグルス	○	○	●	○	○					ロッテ ジャイアンツ	ク デソン(投手)
2000	ヒョンデ ユニコーンズ	○	○	○	●	●	●	○			トゥサン ベアーズ	タム・クィンラン(内野手)
2001	トゥサン ベアーズ	●	○	○	●	○	○				サムソン ライオンズ	タイロン・ウッズ(内野手)
2002	サムソン ライオンズ	○	●	○	●	○	○				LG ツインズ	マ ヘヨン(外野手)
2003	ヒョンデ ユニコーンズ	○	○	○	●	○	●	○			SK ワイバーンズ	チョン ミンテ(投手)
2004	ヒョンデ ユニコーンズ	○	△	●	○	●	△	○	○	○	サムソン ライオンズ	チョ ヨンジュン(投手)
2005	サムソン ライオンズ	○	○	●	○						トゥサン ベアーズ	オ スンファン(投手)
2006	サムソン ライオンズ	○	●	○	○	△					ハンファ イーグルス	パク チンマン(内野手)
2007	SK ワイバーンズ	●	●	○	○	○	○				トゥサン ベアーズ	キム ジェヒョン(外野手)
2008	SK ワイバーンズ	●	○	○	○						トゥサン ベアーズ	チェ ジョン(内野手)
2009	KIA タイガース	○	○	●	●	○	●	○			SK ワイバーンズ	ナ ジワン(外野手)
2010	SK ワイバーンズ	○	○	●	○						サムソン ライオンズ	パク チョングォン(外野手)
2011	サムソン ライオンズ	○	○	●	○	○					SK ワイバーンズ	オ スンファン(投手)
2012	サムソン ライオンズ	○	○	●	○	○					SK ワイバーンズ	イ スンヨプ(内野手)
2013	サムソン ライオンズ	●	●	○	●	○	○	○			トゥサン ベアーズ	パク ハンイ(外野手)
2014	サムソン ライオンズ	●	○	○	●	○	○				ネクセン ヒーローズ	ヤマイコ・ナバーロ(内野手)
2015	トゥサン ベアーズ	●	○	○	○	○					サムソン ライオンズ	チョン スビン(外野手)
2016	トゥサン ベアーズ	○	○	○	○						NC ダイノス	ヤン ウィジ(捕手)
2017	KIA タイガース	●	○	○	○	○					トゥサン ベアーズ	ヤン ヒョンジョン(投手)
2018	SK ワイバーンズ	○	●	○	●	○	○				トゥサン ベアーズ	ハン ドンミン(外野手)
2019	トゥサン ベアーズ	○	○	○	○						キウム ヒーローズ	オ ジェイル(内野手)
2020	NC ダイノス	○	●	●	○	○	○				トゥサン ベアーズ	ヤン ウィジ(捕手)
2021	KT ウィズ	○	○	○	○						トゥサン ベアーズ	パク キョンス(内野手)
2022	SSG ランダーズ	●	○	○	●	○	○				キウム ヒーローズ	キム ガンミン(外野手)
2023	LG ツインズ	●	○	○	○	○					KT ウィズ	オ ジファン(内野手)

NPB在籍経験のある選手は赤文字表記(漢字名も併記)。外国人選手は日本での登録名で記載

歴代打撃成績

年度	首位打者（チーム名）		本塁打王（チーム名）		打点王（チーム名）	
1982	ベク インチョン（白仁天/MBC）	.412	キム ボンヨン（ヘテ）	22	キム ソンハン（ヘテ）	69
1983	チャン ヒョジョ（サムソン）	.369	イ マンス（サムソン）	27	イ マンス（サムソン）	74
1984	イ マンス（サムソン）	.340	イ マンス（サムソン）	23	イ マンス（サムソン）	80
1985	チャン ヒョジョ（サムソン）	.373	キム ソンハン（ヘテ）/イ マンス（サムソン）	22	イ マンス（サムソン）	87
1986	チャン ヒョジョ（サムソン）	.329	キム ボンヨン（ヘテ）	21	キム ボンヨン（ヘテ）	67
1987	チャン ヒョジョ（サムソン）	.387	キム ソンレ（サムソン）	22	イ マンス（サムソン）	76
1988	キム サンフン（MBC）	.354	キム ソンハン（ヘテ）	30	キム ソンハン（ヘテ）	89
1989	コ ウォンブ（吉村元富/ピングレ）	.327	キム ソンハン（ヘテ）	26	ユ スンアン（ピングレ）	85
1990	ハン デファ（ヘテ）	.335	チャン ジョンフン（ピングレ）	28	チャン ジョンフン（ピングレ）	91
1991	イ ジョンフン（ピングレ）	.348	チャン ジョンフン（ピングレ）	35	チャン ジョンフン（ピングレ）	114
1992	イ ジョンフン（ピングレ）	.360	チャン ジョンフン（ピングレ）	41	チャン ジョンフン（ピングレ）	119
1993	ヤン ジュンヒョク（サムソン）	.341	キム ソンレ（サムソン）	28	キム ソンレ（サムソン）	91
1994	イ ジョンボム（李鍾範/ヘテ）	.393	キム ギテ（サンバンウル）	25	ヤン ジュンヒョク（サムソン）	87
1995	キム グァンリム（サンバンウル）	.337	キム サンホ（OB）	25	キム サンホ（OB）	101
1996	ヤン ジュンヒョク（サムソン）	.346	パク チェホン（ヒョンデ）	30	パク チェホン（ヒョンデ）	108
1997	キム ギテ（サンバンウル）	.344	イ スンヨプ（李承燁/サムソン）	32	イ スンヨプ（李承燁/サムソン）	114
1998	ヤン ジュンヒョク（サムソン）	.342	タイロン・ウッズ（OB）	42	タイロン・ウッズ（OB）	103
1999	マ ヘヨン（ロッテ）	.372	イ スンヨプ（李承燁/サムソン）	54	イ スンヨプ（李承燁/サムソン）	123
2000	パク チョンホ（ヒョンデ）	.340	パク キョンワン（ヒョンデ）	40	パク チェホン（ヒョンデ）	115
2001	ヤン ジュンヒョク（LG）	.355	イ スンヨプ（李承燁/サムソン）	39	タイロン・ウッズ（OB）	113
2002	チャン ソンホ（KIA）	.343	イ スンヨプ（李承燁/サムソン）	47	イ スンヨプ（李承燁/サムソン）	126
2003	キム ドンジュ（トゥサン）	.342	イ スンヨプ（李承燁/サムソン）	56	イ スンヨプ（李承燁/サムソン）	144
2004	クリフ・ブランボー（ヒョンデ）	.343	パク キョンワン（SK）	34	イ ホジュン（SK）	112
2005	イ ビョンギュ（李炳圭/LG）	.337	レリー・ソトゥン（ヒョンデ）	35	レリー・ソトゥン（ヒョンデ）	102
2006	イ デホ（李大浩/ロッテ）	.336	イ デホ（李大浩/ロッテ）	26	イ デホ（李大浩/ロッテ）	88
2007	イ ヒョンゴン（KIA）	.338	シム ジョンス（サムソン）	31	シム ジョンス（サムソン）	101
2008	キム ヒョンス（トゥサン）	.357	キム テギュン（金泰均/ハンファ）	31	カリーム・ガルシア（ロッテ）	111
2009	パク ヨンテク（LG）	.372	キム サンヒョン（KIA）	36	キム サンヒョン（KIA）	127
2010	イ デホ（李大浩/ロッテ）	.364	イ デホ（李大浩/ロッテ）	44	イ デホ（李大浩/ロッテ）	133
2011	イ デホ（李大浩/ロッテ）	.357	チェ ヒョンウ（サムソン）	30	チェ ヒョンウ（サムソン）	118
2012	キム テギュン（金泰均/ハンファ）	.363	パク ピョンホ（ネクセン）	31	パク ピョンホ（ネクセン）	105
2013	イ ビョンギュ（李炳圭/LG）	.348	パク ピョンホ（ネクセン）	37	パク ピョンホ（ネクセン）	117
2014	ソ ゴンチャン（ネクセン）	.370	パク ピョンホ（ネクセン）	52	パク ピョンホ（ネクセン）	124
2015	エリック・テームズ（NC）	.381	パク ピョンホ（ネクセン）	53	パク ピョンホ（ネクセン）	146
2016	チェ ヒョンウ（サムソン）	.376	エリック・テームズ（NC）/チ ジョン（SK）	40	チェ ヒョンウ（サムソン）	144
2017	キム ソンビン（KIA）	.370	チェ ジョン（SK）	46	ダリン・ロブ（サムソン）	124
2018	キム ヒョンス（LG）	.362	キム ジェファン（トゥサン）	44	キム ジェファン（トゥサン）	133
2019	ヤン ウィジ（NC）	.354	パク ピョンホ（キウム）	33	ジェリー・サンズ（キウム）	113
2020	チェ ヒョンウ（KIA）	.354	メル・ロハス・ジュニア（KT）	47	メル・ロハス・ジュニア（KT）	135
2021	イ ジョンフ（キウム）	.360	チェ ジョン（SSG）	35	ヤン ウィジ（NC）	111
2022	イ ジョンフ（キウム）	.349	パク ピョンホ（KT）	35	イ ジョンフ（キウム）	113
2023	ソン アソプ（NC）	.339	ノ シファン （ハンファ）	31	ノ シファン （ハンファ）	101

NPB在籍経験のある選手は赤文字表記（漢字名も併記）。外国人選手は日本での登録名で記載

歴代打撃成績

年度	盗塁王（チーム名）		最多安打（チーム名）	
1982	キム イルグォン（ヘテ）	53	ベク インチョン（白仁天/MBC）	103
1983	キム イルグォン（ヘテ）	48	パク チョンフン（OB）/チャン ヒョジョ（サムソン）	117
1984	キム イルグォン（ヘテ）	41	ホン ムンジョン（徳山文宗/ロッテ）	122
1985	キム ジェバク（MBC）	50	キム ソンハン（ヘテ）	133
1986	ソ ジョンファン（ヘテ）	43	イ グァンウン（MBC）	124
1987	イ ヘチャン（チョンボ）	54	イ ジョンフン（ピングレ）	124
1988	イ スンチョル（ヘテ）	58	キム ソンハン（ヘテ）	131
1989	キム イルグォン（テピョンヤン）	62	イ ガンドン（ピングレ）	137
1990	キム イルグォン（テピョンヤン）	48	イ ガンドン（ピングレ）	146
1991	イ スンチョル（ヘテ）	56	チャン ジョンフン（ピングレ）	160
1992	イ スンチョル（ヘテ）	44	イ スンチョル（ヘテ）	152
1993	チョン ジュンホ（ロッテ）	75	キム ヒョンソク（OB）	147
1994	イ ジョンボム（李鍾範/ヘテ）	84	イ ジョンボム（李鍾範/ヘテ）	196
1995	チョン ジュンホ（ロッテ）	69	チェ テウォン（サンバンウル）	147
1996	イ ジョンボム（李鍾範/ヘテ）	57	ヤン ジュンヒョク（サムソン）	151
1997	イ ジョンボム（李鍾範/ヘテ）	64	イ スンヨプ（李承燁/サムソン）	170
1998	チョン スグン（OB）	44	ヤン ジュンヒョク（サムソン）	156
1999	チョン スグン（トゥサン）	57	イ ビョンギュ（李炳圭/LG）	192
2000	チョン スグン（トゥサン）	47	イ ビョンギュ（李炳圭/LG）/チャン ウォンジン（トゥサン）	170
2001	チョン スグン（トゥサン）	52	イ ビョンギュ（李炳圭/LG）	167
2002	キム ジョングク（KIA）	50	マ ヘヨン（サムソン）	172
2003	イ ジョンボム（李鍾範/KIA）	50	パク ハンイ（サムソン）	170
2004	チョン ジュンホ（ヒョンデ）	53	ホン ソンフン（トゥサン）	165
2005	パク ヨンテク（LG）	43	イ ビョンギュ（李炳圭/LG）	157
2006	イ ジョンウク（トゥサン）	51	イ ヨンギュ（KIA）	154
2007	イ デヒョン（LG）	53	イ ヒョンゴン（KIA）	153
2008	イ デヒョン（LG）	63	キム ヒョンス（トゥサン）	168
2009	イ デヒョン（LG）	64	キム ヒョンス（トゥサン）	172
2010	イ デヒョン（LG）	66	イ デホ（李大浩/ロッテ）	174
2011	オ ジェウォン（トゥサン）	46	イ デホ（李大浩/ロッテ）	176
2012	イ ヨンギュ（KIA）	44	ソン アソプ（ロッテ）	158
2013	キム ジョンホ（NC）	50	ソン アソプ（ロッテ）	172
2014	キム サンス（サムソン）	53	ソ ゴンチャン（ネクセン）	201
2015	パク ヘミン（サムソン）	60	ユ ハンジュン（ネクセン）	188
2016	パク ヘミン（サムソン）	52	チェ ヒョンウ（サムソン）	195
2017	パク ヘミン（サムソン）	40	ソン アソプ（ロッテ）	193
2018	パク ヘミン（サムソン）	36	チョン ジュンウ（ロッテ）	190
2019	パク チャンホ（KIA）	39	ホセ・ベルナンデス（トゥサン）	197
2020	シム ウジュン（KT）	35	ホセ・ベルナンデス（トゥサン）	199
2021	キム ヘソン（キウム）	46	チョン ジュンウ（ロッテ）	192
2022	パク チャンホ（KIA）	42	イ ジョンフ（キウム）	193
2023	チョン スビン（トゥサン）	39	ソン アソプ（NC）	187

年度	防御率１位（チーム名）		最多勝（チーム名）		最優秀救援（チーム名）	
1982	パク チョルスン（OB）	1.84	パク チョルスン（OB）	24	ファン ギュボン（サムソン）	19
1983	ハ ギリョン（MBC）	2.33	チャン ミョンブ（福士敬章/サムミ）	30	ファン テファン（OB）	20
1984	チャン ホヨン（OB）	1.58	チェ ドンウォン（ロッテ）	27	ユン ソクファン（OB）	35
1985	ソン ドンヨル（宣銅烈/ヘテ）	1.70	キム シジン/キム イルユン（新浦壽夫/ともにサムソン）	25	クォン ヨンホ（サムソン）	28
1986	ソン ドンヨル（宣銅烈/ヘテ）	0.99	ソン ドンヨル（宣銅烈/ヘテ）	24	キム ヨンス（MBC）	35
1987	ソン ドンヨル（宣銅烈/ヘテ）	0.89	キム シジン（サムソン）	23	キム ヨンス（MBC）	33
1988	ソン ドンヨル（宣銅烈/ヘテ）	1.21	ユン ハクキル（ロッテ）	18	ユン ソクファン（OB）	27
1989	ソン ドンヨル（宣銅烈/ヘテ）	1.17	ソン ドンヨル（宣銅烈/ヘテ）	21	キム ヨンス（MBC）	26
1990	ソン ドンヨル（宣銅烈/ヘテ）	1.13	ソン ドンヨル（宣銅烈/ヘテ）	22	ソン ジンウ（ピングレ）	38
1991	ソン ドンヨル（宣銅烈/ヘテ）	1.55	ソン ドンヨル（宣銅烈/ヘテ）	19	チョ ギュジェ（サンバンウル）	34
1992	ヨム ジョンソク（ロッテ）	2.33	ソン ジンウ（ピングレ）	19	ソン ジンウ（ピングレ）	25
1993	ソン ドンヨル（宣銅烈/ヘテ）	0.78	チョ ゲヒョン（ヘテ）	17	ソン ドンヨル（宣銅烈/ヘテ）	41
1994	チョン ミンチョル（鄭珉哲/ハンファ）	2.15	チョ ゲヒョン（ヘテ）/イ サンフン（李尚勲/LG）	18	チョン ミョンウォン（テピョンヤン）	44
1995	チョ ゲヒョン（ヘテ）	1.71	イ サンフン（李尚勲/LG）	20	ソン ドンヨル（宣銅烈/ヘテ）	38
1996	ク デソン（具臺晟/ハンファ）	1.88	ク デソン（具臺晟/ハンファ）/チュ ヒョングァン（ロッテ）	18	ク デソン（具臺晟/ハンファ）	40
1997	キム ヒョンウク（サンバンウル）	1.88	キム ヒョンウク（サンバンウル）	20	イ サンフン（李尚勲/LG）	47
1998	チョン ミョンウォン（ヒョンデ）	1.86	キム ヨンス（LG）	18	イム チャンヨン（林昌勇/ヘテ）	42
1999	イム チャンヨン（林昌勇/サムソン）	2.14	チョン ミンテ（鄭珉台/ヒョンデ）	20	チン ピルチュン（トゥサン）	52
2000	ク デソン（具臺晟/ハンファ）	2.77	チョン ミンテ（鄭珉台）/キム スギョン/イム ソンドン（ともにヒョンデ）	18	チン ピルチュン（トゥサン）	47
2001	パク ソクチン（ロッテ）	2.98	シン ユノ（LG）/ソン ミンハン（ロッテ）	15	シン ユンホ（LG）	32
2002	ナルシソ・エルビラ（サムソン）	2.50	マーク・キーポ（KIA）	19	チョ ヨンジュン（ヒョンデ）	37
2003	シェーン・パワーズ（ヒョンデ）	3.01	チョン ミンテ（鄭珉台/ヒョンデ）	17	チョ ウンチョン（SK）	36
2004	パク ミョンファン（トゥサン）	2.50	ダニエル・リオス（KIA）/ベjョンス（サムソン）/ゲーリー・ラス（トゥサン）	17	イム チャンヨン（林昌勇/サムソン）	36
2005	ソン ミンハン（ロッテ）	2.46	ソン ミンハン（ロッテ）	18	チョン ジェフン（トゥサン）	30
2006	リュ ヒョンジン（ハンファ）	2.23	リュ ヒョンジン（ハンファ）	18	オ スンファン（呉昇桓/サムソン）	47
2007	ダニエル・リオス（トゥサン）	2.07	ダニエル・リオス（トゥサン）	22	オ スンファン（呉昇桓/サムソン）	40
2008	ユン ソクミン（KIA）	2.33	キム グァンヒョン（SK）	16	オ スンファン（呉昇桓/サムソン）	39
2009	キム グァンヒョン（SK）	2.80	アキリル・ロペジ（KIA）/チョ ジョンフン（ロッテ）/ユン ソクミン（KIA）	14	ジョン・エキンス（ロッテ）/イ サンファン（トゥサン）	26
2010	リュ ヒョンジン（ハンファ）	1.82	キム グァンヒョン（SK）	17	ソン スンラク（ネクセン）	26
2011	ユン ソクミン（KIA）	2.45	ユン ソクミン（KIA）	17	オ スンファン（呉昇桓/サムソン）	47
2012	ブランドン・ナイト（ネクセン）	2.20	チャン ウォンサム（サムソン）	17	オ スンファン（呉昇桓/サムソン）	37
2013	チャルリ・シュイレク（NC）	2.48	ベ ヨンス（サムソン）/クリス・セドン（SK）	14	ソン スンラク（ネクセン）	46
2014	リック・バンデンハーク（サムソン）	3.18	アンディ・バンヘッケン（ネクセン）	20	ソン スンラク（ネクセン）	32
2015	ヤン ヒョンジョン（KIA）	2.44	エリク・ヘコ（NC）	19	イム チャンヨン（林昌勇/サムソン）	33
2016	ドスティン・ニポトゥ（トゥサン）	2.95	ドスティン・ニポトゥ（トゥサン）	22	キム セヒョン（ネクセン）	36
2017	ライオン・ピオベンドゥ（kt）	3.04	ヤン ヒョンジョン（KIA）/ヘクト・ノエシ（KIA）	20	ソン スンラク（ロッテ）	37
2018	ジョシィ・リンドゥブルロム（トゥサン）	2.88	セス・フレンコプ（トゥサン）	18	チョン ウラム（ハンファ）	35
2019	ヤン ヒョンジョン（KIA）	2.29	ジョシィ・リンドゥブルロム（トゥサン）	20	ハ ジェフン（ジェフン/SK）	36
2020	エリク・ヨキシ（キウム）	2.14	ラウル・アルカンタラ（トゥサン）	20	チョ サンウ（キウム）	33
2021	アリエル・ミランダ（トゥサン）	2.33	エリク・ヨキシ（キウム）/デービッド・ブキャナン（サムソン）	16	オ スンファン（呉昇桓/サムソン）	44
2022	アン ウジン（キウム）	2.11	ケイシ・ケルリ（LG）	16	コ ウソク（LG）	42
2023	エリク・ペディ（NC）	2.00	エリク・ペディ（NC）	20	ソ ジンヨン（SSG）	42

NPB在籍経験のある選手は赤文字表記（漢字名も併記）。外国人選手は日本での登録名で記載

歴代投手成績

年度	最多奪三振（チーム名）	
1982	ノ サンス（ロッテ）	141
1983	チャン ミョンブ（福士敬章/サムミ）	220
1984	チェ ドンウォン（ロッテ）	223
1985	キム シジン（サムソン）	201
1986	ソン ドンヨル（宣銅烈/ヘテ）	214
1987	チェ ドンウォン（ロッテ）	163
1988	ソン ドンヨル（宣銅烈/ヘテ）	200
1989	ソン ドンヨル（宣銅烈/ヘテ）	198
1990	ソン ドンヨル（宣銅烈/ヘテ）	189
1991	ソン ドンヨル（宣銅烈/ヘテ）	210
1992	イ ガンチョル（ヘテ）	155
1993	キム サンヨプ（サムソン）	170
1994	チョン ミンチョル（鄭珉哲/ハンファ）	196
1995	イ デジン（ヘテ）	163
1996	チュ ヒョングァン（ロッテ）	221
1997	チョン ミンチョル（鄭珉哲/ハンファ）	160
1998	イ デジン（ヘテ）	183
1999	キム スギョン（ヒョンデ）	184
2000	イム ソンドン（ヒョンデ）	174
2001	ベルナンド・エルナンデス（SK）	215
2002	キム ジンウ（KIA）	177
2003	イ スンホ（LG）	157
2004	パク ミョンファン（トゥサン）	162
2005	ベ ヨンス（サムソン）/ダニエル・リオス（トゥサン）	147
2006	リュ ヒョンジン（ハンファ）	204
2007	リュ ヒョンジン（ハンファ）	178
2008	キム クァンヒョン（SK）	150
2009	リュ ヒョンジン（ハンファ）	188
2010	リュ ヒョンジン（ハンファ）	187
2011	ユン ソクミン（KIA）	178
2012	リュ ヒョンジン（ハンファ）	210
2013	ラダメス・リズ（LG）	188
2014	リック・バンデンハーク（サムソン）	180
2015	チャ ウチャン（サムソン）	194
2016	マイケル・ボウデン（トゥサン）	160
2017	メリル・ケルリ（SK）	189
2018	キボス・セムスン（ハンファ）	195
2019	ジョシィ・リンドゥブルロム（トゥサン）	189
2020	デン・ストゥレイルリ（ロッテ）	205
2021	アリエル・ミランダ（トゥサン）	225
2022	アン ウジン（キウム）	224
2023	エリク・ペディ（NC）	209

スウォンKTウィズパーク

歴代最高記録

打者・出場試合数

順位	選手名	チーム	試合数
1	パク ヨンテク	LG	2237
2	*カン ミンホ	サム	2233
3	チョン ソンフン	KIA	2223
4	*チェ ジョン	SSG	2164
5	イ ジンヨン	KT	2160
6	ヤン ジュンヒョク	サム	2135
7	パク ハンイ	サム	2127
8	*キム ミンジェ	ハン	2113
9	チョン ジュンホ	ヒー	2091
10	*チェ ヒョンウ	KIA	2065
11	チョン ソンホ	KT	2064
12	イ ホジュン	NC	2053
13	パク キョンワン	SK	2044
14	キム ドンス	ヒー	2039
15	*パク キョンス	KT	2038
16	*キム テギュン	ハン	2014
17	イ ボムホ	KIA	2001
18	イ スンヨプ	ネク	1993
19	パク チンマン	SK	1993
20	*ソン アソプ	NC	1974

打者・安打数

順位	選手名	チーム	安打
1	パク ヨンテク	LG	2504
2	*ソン アソプ	NC	2416
3	*チェ ヒョンウ	KIA	2323
4	ヤン ジュンヒョク	サム	2318
5	*キム ヒョンス	LG	2236
6	*キム テギュン	ハン	2209
7	イ デホ	ロッ	2199
8	パク ハンイ	サム	2174
9	チョン ソンフン	KIA	2159
10	イ スンヨプ	サム	2156
11	*チェ ジョン	SSG	2133
12	イ ジンヨン	KT	2125
13	チャン ソンホ	KT	2100
14	*イ ヨンギュ	キウ	2076
15	ホン ソンフン	トゥ	2046
16	*イ ビョンギュ	LG	2043
17	*ファン ジェギュン	KT	2032
18	チョン ジュンホ	ヒー	2018
19	*カン ミンホ	サム	1989
20	キム ジュチャン	KIA	1887

打者・二塁打数

順位	選手名	チーム	二塁打
1	*チェ ヒョンウ	KIA	490
2	イ スンヨプ	サム	464
3	ヤン ジュンヒョク	サム	458
4	パク ヨンテク	LG	441
5	*ソン アソプ	NC	425
6	*キム ヒョンス	LG	411
7	*キム テギュン	ハン	399
8	チョン ソンフン	KIA	396
9	*チェ ジョン	SSG	394
10	*チャン ソンホ	KT	394
11	*ファン ジェギュン	KT	382
12	イ ビョンギュ	LG	371
13	パク ハンイ	サム	368
14	イ ジンヨン	KT	367
15	キム ジュチャン	KIA	361
16	*イ ヨンギュ	ロッ	360
17	*カン ミンホ	サム	355
18	*イ ホジュン	NC	346
19	*イ ジョンボム	KIA	340
20	イ ボムホ	KIA	334

打者・三塁打数

順位	選手名	チーム	三塁打
1	チョン ジュンホ	ヒー	100
2	*チョン スビン	トゥ	84
3	*イ ヨンギュ	キウ	64
4	*パク ヘミン	LG	64
5	キム ウングク	ロッ	62
6	*オ ジファン	LG	60
7	*ソ ゴンチャン	サム	56
8	*ク ジャウク	サム	55
9	キム ジュチャン	KIA	54
9	*パク ミヌ	NC	54
11	イ ジョンウク	NC	51
12	*キム グァンリム	サム	50
12	チョン スグン	ロッ	50
14	ウンド クキュ	ヒョ	48
15	*ファン ジェギュン	KT	45
16	パク ヨンテク	LG	44
16	キム ヒョンソク	サム	44
18	イ ジョンフ	キウ	43
19	イ ジョンヨル	LG	41
20	*イ ビョンギュ他	LG	38

打者・本塁打数

順位	選手名	チーム	本塁打
1	イ スンヨプ	サム	467
2	*チェ ジョン	SSG	458
3	*パク ビョンホ	KT	380
4	イ デホ	ロッ	374
5	*チェ ヒョンウ	KIA	373
6	ヤン ジュンヒョク	サム	351
7	チャン ジョンフン	ハン	340
8	イ ホジュン	NC	337
9	イ マンス	KIA	329
10	シム ジョンス	サム	328
11	*カン ミンホ	サム	319
12	パク キョンワン	SK	314
13	キム テギュン	ハン	311
13	ソン ジマン	ネク	311
15	パク チェホン	SK	300
16	*キム ドンジュ	トゥ	273
17	パク ヨクミン	NC	269
18	マ ヘヨン	ロッ	260
18	イ マンス	サム	252
20	*ナ ソンボム	KIA	251

打者・得点数

順位	選手名	チーム	得点
1	*チェ ジョン	SSG	1368
2	イ スンヨプ	サム	1355
3	*ソン アソプ	NC	1316
4	ヤン ジュンヒョク	サム	1299
5	パク ヨンテク	LG	1259
6	*チェ ヒョンウ	KIA	1224
7	パク ハンイ	サム	1211
8	*イ ヨンギュ	キウ	1179
9	チョン ジュンホ	ヒー	1171
10	*キム ヒョンス	LG	1129
11	チャン ソンホ	KT	1108
12	*イ ジョンボム	KIA	1100
13	チョン グンウ	LG	1072
14	*ファン ジェギュン	KT	1062
15	チャン ジョンフン	ハン	1043
16	チョン ソンフン	KIA	1040
17	キム ジュチャン	KIA	1025
18	キム テギュン	ハン	1024
19	ソン ジマン	ネク	1019
20	パク チェホン	SK	1012

打者・打点数

順位	選手名	チーム	打点
1	*チェ ヒョンウ	KIA	1542
2	イ スンヨプ	サム	1498
3	*チェ ジョン	SSG	1454
4	イ デホ	ロッ	1425
5	ヤン ジュンヒョク	サム	1389
6	*キム ヒョンス	LG	1363
7	キム テギュン	ハン	1358
8	イ ホジュン	NC	1265
9	パク ヨンテク	LG	1192
10	*カン ミンホ	サム	1165
11	チャン ジョンフン	ハン	1145
12	*パク ビョンホ	KT	1141
13	イ ボムホ	KIA	1127
14	ホン ソンフン	トゥ	1120
15	キム ヒョンソク	トゥ	1091
16	パク チェホン	SK	1081
17	チャン ソンホ	KT	1043
18	パク ソクミン	NC	1041
19	ソン ジマン	ネク	1030
20	シム ジョンス	サム	1029

打者・四死球数

順位	選手名	チーム	四死球
1	ヤン ジュンヒョク	サム	1380
2	*チェ ジョン	SSG	1310
3	キム テギュン	ハン	1249
4	*チェ ヒョンウ	KIA	1186
5	チャン ソンホ	KT	1175
6	パク キョンワン	SK	1140
7	パク ハンイ	サム	1098
8	パク ソクミン	NC	1069
9	キム ジェヒョン	SK	1062
10	*イ スンヨプ	サム	1055
11	*キム ヒョンス	LG	1031
12	*イ ヨンギュ	キウ	1012
13	チャン ジョンフン	ハン	997
14	イ ボムホ	KIA	978
15	キム ギテ	SK	975
16	チョン ジュンホ	ヒー	962
17	キム ドンジュ	トゥ	961
18	*ソン アソプ	NC	949
19	パク チェホン	SK	940
20	*キム ハンス	KIA	933

打者・盗塁数

順位	選手名	チーム	盗塁
1	チョン ジュンホ	ヒー	549
2	*イ ジョンボム	KIA	510
3	イ デヒョン	KT	505
4	チョン スグン	ロッ	474
5	*イ ヨンギュ	キウ	394
6	キム ジュチャン	KIA	388
7	イ スンチョル	サム	371
8	*パク ヘミン	LG	368
9	*キム イルグォン	KIA	363
10	イ ジョンウク	NC	340
11	パク ヨンテク	LG	313
12	リュ ジヒョン	LG	296
13	オ ジェウォン	トゥ	289
14	*キム ジュバク	テビ	284
15	*チョン スビン	トゥ	275
16	パク チェホン	SK	267
17	*イ ジョンウク	LG	256
18	*キム サンス	KT	256
19	キム ジョングク	KIA	254

チーム名：トゥ=トゥサンベアーズ LG=LGツインズ キウ=キウムヒーローズ SSG=SSGランダーズ KT=KTウィズ ハン=ハンファイーグルス サム=サムソンライオンズ KIA=KIAタイガース ロッ=ロッテジャイアンツ NC=NCダイノス

打者・三振数

順位	選手名	チーム	三振
1	*チェジョン	SSG	1658
2	パクキョンワン	SK	1605
3	*パクソンホ	KT	1532
4	*オジファン	LG	1505
5	*カンミンホ	サム	1477
6	ソンジマン	ネク	1451
7	パクヨンテク	LG	1392
8	キムテギュン	ハン	1384
9	*パクキョンス	KT	1359
9	イソンヨル	ハン	1359
11	*チャンジョンフン	ハン	1355
12	イスンヨプ	サム	1344
13	*チェミンソ	KIA	1318
14	*ファンジェギュン	KT	1317
15	イホジュン	NC	1307
16	*ソンボム	KIA	1235
17	ソンアプ	NC	1212
18	イボムホ	KIA	1158
19	パクチェホン	SK	1147
20	パクソクミン	NC	1145

投手・登板数

順位	選手名	チーム	登板
1	*チョンウラム	ハン	1004
2	リュテクヒョン	LG	901
3	チョンミンチョル	SK	813
4	カドゥクヨム	SK	800
5	*チンヘス	LG	788
6	クォンヒョク	トゥ	781
7	イムチャンヨン	KIA	760
8	*ウギョミン	サム	759
9	*イサンヨル	SK	752
10	カンヨンシク	ロッ	750
11	オサンミン	LG	734
12	ソンシンヨン	ハン	709
13	イヘチョン	NC	706
14	イドンヒョン	LG	701
15	パクチョンジン	ハン	691
16	*ソンボム	LG	680
17	ソンジヌ	ハン	672
18	イヒョンスン	トゥ	671
19	*オスンファン	サム	668
20	チョンデヒョン	ロッ	662

投手・勝利数

順位	選手名	チーム	勝利
1	ソンジヌ	ハン	210
2	*ヤンヒョンジョン	KIA	168
3	チョンミンチョル	ハン	161
4	*キムグァンヒョン	SSG	158
5	イガンチョル	KIA	152
6	*ソンドンヨル	ヘテ	146
7	ペヨンス	トゥ	138
8	ユンソンファン	サム	135
9	キムウォンヒョン	SK	134
10	チャンウォンジュン	トゥ	132
11	イムチャンヨン	KIA	130
12	キムヨンス	LG	126
12	チョゲヒョン	トゥ	126
14	チョンミンテ	KIA	124
14	キムシジン	ロッ	124
16	ソンミョン	NC	123
17	キムサンジン	SK	121
18	チャンウォンサム	ロッ	121
19	ハンヨンドク	ロッ	120
20	ユンハクキル	ロッ	117

投手・完投勝利数

順位	選手名	チーム	完投
1	ユンハクキル	ロッ	100
2	チェドンウォン	サム	81
3	チャンホヨン	OB	79
4	ソンドンヨル	ヘテ	68
5	キムシジン	ロッ	67
6	イガンチョル	KIA	65
6	チャンミョンブ	ビン	65
8	ソンジヌ	ハン	64
8	チョゲヒョン	トゥ	64
10	イサングン	ハン	62
11	チョンミンチョル	ハン	61
12	ハンヨンドク	ハン	60
13	キムサンジン	SK	50
13	イヨンチョル	LG	50
15	パクチョンヒョン	SK	48
16	ハンヒミン	サム	47
17	チョンミンテ	KIA	42
18	ヤンサンムン	テビ	41
19	ケヒョンチョル	OB	40
19	イムホギュン	テビ	40

投手・完封勝利数

順位	選手名	チーム	完封
1	ソンドンヨル	ヘテ	29
2	ユンハクキル	ロッ	20
2	チョンミンチョル	ハン	20
4	チョゲヒョン	トゥ	19
5	イガンチョル	KIA	18
6	キムシジン	SK	17
7	チャンホヨン	OB	16
7	キムシジン	ロッ	16
7	ハンヨンドク	ハン	16
10	チェドンウォン	サム	15
11	ハンヒミン	サム	13
12	キムヨンウク	トゥ	13
13	ソンジヌ	ハン	11
13	チョンサムフム	LG	11
15	イサングン	ハン	10
15	ヤンサンムン	テビ	10
15	チェテウォン	LG	10
15	ソンジュン	ロッ	10
19	チョンミンテ	KIA	9
19	チェイルオン 他	サム	9

投手・敗戦数

順位	選手名	チーム	敗戦
1	ソンジヌ	ハン	153
2	キムウォンヒョン	SK	144
3	ヨムジョンソク	ロッ	133
4	チョンミンチョル	ハン	128
5	ペヨンス	トゥ	122
5	イサンモク	サム	122
7	チョンサムフム	LG	121
8	チャンウォンジュン	トゥ	119
9	ハンヨンドク	ハン	118
10	*ヤンヒョンジョン	KIA	112
11	イガンチョル	KIA	112
12	チャンホヨン	OB	110
13	ユンソンファン	サム	106
14	キムサンジン	SK	100
15	チャンウォンサム	ロッ	98
15	キムスギョン	ネク	98
17	チョンミンテ	ロッ	96
18	ソンウンボム	LG	94
19	チェチンホ	LG	94
19	ユンハクキル	ロッ	94

投手・セーブ数

順位	選手名	チーム	セーブ
1	*オスンファン	サム	400
2	ソンサンラク	ロッ	271
3	イムチャンヨン	KIA	258
4	キムヨンス	LG	227
5	クァンフ	ハン	214
6	*チョンウラム	ハン	197
7	チンピルチュン	LG	191
8	*キムジェユン	KT	169
9	*イヨンチャン	NC	157
10	チョギュジェ	KIA	153
11	チョンミョンウォン	ヒョ	142
12	チョンジェフン	トゥ	139
13	コウソク	LG	139
14	ソンドンヨル	ヘテ	132
15	*イミョンジェ	キウ	122
16	チョヨンジュン	ネク	116
17	ポンジュングン	LG	109
18	*キムウォンジュン	ロッ	107
19	チョンデヒョン	ロッ	106
20	ソンジヌ	ハン	105

投手・投球回数

順位	選手名	チーム	投球回
1	ソンジヌ	ハン	3003
2	チョンミンチョル	ハン	2394 2/3
3	*ヤンヒョンジョン	KIA	2332 1/3
4	イガンチョル	KIA	2204 2/3
5	キムウォンヒョン	SK	2171
6	ペヨンス	トゥ	2167 2/3
7	ハンヨンドク	ハン	2079 1/3
8	*キムグァンヒョン	SSG	2015 1/3
9	チャンウォンジュン	トゥ	2000
10	ユンソンファン	サム	1915
11	チョンサムフム	LG	1894 2/3
12	ユンハクキル	ロッ	1863 2/3
13	キムヨンス	LG	1831 1/3
14	チョンミンテ	KIA	1831
15	イサンモク	サム	1830 2/3
16	チョゲヒョン	トゥ	1823 1/3
17	チャンホヨン	OB	1805
18	ヨムジョンソク	ロッ	1791 1/3
19	キムサンジン	SK	1787 2/3

投手・奪三振数

順位	選手名	チーム	三振
1	ソンジヌ	ハン	2048
2	*ヤンヒョンジョン	KIA	1947
3	イガンチョル	KIA	1751
4	*キムグァンヒョン	SSG	1728
5	ソンドンヨル	ヘテ	1698
6	チョンミンチョル	ハン	1661
7	イムチャンヨン	KIA	1471
8	ペヨンス	トゥ	1436
9	パクミョンファン	NC	1421
10	チャウチャン	ロッ	1413
11	チャンウォンジュン	トゥ	1385
12	キムスギョン	ネク	1370
13	ユンソンファン	サム	1357
14	ハンヨンドク	ハン	1344
15	チョンミンテ	KIA	1278
16	キムウォンヒョン	SK	1246
17	ソンスンジュン	ロッ	1238
18	*リュヒョンジン	ハン	1238
19	キムサンジン	SK	1237
20	イサンモク	サム	1231

ヒー=ヒーローズ　ネク=ネクセンヒーローズ　SK=SKワイバーンズ　サン=サンバンウルレイダース　OB=OBベアーズ
ビン=ビングレイーグルス　ヘテ=ヘテタイガース　テビ=テビョンヤンドルフィンズ　ヒョ=ヒョンデユニコーンズ

石川 厚　김시철 キム シチョル 1958.11.24 右右 投手
博多高-巨人(78)　日本での一軍出場なし

年度	所属	防御率	勝利	敗戦	セーブ	投球回	三振
1982	MBC	3.18	1	0	0	5 2/3	0

宇田東植　주동식 チュンドンシク 1948.8.23 右右 投手
拓大一高-中央大-本田技研-東映(72),日拓,日本ハム-阪神(82)

年度	所属	防御率	勝利	敗戦	セーブ	投球回	三振
	日本通算	3.97	16	19	0	471 2/3	551
1983	ヘテ	3.35	7	3	0	134 1/3	56
1984	ヘテ	2.27	6	5	0	83 1/3	27
	韓国通算	2.94	13	12	3	217 2/3	83

◇オールスター戦出場(83) 韓国シリーズ出場(83)

福士敬章　장명부 チャン ミョンブ 1950.12.27 右右 投手
鳥取西高-巨人(69)-南海(73)-広島(77)

年度	所属	防御率	勝利	敗戦	セーブ	投球回	三振
	日本通算	3.68	91	84	9	1634 2/3	785
1983	サムミ	2.34	30	16	6	427 1/3	220
1984	サムミ	3.30	13	20	7	261 2/3	145
1985	サム/チョ	5.30	11	25	5	246	128
1986	ピングレ	4.98	1	8	0	108 1/3	48
	韓国通算	3.55	55	79	18	1043 1/3	541

◇最多勝(83) 最多奪三振(83) ゴールデングラブ(83) オールスター戦出場(83,84,85) *05年に急逝

木本茂美　김무종 キム ムジョン 1954.4.7 右右 捕手
桜ヶ丘高-広島(73)

年度	所属	打率	試合	安打	本塁打	打点	盗塁
	日本通算	.150	13	3	1	2	0
1983	ヘテ	.262	93	81	12	60	2
1984	ヘテ	.244	66	53	7	22	0
1985	ヘテ	.247	87	65	7	35	0
1986	ヘテ	.224	101	71	9	44	0
1987	ヘテ	.226	89	55	7	31	0
1988	ヘテ	.125	9	1	0	0	0
	韓国通算	.240	445	326	41	192	4

◇オールスター戦出場(83,84,85,86,87) オールスターMVP(86) 韓国シリーズ出場(83,86,87)

木山英求　이영구 イ ヨング 1954.12.24 右右 内野
呉港高-広島(73)

年度	所属	打率	試合	安打	本塁打	打点	盗塁
	日本通算	.000	10	0	0	0	0
1983	サムミ	.277	100	102	5	36	5
1984	サムミ	.257	100	97	5	37	0
1985	サム/チョ	.280	77	69	3	31	3
	韓国通算	.270	277	268	13	104	13

菊村徳用　박덕용 パクトクヨン 1956.11.7 左左 投手
兵庫育英高-ロッテ(75)-西武(79)-近鉄(81)　日本での一軍出場なし

年度	所属	防御率	勝利	敗戦	セーブ	投球回	三振
1984	ロッテ	5.21	1	2	0	19	4

新浦壽夫　김일융 キム イルユン 1951.5.11 左左 投手
静岡商高-巨人(68)-サムソン(84)-横浜大洋(87)-福岡ダイエー(92)-ヤクルト(92)

年度	所属	防御率	勝利	敗戦	セーブ	投球回	三振
	日本通算	3.45	116	123	39	2158 2/3	1706
1984	サムソン	2.55	16	10	3	222	155
1985	サムソン	2.79	25	6	0	226	107
1986	サムソン	2.53	13	4	0	138 2/3	60
	韓国通算	2.53	54	20	3	586 2/3	322

◇最多勝(85) オールスター戦出場(84,85) 韓国シリーズ出場(84,86)
※現・野球評論家

石山一秀　송일수 ソン イルス 1950.12.13 右右 捕手
平安高-近鉄(70)-サムソン(84)-近鉄・コーチ(88)

年度	所属	打率	試合	安打	本塁打	打点	盗塁
	日本通算	.222	215	16	1	8	0
1984	サムソン	.277	64	38	2	20	1
1985	サムソン	.208	55	27	2	20	2
1986	サムソン	.155	40	13	0	0	0
	韓国通算	.222	159	78	4	40	3

◇韓国シリーズ出場(84,86) 14年にトゥサン監督を務める

徳山文宗　홍문종 ホン ムンジョン 1954.11.14 左左 外野
興国高-立命館大-クラウン(77),西武-ロッテ(81)

年度	所属	打率	試合	安打	本塁打	打点	盗塁
	日本通算	.024	44	1	0	0	0
1984	ロッテ	.339	100	122	11	53	36
1985	ロッテ	.260	107	102	11	58	16
1986	ロッテ	.274	103	106	3	29	39
1987	ロッテ	.287	108	119	7	49	25
1988	ロッテ	.279	87	89	4	25	22
1989	テジョンヤン	.241	114	92	6	31	16
1990	テジョンヤン	.235	74	42	1	14	7
	韓国通算	.276	693	672	43	259	161

◇最多安打(84) オールスター戦出場(84,85,86,87) 韓国シリーズ出場(84) ゴールデングラブ賞(84)

金井正幸　김정행 キム ジョンヘン 1952.5.25 右右 投手
熊本工-王子製紙春日井-中日(74)-ロッテ(82)

年度	所属	防御率	勝利	敗戦	セーブ	投球回	三振
	日本通算	6.04	1	6	6	161	75
1985	ロッテ	2.73	7	5	0	115 1/3	55
1986	ロッテ	2.90	7	0	0	118	51
1987	ロッテ	3.62	6	5	0	102	46
1988	ロッテ	3.64	8	4	0	94	29
	韓国通算	3.19	28	21	0	429 1/3	181

◇ノーヒットノーラン達成(86)

柳沢高雄　유고웅 ユ ゴウン 1958.12.21 右右 内野
上宮高-中日(77)

年度	所属	打率	試合	安打	本塁打	打点	盗塁
	日本通算	.000	66	0	0	1	0
1985	MBC	.193	89	44	4	15	7
1986	MBC	.275	101	96	5	39	12
1987	MBC	.245	88	69	2	26	9
1988	MBC	.255	58	42	0	11	14
	韓国通算	.245	336	251	11	91	42

吉村元富　고원부 コウォンブ 1962.4.17 右右 外野
中京高-南海(81)

年度	所属	打率	試合	安打	本塁打	打点	盗塁
	日本通算	.286	5	2	1	2	0
1986	ピングレ	.245	64	76	3	33	5
1987	ピングレ	.324	104	113	2	51	14
1988	ピングレ	.277	98	89	9	50	10
1989	ピングレ	.327	109	112	6	45	5
1990	ピングレ	.253	107	73	9	45	4
1991	ピングレ	.229	39	19	1	8	0
1992	OB	.217	53	34	2	12	6
	韓国通算	.280	594	526	37	244	52

◇首位打者(89) オールスター戦出場(87,89) 韓国シリーズ出場(88,89) ゴールデングラブ賞(89)

金城信夫　김신부 キム シンブ 1963.7.6 右右 投手
市川高-南海(82)　日本での一軍出場なし

年度	所属	防御率	勝利	敗戦	セーブ	投球回	三振
1986	チョンボ	3.21	10	10	0	233	89
1987	チョンボ	4.04	6	11	1	113 2/3	33
1988	テジョンヤン	3.87	9	8	1	123 1/3	38
1989	テジョンヤン	4.31	5	5	0	96	31
1990	LG	4.09	2	2	1	33	6
	韓国通算	3.73	32	36	5	599	197

◇オールスター戦出場(88)

木原彰彦　박창언 パク チャンオン 1958.11.28 右右 内野
布施工高-デュプロ-広島(82)　日本での一軍出場なし

年度	所属	打率	試合	安打	本塁打	打点	盗塁
1989	OB	.245	47	34	0	11	4

金城基泰　김기태 キム ギテ 1952.10.16 右右 投手
此花商高-広島(71)-南海(77)-巨人(85)

年度	所属	防御率	勝利	敗戦	セーブ	投球回	三振
	日本通算	3.33	68	74	92	1162	919
1986	チョンボ	3.18	9	14	5	175 1/3	109
1987	サムソン	4.74	7	5	0	95	46
	韓国通算	3.73	16	19	5	270 1/3	155

◇韓国シリーズ出場(87)

太田龍生　정용생　チョン ヨンセン　1964.4.29　右右　投手

大分高田高-広島(83)

年度	所属	防御率	勝利	敗戦	セーブ	投球回	三振
1988	サムソン	7.71	0	3	0	28	7

金本誠吉　김성길　キム ソンギル　1956.5.22　右右　投手

中京高-本田技研鈴鹿-阪急(78)

年度	所属	防御率	勝利	敗戦	セーブ	投球回	三振
	日本通算	4.89	1	7	2	184	99
1987	サムソン	3.19	0	1	3	31	13
1988	サムソン	2.80	8	4	6	151 1/3	79
1989	サムソン	2.81	14	11	2	233 2/3	97
1990	サムソン	3.79	13	6	3	166 1/3	51
1991	サムソン	3.30	16	12	18	188	94
1992	サムソン	5.14	1	7	1	70	30
1993	サンバンウル	3.93	2	5	6	84 2/3	40
	韓国通算	3.38	54	46	39	925	387

◇オールスター戦出場(89,90)　韓国シリーズ出場(87,90)

浜田一夫　김일부　キム イルブ　1963.6.20　右右　投手

愛知高-中日(82)

年度	所属	防御率	勝利	敗戦	セーブ	投球回	三振
	日本通算	6.30	0	0	0	10	13
1988	テピョンヤン	4.38	1	4	2	72	39

宮城弘明　김홍명　キム ホンミョン　1962.6.16　左左　投手

横浜商高-ヤクルト(81)

年度	所属	防御率	勝利	敗戦	セーブ	投球回	三振
	日本通算	7.17	0	3	0	42 2/3	36
1988	ピングレ	4.27	8	13	0	151 2/3	61
1989	ピングレ	4.01	6	8	0	125 2/3	78
1990	ピングレ	3.38	8	3	0	112	49
1991	ピングレ	5.86	3	3	0	55 1/3	34
1992	ピングレ	6.34	5	4	0	61	30
	韓国通算	4.43	30	31	0	505 2/3	252

◇オールスター戦出場(88,89,92)

吉本博　송재박　ソン ジェバク　1956.10.15　右右　外野

南陽工高-太平洋(75),クラウン,西武-横浜大洋(83)

年度	所属	打率	試合	安打	本塁打	打点	盗塁
	日本通算	.229	278	120	21	58	21
1988	OB	.310	90	81	13	51	3
1989	OB	.265	86	62	3	33	0
1990	OB	.222	41	24	0	6	1
1991	テピョンヤン	.196	30	10	0	5	1
	韓国通算	.271	247	177	16	95	5

※現・トゥサン二軍コーディネーター

竹田光訓　송광훈　ソン グァンフン　1962.8.9　右右　投手

日大一高-明治大-横浜大洋(85)-サムソン(89)-横浜大洋(91)

年度	所属	防御率	勝利	敗戦	セーブ	投球回	三振
	日本通算	4.01	1	0	0	60 2/3	32
1989	サムソン	10.59	1	1	0	17	15
1990	リムソン	9.19	0	2	0	15 2/3	5
	韓国通算	9.92	1	3	0	32 2/3	20

金沢信彦　김빙수　キム ビョンス　1964.9.14　右右　外野

三田学園高-近鉄(83)

年度	所属	打率	試合	安打	本塁打	打点	盗塁
	日本通算	.143	4	1	0	2	1
1990	ロッテ	.264	73	43	4	26	1
1991	ロッテ	.158	24	4	0	3	0
	韓国通算	.244	97	47	4	29	1

佐藤文彦　정문언　チョン ムノン　1962.8.13　右右　外野

武庫荘高-日本ハム(81)

年度	所属	打率	試合	安打	本塁打	打点	盗塁
	日本通算	.227	50	25	1	6	0
1991	テピョンヤン	.272	114	91	7	33	1
1992	テピョンヤン	.309	78	67	6	24	1
	韓国通算	.286	192	158	13	57	2

桧山泰浩　황태호　ファン テホ　1967.4.11　右右　投手

東筑高-近鉄(86)　日本での一軍出場なし

年度	所属	防御率	勝利	敗戦	セーブ	投球回	三振
	サンバンウル					1/3	0

鴻野淳基　홍순기　ホン スンギ　1967.7.10　右右　内野

名古屋電気高-西武(00)-巨人(85)-横浜大洋(92),横浜

年度	所属	打率	試合	安打	本塁打	打点	盗塁
	日本通算	.255	450	193	14	60	44
1994	ロッテ	.111	19	4	0	1	0

田中実　김 실　キム シル　1967.6.3　左左　外野

尽誠学園高-日本ハム(86)

年度	所属	打率	試合	安打	本塁打	打点	盗塁
	日本通算	.255	331	154	0	39	25
1994	サムソン	.273	115	92	3	33	4
1995	サムソン	.201	89	31	1	15	6
1996	サンバンウル	.291	124	122	0	38	6
1997	サンバンウル	.267	118	96	0	38	4
1998	サンバンウル	.255	127	116	4	45	11
1999	トゥサン	.244	103	49	1	23	5
2000	トゥサン	.385	10	5	0	2	0
	韓国通算	.264	686	511	9	192	36

◇オールスター戦出場(96,98)　・現・BC信濃コーチ

吉本一義　이일의　イイルウィ　1971.11.30　左左　外野

北陽高-大阪経済大-ダイエー(94)

年度	所属	打率	試合	安打	本塁打	打点	盗塁
2002	LG	.200	32	6	0	3	0
2003	LG	.246	72	30	1	8	0
	韓国通算	.242	104	36	1	11	0

光山英和　김영화　キム ヨンファ　1965.11.20　右右　捕手

上宮高-近鉄(84)-中日(97)-巨人(99)-千葉ロッテ(01)-横浜

年度	所属	打率	試合	安打	本塁打	打点	盗塁
	日本通算	.238	726	332	42	136	8
2003	ロッテ	.111	7	1	0	0	0

※現・千葉ロッテ、二軍統括コーチ兼統括コーディネーター

高山智行　고지행　コジヘン　1978.5.3　右左　内野

箕島高-米独立リーグ-阪神(00)　日本での一軍出場なし

年度	所属	打率	試合	安打	本塁打	打点	盗塁
2003	サムソン	.281	92	71	4	27	9
2004	サムソン	.000	2	0	0	0	0
2005	ハンファ	.231	25	5	0	8	0
	韓国通算	.269	119	86	6	35	9

◇二軍南部リーグ首位打者(05)

入来智　이리키　外国人選手登録　1967.6.3　右右　投手

鹿児島実業高-三菱自動車水島-近鉄(90)-広島(96)-近鉄(97)-巨人(99)-ヤクルト(01)

年度	所属	防御率	勝利	敗戦	セーブ	投球回	三振
	日本通算	4.25	35	30	2	605 2/3	422
2003	トゥサン	3.74	7	11	5	159	87

◇防御率7位(03)　初の外国人登録の日本人選手　*23年に事故で急逝

塩谷和彦　시오타니　外国人選手登録　1974.5.27　右右　内野

神港学園高-阪神(93)-オリックス(02)

年度	所属	打率	試合	安打	本塁打	打点	盗塁
	日本通算	.264	496	381	29	145	15
2006	SK	.297	23	21	3	19	1

高津臣吾　다카쓰　外国人選手登録　1968.11.25　右右　投手

広島工高-亜細亜大-ヤクルト(91)-ホワイトソックス(04)-メッツ(05)-ヤクルト(06)

年度	所属	防御率	勝利	敗戦	セーブ	投球回	三振
	日本通算	3.20	36	46	286	761 1/3	591
2008	ウリ・ヒーローズ	4.86	1	8		21	18

◇途中入団し、抑えとして活躍。現・東京ヤクルト監督

大原秉秀　강병우　カン ビョンス　1984.4.16　右右　内野

福知山成美-ヤクルト(03)

年度	所属	打率	試合	安打	本塁打	打点	盗塁
	日本通算	.231	19	9	1	3	0
2009	ハンファ	.000	16	0	0	0	0

門倉健　카도쿠라　外国人選手登録　1973.7.29　右右　投手

聖望学園高-東北福祉大-中日(96)-近鉄(00)-横浜(04)-巨人(07)

年度	所属	防御率	勝利	敗戦	セーブ	投球回	三振
	日本通算	4.36	76	82	10	1276	1146
2009	SK	5.00	8	4	0	126	98
2010	SK	3.22	14	7	0	153 2/3	143
2011	サムソン	4.07	5	6	0	86 1/3	62
	韓国通算	4.03	27	17	0	366	303

◇オールスター戦出場(10)　韓国シリーズ出場(09,10)

岡本真或　오카모토　外国人選手登録　1974.10.21　右右　投手

袖山高-西濃運輸工務店-阿部企業-ヤオハンジャパン-アムウェイ-レッドソックス-ヤマハ-中日(04)-埼玉西武(08)-東北楽天(11)

年度	所属	防御率	勝利	敗戦	セーブ	投球回	三振
	日本通算	3.21	32	19	2	426	421
2010	LG	3.00	5	3	16	48	40

◇韓国球界からNPBに復帰した初の日本人選手

次々に登場するスターが時代を作り上げた

韓国野球100年

　韓国に野球が伝わったのは1900年代初頭、アメリカ人宣教師のフィリップ・ジレットによるものとされる。それから百余年。その間、韓国のプロ野球はどのように誕生し、進化を遂げていったのか。

6チームでの船出

　第二次世界大戦終結後、高校、大学の学生野球、そして実業団野球の人気が高まっていった韓国。ファンの欲求はおのずプロ野球の創設を望むこととなった。スローガンに「子供には夢を、若者には情熱を、すべての国民に余暇善用を」と掲げた韓国のプロ野球は1982年、6球団各80試合でスタートした。1年目のシーズンに最も活躍を見せたのは、パ・リーグ首位打者（1975年）の実績を引っ提げて帰国したペク・インチョン（白仁天／MBC）だった。ペク・インチョンは監督も兼任しながら打率.412をマーク。首位打者を獲得した。また投手ではシーズン22連勝を記録したパク・チョルスン（朴哲淳／OB）が投手三冠を手にするなどファンを熱狂させた。

日本からの使者たち

　試合数が100試合に増加した1983年。日本球界出身者たちが、その力を韓国のファンに見せつけた。巨人、南海、広島でプレーした、福士敬章（チャン・ミョンブ／張明夫）がサムミに入団。60試合、427回1/3に登板し、チームの勝ち星の6割に当たる30勝を挙げ最多勝を獲得した。1984年には日本で数々のタイトルを手にした新浦壽夫（キム・イルユン／金日融）がサムソン入りし、韓国2年目の1985年には25勝を挙げてチームの前後期総合優勝に大きく貢献した。また活躍の場を求め渡韓した広島出身の木本茂雄（キム・ムジョン／金戊宗）、木山英det（イ・ヨング／李英求）、西武、ロッテに在籍した徳山文宗（ホン・ムンジョン／洪文宗）などがレギュラーの座を掴み活躍したのもこの時期だ。

球団運営の転換期

　韓国プロ野球がスタートして4年目の1985年。弱小球団のサムミは、親会社の経営状態も悪化しシーズン途中、70億ウォンで球団をチョンボに売却し

た。またテジョンを本拠地としたOBは「プロ野球スタート3年後にはソウルへ移転」という契約があり、本拠地をソウルに移した。OBが去ったテジョンには、ビングレイーグルスが新規参入。韓国プロ野球は1986年から7球団で新たなスタートを切った。

国宝級投手の登場

　プレーオフ制が導入された1986年。この年のシリーズを制したのはヘテだった。そのヘテを引っ張ったのは、本拠地・クァンジュにそびえる山になぞらえ「ムドゥン（無等）山爆撃機」と呼ばれた投手、ソン・ドンヨル（宣銅烈）だった。ソン・ドンヨルはチームの勝ち星の1/3を越える24勝を挙げ、防御率は前代未聞の0.99。262回2/3を投げながら与えた本塁打はわずか2本だった。この年、シーズンMVPも獲得したソン・ドンヨルはその後も快投を続けていく。打者では1984年に三冠王に輝いたイ・マンス（李萬洙／サムソン）が、プロ発足から5年目に初の通算100本塁打を達成した。ファンの関心がさらに高まる中、ロッテは本拠地球場を3万人以上が観戦できるサジク（社稷）球場に移転。野球を観る環境が少しずつ整っていった。

ニューヒーローの誕生

　80年代後半から90年代前半はヘテの黄金時代。ヘテは1986年から怒濤の4連覇を達成した。1991年、新球団としてチョンジュ（全州）を本拠地とするサンバンウルレイダースが誕生。これで全8球団が126試合を戦い、日々4カードが行われるようになった。またこの年、日韓親善スーパーゲームを初開催。4年おきに3度、熱い戦いが繰り広げられた。

　プロ野球創設から10年を経て、球界にはニューヒーローが続々登場した。豪快な打撃フォームのヤン・ジュンヒョク（梁埈赫／サムソン）は、新人ながら首位打者を獲得。またスピード感のある野球の楽しさをファンに伝え、「風の子」と呼ばれたイ・ジョンボム（李鍾範／ヘテ）は84盗塁でタイトルを手にした。さらに初の40本塁打、100打点越えをしたチャン・ジョンフン（張鍾燻／ビングレ）、2006年に初の通算200勝を達成したソン・ジンウ（宋津宇／ビングレ）らが台頭してきたのもこの時期である。

KBO 国を越えた交流が加速。高いレベルでの争いへと発展した

新時代に突入。海外進出という選択

1994年、漢陽大2年のパク・チャンホ（朴賛浩）がロサンゼルス・ドジャースに契約金120万ドルで入団。国内プロ野球を経由せずに海外に進出する先駆けとなった。一方、国内リーグでは抑えに転向して4年目のソン・ドンヨルも1996年、契約金と年俸を合わせ3億円で中日に入団。その後、イ・ジョンボム、イ・サンフン（李尚勲／LG）といった多くの韓国人選手が日本球界に進出するようになった。この頃の韓国球界は人気の絶頂期で、公式戦のリーグ観客動員数が500万人を突破。大衆スポーツとして確固たる地位を築いていった。

経済危機と球界の制度改革

90年代後半、韓国は大きなダメージを受ける。アジア通貨危機だ。球界でも財政が厳しくなる球団が現れた。ヘテは4億5,000万円の移籍金でイ・ジョンボムを中日へトレードし、サンバンウルは主力選手を次々に放出することで球団を保持し続けた。観客数も最盛期の半分にまで減少する中、球界の制度改革が行われた。

1998年、外国人選手の登録が解禁。経営難のサンバンウルを除く7球団に12人の外国人選手が入団した。中でもOBのタイロン・ウッズ（元中日）は本塁打、打点の2部門でタイトルを獲得。シーズンMVPに輝いた。その後、ウッズは日本球界に進出し成功を収めている。韓国球界の外国人選手導入は、アメリカ、中南米の選手がステップアップの場として日韓を行き来するケースを増やしていった。

新規参入球団への対処

球団運営が困難になったリンバンウルはKBOからの支援金で延命するも状況は改善されず、球団は解体された。そして2000年、新規参入球団として、インチョン（仁川）を本拠地とするSKワイバーンズが誕生した。SKは球団創設8年目の2007年に初優勝。翌年には連覇を果たし、短期間で球界をリードする存在に成長した。一方、1999年までインチョンを地元にし、2000年からソウル移転までの暫定処置としてスウォンを本拠地としたヒョンデユニコーンズは経営難により、2007年限りで消滅。2008年に新球団・ウリヒーローズ（現・キウムヒーローズ）が誕生した。

ドリームチームでの銅メダル

2000年のシドニー五輪。韓国球界は期間中公式戦を中断し、メダル獲得へ全力を傾けた。3位決定戦の相手は予選リーグで延長戦の末勝利した宿敵・日本。試合はク・デソン（具臺晟／ハンファ）と松坂大輔（西武）の投げ合いとなった。均衡を破ったのは、前年に54本塁打を放ち国民的打者となったイ・スンヨプ（李承燁／サムソン）。松坂を攻略した韓国は、銅メダルを獲得。ドリームチームの活躍に韓国中が熱狂した。

30年を経てさらなる発展へ

プロ野球誕生から30年が経過し、プロ創成期の選手たちが監督になった。また、かつてはパワー重視だったプレースタイルに変わって、キム・ソングン（金星根／元ハンファ監督）に代表される、緻密な野球が成功を収め始めた。そして、2008年の北京五輪では韓国代表チームが9戦全勝で金メダルを獲得。この年は人気チーム・ロッテが8年ぶりにポストシーズンに進出し、国内リーグの総動員数が、1995年以来となる500万人を突破した。さらに2009年はWBC準優勝の盛り上がりそのままに、過去最高の592万人を動員。12年はロッテ、トゥサン、LG、SKの4球団が主催試合100万人を超え、総動員数は初の700万人を突破。野球人気は最高潮を迎えた。

10球団制の新たなスタート

2012年のオフ、リュ・ヒョンジン（柳賢振／ハンファ）がドジャースと6年の大型契約を結び、韓国人として13人目、国内リーグから直接メジャー入りする初の選手となった。国内リーグは2013年に9球団目としてNCダイノスが、2015年には10球団目のKTウィズが一軍に加わった。そして2015年秋、韓国初のドーム球場がソウルにオープン。また近年は「ボールパークスタイル」の新球場が次々と誕生し、球界の新たな一歩を歩み始めている。

かつて日本の選手が海を渡りレベルの違いを見せつけた。次に韓国の選手が日本の土を踏み挑戦した。現在では日韓のみならずメジャーも巻き込み、選手の往来が活発になっている。その間、韓国球界は大きく発展した。野球、そこに国境はない。ハイレベルでの交流は、今後の韓国球界をより一層、成長させるだろう。

編著者紹介 **室井昌也** Masaya Muroi 무로이 마사야

2002年から韓国プロ野球の取材を行う「韓国プロ野球の伝え手」。本書を04年から毎年発行し、取材成果や韓国球界とのつながりは日本の各球団や放送局でも反映されている。その活動範囲は番組出演、コーディネートと多岐に渡る。
スポニチアネックスでコラム「室井昌也 月に2回は韓情移入」を担当。Yahoo!ニュースではエキスパートを務める。韓国では06年からスポーツ朝鮮で「室井コラム」を韓国語で連載している。ラジオ「室井昌也 ボクとあなたの好奇心」(FM那覇)に出演中。
22年発行の編著書『沖縄の路線バス おでかけガイドブック』(論創社)は「第9回沖縄書店大賞」沖縄部門大賞、昨年発行の『沖縄のスーパー お買い物ガイドブック』(論創社)は同大賞の第10回優秀賞を受賞した。その他著書には『交通情報の女たち』(論創社)、『ラジオのお仕事』(勉誠出版)などがある。
1972年10月3日東京生まれ、日本大学芸術学部演劇学科中退。ストライク・ゾーン代表。KBOリーグ取材記者(スポーツ朝鮮所属)。

・運営サイト ストライク・ゾーン
 http://www.strike-zone.jp
・ストライク・ゾーン facebookページ
 http://www.facebook.com/love.strikezone
・Yahoo!ニュース エキスパート 室井昌也
 https://news.yahoo.co.jp/expert/authors/muroimasaya
・アプレ所属
 https://apres.jp/

取材・写真：室井昌也
制作：ストライク・ゾーン
発行承認・情報協力：韓国野球委員会　韓国プロ野球選手協会

参考文献：The Official Baseball Encyclopedia〜日本プロ野球記録大百科〜　日本野球機構 発行

協力：KBOP　LGツインズ　KTウィズ　SSGランダーズ　NCダイノス　トゥサンベアーズ
KIAタイガース　ロッテジャイアンツ　サムソンライオンズ　ハンファイーグルス　キウムヒーローズ
スポーツ朝鮮　羽鳥慶太　＜順不同・敬称略＞

韓国プロ野球観戦ガイド&選手名鑑2024

2024年5月 5日　初版第一刷印刷
2024年5月15日　初版第一刷発行

編著者：室井昌也

発行所：論創社
　　　　東京都千代田区神田神保町2-23 北井ビル
　　　　TEL 03-3264-5254
　　　　https://www.ronso.co.jp/

デザイン：田中宏幸(田中図案室)
印刷・製本：中央精版印刷

落丁・乱丁本はお取り替え致します。

©Masaya Muroi 2024
Printed in Japan　ISBN 978-4-8460-2407-9